SEO

全网优化指南

张新星◎著

U0811234

電子工業出版社
Publishing House of Electronics Industry
北京·BEIJING

内容简介

一直以来，SEO 行业缺少一本能从域名的选择、服务器的选择、CMS 模板的制作出发，引导读者开始 SEO，并且能让有 SEO 基础的 SEOER 阅读之后眼前一亮的书籍。本书的切入点非常基础，SEO 刚入门的读者可以轻松阅读；但是基础中蕴含着很多深层次的内容，这些内容也是有基础的 SEOER 非常喜欢的。

随着互联网的发展，2016 年已经有 60%的搜索来自移动端，很多网站面临着移动化的难题。本书中作者深入介绍移动端网站的 SEO 方法，内容贴合实战，同时结合大量的案例，从各个维度介绍 PC 端网站移动化的方法和过程。除了 SEO，新媒体营销已经成为不能忽视的渠道。本书使用单独的章节讲解了微信营销和新媒体营销。微信营销部分对虫虫营销助手进行了详细的评测，完整、深入地将微信营销的核心内容介绍给读者。新媒体营销部分详细讲解了如何撰写一篇阅读量达 100W+的内容，对新媒体的发展进行了分析和解读，引导读者抓住内容创业的风口。

本书的读者对象主要是互联网从业者或者热衷互联网创业的大学毕业生等。除此之外，本书用了单独的章节讲解 SEO 团队的组建，这对于企业负责人来说也是非常有价值的内容，可以帮助企业负责人重新认识 SEO 的价值。

未经许可，不得以任何方式复制或抄袭本书之部分或全部内容。
版权所有，侵权必究。

图书在版编目（CIP）数据

SEO 全网优化指南 / 张新星著. —北京：电子工业出版社，2017.9

ISBN 978-7-121-32167-2

Ⅰ. ①S… Ⅱ. ①张… Ⅲ. ①网络营销－指南 Ⅳ.①F713.365.2-62

中国版本图书馆 CIP 数据核字（2017）第 165502 号

策划编辑：徐　岩
责任编辑：张　毅
特约编辑：赵树刚
印　　刷：三河市鑫金马印装有限公司
装　　订：三河市鑫金马印装有限公司
出版发行：电子工业出版社
　　　　　北京市海淀区万寿路 173 信箱　　　　邮编：100036
开　　本：720×1000　1/16　　印张：21.75　　字数：487.2 千字
版　　次：2017 年 9 月第 1 版
印　　次：2020 年 2 月第 6 次印刷
定　　价：59.00 元

凡所购买电子工业出版社图书有缺损问题，请向购买书店调换。若书店售缺，请与本社发行部联系，联系及邮购电话：（010）88254888，88258888。

质量投诉请发邮件至 zlts@phei.com.cn，盗版侵权举报请发邮件到 dbqq@phei.com.cn。

本书咨询联系方式：（010）57565805。

给读者的一封信

读者好！

时光流逝，距离《跟我学 SEO 从入门到精通》出版已经一年多了。感谢读者提出了诸多宝贵的意见，这些将是我完成本书的风向标。

说起写书，这件事情我之前没有考虑过，直到 2016 年年初出版社找到我，刚开始也觉得自己没有能力完成，后面经过与编辑的不断沟通，从目录开始一步步地将书籍撰写完成，这其中家人、朋友给予我很大的支持和帮助，在这里一并表示感谢。SEO 的过程也是这样，只有不断地坚持、不断地提升能力才能最终到达顶峰。

2017 年出版社让我考虑再写一本书，对于如何开始我一直比较犯愁。在《跟我学 SEO 从入门到精通》一书中我已经无所保留地将自己的所学写了出来，这本书写什么呢？也正是《跟我学 SEO 从入门到精通》一书的读者反馈让我找到了灵感，从实战出发，结合当下大家都关注的移动营销、微信营销，每个章节不讲虚套，直切主题，这便是《SEO 全网优化指南》的核心。在这里需要感谢虫虫营销助手创始人三叶虫先生，他得知我要讲微信营销，便将自己公司的虫虫移动营销软件连同手机邮寄过来让我测试，我花了几个月的时间测试其系统的稳定性和实用性，这些在本书中都将详细讲述。

《给读者的一封信》是不太常规的书籍开场方式，原因是我想将自己内心的许多话语告诉大家，如果是简单的序或者前言，似乎和读者的距离很远。我本来就是一个"草根"站长，到今天还是一个"老草根"SEOER，但是我有一颗积极向上、乐于分享的心。很多《跟我学 SEO 从入门到精通》的读者通过微信找到我都会问："老师，您居然能加我，还能回答我的问题！有些书籍作者都不屑加我。"我的回答是："我为什么不加你呢，你知道的未必我也知道，大家交流是 SEO 过程中的重要一环。"的确如此，在和诸位读者交流的过程中我也学到了很多新的知识，古人云"三人行必有我师"一点不假。

在我看来，SEO 的核心就是要分享、交流，这和编程不一样，不能闭门造车，只有不断地和大家交流才能从其他人的经历中获得实战知识。从 2004 年进入互联网站长圈，到现在已经有 13 年，先是站长，后面成为程序员，再后面成为为 SEOER，经历了互联网的许多变革，这些经历我将在本书的最后一章进行详细的叙述，或许能对刚入行的 SEOER 起到一些激励作用。

柳飘飘：“看前面一片漆黑，什么也看不到。”

尹天仇：“也不是啊，天亮后便会很美的。”

这是周星驰电影《喜剧之王》中男女主人公坐在海边的对话，也是作者非常喜欢的电影对白。这里加以引用，希望可以鼓励还在摸索 SEO 或者 SEO 道路充满荆棘的追梦人，不要被眼前的漆黑吓倒，要期待天亮后的美丽……

最后向坚持在互联网创业一线的追梦人致敬！

张新星

2017 年春

目录

第 1 章 Hello！SEO

读者好，很高兴又能和大家一起交流、探索 SEO 了。在《跟我学 SEO 从入门到精通》一书中，我们已经从建站到优化做了深入的分析和研究，《跟我学 SEO 从入门到精通》的读者也提出了很多宝贵的建议和想法，这些建议和想法在本书的撰写过程中起到了非常重要的作用，这里对提出宝贵意见的读者表示感谢。

本书将重点放在“移动站 SEO”、“SEO 团队建设”、“外贸站 SEO”、“站群 SEO”等元素上面，同时会穿插大量的实战案例，深入浅出地引导读者向更深层次的 SEO 方向进发。

随着互联网的发展，微信营销、新媒体营销已经成为不得不谈的话题。出于这样的原因，作者在本书中使用单独的章节对微信营销、头条号优化等进行深入的解读分析。

本章作者将从如何建设一个用户喜欢的网站出发，通过真实的案例对 SEO 做一个全景式的扫描。

1.1 如何建设一个用户喜欢的网站

一直以来，我们在讨论一个网站如何进行 SEO，而这个过程似乎都集中到了网站建设完成后如何进行外链发布、如何进行内容伪原创等方面。甚至有很多 SEOER 认为 SEO 行业存在秘籍，也愿意花钱去买这些所谓的秘籍，结果是运用到自己的网站没有任何效果。

1.1.1 网站定位的原则

作者在《跟我学 SEO 从入门到精通》一书中多次强调，SEO 从网站的定位、域名的选择就开始了。作者身边的很多朋友都乐于建站，看到互联网上哪种类型的网站开始赚钱，就一窝蜂地去建设这种类型的网站，没有考虑到自己是否对这个行业熟悉、是否有这个行业足够的资源。这里我们需要明确的是，建设一个网站首先要熟悉该网站所在的行业，至少要了解一二；其次要有一些该行业的资源，比如内容、友情链接。简单地说，如果我们有 5000 篇关于该行业的独一无二的高质量内容和一些同行业的友情链接资源，那么建设一个成功的网站是非常简单的事情，这个过程会在本书的各个章节中渗透讲解。

既然我们已经清楚了建设一个成功网站的先决条件，那么如何建设一个用户喜欢的网站便成了首先要解决的问题。这也是我们做 SEO 的核心。一些 SEOER 单纯地考虑网站关键词排名，没有深层次地挖掘用户的需求，导致用户无法从搜索结果中找到满意的答案，这是非常严重的问题。

一般认为，排名前三的网站会占关键词搜索量 60%左右的流量，但是在实际的案例中，我们会遇到这样的问题：虽然关键词排名前三，但是其带来的流量却远远不及搜索指数。这其中的原因就是标题和描述没有仔细撰写，用户在浏览搜索结果的时候就会判断出网站不符合自己的需求，当然也就不会点击。

1.1.2 从一个例子说起

比如用户搜索“敦煌旅游”这个关键词，我们可以分析搜索这个关键词的用户需求什么。既然搜索“敦煌旅游”关键词，那么说明该用户首先计划旅游，其次目的地是敦煌。

到敦煌旅游需要获取哪些信息呢？首先是旅游线路、住宿，其次是攻略、门票、地方小吃等。了解了这些用户需求，我们就应该在“敦煌旅游”这个关键词的着陆页中布局这些信息。

如图 1-1 所示是百度搜索引擎“敦煌旅游”的搜索结果。可以看出，在自然排名中蚂蜂窝有非常不错的排名。这里有必要分析一下这条搜索结果的描述部分。

如图 1-2 所示是蚂蜂窝敦煌旅游页面的源代码，描述部分为“2016 敦煌旅游攻略，介绍了敦煌旅游景点、线路、美食、住宿、地图等敦煌旅游攻略信息，了解敦煌旅游等自由行攻略信息来蚂蜂窝旅游攻略网”，这个描述包含了我们刚才分析的大部分用户需求。

图 1-1　百度搜索引擎“敦煌旅游”的搜索结果

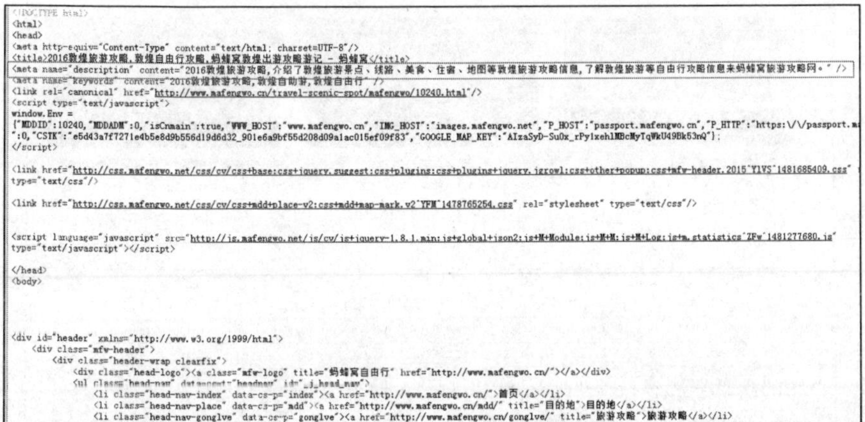

图 1-2　蚂蜂窝敦煌旅游页面源码

接下里我们再详细看看这个页面的内容。如图 1-3 所示的板块中包含了“酒店住宿攻略”、“必游景点排行”、“必吃美食排行”。

图 1-3　蚂蜂窝敦煌旅游页面 1

图 1-4 是自由行攻略，图 1-5 是景点门票等。除了这些还有很多关于“敦煌旅游”的信息，这些信息极大地满足了搜索“敦煌旅游”用户的需求，这样的网页获得排名是自然而然的事情。在后续的章节中我们还会对蚂蜂窝网站做深入的分析和研究，该网站在旅游等关键词方面有非常不错的排名，站内 SEO 优化也是炉火纯青，非常值得我们学习。

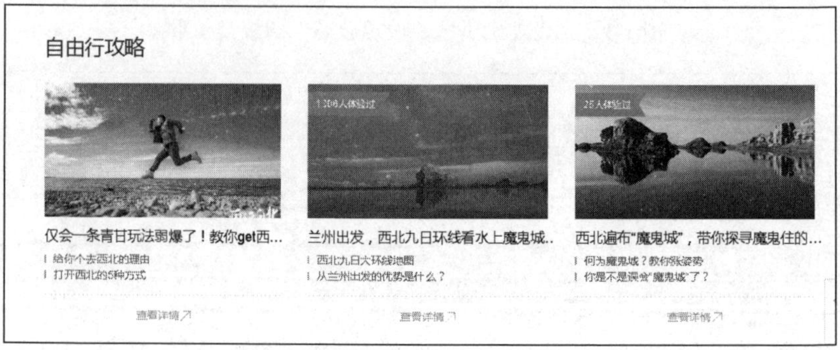

图 1-4　蚂蜂窝敦煌旅游页面 2

图 1-5　蚂蜂窝敦煌旅游页面 3

从如图 1-6 所示的蚂蜂窝网关键词排名站长工具查询结果中可以看到，上海、重庆、厦门等并非旅游专属关键词的排名都是第一，这些关键词有很多的地方门户都在做，但是无法超越蚂蜂窝，可见其 SEO 方案的成熟。

分析结果　筛选

关键字	整体指数	PC指数	移动指数	百度排名	收录量
上海	21130	7878	13252	第1	100000000
地铁线路图	14480	2038	12442	第1	19300000
重庆	13023	4554	8469	第1	100000000
蚂蜂窝	12574	9723	2851	第1	18200000
黑洞	11170	5181	5989	第1	35300000
厦门	8942	2894	6048	第1	98900000
丽江	6028	1366	4662	第1	72700000
乌鲁木齐	5752	2355	3397	第1	76500000
常州	5610	2190	3420	第1	80900000
长沙	5579	2118	3461	第1	100000000
马蜂窝	5499	4367	1132	第1	16200000

图 1-6　蚂蜂窝网关键词排名站长工具查询结果

1.2　SEO 的目的不仅仅是为了排名

前面作者已经提到如何建设一个用户喜欢的网站，从案例分析中我们可以看出，SEO 的目的不仅仅是为了排名，这一点大家必须在建站之初就要有清晰的了解。当然，我们这里讲述的是建设一个正常的、持久性的网站，要排除通过黑帽的手段短期获得流量的方法。

我们建设网站的根本目的是通过网站提供的内容信息获得浏览量，然后通过悬挂第三方广告比如百度联盟等获得收益，或者网站本身就提供用户需求的扩展信息，比如昵图网等就为缴费会员提供图片的源文件等信息。

针对采取怎样的盈利模式，在网站建设之初就应该有一个清晰的定位。如果是通过悬挂第三方广告来盈利的网站，就应该把重点放在流量上面，我们将这种网站称为流量站。作者的一些朋友通过对关键词的深度挖掘将流量站的访问量做到了每天几十万次甚至更多，通过这些流量可以获得较为丰厚的收入。如果是通过给用户提供增值服务获得收益的网站，就需要在网站设计之初确定盈利点，这种盈利点可以是提供更为丰富的信息，也可以是享受更加迅速的通道等。这两种网站的 SEO 目的不同，因此需要单独对待。

一般来说，流量站的目的就是获得大量的访问量，这样我们就需要做大量的关键词挖掘和优化，并且要选择指数较高的关键词。因为流量站一般不会有较长的生命周期，所以会选择比较激进的 SEO 优化方法，比如站群轮链、内容采集伪原创、购买黑链、使用点击器等，目的就是用最快的时间将关键词做到前三。

而另一种类型的网站在做 SEO 的时候就要谨慎操作，因为这种类型的网站是我们准备长期运营的，因此无论是站内锚文本的建设还是内容的来源和发布以及外链的增加等，都需要认真对待。这种类型的网站做 SEO 的目的是为了将浏览访客转化为用户，在选择关键词的时候和流量站也有区别，其选择关键词的要求是精准，指数不是唯一的标准，只有通过精准关键词搜索进入网站的用户才有更大的可能购买服务。

综合上面的论述，我们可以看到，SEO 的目的不仅仅是为了排名，如果没有清晰的定位就一味地追求排名，则很容易导致一些无法挽回的后果。作者的一些朋友就是把自己的正常网站按照流量站的思路去做，结果导致网站被搜索引擎降权甚至 K 站。

作者建议不要盲目地开始建站、上线，在计划建站之前我们不妨冷静地思考一下，我们是否对这个网站所属的行业有所了解、是否有足够的资源建设这个网站、网站的盈利点是什么、计划用多久的时间给网站做 SEO 等，梳理清楚这些事情再开始会让我们事半功倍。

1.3 小爬虫工具成功案例深入解析

前面作者提到如何建设一个用户喜欢的网站以及网站的运营、收益模式，本节作者将为大家详细介绍小爬虫（www.sitemap-xml.org）的运营模式。

1.3.1 小爬虫的由来

小爬虫是一款在线生成网站地图的工具，只需要输入域名，系统就可以对网站进行爬行，最后生成完整的网站地图。用户只需下载网站地图，上传到网站根目录，然后在网站首页做链接，并且到百度站长平台提交链接即可。提交网站地图可以加速网站内容的收录，对 SEO 有非常积极的作用。

小爬虫的起源比较偶然。作者是程序员出身的 SEOER，早些年一直在网上接单建站。那个时期 CMS（Content Management System，内容管理系统）还不是特别成熟，很多用户要求建设的企业网站要有网站地图。于是作者就上网搜索可以生成网站地图的网站，结果当然不太理想，大部分网站需要手动填写逐条的URL地址才能生成网站地图，没有办法实现自动爬行抓取。作者就想能不能开发一个，经过尝试发现PHP等无法实现如此功能的抓取。后来偶然看到一个网站可以自动抓取，但是该网站已经几乎被遗弃，并且在出售，作者尝试联系站长，把小爬虫域名和原始程序买了过来，并对程序进行了重新架构，这样就诞生了现在的小爬虫。

1.3.2 我是如何优化小爬虫的

这些都不是重点，重点是购买小爬虫网站后如何对网站关键词进行布局和找到网站的盈利点。入手后才知道这个网站已经被原站长遗弃了很多年，每天的流量只有 50 IP 左右，关键词排名也不太理想。作者首先分析使用小爬虫工具的人群是站长，其次小爬虫网站的目标关键词是"网站地图"、"SITEMAP"、"网站地图在线生成"。

按照这些分析，我们制定了优化方案。首先这是一个工具网站，不可能每天在上面发文章，这样做既不现实也没有什么意义，所以要想获得排名必须通过外链。然后作者就联系一些网址导航类型的网站以及一些 SEOER 或者站长的博客和网站。

（1）交换友情链接或者购买链接。如图1-7所示，这些外链都是分批次做的，链接名称也不尽相同，如图1-8所示，一部分是"Sitemap 在线生成"，一部分是"网站地图在线生成"，还有一部分是"小爬虫网站地图在线生成"，没有全部使用裸关键词。外链的详细建设方案将在本书后续章节做深入的讲解。

（2）通过数据分析得出网站的跳出率非常高，原因是小爬虫是收费的，没有对免费用户提供服务，这样大部分用户在进入网站后都会选择跳出，过高的跳出率会导致网站关键词排名持续下滑。经过考虑，我们决定对程序进行重新设计，免费用户可以抓取100条网站内容数据，想全站抓取就要交费，这样可以很大限度地降低跳出率。

（3）这样经过一个多月的重新调整布局，网站的流量从 50 IP 上升到 600 IP 左右，从图1-9中可以看出"网站地图"、"sitemap"、"网站地图制作"等关键词都位于百度搜索结果前三。通过这 600 IP 左右的流量，每天至少转化两个升级 VIP 用户。这笔收入虽然不高，但能维持其服务器的正常开销，对于这样一个简单的工具类型的网站来说，能获得如此的关键词排名和流量，甚至已经开始盈利，实属不易。

通过这个案例我们可以完整地看到一个网站从需求到盈利点的形成过程，可以给我们建设网站和做 SEO 提供参考。限于篇幅，这里不再对小爬虫做深入分析，感兴趣的读者可以扫描本书封面二维码联系作者进行在线交流。

图 1-7　小爬虫网站做的外链

图 1-8　小爬虫和刑天营销做的友情链接

图 1-9 小爬虫“网站地图”、“sitemap”等关键词排名

1.4 SEO 不是免费获得流量的方法

提到 SEO，一些 SEOER 会说 SEO 是免费获得流量的最好方法。这句话在几年前或许有些道理，但在现阶段，SEO 绝对不再是免费获得流量的方法。

前几年做 SEO 非常简单，只需在网站中重复出现多次关键词，内容使用采集器直接采集发布，一个站长可以同时运营好多个网站，并且都可以获得不错的流量。具体来说，这个阶段的结束应该是 2012 年 6 月 28 日，相信这是一个让很多 SEOER 无法忘记的日子。

2012 年 6 月 28 日，百度开始大范围地 K 站，涉及范围非常之大。还记得当时作者运营 100 多个网站，2012 年 6 月 23 日早上按照习惯查询流量、排名，结果发现所有网站全部被 K。当时认为可能是百度搜索引擎算法升级导致短暂性的故障，后来越来越多的朋友开始交流这个问题。站长工具 K 站风向标显示 2012 年 6 月 28 日当天的 K 站比例达到 2.29%，这个数据是以往的 10 多倍，如图 1-10 所示。

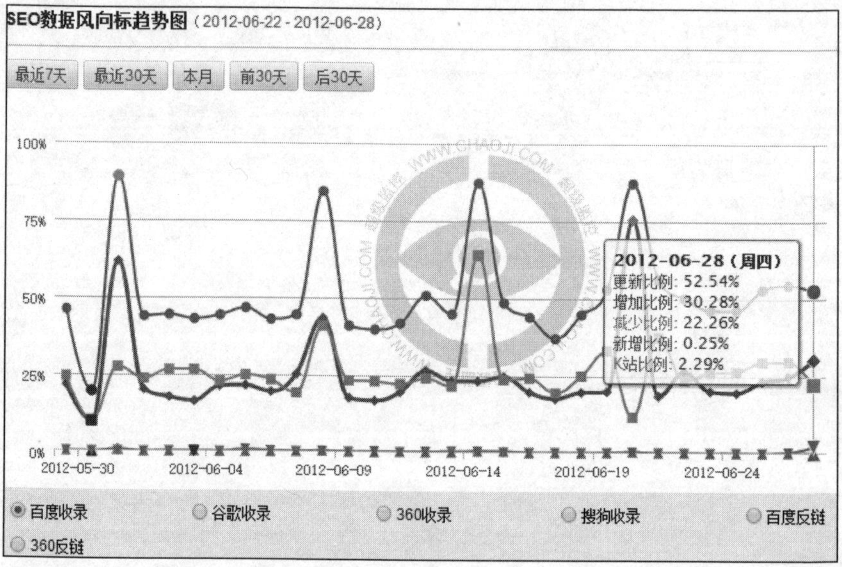

图 1-10　2012 年 6 月 28 日站长工具 K 站风向标

当时大家讨论的热点是到底是哪些因素导致百度搜索引擎大范围 K 站。下面列出当时的一些讨论话题。

（1）空间问题。很多人说被 K 的都是国外空间，这个说法是错误的。就我们得到的信息，被 K 的站点里国内站点占的比例为 58%，国外站点为 42%。别人的情况暂不说，作者自己管理的站点就有国内和国外的都被 K 的，虽然数量不多，也没有任何数据和情况可以证明是有意针对空间 IP 封杀 K 站的。

（2）链接相互链接。就我们分析的情况来看，有相互链接的站没被 K 的，也有被 K 的；也有没有链接被 K 的。所以，互链 K 站的说法也基本不成立。

（3）内容质量问题。现在传得比较厉害，说被 K 的都是内容质量比较低的站点。关于这点，作者持怀疑态度。确实很多被 K 的站点在内容建设方面不甚理想，但也有不少用心经营的站点被 K。作者觉得这只是一个比例问题，非绝对理论。

（4）域名时间问题。以 3 个月内的站点被 K 的比例居多，老站点不是没有被 K 的，而是比较少。作者觉得时间因素是一个站点稳定因素的组成部分，所以这点不容忽视。

（5）优化过度问题。别人的站点不好说，至少作者下面的站点在这点上有非常大的把握：被 K 的站肯定不是优化过度。我们天天接触 SEO、天天去运维，优化过度这种低级错误不大可能会犯。

（6）行业问题。就作者自己的观察，被 K 的站点集中在医疗站点、淘宝客站点、小企业站点和一些相对次一级的新闻站点。作者怀疑这次更新就是针对这些情况而做出的，只是波及范围比较广而已。

（7）外链群发问题。这点因为涉及面太广，所需数据量也大，因而没有足够的数据来证明，不能妄下结论，这里只提供了一种思路，大家可以针对自己的情况做进一步的数据追踪和结果分析。

（8）其他搜索引擎的情况。我们针对一些新站点（2 个月内的新站点）观察了谷歌、雅虎、搜搜、搜狗的情况，结论是正常。所以这次应该是百度更新调整的结果，而并非站点自身直接导致。

事后经过分析，出现“6・22”和“6・28”大范围 K 站的主要原因是打击低质量网站，主要针对内容采集的站群。百度搜索引擎官方也对“6・22”和“6・28”事件做出了说明，如下。

亲爱的站长们：

大家好。

最近网上在沸沸扬扬地讨论百度“6・22”和“6・28”事件，我们觉得有必要在此说明一下发生了什么事情。

为了提升百度用户的搜索体验，让互联网生态圈健康发展，我们在近期更新了部分反作弊策略和特征，这些策略在 6 月 21 日晚逐渐生效。本次更新针对低质量站点在搜索结果中展现较多的情况进行了控制。低质量站点是指无原创或者伪原创（很少原创内容、大量采集的内容或机器生成/修改的内容）；这部分站点并非为最终用户所设计，而只是为了从搜索引擎获取流量。

由于众所周知的原因，我们无法提供这次更新的策略细节。

在我们的评估中，本次升级将会影响 5%的搜索流量。对普通用户来说，搜索体验将得到提升，相比之前，受影响的 Query 将会呈现出更高质量、更权威的结果；对提供优质、原创资源的站长来说，因为我们降低甚至清除了低质量站点的排名，你们将从百度得到更多的流量。

虽然我们的策略已经达到了非常高的准确率，但仍然难免有误伤的情况出现，如果您确信您的站点被错误地处理，请通过官方渠道进行反馈。虽然我们无法对反馈一一进行回复，但对于每一个线上反馈都会认真仔细地分析，并将分析结果体现到下一次升级中。

在此，重申百度的立场：为网民提供高质量结果；确保互联网生态圈健康发展。因此，我们鼓励原创优质内容（意味着更多的流量回报），对于作弊/低质量内容绝不姑息。我们会不停地更新整个排序系统，确保它立场正确。

本次更新是一系列项目的开始，以后百度反作弊策略和数据的重大更新都会通过站长平台通报；不久之后再见。

百度网页搜索反作弊团队

在随后的一年时间里，百度搜索引擎陆续推出了绿萝算法、石榴算法、星火计划等，这也意味着一个时代的结束。

详细解读了这些算法之后，我们调整了网站的建设方法。每个网站的模板都是由技术人员开发的，以前我们直接下载模板建设网站，另外在内容方面开始招聘人员使用 OCR 软件转化实体书籍的内容编辑发布（关于 OCR 软件的使用，后续章节会有深入的讲解）。这样一来，在短短的一周内，我们上线的 50 个网站中有 30 多个目标关键词的排名进入了百度搜索引擎前三位。

从这个过程中我们可以看出，SEO 的成本在不断增加。以前 100 个网站只有 2 人在运营，“6・28”事件之后扩大到 10 人，成本增加了 5 倍。

随着搜索引擎算法的不断升级，这一成本还在不断增加。2016 年参加 MADCon 中国搜索引擎大会，和一些知名网站的 SEO 总监聊天，据他们反映，现在网站内容的来源大多数是仿写（关于仿写，作者在《跟我学 SEO 从入门到精通》一书中做了详细的分析，这里不再复述）。仿写的成本要远远高于使用 OCR 软件转化。根据经验，使用 OCR 软件转化，每天一名编辑人员可以转化 300～500 篇内容，而仿写最多也就 50 篇，成本又增加了 10 倍。

说了这么多，作者要告诉大家的是，现阶段 SEO 已经不是免费获得流量的方法，这一点在开始做 SEO 之前就要做好充分的思想准备，不要单纯地认为一个人、一台电脑、一个网站就能创造神话。在开始做 SEO 之前，我们要招聘和培训好专职的内容编辑人员，网站的模板找专业的外包团队定制开发，这也是做 SEO 的第一步。如果我们在开始的时候就使用下载的模板，内容是转载或者伪原创而来的，那么我们便输在了起跑线上。

SEO 不能和作弊联系到一起，我们要回归网站建设的本质。一个网站建立的最初目的都是为了让用户通过网站获得信息或者服务，SEO 的目的仅仅是为了让网站的结构更加合理，让内容编辑更加符合用户的浏览习惯，这也是搜索引擎所喜欢的，比如我们在后续内容中将要提到的多分段、短句子、图文并茂的内容编辑方式等就是符合用户阅读习惯的内容编辑方式。

1.5　人工智能对 SEO 的影响

人工智能是近些年非常火的一个概念，2016 年 AlphaGo 完胜世界围棋冠军李世石更是将人工智能呈现在我们的眼前。很多科技企业，如 Google、百度、腾讯等都专门成立了人工智能研发部门。本节我们就人工智能如何与搜索引擎结合，以及人工智能在未来对搜索引擎优化的影响进行探讨。

首先来了解一下什么是人工智能。

人工智能（Artificial Intelligence，AI）是研究、开发用于模拟、延伸和扩展人的智能的理论、方法、技术及应用系统的一门新的技术科学。人工智能是计算机科学的一个分支，它企图了解智能的实质，并生产出一种新的、能以与人类智能相似的方式做出反应的智能机器。该领域的研究包括机器人、语言识别、图像识别、自然语言处理和专家系统等。人工智能自诞生以来，理论和技术日益成熟，应用领域也不断扩大。可以设想，未来人工智能带来的科技产品将会是人类智慧的“容器”。

人工智能通常有三种不同的分类，如图 1-11 所示。

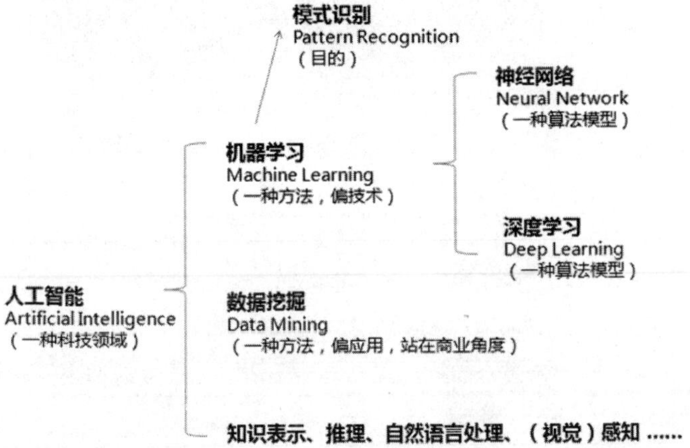

图 1-11　人工智能的三种类型

- 人工狭窄智能（ANI）：这种人工智能只能致力于完成某件特定的事情（如 AlphaGo 挑战世界围棋冠军）。
- 人工总体智能（AGI）：这时 AI 可以执行所有的事情。一旦一个 AI 可以像人类一样执行任务，我们就认为它是 AGI。
- 人工超智（ASI）：AI 在更高层面上完成所有的事情（如超出一个人的能力）。

百度搜索引擎很早就成立了人工智能研发部门，但是官方并未说明人工智能在搜索引擎中的应用。在 2017 MADCon 百度之夜厦门站中，百度 AI 的用户运营总监介绍了几款开放产品，让百度搜索结果中不应该出现的内容识别变得更加简单。依托于全网海量优质数据和深度神经网络技术，百度可以智能鉴别不良图片内容、敏感字等，让站点对不良内容的反作弊发挥更大作用，提升效率，净化网络环境。此外，结合百度 AI 技术的精准用户画像系统，将通过对用户兴趣、行为等的长期跟踪，来获取数据并进行多维度分析，让开发者可以最低成本获得推荐服务。从这个信息中可以看出，百度已经将大量的人工智能技术应用到搜索引擎中。下面我们举个例子，比如用户搜索“男人养生吃啥好”，如图 1-12 所示。

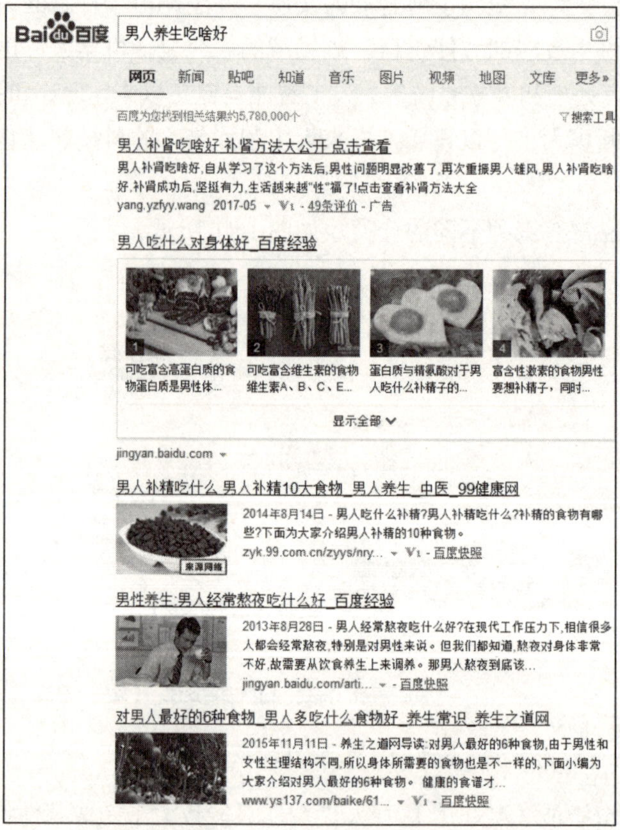

图 1-12　百度搜索“男人养生吃啥好”的结果

可以看到搜索结果中出现了“男人养生吃什么好”的内容，这说明搜索引擎已经对“啥”和“什么”进行了关联。随着人工智能越来越多地被应用，我们选择和布局长尾关键词将会越来越容易。之前我们在优化这个关键词的时候或许会使用“男人养生吃什么好，男人养生吃啥好”这样的标题，这样的写法对用户体验来说是非常不友好的，以后就没有必要这样做了。

在内容相关性的识别方面，人工智能也会让搜索引擎更加聪明。比如有一篇关于《大话西游之大圣娶亲》的内容，那么搜索引擎就会知道出现“大话西游之大圣娶亲”这个关键词的同时应该出现“周星驰”、“朱茵”、“至尊宝”、“紫霞仙子”等；如果在一篇关于“大话西游之大圣娶亲”的内容中没有出现这些关键词，就说明这篇内容是和“大话西游之大圣娶亲”不相关的，也就是低质量的内容。同样的道理，如果我们把一篇关于介绍水果的内容发布到与起重机相关的网站上，那么这也会被搜索引擎识别出来，这样的内容不会对与起重机相关的内容起到推进作用，反而会受到搜索引擎的惩罚。

这类技术也会被应用到对外链质量的判断上。比如我们的网站是关于水果的，但是我们却在起重机的网站悬挂外链，因为这个起重机网站的权重非常高。搜索引擎会首先应用人工智能技术对我们的水果内容的网站进行分析，为我们的网站贴上标签，比如水果、苹果、香蕉等，然后使用这些标签对链接源网站内容进行分析，最后判断出这两个网站没有相关性。这样的外链一般都是通过外链买卖的方式得来的，因此不会给网站的权重加分。关于现阶段外链建设的方法，作者会在后续章节进行深入解读。

随着人工智能的不断发展，更多的人工智能将被应用到搜索引擎。我们可以试想，现在 AlphaGo 已经能完胜世界围棋冠军，未来如果百度搜索引擎将更多的人工智能应用到搜索引擎反作弊上面，无疑是非常有效的，这对于黑帽 SEO 来说可不是什么好消息。

搜索引擎的目的是为了解决用户的需求，如果搜索结果的前几位网站都无法满足用户的搜索需求，则无疑是搜索引擎本身算法的无能，这样的搜索引擎也将最终被用户所抛弃。因此，搜索引擎会不断地更新算法，使用人工智能。这对于白帽 SEO 来说无疑是好消息，只要我们坚持将用户体验放在第一位，将网站内容建立在用户的需求之上，最终一定会被搜索引擎给予优质的排名。

1.6 现阶段 SEO 的核心

随着搜索引擎算法的升级，SEO 的核心已经从最初的外链、内容同等重要演化为内容是第一要素。这一点从百度近期的种种公告中可以看出，比如加大原创保护力度、取消新闻源等。由此可以看出内容已经是现阶段 SEO 的核心。

新闻源的取消实际上是百度技术的一次升级和开放。现在已经可以通过技术实现对全网优质内容的判断，从而让更多优秀的内容可以被用户检索和浏览。相比之下，单纯以新闻源作为收录准则会让一部分优质内容没有办法展示到用户的面前。

在此次升级后，百度新闻搜索的展示形态不变，百度搜索时效性卡片的展示页面也不会改变，但这些展示内容的后端数据将变得更加开放，不再拘泥于新闻源的限制。站点所产出的优质原创内容不再需要进行新闻源的申请，百度系统将从站点内容、质量、用户体验等维度自动进行判断，并对优质内容进行展示。

在 2017 MADCon 中国互联网优化大会上，百度搜索主要负责人以“重塑搜索全新生态”为主题为大家带来了最新干货分享。其中百度高级技术经理孙权着重介绍了百度搜索原创保护的最新进展情况。

据介绍，2017 年 4 月 13 日，百度站长平台开始了原创保护站点的内测，首批接入了 20 家站点。那么，原创保护站点是什么？这样的站点对比普通站点的优势有哪些？站长们又该怎么做?下面我们来看看详细的介绍。

很多站长都会遇到这样一个问题：自己网站辛辛苦苦发布的优质原创内容会遇到不能被及时抓取、收录以及没有排名的情况，反而当文章被知名站点采集时却能秒收录还有了排名。这对于原创站点来说很不公平，很容易让站长失去做原创的动力。

针对这种情况，百度站长平台开展了原创保护项目，从抓取机制、建库策略、搜索架构及内容展示等方面采取措施，让原创内容能在百度搜索引擎中得以更公平地对待。

那么，哪些站点是百度搜索原创保护的目标呢?这些站点要具备这样的特点：具有持久原创能力且内容优质的原创站点，也就是要求站点在未来一段时间内能持续产出符合百度收录标准的原创文章，同时百度会对网站的历史数据进行全量计算，原创文章量需要达到一定数值。

原创保护的站点有哪些优势?主要体现在以下几个方面：

- 抓取优待，也就是被认可的原创站提交的原创数据可以分钟级被抓取。
- 享受建库优待，原创站提交的原创数据可以分钟级或者天级建库。
- 排序优待，该功能将对原创保护站点开放。
- 另外，原创内容在搜索结果页面特效展示以及原创举报和举证功能也正在设计中。

百度搜索引擎负责人表示，目前接入的 20 家内测的站点提交的原创数据可以分钟级抓取和天级建库。

当然，对于那些非原创冒充原创的站点，百度也给出了惩罚机制，违规站点的原创提交权限、抓取优待权限、建库优待权限、排序优待权限、特型展示权限将统统被收回。

了解了原创保护项目的基本情况后，站长们势必很关心如何把自己的网站做好，成为原创保护站点。百度方面给出四点建议，如下：

- 禁止伪原创，像当下那些拼凑、抄袭他人文章的内容显然就不符合原创保护的要求。
- 持续不断产出优质的原创内容。
- 举报非原创内容站点，对此站长平台会提供举报端口，供站长举报。
- 站长们还可以通过站长平台实时提交原创链接，以便更快地得到原创保护。

值得注意的是，目前原创保护站点只能通过百度内部邀请内测，还未正式对外开放。总而言之，百度希望能够解决站长的问题，让网站负责生产优质的内容，百度搜索引擎则负责内容分发，二者互惠互利，共享搜索生态。

内容是一个网站的核心竞争力，这也是为什么这两年“今日头条”等新媒体火爆的原因。很多自媒体人愿意在这些平台上建设大量原创度很高的内容，这些内容也恰恰能满足用户的需求。这种供求关系能促进一种生态的出现。如果搜索引擎对原创的保护力度不够，则会大大降低站长的创作欲望；如果每天 SEOER 都想着通过采集就能轻松获得排名，那么谁来为原创背后的辛苦埋单？

当然，我们这里提到的原创是有价值的创作，不是简单地对一个关键词进行胡乱的分析创作，甚至没有参照客观的事实，这样的内容是没有任何意义的。比如，一个熟悉水果行业的编辑撰写一篇与起重机相关的文章是不会抓住起重机行业用户需求的。

1.7 未来 SEO 的发展趋势

有一些国内 SEOER 对 SEO 比较悲观，认为 SEO 或许将在未来消失。作者觉得这样认为的 SEOER 首先没有弄清楚 SEO 的概念，SEO 是搜索引擎优化，并不是搜索引擎作弊，搜索引擎作弊的消失是不可否认的，但是搜索引擎优化才刚刚迎来春天。

在我国，SEO 起步较晚，早期的 SEO 大多数是利用搜索引擎的算法漏洞让关键词在短期内获得排名。经历了大概 10 年的时间，在昝辉（Zac）等 SEOER 的共同努力下，SEO 的知识体系也逐渐完善，搜索引擎通过算法的升级和人工智能的加入也变得更加聪明。作者对未来 SEO 的发展趋势做了大胆的猜想，供大家参考。

1.7.1 更加专业化

未来只有专业化的网站才能更好地存活，宽度不需要太宽，但是深度一定要深。现在有太多的站喜欢追热点了，好好的一个专题站，很容易被运营成资讯站或综合站。同质化也非常严重，要避免同质化竞争，就必须进行差异化操作，不然非常难做。

比如我们搜索一些医疗行业的问题，搜索“宝宝感冒怎么办”，如图 1-13 所示。

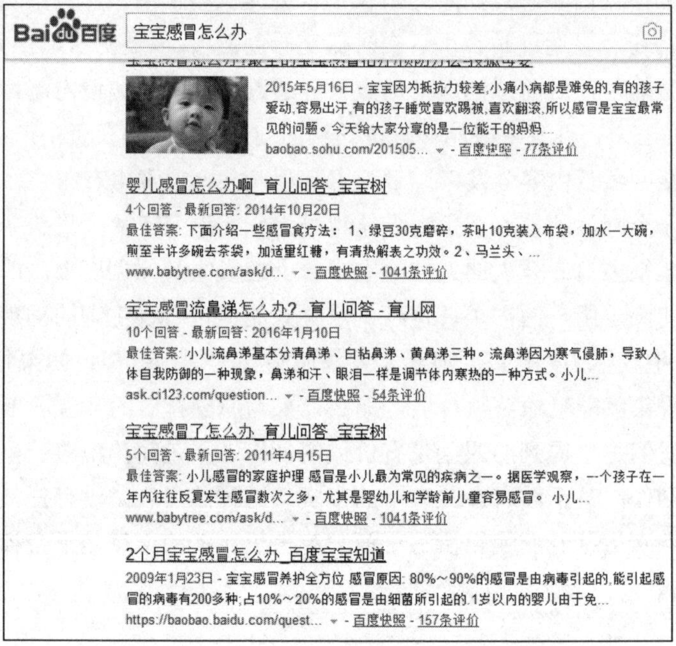

图 1-13　百度搜索“宝宝感冒怎么办”的结果

可以看到排在首页的是宝宝树等专业网站，很少有其他行业或者比较业余的网站能够获得排名，这样既可以保证用户的需求，也避免了纠纷的出现。

1.7.2 更加行业化

可能我们一直感觉掌握了 SEO 的知识，未来到哪个行业做都可以。这一点确实没错，但是未来职业化方向将变得越来越明显。也就是说 SEO 将跟行业深度挂钩，不但要拥有专业的 SEO 知识，而且还需要对行业有深入的了解，只有这样才能做好 SEO，因为 SEO 写文章、策划网站都跟行业知识有很大的关系。

在后续的章节中作者会对如何挖掘行业关键词和用户需求做大量深入的解读，这里我们只需要清楚，在未来的 SEO 中，我们不仅仅要熟悉 SEO 知识，在做某个全新行业的 SEO 之前还要对该行业进行深入的分析研究，否则无论是网站结构还是内容都是没有深度的，没有深度的东西是无法满足行业用户的需求的。

1.7.3　更加宽泛化

除了要学会做网站 SEO，还必须学一些营销推广知识，要对各种互联网推广方法、广告投放都有所认识，你将会变得更像网络推广人员，而非纯粹的 SEOER，优化的主体将从网站变成外推文章、网页等。相信很多 SEOER 都发现，原来可能是搞排名的，现在慢慢变成搞流量的了，哪里有精准流量就去哪里发文章、发外推信息。

一篇高质量的内容不仅仅可以在自己的网站上发布，还可以到今日头条等新媒体上发布。比如作者在博客里写的一篇文章“搜索引擎蜘蛛 SPIDER 是不是和我们一样聪明？”，如图 1-14 所示。

图 1-14　作者的博客文章“搜索引擎蜘蛛 SPIDER 是不是和我们一样聪明？”

随后作者把这篇文章发布到今日头条，如图 1-15 所示。

搜索引擎蜘蛛spider是不是和我们一样聪明？

CRAZYSEO 2016-04-27 08:54

尽管搜索引擎在不断的升级算法，但是终究其还是程序，因此我们在布局网站结构的时候要尽可能的让搜索引擎蜘蛛能看的懂。每个搜索引擎蜘蛛都有自己的名字，在抓取网页的时候，都会向网站标明自己的身份。搜索引擎蜘蛛在抓取网页的时候会发送一个请求，这个请求中就有一个字段为User - agent，用于标识此搜索引擎蜘蛛的身份。

例如Google搜索引擎蜘蛛的标识为GoogleBot，百度搜索引擎蜘蛛的标识为Baidu spider，Yahoo搜索引擎蜘蛛的标识为Inktomi Slurp。如果在网站上有访问日志记录，网站管理员就能知道，哪些搜索引擎的搜索引擎蜘蛛过来过，什么时候过来的，以及读了多少数据等等。如果网站管理员发现某个蜘蛛有问题，就通过其标识来和其所有者联系。

搜索引擎蜘蛛进入一个网站，一般会访问一个特殊的文本文件Robots.txt，这个文件一般放在网站服务器的根目录下，网站管理员可以通过robots.txt来定义哪些目录搜索引擎蜘蛛不能访问，或者哪些目录对于某些特定的搜索引擎蜘蛛不能访问。例如有些网站的可执行文件目录和临时文件目录不希望被搜索引擎搜索到，那么网站管理员就可以把这些目录定义为拒绝访问目录。Robots.txt语法很简单，例如如果对目录没有任何限制，可以用以下两行来描述。

图 1-15 “搜索引擎蜘蛛 spider 是不是和我们一样聪明？”推送到今日头条

在短短的 3 天时间内，今日头条的流量数据就达到 5000 多人，如图 1-16 所示。

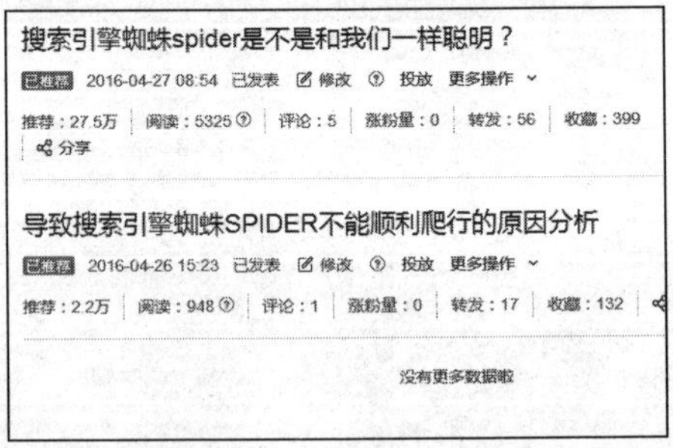

图 1-16 今日头条流量数据

我们的目的已经不是单纯地在搜索引擎上获得排名，我们更希望获得品牌的认同和用户的转化，这或许是以前 SEO 和未来 SEO 的最大区别。这也是为什么作者要在本书中使用单独的章节对微信营销和新媒体营销展开讲解的原因。

第 2 章 SEO 基本功

在前面的章节中我们通过实际案例对 SEO 的过去、现在、未来进行了深入的解读，相信读者已经对 SEO 有了许多新的认识。

本章作者将从域名的选择出发，紧密结合实战案例，对每一步的操作都进行详细的讲解，让大家在实际操作每一个环节的时候都能有的放矢。

SEO！芝麻开门，作者期待通过本章的学习能为读者打开 SEO 神秘的大门，希望大家带着对 SEO 无限美好的期待阅读后续的章节。

2.1 域名

作者多次提到域名对于 SEO 的重要性，在《跟我学 SEO 从入门到精通》一书中详细分析了域名选择对于 SEO 的作用，这一点在 2017 年百度官方的公告中得到了证实，如图 2-1 所示。

百度官方明确指出，.pw 等域名注册成本较低，成为站群作弊者的温床，百度会对这些域名建设的网站格外严格，可能会出现收录延迟等问题。

本节作者再次结合最新的实战经验，针对域名的选择进行深入解读。需要注意的是，本节我们只针对中文网站选择域名进行讲解，外贸网站域名的选择会在第 7 章中单独分析。

域名	简介
.top	通用型域名后缀，域名以单词top作为主体。个人及企业均可以注册使用。
.win	Internet网络域名。它由Famous Four Media运营管理。
.co	因特网域名治理机构ICANN为哥伦比亚共和国（The Republic of Colombia)国家及地区分配的顶级域（ccTLD）作为其国家及地区因特网顶级域名。目前由哥伦比亚一所名为La Universidad de Los Andes的大学管理。
.bid	全球通用的顶级域名，有出价/投标；必得/志在必得的含义，可以用作专业在线拍卖和竞标商品等方面。另一方面，"必得"体现出了人的志气和决心。行业类域名，简短易记，注册仅需5元。
.pw	2013年新加入的顶级国别域名后缀，代指帕劳，非国际通用顶级域名。是ResellerClub母集团公司——Directi集团首次以注册局的身份对外开放，独立运营一款域名后缀。

这些五花八门的域名后缀，平台君真大开眼界呢。
而且觉得很多都很吉利有木有？
但是不是真的很吉利？
用了.top的域名就能排在top1？
用了.win的域名就能赢得更多流量？
百度搜索究竟怎么看？

此类域名注册成本相对较低，因此成为了站群作弊者的温床，部分站群作弊者注册一个站点作弊后，一旦被发现，马上新换另外一个。因此针对这类域名后缀，平台君建议各位站长们不要使用，可能会出现收录延迟等问题；

（正常做站的站长是不是要骂"尼玛，都是这些苍蝇屎害的！"）

对于使用此类域名且正当运营的站点，想和这些作弊站点脱离干系，就请拥抱平台君吧！来站长平台验证站点，通过系统校验后，就可以被看做正常域名，享受同等待遇啦！

图 2-1　百度官方的公告

选择域名应该从以下几点出发。

1. 优先考虑品牌

真正好的域名不会在域名中包含关键词，就好比“百度”这个词，它和搜索引擎毫无字面的关系，却是国内第一大搜索引擎的域名。从某种意义上来说，品牌名称与行业产品名称相距越远越好。大部分互联网公司的品牌都是硬性产生的，品牌名称一旦确定，域名就会随之确定。要想真正做好一个大型站点，域名里面就不应包含关键词，这样选择的域名有利于网站后期业务的推广。可以试想，如果百度选择 sousuo.com 这样的域名，是不是意味着这个品牌就定位到了搜索，其他业务开展起来会相对比较尴尬。

2. 域名的续费周期

域名的续费周期可以影响到网站的排名。从逻辑上来讲，一个站长给网站续费的周期越长，就说明他对网站越关注，不可能拿这样的域名来做一些垃圾站点。

所以说域名续费的时间越长，那么站点的质量也就越高。当然这个并没有得到百度搜索引擎官方的认可，但是从大量的站群操作中可以看出，续费周期对网站排名有一定的影响，作者建议将需要做 SEO 的网站域名至少续费 2 年以上。

3．域名的后缀

“物以稀为贵”这句俗语在选购域名的时候同样适用。很多域名是可以随便注册的，但是有一部分域名天生就会有高权重。就好比.edu、.gov 这两种后缀的域名，只有符合注册条件才可以注册，搜索引擎会给予其排名优势，毕竟这些站点很少能被用来做垃圾站点。在 SEO 行业中，大部分人认为这两种网站是最好的外链，因为这些站点通常质量都很高。

在实际操作中，作者建议选择域名的顺序是.com>.cn>.com.cn>.net，外贸网站不要考虑.cn 或者.com.cn 域名。

4．域名的出生时间

现在一款老的域名价格不菲，域名越是注册得早，排名也就越有利。很多站长喜欢购买老域名来做网站优化，因为老域名做大部分关键词是有很大优势的。另外，选择老域名一定要注意查看域名是否用来建设过灰色行业的网站、是否被杀毒软件屏蔽过。

5．首次收录时间

域名第一次被搜索引擎收录的时间也是非常重要的。有的老域名没有解析，搜索引擎就没有收录任何内容，这与那些早就被收录的老域名就相差很多了。虽然不能确定搜索引擎在什么时候收录过网站域名，但是可以使用互联网档案馆查询网站的历史内容，时间可能不是很精准，但是有很重要的参考价值。

6．域名里包含关键词

关于根据关键词来选购域名，其主要适用于大部分英文站点。这一点是搜索引擎排名比较重要的因素，关键词形式的域名本身就含有排名效果，其他 SEOER 或者用户转载文章时就相当于在无形之中做了锚文本。中文网站域名里包含关键词也对 SEO 有积极的作用，但是因为中文全拼会导致域名过长，这对于用户记忆是非常不利的。因此，在单站操作的时候我们尽量不要选择这种方法，但是在站群操作的时候这种方法还是非常推荐的。

7．不要使用连字符

很多 SEOER 会问，以前不是很流行用连字符来注册域名吗？因为在目前的情况下，一旦一个 URL 里面包含太多的连字符，就会给用户带来不良的印象，很多垃圾网站就是因为连字符过多。我们很少会看到大型站点的域名里面含有连字符，而且搜索引擎对含有多个连字符的 URL 也比较敏感，虽然不会导致网站降权，但是网站权重就可能比那些不含连字符域名的网站来得低了。

8. 域名的注册信息

很多站长都喜欢匿名注册域名，这很容易让人联想到你的站点是一个见不得人的站点。一个正常的网站最好使用真实的注册信息来注册，这会让搜索引擎对你有一个好印象，也会让用户对你的网站产生好感。

9. 域名的长短很重要

比较短的域名方便用户记忆、书写、传播，它带来的好处往往会超过其他类型的域名。如果你非要域名短而且还要包含网站关键词，那么往往会事与愿违。现在这种域名基本上是可遇不可求的。

10. 域名是否有备案

这方面对搜索引擎排名并没有明显影响，但是不排除以后随着搜索引擎算法的更新会增加这方面的要求。如果域名无备案，那么在国内的服务器空间里是无法使用的，只能放在国外的服务器空间里使用。当然，如果网站用户都是国内的，那么服务器空间用国内的，网站访问速度会相对比较快，这对 SEO 也是很有帮助的。

11. 选择一个好的域名注册商

这会影响域名解析的稳定性、速度、安全及隐私保护等。曾出现过一次大范围的域名泛解析攻击，导致很多网站排名受到影响，就是因为域名的安全解析方面不够好。

域名是一个网站的窗口，在建设网站之初一定要慎之又慎。虽然百度站长平台推出了网站改版工具，可以在后期更换域名，但是经过作者的测试，即便这样更换域名，网站的权重也会下降 20%左右，并且需要 1～3 个月的周期，在这个周期内收录会出现停滞。

2.2 CMS 和模板

2017 年 4 月 21 日，作者在参加 MADCon 中国互联网优化大会期间和许多 SEOER 进行交流，发现了一个问题，一些 SEOER 只是单纯地掌握了 SEO 技术，对 CMS、模板、建设网站都非常陌生。在修改网站结构时需要技术部门的配合，但是技术人员又不懂 SEO，导致经常出现矛盾。

2.2.1 SEOER 需要学习编程吗

互联网上一直有 SEOER 是不是需要学习编程的讨论，作者在这里可以给出明确的答案：现阶段 SEOER 必须学习基础的编程，起码要懂得修改 CMS 模板。本节我们就针对 CMS 的选择和模板的开发进行深入解读。

目前在互联市场上，大多数营销型的网站都是由 CMS 系统制作的，CMS 系统给技术人员带来了方便，但有时会给网站优化人员带来烦恼。随着 SEO 的发展，大部分系统都带有一定的 SEO 功能，市场上的 CMS 系统也是很多的，如 DedeCMS、WordPress 等。下面作者就来说说怎样选择合适的 CMS 系统。

1. 网站自动静态化

网站静态化对优化来说是很重要的，符合网站优化的系统应该设置自动 URL 静态化选项，只要在后台开启静态化选项，整个页面就可以自动静态化。如果是比较好的系统，则应该提供 SEOER 手动设置功能，站长可以自定义 URL 地址形式，也可以自动设置生成的 URL 地址是目录名还是输入的英文等，如图 2-2 所示。

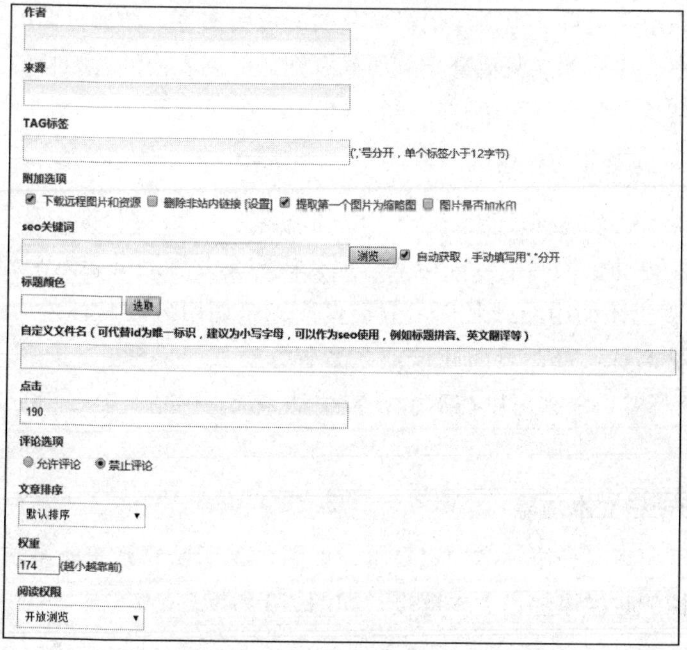

图 2-2 DedeCMS 后台发布内容界面

在 DedeCMS 后台发布内容界面，我们可以自定义网页文件名称。静态地址更利于蜘蛛的抓取，所以对于站长来说，好的系统应该具备基本的静态化功能。

2. 可自动设置标签

强大的内容管理系统不仅需要静态化，还需要能自动生成网站标题和网站的关键词描述，同时也可以手动设置标题。首页的标题必须可以由用户自行输入，分类页面的标题可以自动调用“分类名称+网站名称”；产品页面的标题可以调用“产品名称+分类名称+网站名称”。

对于 meta 标签的关键词和描述是需要定制化的，很多网站的内页都是直接调用首页的关键词和描述，这样的调用对优化来说毫无意义。对于优化健全的网站来说，不同的页面应该设置成不同的关键词和描述。如果系统不能自动删除或手动修改，那么这样的 CMS 系统就是不符合优化原则的，不能用于营销型网站的建设。

3. 可撰写分类页面说明

站长在分析网站时会发现网站被收录得不充分，网站的很多分类页面不能被收录，收录的多半是首页和内页。对于大型的资讯门户网站和商城网站来说，更希望被收录分类页面。处理这样的情况，需要 CMS 系统有个性化的说明文字功能。站长应该给分类页面也添加上符合分类的说明文字，增加页面的用户体验和蜘蛛的抓取率，这样才能避免分类页面只有产品的列表而没有独特的文字介绍。系统应该给站长在分类页面留有这样的区域。

4. 可正确生成<h>标签

智能、完善的系统应该能正确地生成<h>标签。SEO 站长很多是不懂技术的，如果系统不能自动、准确地生成标签，那么肯定会发现网页中见不到<h>标签，首页<h1>标签应该调用网站名称，分类页面应该调用分类名称，而不是跟首页一样调用网站名称，产品页面应该把产品名称放入<h1>标签。如果系统不能准确地调用<h>标签，那么可以在后台设置手动添加，由站长自己给页面添加相应的<h>标签。

5. 有自动锚文本功能

我们只需要填写长尾关键词记录单，如图 2-3 所示，系统就可以自动在内容中出现关键词的时候添加锚文本链接，如图 2-4 所示。

选择	关键字	链接网址	频率
☑	站内站	http://www.sitemap-xml.org/jishu/10(	30
☑	相对地址	http://www.sitemap-xml.org/jishu/42.	30
☑	绝对地址	http://www.sitemap-xml.org/jishu/42.	30
☑	目标关键词	http://www.sitemap-xml.org/jishu/41.	30
☑	长尾关键词	http://www.sitemap-xml.org/jishu/43.	30
☑	二级目录	http://www.sitemap-xml.org/jishu/44.	30
☑	二级域名	http://www.sitemap-xml.org/jishu/44.	30
☑	锚文本	http://www.sitemap-xml.org/jishu/46.	30
☑	description	http://www.sitemap-xml.org/jishu/36.	30
☑	关键词筛选	http://www.sitemap-xml.org/jishu/50.	30
☑	关键词竞争性分析	http://www.sitemap-xml.org/jishu/50.	30
☑	索引量	http://www.sitemap-xml.org/jishu/49.	30
☑	标签	http://www.sitemap-xml.org/jishu/93.	30
☑	标签	http://www.sitemap-xml.org/jishu/93.	30
☑	四处一词	http://www.sitemap-xml.org/jishu/87.	30
☑	人工干预	http://www.sitemap-xml.org/jishu/90.	30
☑	反作弊	http://www.sitemap-xml.org/jishu/90.	30
☑	百度指数	http://www.sitemap-xml.org/jishu/73.	30
☑	域名	http://www.sitemap-xml.org/jishu/70.	30
☑	收录量	http://www.sitemap-xml.org/jishu/49.	30

图 2-3　自动锚文本添加界面

网站更换域名完整攻略　　6 赞

主页 > SEO技术教程 >　　SEO技术教程　2017-03-28　阅读：386次

“ 很多SEOER都遇到过这样的问题，网站发展了一段时间，关键词排名有了进展，流量增加了许多，网站开始有了收入，这时候便有了更换域名的想法，但是又担心更换域名会影响网站的权...

很多SEOER都遇到过这样的问题，网站发展了一段时间，关键词排名有了进展，流量增加了许多，网站开始有了收入，这时候便有了更换域名的想法，但是又担心更换域名会影响网站的权重和排名，进入左右为难的境地。今天，我们就对此问题做深入的解读，再次之前为了能亲自验证更换域名了过程，我们也对几个网站进行了实际的测试，相信这样的结论才是有说服力的。

值得庆幸的是百度站长平台前些年已经开放了网站改版工具，这个是非常有用的，没有这个工具之前我们的做法只能是301转向之后静静的等待，别无他法。而现在有了这个工具更换域名就会轻松很多，根据我们经验，一般情况15天到30天域名的权重就能完整的转移过来。下面我们来详细说说更换域名的过程：

在更换域名之前首先要对整站做301转向，大体有如下方法：

1.设置.htaccess文件（只适用于linux系统，并需要虚拟主机支持。）

使访问434.com.cn/的时候就会自动转到www.434.com.cn

在.htaccess文件里写上以下代码即可。

RewriteEngineon

图 2-4　自动锚文本应用页面

6．强大的 CMS 系统所具备的功能

完善、强大的 CMS 系统还应该具备可添加的内页标签、网站内页 301 重定

向、自动生成 XML 版本的网站地图、功能齐全的正文编辑器、个性化的 404 页面、自动在内页调用相关的文章、分类页面的自动翻页等功能，这些都是营销型 CMS 应该具备的基本功能。如果不具备以上个性化设置功能，则称不上是合格的营销型网站 CMS 系统。

2.2.2 CMS 模板开发应该注意什么

一些 SEOER 非常好奇，认为 CMS 模板不需要自己开发：网上不是有那么多现成的、非常漂亮的模板吗？下载一个不就可以了吗？这是错误的想法，我们可以试想，互联网的模板尽管不少，但还是有限的，比如 DedeCMS 模板，这些模板被全国甚至全球的用户下载使用，被某些灰色行业用来建设大量的站群，而这些站群周而复始地被 K 掉，又周而复始地建设，必定会对搜索引擎收录带来一定的影响，就像前面我们提到的.pw 等域名为什么会被搜索引擎延迟收录，甚至不收录，模板也是一样的道理。

因此，作者建议尽量自己开发模板，或者外包开发模板，在网站上线初期模板不需要多么华丽，实用、符合 SEO 规范即可。下面作者总结了一些模板开发需要注意的事项，供大家参考。

1. CSS 样式、JavaScript 代码外置

在页面源代码中尽量不要出现 CSS 样式、JavaScript 代码，因为页面中的 CSS 样式、JavaScript 代码会影响搜索引擎抓取的速度和数量。百度搜索引擎不会抓取 JavaScript 代码；Google 可以抓取 JavaScript 代码，但是抓取的速度和质量不是很高。

- 将 CSS 样式表外置到 CSS 文件夹中。
- 百度不抓取 JavaScript 代码，过多的 JavaScript 代码会影响页面的质量。

2. CSS+DIV 代码结构代替 table

为什么选择 CSS+DIV？

（1）CSS+DIV 符合 W3C 标准。

（2）CSS+DIV 的加载速度快于 table。

有时候我们在视觉上会认为 table 的加载速度快于 CSS+DIV，其实 CSS+DIV 是把页面完全加载完毕才能显示的，而 table 是从里向外加载的。

例如：

```
<table>
```

```
<table>
第一个表格
</ table>
<table>
<table>第二个表</ table></ table>
</ table>
加载方式第二个表->第一个表
```

（3）CSS+DIV 减小网站页面的大小，提高搜索引擎的抓取速度。

注：并不是任何时候都可以用 CSS+DIV，有一些表格页面如果用 CSS+DIV 就不太适合。

3．include 及代码规范

使用 include 代替 iframe，因为搜索引擎不会抓取 iframe 调用数据。

代码书写格式全部采用小写（小写遵循 W3C 标准），CSS 样式、table、DIV、head、body 部分所有的代码都必须遵循这个标准。

4．空格、注释、特殊符号

这三部分要注意如下事项：

- 在源码中删除多余的空格，因为空格也是占字符，多余的空格会增加页面的大小，不利于搜索引擎的抓取。
- 删除多余的注释。将不重要的注释删除，以减小页面的大小，如删除 JavaScript 代码注释、HTML 代码注释等。
- 删除页面中不需要的特殊符号，如？、!、&等，降低搜索引擎抓取网站的噪声。
- 不要使用跳转代码。

5．F 形结构

F 形是用户浏览内容板块时最常用的扫描浏览模式。打开一个网页，用户会首先从左到右以水平线方向浏览，这种浏览习惯是很容易理解的；然后从屏幕最左边垂直往下浏览，从段首句或小标题中寻求自己感兴趣的关键词或内容；找到后又开始从左到右正常阅读，形成（“F”的第二条）水平线，这样就形成了一个字母 F 或 E 的形状。

F 形结构归根结底就是一个优质内容展现，特别是一个列表展现，而且在网站页面底部都有翻页功能，这就说明网站的内容即便是很陈旧的文章，随着更新的增加和页面的不断转化，也能够被不断收录，从而提升网站的更新速度。简单来说，这一结构对于更新来说有很大的益处，但是更新慢就会直接影响网站的质量。

因此，F 形结构也不能说是万能的 SEO 结构型网站，其内容最适合频繁更新的站点，并且随着内容的更新与推荐，网站右侧也会产生作用。网站右侧大都是网站展现量排行、网站内容推荐等功能。下面通过网站介绍让大家了解 F 形网站的最恰当应用，F 形网站的优势与发展历程，以及网站首页和内容页如何设置，确保此类网站能够享受到最佳的优化作用。

2.3 TDK、<h1>、<strong>等标签

TDK、<h1>、<strong>等标签在 SEO 中的重要性不言而喻，尽管如此，还是有一些 SEOER 对这些标签不够重视。作者觉得有必要在这里再次对这些标签的使用方法和重要性展开讨论，让读者能更加深入地了解这些标签在 SEO 中的作用。

2.3.1 TDK 标签是什么

TDK 标签包括标题标签（title）、网站的描述标签（description）、关键词标签（keywords）等，如图 2-5 所示。

```
<!DOCTYPE html PUBLIC "-//W3C//DTD XHTML 1.0 Transitional//EN"
"http://www.w3.org/TR/xhtml1/DTD/xhtml1-transitional.dtd"
<html xmlns="http://www.w3.org/1999/xhtml">
<head>
    <meta http-equiv="Content-Type" content="text/html; charset=utf-8" />

    <title>小爬虫-sitemap网站地图生成工具_SEO诊断顾问_SEO技术教程</title>
    <meta name="keywords" content="网站地图,sitemap,网站地图制作,seo诊断,seo顾问,seo
教程,seo技术" />
    <meta name="description" content="小爬虫是一款sitemap网站地图制作工具，提交
sitemap网站地图能有效提升搜索引擎收录数量；本站不定期发布最新、最实用的SEO技术教程等
SEO相关内容；PS:本团队承接SEO诊断，SEO外包服务，欢迎联系我们..."/>

    <link rel="stylesheet" type="text/css" href="http://www.sitemap-
xml.org/css/base.css"/>
    <link rel="stylesheet" type="text/css" href="http://www.sitemap-
xml.org/css/style.css"/>
    <link rel="stylesheet" type="text/css" href="http://www.sitemap-xml.org/css/x-
banner.css"/>
    <link rel="stylesheet" type="text/css" href="http://www.sitemap-
xml.org/css/nav.css"/>

    <script language="JavaScript" type="text/javascript" src="http://www.sitemap-
xml.org/js/jquery-1.7.2.min.js"></script>
    <script language="JavaScript" type="text/javascript" src="http://www.sitemap-
xml.org/js/function.js"></script>
 <script language="javascript" type="text/javascript" src="http://www.sitemap-
xml.org/js/dedeajax2.js"></script>
    <script>
        function multi(pagenum,tagid)
        {

            var taget_obj = document.getElementByIdx_x(tagid);
            var taget_obj_page = document.getElementByIdx_x("page_"+tagid);
            myajax = new DedeAjax(taget_obj,false,false,'','','');
            myajax.SendGet2("/plus/arcmulti.php?
mtype=0&pnum="+pagenum+'&tagid='+tagid);
            myajax = new DedeAjax(taget_obj_page,false,false,'','','');
            myajax.SendGet2("/plus/arcmulti.php?
mtype=1&pnum="+pagenum+'&tagid='+tagid);
            DedeXHTTP = null;
        }
    </script>
```

图 2-5　网站 TDK 标签示例

我们在优化网站的时候，每个页面都需要布局 TDK 标签，如网站主页、列表栏目页、文章内容页等。

标题是指网站名称。标题的写法：在标题里面是需要布局网站关键词的，一般设置 3～5 个核心词，且字符长度一般控制在 40 个汉字以内。这些关键词要根据词的搜索量大小来进行合理放置，搜索量高的词放在前边，搜索量低的词放在后边，关键词之间使用英文状态下的逗号或者下画线隔开。在这里建议大家把品牌词放在最前边。

栏目页的标题是“当前的栏目名称_自己网站的品牌词”，如图 2-6 所示。

```
<!DOCTYPE html PUBLIC "-//W3C//DTD XHTML 1.0 Transitional//EN"
"http://www.w3.org/TR/xhtml1/DTD/xhtml1-transitional.dtd">
<html xmlns="http://www.w3.org/1999/xhtml">
<head>
    <meta http-equiv="Content-Type" content="text/html; charset=utf-8" />
    <title>SEO技术教程_小爬虫</title>
    <link rel="stylesheet" type="text/css" href="http://www.sitemap-
xml.org/css/base.css"/>
    <link rel="stylesheet" type="text/css" href="http://www.sitemap-
xml.org/css/style.css"/>

    <script language="JavaScript" type="text/javascript" src="http://www.sitemap-
xml.org/js/jquery-1.7.2.min.js"></script>
    <script language="JavaScript" type="text/javascript" src="http://www.sitemap-
xml.org/js/list.js"></script>
    <script language="JavaScript" type="text/javascript" src="http://www.sitemap-
xml.org/js/function.js"></script>
```

图 2-6 网站栏目页标题示例

文章页的标题是“文章的标题_自己网站的品牌词”，如图 2-7 所示。

```
<!DOCTYPE html PUBLIC "-//W3C//DTD XHTML 1.0 Transitional//EN"
"http://www.w3.org/TR/xhtml1/DTD/xhtml1-transitional.dtd">
<html xmlns="http://www.w3.org/1999/xhtml">
<head>
    <meta http-equiv="Content-Type" content="text/html; charset=utf-8" />

    <title>网站更换域名完整攻略_小爬虫</title>
    <meta name="keywords" content="网站更换域名" />
    <meta name="description" content="很多SEOER都遇到过这样的问题，网站发展了一段时
间，关键词排名有了进展，流量增加了许多，网站开始有了收入，这时候便有了更换域名的想
法，但是又担心更换域名会影响网站的权" />
```

图 2-7 网站文章页标题示例

2.3.2 关键词（keywords）标签怎么写

主页的关键词布局：主页的关键词一般布局的是核心词，以 5～10 个为宜，关键词之间使用英文状态下的逗号或者下画线隔开，搜索量高的词放在前边，搜索量低的词放在后边；同一个关键词不可以反复使用，以免造成关键词堆积。

1. 栏目页的关键词布局

不同的栏目要设置不同的关键词。栏目页属于内页，所以关键词最好选择长尾关键词，并且要结合网站当前的栏目名称来选词。一般栏目页可以布局 3～5 个长尾关键词。

2．文章页的关键词布局

文章页主要布局的关键词是长尾关键词，以 1～2 个为宜，并且一定要和文章主题高度吻合。建议每篇文章布局的关键词都是由人工筛选的，不要使用 CMS 的自动分词生成，因为其效果不甚理想。

2.3.3 描述（description）标签怎么写

网站主页的描述：在写描述的时候需要注意尽量把描述写得吸引人，要有亮点，用一句话来总结你的网站主要是做什么的，适当布局几个关键词，以 100 个汉字左右为宜(可以写一些带有广告性质的话语，但千万不要在描述里面使用“最”之类的夸张的词语。写完以后可以把网站生成一遍，看一下源代码里面有没有显示，这样就可以知道你有没有设置成功)。

栏目页的描述：用一句话来总结当前的栏目主要是做什么的。需要注意的是，栏目页的描述尽量带上当前栏目的关键词。

文章页的描述：文章页的描述比较容易撰写，只需将文章中的某段话提取出来即可。需要注意的是，这段话中一定要包含优化的长尾关键词。

2.3.4 <strong>标签怎么用

要了解<strong>标签的运用，首先得认识一下它的老朋友“B 标签”。“strong”和“B”标签都可以起到给字体加粗的效果，从肉眼上看并没有多大的区别，但是 strong 本身就有强调、加重的意思，在搜索引擎的眼中，带有<strong>标签的文字都是比较重要的，会赋予一定的权重。另外，从标准化角度来看，<strong>标签也更符合 W3C 标准。因此，在文本中，<strong>标签优先使用。

使用方式：将需要强调的词语加在<strong>标签之间。例如，给“标签的使用”加上标签的方法为：<strong>标签的使用</strong>。一般通过文本编辑器就可以给文字加上<strong>标签，如图 2-8 所示。

```
<div id="mxdg-content" class="mxdg-clear">
    <div class="mxdg-content-top mxdg-clear" >
        <div class="mxdg-box mxdg-fl mxdg-shadow" style="width: 352px;">
            <h2>
                <span>岷县当归</span>
            </h2>
            <div id="mxdg-scrollT" class="mxdg-list mxdg-hei280">
                <div class="mxdg-qimo1" style="padding: 20px 10px; width: 3
line-height: 20px; text-indent: 2em; font-size: 14px;">
                    <strong>岷县当归</strong>，甘肃省岷县特产，岷县盛产当归
```

图 2-8　网站<strong>标签使用示例

使用注意点：

- <strong>标签之间为具有概括意义的关键词，而不是一段话，将整段文字加上<strong>标签是起不到强调作用的。
- 要控制<strong>标签的数量。如果一个页面中<strong>标签过多，则会显得没有重点。
- 将<strong>标签与<h>标签配合使用。

2.3.5 <h>标签

<h1>标签是对页面最重要部分的强调，一般用在页面标题上。需要注意的是，在同一个页面中<h1>标签只能出现一对，若在页面中出现多个<h1>标签，则将对 SEO 造成不利影响。作者在 SEO 诊断中遇到很多网站多次出现<h1>标签，这样的问题应该引起大家的重视。

<h2>、<h3>及其他<h>标签在同一页面中均可使用多次，一般用在栏目名称、文章段落标题或小标题中。

2.3.6 <nofollow>标签

很多 SEOER 喜欢说<nofollow>标签，其实 nofollow 并不是一个标签，它只是 HTML 标签的一个属性。通常认为使用了 nofollow 属性的链接不会被搜索引擎跟踪（该观点有争议），更不会给链接页面传递权重。最常用的方式是使用 nofollow 属性来避免页面权重不必要的流失，从而达到权重集中的目的。

2.3.7 <Canonical>标签

Canonical 属性和 nofollow 属性一样也被很多人称为<Canonical>标签，但它对部分 SEOER 来说比 nofollow 属性更为陌生。Canonical 在英文中有权威的意思，在 SEO 中用来解决由于网址形式不同、内容相同而造成的内容重复问题。

网页中的<Canonical>标签可以告诉搜索引擎在若干个内容相同、URL 不同的页面中哪个页面才是最为规范、最希望被搜索引擎收录的，它可以避免相同内容的网页通过不同 URL 带来的权重分散问题，从而达到集中页面权重的目的。

2.3.8 title 属性

title 属性可以应用在很多 HTML 标签中，从网站 SEO 优化的角度常见的在<a>

标签、<img>标签、<embed>标签及<video>标签中。作者认为 title 属性的主要作用是提高用户体验，鼠标移动到 HTML 元素上展现的文字信息即 title 属性的内容。推荐在<embed>标签、<video>标签及链接文字不能完全展示的时候使用 title 属性来提高用户体验。

2.3.9 alt 属性

在网站优化中，alt 属性主要用在<img>标签中。在<img>标签中添加 alt 属性一是为了通过 alt 属性对图片进行说明，告诉搜索引擎图片的含义；二是为了提高用户体验，在<img>标签缺少 title 属性时，当鼠标移动到图片上时展现的文字信息即 alt 属性的内容；三是当由于某种原因导致图片不能正常显示时，alt 属性中的文字将代替图片进行展示。

2.4 关键词的确定

2.4.1 目标关键词的确定

目标关键词（Target Keyword）是指经过关键词分析确定下来的网站“主打”关键词，通俗地讲，是指网站产品和服务的目标客户可能用来搜索的关键词。目标关键词有如下特征：

- 目标关键词一般作为网站首页的标题。
- 目标关键词一般是由 2～4 个字构成的一个词或词组，名词居多。
- 目标关键词在搜索引擎中每日都有一定数目的稳定搜索量。
- 搜索目标关键词的用户往往对网站的产品和服务有需求，或者对网站的内容感兴趣。
- 网站的主要内容围绕目标关键词展开。
- 基本上可以通过目标关键词查看中小型网站的流量，但大型网站不行。
- 目标关键词一般都是网站首页定位优化的关键词，常放在首页的标题及关键词设置标签中。
- 目标关键词是有热度的词语，每天都有部分用户通过该词语在搜索引擎上进行搜索。
- 目标关键词需围绕网站产品和服务来设定，网站的主要内容需围绕目标关键词来展开。

- 一般用户在百度上搜索目标关键词，结果大多是网站的首页或者二级目录页面。

一些 SEOER 常常遇到这样的问题：刚开始接触 SEO 觉得思路很清晰，但是渐渐地发现有许许多多让自己迷惑的问题。比如把一直认为有价值的关键词做上去之后却没有带来令自己满意的流量，于是开始重新思考 SEO 的方向，重新寻找关键词，这样反反复复地过了一段时间，网站流量却还是不能让我们满意。于是我们又开始重新定位关键词，又开始消磨时间，如此一般循环往复。这样的情况其实说白了就是我们没有完全有效地确定关键词，也许连我们自己都没有意识到，自己做 SEO 多年，怎么会连关键词都不能有效确定呢？

那么，当我们面对一个网站的时候，该如何确定其目标关键词呢？作者相信这不仅仅是刚刚入行的 SEO 新人所面临的问题，就连从事 SEO 多年的老手也会遇到这个问题。

在确定关键词的时候我们首先要明确一个问题，即必须弄明白什么才是目标关键词，以及目标关键词与关键词、长尾关键词之间有什么区别与联系。目标关键词就是一个网站上占主要地位、有着稳定搜索量的关键词。长尾关键词则是网站上那些并不是目标关键词却一样能够给网站带来更多流量的关键词。这样我们就会明白，其实关键词、目标关键词和长尾关键词之间的关系就是关键词包含着目标关键词和长尾关键词，但是它们的角色分布决定了它们的功能不同。

其次，在确定关键词的时候，我们必须学会巧妙地利用百度搜索引擎，而且要对我们所从事的行业有着相当的了解。因为我们要确定的关键词都是在某个行业的基础之上的，只有对这个行业有着充分的认识和了解，我们才能更加准确地确定这个网站的关键词。举个例了，如“中医中药大全”，在我们通过百度搜索引擎搜索之前，并不知道这个行业的深度有多少，和普通大众一样，对这个行业的了解止步于对中医、中药的简单理解。

当然，如果我们不经了解就开始确定目标关键词，那么我们一般会选“中医”、“中药”等关键词，结果发现并没有给网站带来多少流量。因为这两个关键词的竞争性非常高，如果我们的网站一开始就选择这些关键词，那么需要耗费大量的财力和精力，这个过程可能会长达一年，很多企业都是无法坚持的。

而如果我们对中医和中药行业的关键词进行挖掘，如图 2-9 和图 2-10 所示，然后再进行筛选，就会注意到“中药大全”、“中医养生”等关键词的竞争性不强，指数相对不错，并且这些关键词的内容非常容易获取。中药大全有 5000 多种中药材基础数据，我们只需对这些数据进行整理、组合、扩展即可；中医养生有很多书籍，只需使用 OCR 软件将这些内容转化为 Word 发布即可。这样，即使在没有外链的情况下，3 个月也会获得不错的排名，这对企业或者 SEOER 来说都是极大的鼓舞。另外，在这个过程中我们也可以积累很多经验，了解哪些内容是搜索引擎喜欢的，等等。

关键词	百度指数	长尾词数量
中药什么时候喝最..	1946	57
吃中药的禁忌	1708	85
中药	1696	278601
中药材天地网	1627	72
补肾中药	1160	1848
中药大全	1136	1290
补气血的中药	1074	489
喝中药的禁忌	1047	79
中药减肥	974	2189

图 2-9 “中药”关键词挖掘

广州中医药大学	1430	1686
中医养生	1411	4190
南京中医药大学	1408	1425
浙江中医药大学	1396	1011
山东中医药大学	1345	961
东直门中医院	1338	567
广州中医药大学第..	1334	150
安徽中医药高等专..	1329	29
中医基础理论	1299	718
湖南中医药大学	1270	916
湖北中医药大学	1260	696

图 2-10 “中医”关键词挖掘

作者建议选择目标关键词一定要从实际出发，不要盲目地求大、求全，这样我们才能在竞争中赢得一席之地，而这一席之地正是网站发展的基础。

还有一种选择目标关键词的方法就是向竞争对手学习！学习对手网站的目标关键词，如图 2-11 所示。

```
"http://www.w3.org/TR/xhtml1/DTD/xhtml1-transitional.dtd">
<html xmlns="http://www.w3.org/1999/xhtml" xml:lang="zh-CN" lang="zh-CN">
<head>
<link rel="shortcut icon" href="favicon.ico" />
<title>中药大全_中草药大全_中草药图谱_中草药图片_中草药名称_中草药网</title>
<meta http-equiv="Content-Type" content="text/html; charset=utf-8"/>
<meta http-equiv="Content-Language" content="zh-CN" />
<meta name="Keywords" content="中药大全,中草药大全,中草药图谱,中草药图片,中草药名称,中草药网,中草药
图片大全,中草药名称大全,中草药名">
<meta name="Description" content="中药大全乃传承中药文化,设有八大分类中草药材,收纳各类中药材,中草药
大全,一键查询中草药图谱,中草药图片,中草药名称,是中国最好的中草药检索网站。">
<meta name="google-site-verification" content="3OIBAuISfc7IZNdWUD_3ToLhsTsJRdi946ERqBZo-hA" />
```

图 2-11 “中药大全”关键词排名第一的网站源码

可以看到百度搜索引擎搜索“中药大全”这个关键词排名第一的网站布局的目标关键词有“中药大全，中草药大全，中草药图谱，中草药图片，中草药名称，中草药网，中草药图片大全，中草药名称大全，中草药名”，我们完全可以对这些关键词进行筛选，然后布局到我们的网站中。

这样学习之后再对比自己的网站，可以肯定的是对自己确定关键词有百利而无一害。确定准确的关键词、目标关键词、长尾关键词，对我们开展 SEO 工作无疑会有很大的帮助。如果连目标关键词的确定都是草率地完成，那么网站从一开始就是存在问题的，后续的发展也会非常吃力。好的开始是成功的一半，这句话同样适用于 SEO 行业。

2.4.2　长尾关键词的确定

作者在《跟我学 SEO 从入门到精通》一书中多次提到长尾关键词的重要性，但是仍然有一些 SEOER 觉得长尾关键词指数低、带来的流量少，不愿意花时间和精力去优化长尾关键词。这是非常错误的想法！本小节作者将围绕长尾关键词的重要性和如何确定长尾关键词展开深入分析，希望能引起读者的重视。

什么是长尾关键词？

所谓长尾关键词，就是那些与网站内容有相关性的关键词，是核心关键词的延伸。以“岷县当归网”为例，该网站的目标关键词是“岷县当归”、“当归的功效与作用”等，但是往往用户在搜索的时候还会输入“当归粉的功效”、“黄芪当归炖鸡”等相关的关键词，如图 2-12 所示。

当归种子	45	24
当归芦荟丸	17	15
当归粉的功效与作..	17	7
当归精油	9	15
黄芪当归炖鸡	0	90
当归粉的功效	0	27
东当归	0	26
当归生姜茶	0	15
当归的美容功效	0	13
马悦凌 当归	0	12
青海当归	0	12

图 2-12　“当归”的长尾关键词

这些词相对来说竞争性要小得多，每天都有很多人搜索，并且和网站的内容相吻合，这样既对搜索引擎友好，又能很好地优化关键词。

2.4.3 长尾关键词的优点

1. 长尾关键词本身的因素

长尾关键词的优化难度比起一般的核心关键词要小很多，有些词甚至不用下很大功夫就可以有好的排名。不要认为越热门的长尾关键词越好用，其实不然。因为受限于网站的内页权重，一般热门的长尾关键词反而很难有好的排名。所以，尽量选择看似没有竞争但还有用户搜索的词。

2. 来源于用户需求

最好在网站上建立一个问答系统，可以帮你了解用户搜索的长尾关键词。一个网站如何留住用户、如何让用户记住这样的一个网站呢？那就是跟用户产生互动，以问答的形式来利用长尾关键词，就是在充分利用用户来更新网站的文章。

3. 转化率较高，获得更多价值

长尾都是有针对性的问题，所以长尾关键词的转化率就特别高。试想，当一个人把问题搜索得很细致的时候，一般就是打算购买，至少也属于潜在目标客户，那么这部分人群搜索的长尾关键词从整体上来说就比较固定。比如大家常常看到品牌旗舰店，或者与品牌产品相关的关键词，虽然百度指数并不高，但是这部分关键词的搜索量却异常稳定。比如用户搜索“岷县当归”，或许用户只是想了解一下关于“岷县当归”的信息；而如果用户搜索“岷县当归哪里可以买到”这样的长尾关键词，则说明用户搜索该关键词的需求非常明确，就是要找到一个可以买“岷县当归”的渠道。

4. 排名较稳定，维护成本低

长尾关键词和热门关键词是有很大不同的。热门关键词或者存在竞争力度的关键词是需要每天维护的，比如做外链、更新原创，因为大家都在提升网站的权重，做这些词好比逆水行舟，不进则退。但对于长尾关键词，由于做的人非常少，所以情况就有所不同，只要网站整体上保持稳定，不用经常更新就可以有好的排名并且保持稳定。

长尾关键词的选择是一项非常重要的工作，但只要本着以客户角度的搜索意图和思想来进行就可以了。这里有几种简单的方法与大家分享：

- 构思与网站内容和服务相关的关键词。
- 通过分析竞争对手来确定长尾关键词。我们可以调查竞争对手用了哪些关键词、没用哪些关键词、哪些关键词可以超过竞争对手等。
- 通过搜索引擎的相关搜索来确定长尾关键词，如图 2-13 所示。

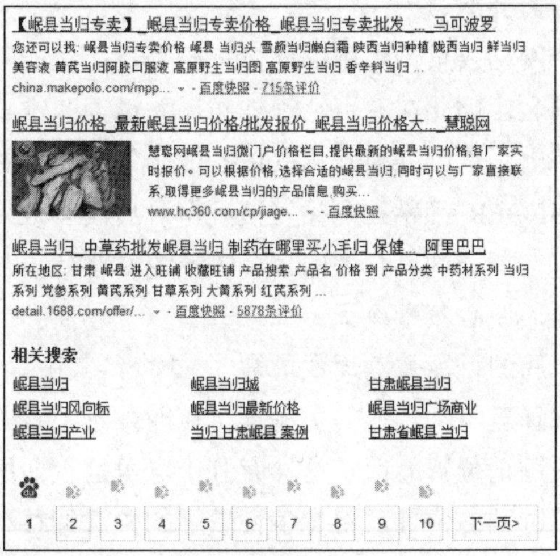

图 2-13　百度相关搜索“当归”长尾关键词

这里给大家介绍两个非常实用的查询长尾关键词的工具。

- 百度：www.5118.com。
- 谷歌：adwords.google.com/select/KeywordToolExternal。

使用这两个工具可以很方便地查看与你想要优化的关键词相关的长尾关键词，以及这些长尾关键词的相对比率。另外，也可以到关键词所属的行业论坛分析最基本的用户需求，这种方法虽然工作量很大，但是往往能找到竞争对手没有布局的长尾关键词。

作者在优化网站的过程中，深感长尾关键词建设与优化的重要性，所以建议读者能把心思多放在长尾关键词的挖掘和优化上面，不要一门心思地优化首页和目标关键词，一旦尝试这样去做，定会有意想不到的效果。

2.5　关键词的站内布局

2.5.1　目标关键词的站内布局

前面我们对目标关键词的确定进行了详细介绍，当我们选择了目标关键词后，该在哪些地方进行布局一直困惑着很多 SEOER。下面作者就目标关键词的布局进行深入讲解。

一般来说，布局目标关键词的位置主要是网站首页、栏目页或者专题页面，本小节我们重点来看看如何在首页布局目标关键词，对于栏目页和专题页面的关键词布局读者可以触类旁通。

网站首页是一个网站权重最集中的地方，一个新上线的网站往往是首页布局的关键词最先获得排名，因此在首页合理地布局关键词非常重要，不但能让网站用最快的时间脱颖而出，也可以提升 SEOER 的士气，这样的士气对于网站的发展至关重要。一些 SEOER 经常在网站发展几个月后没有效果便停止了服务器的续费，原因就是没有选择正确、合理的目标关键词，坚持了几个月，网站关键词排名没有丝毫的动静，便心灰意冷了。

作者建议首页布局的目标关键词数量是 3～5 个，其中有 1～2 个竞争性较强的关键词，剩余的选择竞争性较弱的关键词。在网站刚上线的时候，在首页标题中让竞争性较弱的关键词位置靠前，这样有利于竞争性较弱的关键词快速获得排名，之后可以调整关键词的位置，将竞争性较强的关键词移动到标题的前面，这样的调整是不会影响网站权重和关键词排名的。

下面我们来看一个例子。在前面的章节中作者提到中医中药大全的网站，在这个项目中，我们考虑为中医中药大全的网站配套一些站群，比如为当归等常见的中药材建设单独的网站，以便在最短的时间内让这些关键词获得排名，然后将流量引导到中医中药大全的网站或者为中医中药大全的网站提供外链资源。要建设这些站群，我们首先要为其选择适当的目标关键词，使用 5118 工具查询“当归”，如图 2-14 所示。

可以看到有“当归”、“当归的功效与作用”、“当归图片”、“当归价格”、“岷县当归”等关键词，通过关键词竞争性分析，可以得出关键词竞争性排序：当归>当归的功效与作用>当归图片>当归价格>岷县当归，因此我们进行在网站首页关键词布局的时候应该按照竞争性由小到大的顺序撰写标题，如图 2-15 所示。

接下来我们还需要在关键词标签、描述标签上布局关键词。作者建议在描述标签中布局目标关键词的时候竞争性较强的出现 2～3 次，竞争性较弱的出现 1～2 次。

为了提升目标关键词的密度，我们还可以专门设置一个文字区块，如图 2-16 所示。

关键词		百度指数	长尾词数量
当归		5812	22026
当归的功效与作用		5189	204
当归图片	查百度 挖该词	927	187
当归煮蛋		862	197
当归苦参丸		506	215
当归四逆汤		327	252
当归价格		302	314
岷县当归		270	63

图 2-14　“当归”长尾关键词挖掘

```
<!DOCTYPE html PUBLIC "-//W3C//DTD XHTML 1.0 Transitional//EN"
"http://www.w3.org/TR/xhtml1/DTD/xhtml1-transitional.dtd">
<html xmlns="http://www.w3.org/1999/xhtml">
<head>
    <meta http-equiv="Content-Type" content="text/html; charset=utf-8" />

    <title>岷县当归网-当归价格，当归图片，当归的作用与功效，当归的功效与作用！</title>
    <meta name="keywords" content="岷县当归,当归图片,当归价格,当归的作用与功效,当归的功效与作用"
/>
    <meta name="description" content="岷县当归，肉多枝少，气味香醇，个头整齐，无论是论质量或数
量，岷县当归堪称全国第一。岷县当归价格整体行情趋于稳定，岷县当归价格变化不大，岷县当归价格在一定
范围内调整，走货稳定。岷县当归的作用与功效及食用方：岷县当归属辛温之品，适用于虚寒体质。当归的功
效与作用：主治气血不足，体质阴虚，则岷县当归虽有补血之功，也不宜单独使用，而应选择滋润养血的药
物，如熟地黄、黄精、枸杞子、首乌等!" />


    <link rel="stylesheet" type="text/css" href="http://www[redacted]cn/css/dangshen.css"/>
    <script src="http://www[redacted]cn/js/js.js"></script>


</head>
<body>

<div id="mxdg-header">
    <div id="mxdg-logo">
        <h1 ><img src="http://www[redacted]cn/images/logo.png" alt=""/></h1>
    </div>
    <div class="mxdg-nav mxdg-clear">
        <ul>
            <li><a href='/'>首页</a></li>
            <li><a href='/syqpgw/'>当归的功效与作用</a></li><li><a href='/syqpxz/'>当归的作用与功
效</a></li><li><a href='/dgtp/'>当归图片</a></li><li><a href='/dgdcf/'>当归的吃法</a></li><li><a
href='/dgzz/'>当归种子</a></li><li><a href='/dgdzz/'>当归的种植</a></li>
        </ul>
    </div>
</div>
<div id="mxdg-content" class="mxdg-clear">
    <div class="mxdg-content-top mxdg-clear" >
        <div class="mxdg-box mxdg-fl mxdg-shadow" style="width: 352px;">
            <h2>
                <span>岷县当归</span>
            </h2>
            <div id="mxdg-scrollT" class="mxdg-list mxdg-hei280">
                <div class="mxdg-qimo1" style="padding: 20px 10px; width: 332px; line-height:
20px; text-indent: 2em; font-size: 14px;">
```

图 2-15　按照竞争性从小到大撰写标题示例

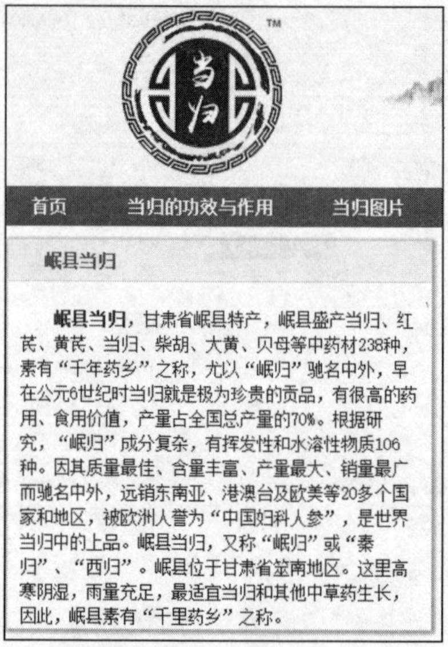

图 2-16　网站首页文字区块

在文字区块中我们可以组织 200～300 字的一段文字，其中竞争性较强的目标关键词建议出现 3～5 次，竞争性较弱的目标关键词建议出现 2～3 次，切记不要关键词堆砌，要将关键词融入话语段落中间。这段话语可以不断地调整，在网站上线初期可以重点布局竞争性较弱的关键词，比如在本案例中“岷县当归”相对竞争性较弱，等这个关键词排名稳定之后，我们可以逐步修改这段话，将重点偏向其他的关键词。

最后一个布局目标关键词的地方是网站首页底部的一句话次导航，如图 2-17 所示。

图 2-17　次导航布局目标关键词

尽可能地组织一段完整的话语，将关键词融入其中，切记不要直接进行关键词叠加。

布局完目标关键词后，我们需要每天更新内容，关于内容来源和编辑在单独的章节深入讲解，这里不再复述。这样持续大概 15 天，竞争性较弱的目标关键词排名会进入搜索引擎首页，如图 2-18 所示。

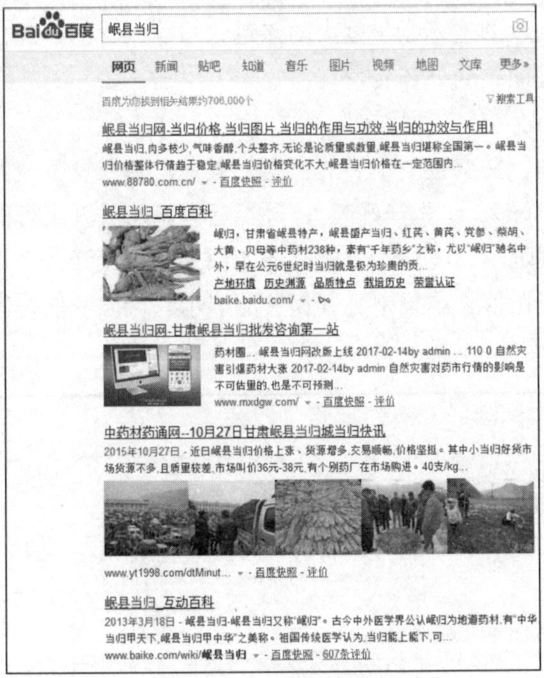

图 2-18　百度排名截图

这时候我们就可以逐步调整网站首页标题中目标关键词的出现顺序，让竞争性较强的目标关键词快速获得排名。

值得一提的是，目标关键词的合理布局只是网站获得排名的第一步，千万不要简单地认为这就是 SEO 的全部，我们应该将重点放在内容建设上面。

2017 年 4 月 21 日，作者参加 MADCon 中国互联网搜索大会，百度工程师明确提出，未来的搜索引擎算法将越来越重视对原创内容的保护，外链的功能会越来越弱。这也是作者一直主导的 SEO 方向。

2.5.2　长尾关键词的站内布局

前面我们已经对长尾关键词的挖掘进行了详细的讲解，当我们将长尾关键词挖掘出来后，就需要为这些长尾关键词准备着陆页，也就是布局。根据长尾关键词的竞争度及相关性，将其布局在网站的栏目页和内页。内页的长尾关键词围绕栏目页的竞争度稍大的短词来布局，不同栏目的长尾关键词不能互相交叉及重叠。

1．长尾关键词的分类

在布局之前，我们首先要对长尾关键词进行分类，筛选出适合放在网站的长尾关键词，含义相近的选择竞争度大的，包含与非包含的选择包含的，其他的作为生态圈长尾关键词布局外链文章。

1）竞争度分类

两个意思相同、文字也差不多的长尾关键词，选择竞争度大和常用的长尾关键词。比如“****好么”、“***好吗”，选择后者。随着人工智能越来越多地被搜索引擎所使用，现阶段百度搜索引擎已经能识别一些“好么”、“好吗”之类的长尾关键词，并且能在搜索结果中进行相关的展示。比如我们搜索“孕妇吃苹果好么”，如图 2-19 所示。

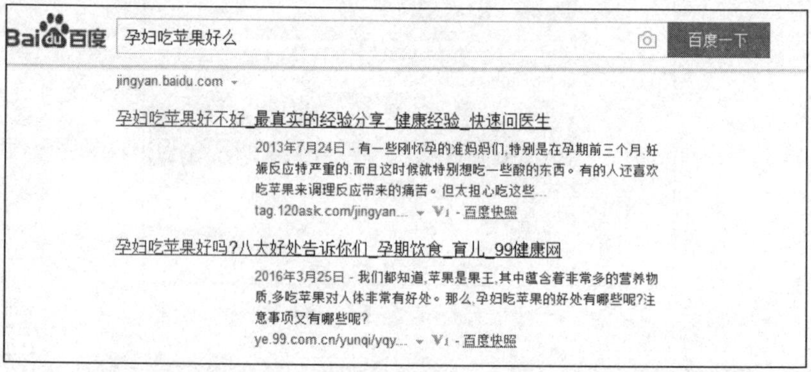

图 2-19　百度搜索“孕妇吃苹果好么”结果

可以看到搜索结果中出现了“孕妇吃苹果好吗”的内容，这说明搜索引擎已经对“好么”和“好吗”进行了关联。随着人工智能越来越多地被应用，我们选择和布局长尾关键词将会越来越容易。

2）包含词分类

对于包含关系的词，选择能包含另外一个词的长尾关键词。如果被包含词的指数比较高，就选择被包含词。

2. 栏目页和内页布局

在筛选长尾关键词时有短词和长词之分，如果是短词并且指数和竞争度比较大就作为栏目页的长尾关键词，如果是长词并且指数和竞争度比较小则作为内页的长尾关键词。比如“男人养生”是一个长尾关键词，但指数和竞争度都比较大，所以作为栏目页的长尾关键词布局；而“男人养生吃什么好”的指数和竞争度都比较小，所以作为内页的长尾关键词布局。

3．长尾关键词的布局

1）页面的头部（网站标题、关键词、描述）

这是非常基础的东西，但是有时候最基础的 SEO 知识许多 SEOER 都不够重视。网站标题、关键词、描述，这些对于 SEO 来说至关重要。一些 SEOER 认为写这些东西非常简单，轻而易举地就完成了。

作者建议撰写网站标题、描述时考虑两个方面：SEO 效果；吸引用户点击。而在写网站标题的时候最好考虑一下百度的分词技术，这点往往被很多新手所忽视。例如这样的一个网站标题“岷县当归网-当归的功效与作用，当归图片”，在百度分词技术的作用下，“岷县当归的功效与作用”、“岷县当归图片”这样的关键词同样会有好的排名。设置长尾关键词的时候也是如此。

2）文章正文里（注意长尾关键词的密度）

不仅文章正文里要合理地出现长尾关键词，文章的标题更要注意加上长尾关键词。至于长尾关键词的密度应该控制在什么样的范围内，作者认为没必要那么讲究。如果严格控制在一个范围内，那么操作起来会很困难，只要在文章内自然出现几次就可以了。当文章里第一次出现该长尾关键词的时候，可以加粗显示。有一点可能会被大家忽视：<tag>标签的设置。就如同一个网站必须有一个主题一样，文章自然也有一个中心。例如，一篇题为“夏天吃什么水果好”的文章，肯定介绍了一些适合夏天吃的水果，那么<tag>标签就可以设置成“夏天吃什么水果”、“夏天吃什么水果好”。其实这就是一些长尾关键词。

3）面包屑导航

看到这个名词也许有些新手朋友会觉得陌生，其实举个例子大家就明白了。常见的面包屑导航形式为：当前位置-->首页分类目录->文章页。这种形式在网站上太常见了，几乎每个网站上都有。

此外还有<h1>标签的使用。有人说<h1>标签没什么作用，但作者认为 SEO 就是要把细节做好。如果是文章页中的长尾关键词，就应该设置在<h1>标签内，并且一个页面最好只有一个<h1>标签。

2.6　内容来源

内容来源一直是困扰 SEOER 的问题。早些年搜索引擎算法不是那么完善，我们可以使用采集等方法获得文章，一天采集成千上万篇文章都不是问题，并且收录非常好。

2.6.1 模块组合突破内容来源瓶颈

随着搜索引擎算法的升级，采集的文章已经很难被收录，何谈排名一说？后续又衍生出了伪原创等方法，但是生存周期都不长。就目前来看，要想获得关键词排名，内容的来源有 3 种方法，分别是原创撰写、仿写、OCR 软件转化实体书内容。

所谓 OCR 文字识别软件，是指利用 OCR（Optical Character Recognition，光学字符识别）技术，将图片、照片上的文字内容直接转化为可编辑文本的软件。支持 JPG、PNG、GIF、BMP、DOC 等图片格式。

这 3 种方法有一个相似点，即非常耗费精力和时间。举个简单的例子，按照我们的经验，一名编辑人员一天撰写原创文章的数量是 20 篇左右，一个中型网站在发展初期每天至少要发布 50 篇文章，这样就需要 3 名编辑人员，每月仅编辑人员的开销就是 6000～10000 元。这对于刚创业的个人站长或者公司来说是负担不起的。

下面作者为大家介绍一种当下效率最高，并且很受搜索引擎青睐的内容来源方式——模块组合。

模块组合，顾名思义，就是把一篇内容分为若干个模块，然后分别给这些模块找内容，最后对模块进行组合。需要注意的是，不同行业或者不同栏目的模块都是不一样的，有的可能需要 3 个模块，有的则需要 5 个模板，但是至少要保证有 3 个模块，这样才能和搜索引擎已经收录的内容形成差异化。比如我们要给一个中药类型网站的百科栏目找内容，应该这样操作：

（1）分析该栏目用户的关键词需求。以“党参”为例，使用 5118 长尾关键词工具进行分析，如图 2-20 所示。

（2）对这些关键词进行梳理，大体可以总结出搜索“党参”关键词的用户还会关注“党参的功效与作用”、“党参图片”、“党参的副作用”、“党参的吃法”等。我们还需要对“当归”等同类型关键词做这样的分析，如图 2-21 所示。

（3）对两个甚至更多的关键词进行梳理、评估，可以总结出药材百科类型内容大都包含“某种药材的介绍”、“某种药材的功效与作用”、“某种药材的图片”、“某种药材的吃法”、“某种药材的副作用”等模块，这样我们就完成了第一步。

（4）后续我们只需要为每个模块找到内容来源即可。注意，即使某个网站包含完整的内容也不能完全复制下来，因为这样就变成了采集，失去了组合的意义。比如，某种药材的介绍可以在百科中整理，某种药材的功效与作用可以到苹果绿网站整理（见图 2-22），某种药材的吃法可以到美食杰网站整理（见图 2-23），等等。

党参长尾关键词挖掘

相关长尾词关键词共找到10848条记录[有指数：19 无指数：10829]

关键词	百度指数	长尾词数量
党参	3601	10301
党参的功效与作用	3015	113
党参图片	583	120
党参价格	300	297
土党参	243	26
蛤蚧党参膏	192	25
党参炖鸡	163	231
党参黄芪	156	1619
党参的功效	150	509
党参的吃法	122	19
党参蜂蜜	102	52
党参的作用与功效	95	113
潞党参	78	89
党参的副作用	35	30
王叔和蛤蚧党参膏	27	4

图 2-20　5118 挖掘长尾关键词“党参”

当归长尾关键词挖掘

相关长尾词关键词共找到23649条记录[有指数：31 无指数：23618]

关键词	百度指数	长尾词数量
当归	5812	22026
当归的功效与作用	5189	204
当归图片	927	187
当归煮蛋	862	197
当归苦参丸	506	215
当归四逆汤	327	252
当归价格	302	314
当归补血汤	270	63

图 2-21 5118 挖掘长尾关键词“当归”

目录

- 党参的作用与功效
- 党参的作用
- 党参的副作用
- 党参的食用方法

性平；味甘；归脾、肺经。

功效

补中益气，生津，健脾益肺。用于：脾胃虚弱，气血两亏，体倦无力，食少，口渴，久泻，脱肛，喘虚咳嗽，内热消渴。

禁忌

不宜与藜芦同用。实证、热证禁服；正虚邪实证不宜单独应用

党参为多年生缠绕性柔弱草本，圆柱形根，卵形或广卵形叶子对生或互生，夏秋开淡黄绿色带紫色斑点的钟状花，一般具有半下位的子房。党参属植物全世界约有40种，中国约有39种，药用有21种，4变种。《植物名实图考》有详尽记载：“党参，山西多产。长根至二三尺，蔓生，叶不对，节大如手指，野生者根有白汁，秋开花如沙参，花色青白，土人种之为利。”

图 2-22 苹果绿网站截图

图 2-23　美食杰网站截图

当为每个模板都找到了来源后，我们发布内容就非常方便了。一名编辑人员一天至少可以整理发布 60 篇这样的内容，并且此类内容很受搜索引擎的青睐。

换个角度来看，这样组合的内容对于用户来说也是很有价值的，因为我们在内容组合之初就对关键词需求进行了深入挖掘，了解了用户的需求，按照这样的需求建设的内容自然非常讨用户喜欢了。

2.6.2　使用评论提高网站内容的差异性

一直以来，某些行业的 SEOER 对网站内容的来源非常头疼，比如旅游类型网站、电影类型网站等，原因是这些行业网站的内容都具有客观性，简单地说就是许多内容是无法进行二次编辑等操作的。比如电影网站，除了电影播放的窗口，无非就是电影的介绍，而介绍的内容大部分雷同，这样一来就会导致网站内容同质化现象严重。那么，有没有什么办法可以突破这种瓶颈呢？下面我们将对此问题进行深入的分析。

我们来看一个例子。比如在百度搜索引擎搜索电影《天空之眼》，如图 2-24 所示。

图 2-24 《天空之眼》关键词百度搜索引擎搜索结果

可以看到，除了百度产品，排在第一位的是豆瓣网，打开页面，如图 2-25 所示。

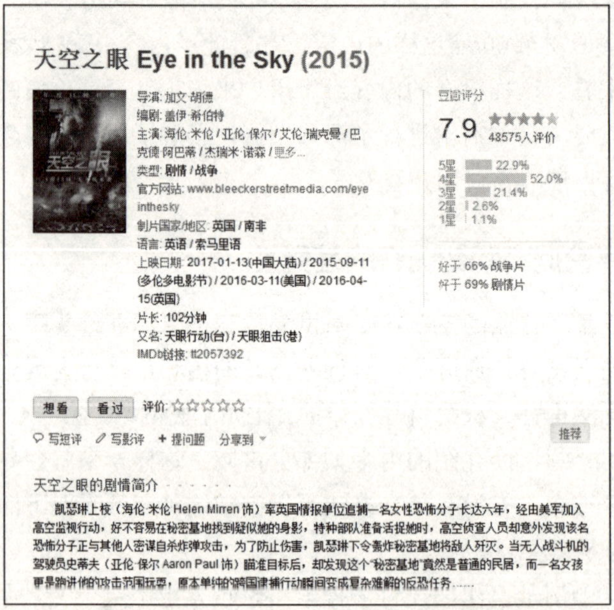

图 2-25 《天空之眼》豆瓣网页面

前面这些内容所有网站都是一样的，无非就是电影的主演、类型、介绍等信息，往下看就能发现不同，如图 2-26 所示。

天空之眼的短评 · · · · · · (全部 19740 条)　　我要写短评

热门 / 最新 / 好友

狗狗 看过 ★★★★★ 2016-06-13　　1005 有用

冲着豆瓣的高分才下下来看的，看之前说是节奏紧凑过程紧张。其实就是个很简单的情节，一直逼逼要不要用无人机打掉一座破房子...欧洲的碧池们总是一副圣母心的样子，本着能抓就不杀，要杀也只杀坏人的圣心，永远一副政治正确的嘴脸，但是实际上他们杀的人是全世界最多的，又一部普世的宣传片

Sailor Meow 看过 ★★★★★ 2016-05-08　　517 有用

完美反映英美政客对于反恐的不同观念和不同决断／讽刺的是让射杀行动变得复杂的小女孩被编剧塑造成了一个家庭思想先进，不拘于生活大环境学习数学会玩呼啦圈的形象，激发观众的同理心，忍不住想如果小女孩是一个早中晚拜阿拉的设定，不知道观众对她的紧张会不会少一些。

Sméagol 看过 ★★★★★ 2016-06-16　　460 有用

3.5星吧。墙裂建议片名改成《卖大饼的小女孩》，一群踢皮球的圣母婊静等小女孩卖完大饼，都怪老马没有把农村电商深入千家万户，不然小女孩坐在家中轻点鼠标分分钟卖掉数亿张大饼，大饼连起来都可以绕地球一圈。参考影片《战略特勤组》

lowai 看过 ★★★★★ 2016-04-24　　76 有用

(i)左派反恐着实太懦弱(ii)官僚之间推来推去被刻画得很好，有一点yes minister的影子(iii)英国内阁里面的那个女的跟nicola sturgeon一样讨厌(iv)片尾出现"in loving memory of Alan Rickman"字样(v)政治家怕民众在某种程度上也真是悲哀啊(vi)用昂贵的技术去瞻前顾后地打恐怖分子这战争怎么打得赢...

> 更多短评19740条

图 2-26　《天空之眼》豆瓣网评论内容

这些评论就是重点，正是这些丰富的评论提高了网站内容的差异性，也促使网站在搜索引擎排名中脱颖而出。这时候有的 SEOER 会有疑问：豆瓣网用户基数很大，每天都会产生大量的评论，而我的网站刚刚上线，没有什么用户，该怎样做评论呢？

我们打开图 2-24 中位于搜索结果第三位的网站，如图 2-27 所示。

凯瑟琳上校（海伦·米伦 Helen Mirren 饰）率英国情报单位追捕一名女性恐怖分子长达六年，经由美军加入高空监视行动，好不容易在秘密基地找到疑似她的身影，特种部队准备活捉她时，高空侦查人员却意外发现该名恐怖分子正与其他人密谋自杀炸弹攻击，为了防止伤害，凯瑟琳下令轰炸秘密基地将敌人歼灭。当无人战斗机的驾驶员史蒂夫（亚伦·保尔 Aaron Paul 饰）瞄准目标后，却发现这个"秘密基地"竟然是普通的民居，而一名女孩更是跑进他的攻击范围玩耍，原本单纯的跨国逮捕行动瞬间变成复杂难解的反恐任务......

●评　论

六星。英国真·被黑出翔（外相关键时刻拉肚子）。可怕的是每个人好像都有理，然而只有一方在反复挣扎两难请示诘问生怕漏了什么，另一方有条不紊穿背心装炸药拍短片。"如果他们炸死80个人，我们就打赢了宣传战；如果我们炸死1个人，他们就赢宣传战。" "别TM告诉一个士兵他不知道战争的后果。"

典型的"电车难题"悖论：非常精湛出彩的群像演技，气氛渲染到位，张力十分紧迫。当每个人都在一个环境下做"不得已"的事情时，焦虑才是人的本能。政客考虑政治影响，军人考虑行动得失，操作员唯有服从命令 #美国政客都是"干死丫的" 英国政客都是"我不能负责啊"#

3.5 比"Good Kill-2014"好。天空之眼，是不是犹如上帝之眼？选择的两难，或许也是这样上帝才一直容忍人间如此多罪恶吧，一不小心就会连累无辜。最后凭一只耳朵辨认身份，完成任务或许只是如此简单。

看的我直想吃面饼 -_-

(就着这碗主旋律鸡汤)

图 2-27　《天空之眼》百度搜索引擎搜索结果排名第三位"网站内容+评论"模式

可以看出，上面的内容和豆瓣网的没有什么差别，无非是电影介绍和主演等

信息，但是下面的内容就和豆瓣网有所差异了。我们注意到该网站直接把评论编辑到网站内容中，这种操作方法是非常可取的。

在实战中我们完全可以模仿这样的手法进行内容的发布，具体可以这样操作：首先整理出电影的主演、介绍等信息；其次在豆瓣等电影网站总结 5～10 条精彩的评论（这里需要注意的是，评论的内容不要全部来自某一个网站，最好选择 3 个以上网站进行评论的组合）；最后就是不定期地对内容进行二次编辑，并在下面添加评论。

这里有一个问题，有些 SEOER 会选择在内容下面增加评论区块，然后自己编辑内容在这里发布。这样的方法也是可行的，但是需要注意一个问题，即大部分程序为了安全都会选择使用第三方的评论插件，比如畅言等，但是某些程序无法将这些插件的评论内容实现本地化，简单地说就是评论只是通过 JavaScript 调取的，搜索引擎无法抓取，这样的评论也就无法发挥作用。

从总体来说，使用评论模式的网站应该有如下特征：

- 内容比较客观，无法进行二次编辑。
- 网站内容是视频、Flash、图片等搜索引擎无法抓取或者识别的内容。

评论的内容可以通过以下途径获取：

- 同行的网站，需要注意评论源要尽可能多。
- 微博，如图 2-28 所示。

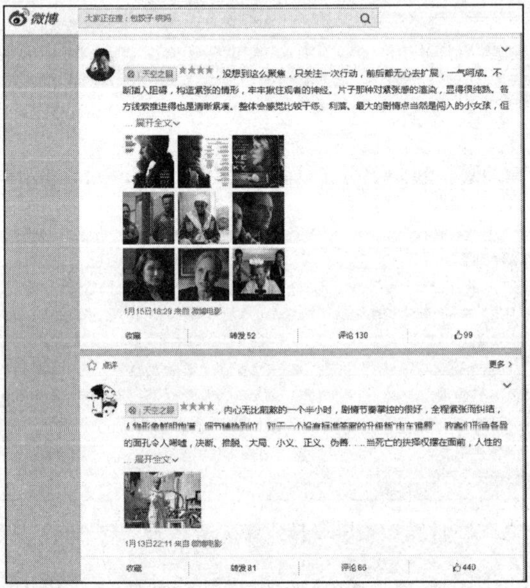

图 2-28　《天空之眼》新浪微博搜索结果

- 微信公众号评论，如图 2-29 所示。

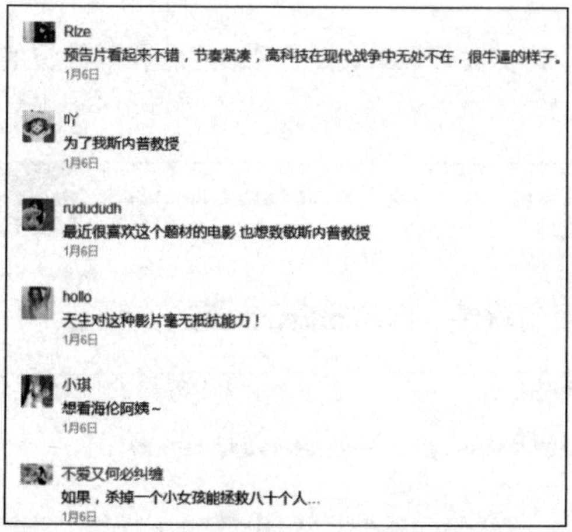

图 2-29　《天空之眼》微信公众号某文章下面的评论

- 今日头条等新媒体平台，如图 2-30 所示。

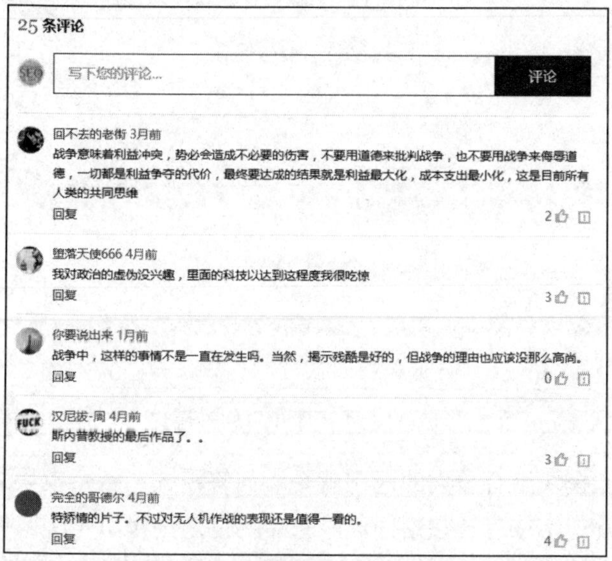

图 2-30　《天空之眼》今日头条某文章下面的评论

2.6.3　巧用问答模式无限扩展网站内容

前面我们已经对内容的组合进行了深入的分析和解读，但是有些行业即使使用模块的方法也不好找内容，原因是每个模块之间的关联性很小，硬生生地组合到一起感觉非常不自然。本小节作者就为大家介绍一种模块组合的升级方法——问答模式。

何为问答模式？其实很好理解，就是网站的内容以问答的模式展开，如图 2-31 所示。

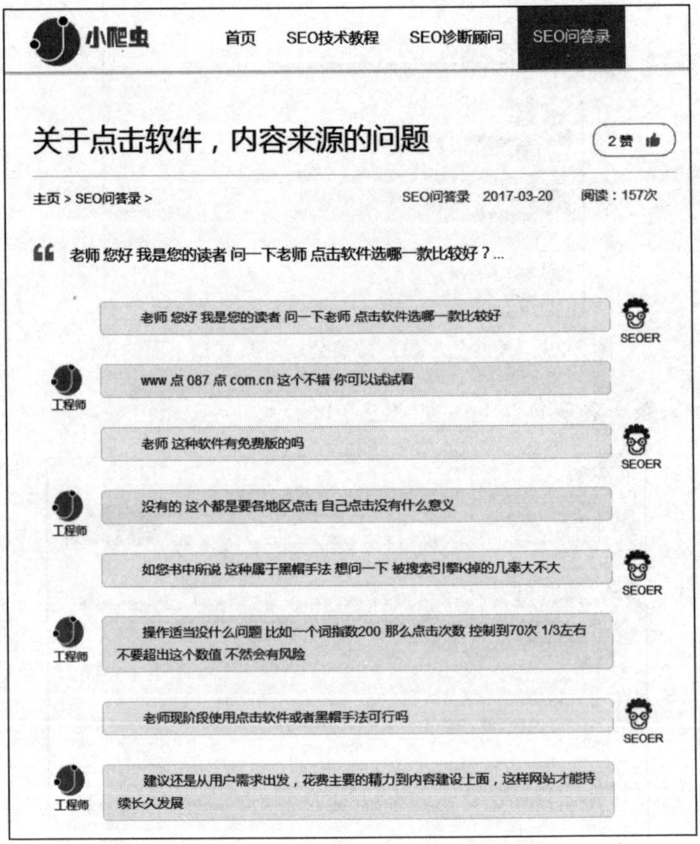

图 2-31 “小爬虫”问答模式

问答模式和模块组合最大的区别就是，问答模式的每个模块之间相对独立，并且可能就是几个字或者一句话，同时每个问答之间没有过于紧密的联系，这样一来，我们制定模块和寻找内容就会容易得多。

问答模式几乎适用于任何行业，只要我们深入研究，每个行业总会存在一些问题，而很多用户会将这些问题作为关键词进行搜索，而我们需要做的只是将这些问题做适当的组合或者进行细致的解答。比如有这样一个问题：“春天旅游去哪好？”搜索这个关键词可以看到蚂蜂窝的一个页面位于第一位，如图 2-32 所示。

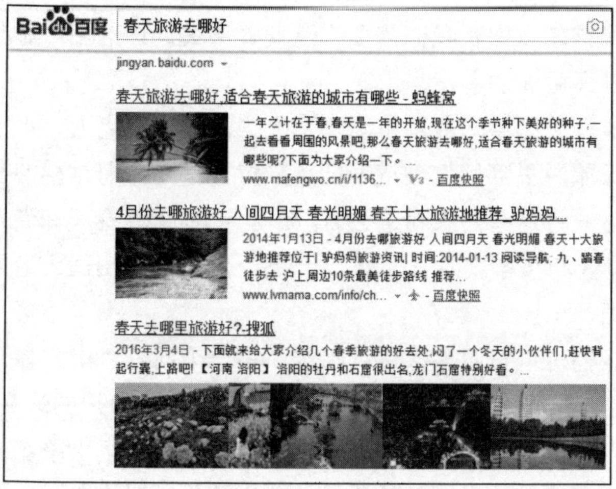

图 2-32　百度搜索“春天旅游去哪好”结果

点击进去分析这个页面，如图 2-33 所示。

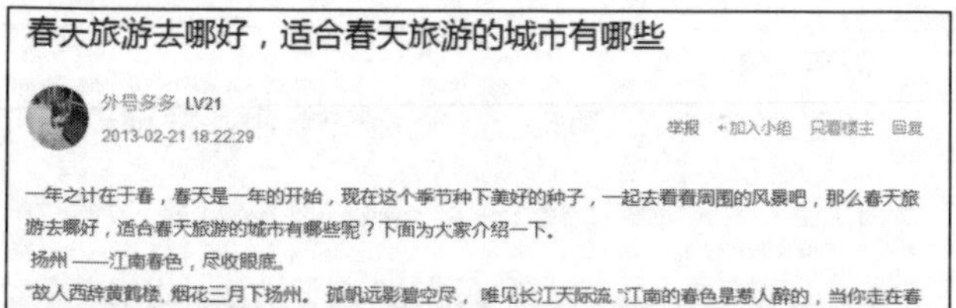

图 2-33　蚂蚱窝“春天旅游去哪好”内容页

可以看到这篇文章罗列了很多适合春天旅游的景点。如果让我们编辑一篇内容来超越蚂蜂窝该怎么做？我们需要广泛搜索该关键词的用户做深入的研究，分析其隐藏在关键词后面的潜在需求。

我们都知道，去旅游一般不可能一个人去，比如和老人、小孩一起去等。每一个搜索“春天旅游去哪好”关键词的用户背后都隐藏着这样的需求，我们不妨在编辑内容的时候将这些需求写进去。比如第一个问题“春天和老人旅游去哪好”，第二个问题“春天和小孩旅游去哪好”，等等，然后筛选出适合老人或者小孩旅游的景点进行介绍。

再比如，我们可以按照地区进行筛选，第一个问题“南方春天旅游去哪好”，第二个问题“北方春天旅游去哪好”，等等。只有将这些用户的深度需求挖掘出来，再配以适当的内容，这样的内容才是有价值的，也是搜索引擎喜欢的。

为了让大家更清楚地了解问答模式，我们不妨再举个例子。比如我们要优化“春天如何养生”这个关键词，首先来分析一下搜索引擎排名第一位的网站，如图 2-34 所示。

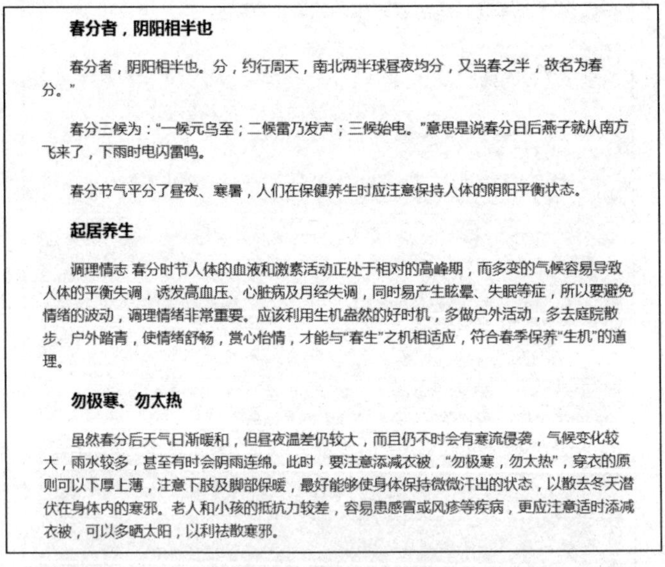
春分者，阴阳相半也

春分者，阴阳相半也。分，约行周天，南北两半球昼夜均分，又当春之半，故名为春分。”

春分三候为：“一候元鸟至；二候雷乃发声；三候始电。”意思是说春分日后燕子就从南方飞来了，下雨时电闪雷鸣。

春分节气平分了昼夜、寒暑，人们在保健养生时应注意保持人体的阴阳平衡状态。

起居养生

调理情志 春分时节人体的血液和激素活动正处于相对的高峰期，而多变的气候容易导致人体的平衡失调，诱发高血压、心脏病及月经失调，同时易产生眩晕、失眠等症，所以要避免情绪的波动，调理情绪非常重要。应该利用生机盎然的好时机，多做户外活动，多去庭院散步、户外踏青，使情绪舒畅，赏心怡情，才能与“春生”之机相适应，符合春季保养“生机”的道理。

勿极寒、勿太热

虽然春分后天气日渐暖和，但昼夜温差仍较大，而且仍不时会有寒流侵袭，气候变化较大，雨水较多，甚至有时会阴雨连绵。此时，要注意添减衣被，“勿极寒，勿太热”，穿衣的原则可以下厚上薄，注意下肢及脚部保暖，最好能够使身体保持微微汗出的状态，以散去冬天潜伏在身体内的寒邪。老人和小孩的抵抗力较差，容易患感冒或风疹等疾病，更应注意适时添减衣被，可以多晒太阳，以利祛散寒邪。

图 2-34 “春天如何养生”百度排名第一位的网站内容页

可以看出，这篇内容也是由模块组合到一起的。如果让我们编辑一篇内容超越这个排名该如何操作？

首先我们要分析这个关键词的需求。从人群来看，可以分为男人和女人；从年龄来看，可以分为中年人和老年人。然后我们就针对这些关键词来建设模块，比如第一个模块的内容就可以是“男人春天如何养生”，第二个模块的内容就可以是“女人春天如何养生”，关于老年人和中年人的养生内容可以在编辑在一起，也可以单独编辑。这里我们暂且分为男人养生和女人养生两类。

接着我们就寻找“男人春天如何养生”和“女人春天如何养生”的答案，如图 2-35 和图 2-36 所示。

一年之计在于春，春天是万物复苏生长的季节，男性养生春季也是一个重要时节，那么男性朋友都适宜吃哪些食物？下面介绍10种对男性有益处的食物。

1、春韭

春天吃韭菜好处多多。春寒还料峭，春韭入菜来。韭菜又叫“起阳草”，性温，有补肾补阳的作用。春天气候冷暖不一，建议人们到春季不妨多吃一些春韭，以祛阴散寒。而且，春季人体肝气偏旺，影响脾胃消化吸收功能。多吃春韭可增强脾胃之气，有益肝功能。

2、黄豆

很多人都知道黄豆有植物性荷尔蒙，有利于女性，殊不知黄豆对男性也是绝佳食品。例如常吃黄豆制品的日本男人，罹患摄护腺癌的机率比西方男人低。而且黄豆对改善男性的骨质流失一样有效。男性过了60岁，骨质会开始流失，情况和更年期妇女一样严重。而且多吃黄豆可以补充卵磷脂，卵磷脂已被证实与短期记忆力和学习力有关。

3、胡萝卜

含有丰富的钾，有降血压的作用，食物纤维能发挥整肠功效。B-胡萝卜素会在体内变化成维生素A，提升身体的抵抗力，抑制导致细胞恶化的活性氧等。此外，因含有丰富的钾，具有降血压的作用，以及食物纤维能发挥整肠功效。含丰富B-胡萝卜素的胡萝卜也因此大受欢迎，是因为它能预防癌症。

4、西红柿

西红柿的酸味能促进胃液分泌，帮助消化蛋白质等，此外丰富的维生素c能结合细胞之间的关系，制造出骨胶原，强健血管。矿物质则以钾的含量最丰富，由于有助于出血液中的盐分，因此具有降血压的功能。

图 2-35　百度搜索“男人春天如何养生”某网站内容

春节即将过去了，女性朋友在春天应该如何养生呢，以下8点必须做到：

步骤/方法

1 **多管齐下排毒，进行身体大扫除**

春天是扫除季节，身体也需要大扫除。经过了一个寒冷的冬天，排出积累在体内的毒素是很有必要的。春季生长的很多草药能起到排毒的作用。比如服用番泻叶能起到清肠的效果，蒲公英可以被当作养肝的极品，一定量的摄入甘草能够有助于能量平衡和消化，减少压力，缓解春乏。春天最好禁酒，还要多喝果汁，这样会有效地帮助你排除毒素，让你的身体更有活力。

图 2-36　百度搜索“女人春天如何养生”某网站内容

最后对这些内容进行编辑整理，即可满足男性和女性用户搜索“春天如何养生”的需求。可以设想，如果不进行这样的模块组合，那么女性用户搜索时看到的仅仅是男人养生的内容，自然会选择跳出去继续搜索，这样一来网站排名自然就会下降。

总之，要想让内容被搜索引擎青睐，我们只需要考虑一个标准，那就是该内容是不是能最大限度地满足搜索该关键词的所有用户的需求。这也是现阶段内容建设的标准。没有价值，满足不了用户需求，即便是原创，也是无法获得优质排名的。

2.6.4 OCR 软件的使用

作者在《跟我学 SEO 从入门到精通》一书中专门对 OCR 软件的使用进行了讲解，本书中作者将结合最近一年的实战案例，对使用 OCR 软件转化内容做更为深入的解读。简单地说，这种方法就是使用 OCR 软件将书籍等内容转化为 Word 文字再进行内容编辑发布的过程。这种方法的优点是内容原创度高；缺点是有些行业可以寻找的内容比较少，并且转化过程会出现一些错别字，需要二次校对编辑。

下面我们就实际案例展开说明，这里仍以中医中药大全网站作为案例。中医中药大全网站有一个“中医养生”栏目，这个栏目的内容比较难找，编辑自己撰写也不太现实，需要具备中医知识，但是既懂得中医知识又会编辑内容的人员不好找，即使有工资也不低。对于一个刚刚创办的网站来说，这是不现实的想法。

没有办法，只能搜索看看有没有这方面的书籍，推荐使用超星图书搜索，如图 2-37 所示。

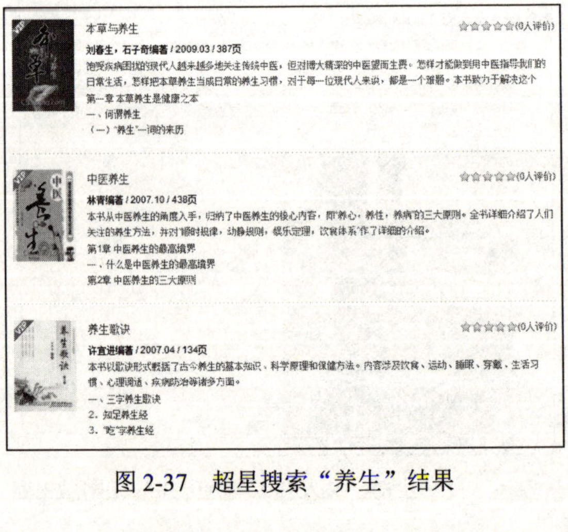

图 2-37　超星搜索“养生”结果

结果发现这方面的书籍还是很多的。除此之外，还可以买一些养生书籍，使用手持扫描仪或者拍照转化为图片，再使用 OCR 软件转化为 Word 文字，如图 2-38 所示。

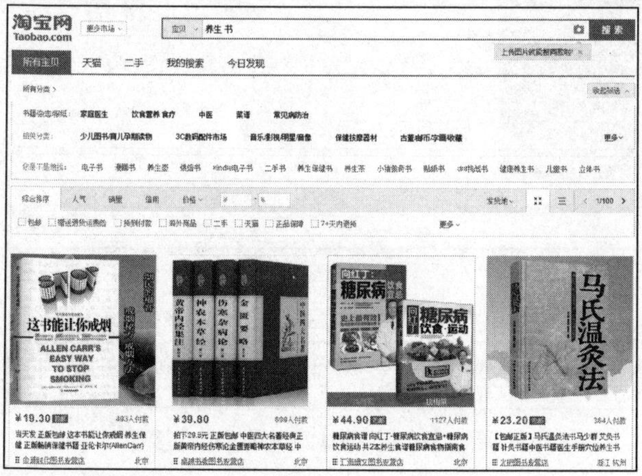

图 2-38　淘宝搜索“养生”结果

可以看到这方面的书籍也是非常多的，但是作者建议在购买之前先大体看看书籍的目录和内容，然后使用百度搜索引擎搜索是否已经有网站发布了同样书籍的内容，如果有，就没有购买的意义了。

接下来我们继续回到超星的搜索结果，在中医中药大全“中医养生”栏目中有一个“四季养生”子栏目，如图 2-39 所示。

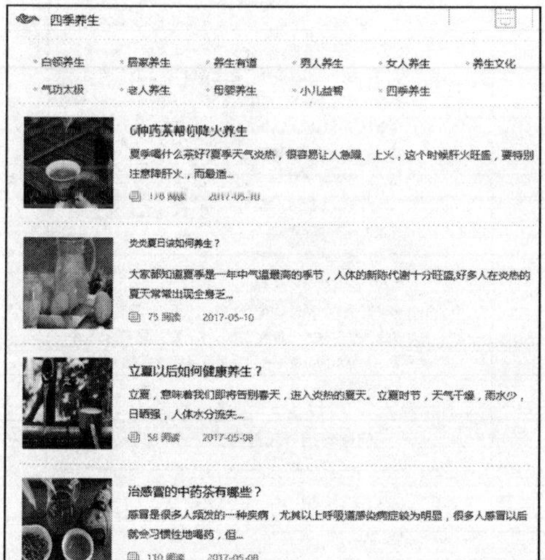

图 2-39　中医中药大全“四季养生”栏目列表页

我们注意到超星搜索结果中有一本关于四季养生的书籍，如图 2-40 所示。

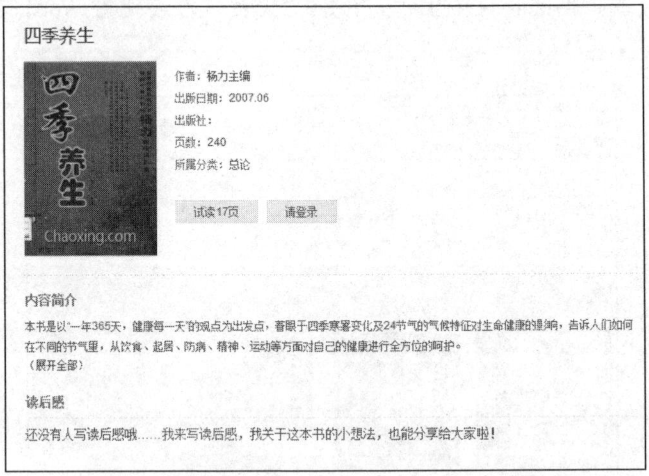

图 2-40　超星《四季养生》书籍

这本书和中医中药大全“四季养生”栏目高度吻合，这便是最好的内容来源，接下来点击阅读即可。登录后大部分书籍是可以阅读完整内容的，有些需要付费，遇到这样高度吻合的内容，即便付费也是值得的。

超星官方现在直接提供将书籍内容转化为 Word 文字的工具，下载超星客户端即可，如图 2-41 所示。

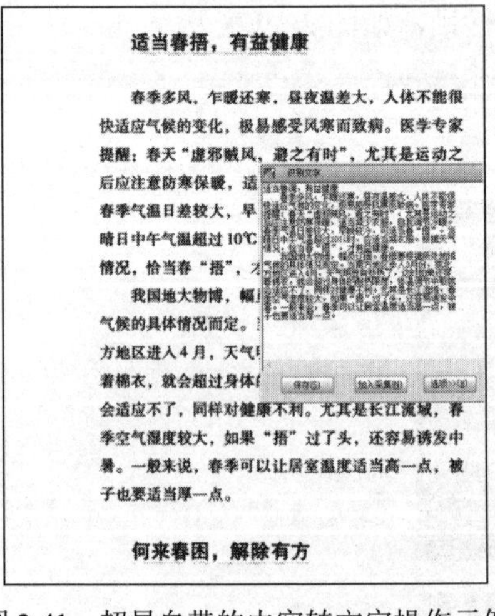

图 2-41　超星自带的内容转文字操作示例

转化完成后，建议截取几段文字到百度搜索引擎进行搜索，如图 2-42 所示。

图 2-42　百度搜索截取文章部分内容

如果没有完全飘红，则说明书籍的内容原创度很高，这样的内容经过编辑整理就可以直接发布了。推荐一款在线自动排版工具，该工具排版出来的文字段落清晰，符合内容发布标准，如图 2-43 所示。

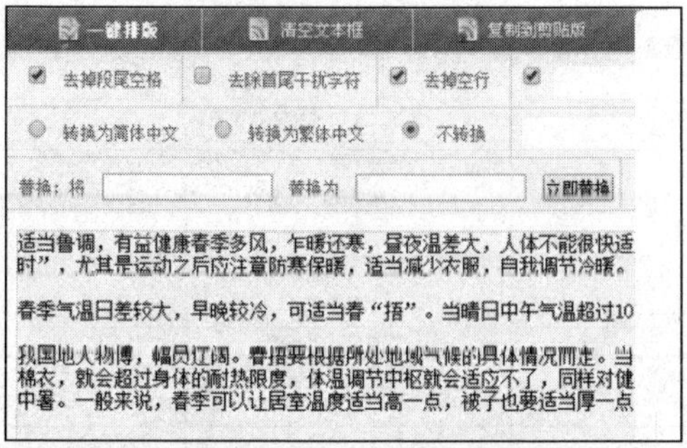

图 2-43　在线一键排版工具

最后我们只需要为这些文字配上适当的图片即可，这样就发布了一篇高质量的内容。超星读书中搜索的有些书籍是无法使用自带的工具转化的，我们自己拍照或者扫描的内容也无法使用超星的工具转化，这就需要用到第三方的 OCR 软件。读者可以到百度自行搜索下载，或者扫描本书封面二维码与作者联系索取。

当然，在实际的操作过程中，我们不能盲目地将书籍的内容转化下来就发布，转化之前要对栏目的关键词进行挖掘和分析。比如我们分析可知，四季养生中包含“春季养生吃什么好”这个关键词，使用工具挖掘可知这个关键词又可衍生出“春季养生吃什么豆类好”、“春季养生吃什么菜好”等关键词，如图 2-44 所示。

春季养生吃什么好长尾关键词挖掘

相关长尾词关键词共找到5条记录[有指数：0 无指数：5]

关键词	百度指数	长尾词数量	搜索结果
春季养生吃什么好	-	2	3220000
春季养生吃什么甜品好	-	1	242000
春季养生吃什么菜好 查百度 挖该词	-	1	556000
春季养生吃什么豆类好	-	1	470000
春季养生吃什么肉好	-	-1	-

图 2-44　5118 长尾关键词挖掘“春季养生吃什么好”

比如我们要优化“春季养生吃什么菜好”这个关键词，就需要为这个关键词准备着陆页，关键就是寻找适合这个关键词的内容。接着我们就可以在关于养生的书籍中寻找相关的内容，如图 2-45 所示。

- 第三章　春季饮食养生原则
  - 第一节　春季天地变化特
  - 第二节　春季人体生理病
  - 第三节　春季饮食养生宜
- 第四章　春季饮食养生食物
  - 第一节　谷类
  - 第二节　蔬菜类
  - 第三节　肉类
  - 第四节　水产类
  - 第五节　蛋乳类
  - 第六节　果类
  - 第七节　茶及饮料类
  - 第八节　酒类
  - 第九节　中药类
- 第五章　春季饮食养生膳谱
  - 第一节　家常菜肴类
  - 第二节　药膳类菜谱
  - 第三节　御膳类
  - 第四节　小吃类
  - 第五节　粥类
  - 第六节　羹汤类
  - 第七节　果品类

图 2-45　在书籍中查找“春季养生”相关内容

可以看到该书籍的目录中有关于“春季养生适合吃的食物”，找到对应的页码，如图 2-46 所示。

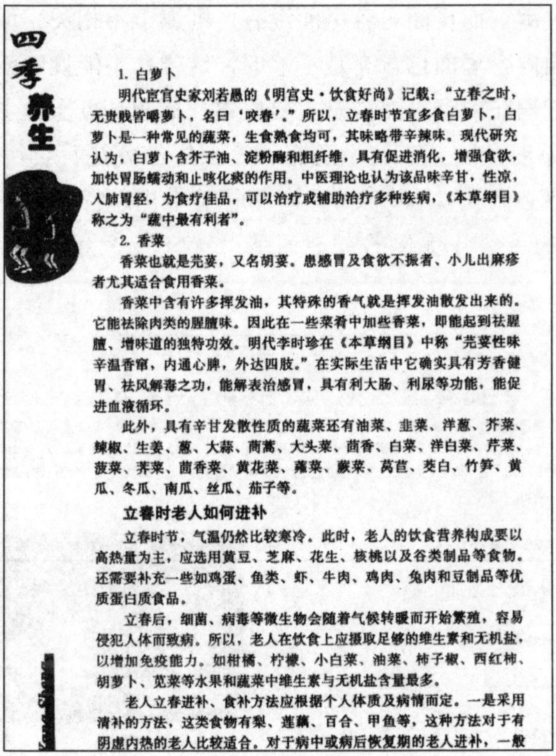
四季养生

1. 白萝卜

明代宦官史家刘若愚的《明宫史・饮食好尚》记载：“立春之时，无贵贱皆嚼萝卜，名曰‘咬春’。”所以，立春时节宜多食白萝卜，白萝卜是一种常见的蔬菜，生食熟食均可，其味略带辛辣味。现代研究认为，白萝卜含芥子油、淀粉酶和粗纤维，具有促进消化，增强食欲，加快胃肠蠕动和止咳化痰的作用。中医理论也认为该品味辛甘，性凉，入肺胃经，为食疗佳品，可以治疗或辅助治疗多种疾病，《本草纲目》称之为“蔬中最有利者”。

2. 香菜

香菜也就是芫荽，又名胡荽。患感冒及食欲不振者、小儿出麻疹者尤其适合食用香菜。

香菜中含有许多挥发油，其特殊的香气就是挥发油散发出来的。它能祛除肉类的腥膻味。因此在一些菜肴中加些香菜，即能起到祛腥膻、增味道的独特功效。明代李时珍在《本草纲目》中称“芫荽性味辛温香窜，内通心脾，外达四肢。”在实际生活中它确实具有芳香健胃、祛风解毒之功，能解表治感冒，具有利大肠、利尿等功能，能促进血液循环。

此外，具有辛甘发散性质的蔬菜还有油菜、韭菜、洋葱、芥菜、辣椒、生姜、葱、大蒜、茼蒿、大头菜、茴香、白菜、洋白菜、芹菜、菠菜、荠菜、茴香菜、黄花菜、蕹菜、蕨菜、莴苣、茭白、竹笋、黄瓜、冬瓜、南瓜、丝瓜、茄子等。

立春时老人如何进补

立春时节，气温仍然比较寒冷。此时，老人的饮食营养构成要以高热量为主，应选用黄豆、芝麻、花生、核桃以及谷类制品等食物。还需要补充一些如鸡蛋、鱼类、虾、牛肉、鸡肉、兔肉和豆制品等优质蛋白质食品。

立春后，细菌、病毒等微生物会随着气候转暖而开始繁殖，容易侵犯人体而致病。所以，老人在饮食上应摄取足够的维生素和无机盐，以增加免疫能力。如柑橘、柠檬、小白菜、油菜、柿子椒、西红柿、胡萝卜、苋菜等水果和蔬菜中维生素与无机盐含量最多。

老人立春进补、食补方法应根据个人体质及病情而定。一是采用清补的方法，这类食物有梨、莲藕、百合、甲鱼等，这种方法对于有阴虚内热的老人比较适合。对于病中或病后恢复期的老人进补，一般

图 2-46　书籍中“春季养生适合吃的食物”的相关内容

可以看到该书列举出白萝卜等适合春季养生吃的菜，我们将这些内容使用 OCR 软件转化下来，再进行编辑，加上适当的图片，既能保证内容的原创度，而且非常有价值，这样我们就为“春季养生吃什么菜好”这个关键词准备了着陆页。

2.7　搜索引擎如何判断内容相关性

当用户使用搜索引擎搜索某一个关键词的时候，搜索引擎会根据用户输入的关键词，将相关度最高、质量最好的内容呈现给用户。那么，网站内容的相关性到底有多重要呢？搜索引擎如何判断网站内容的相关性呢？带着这些疑问，我们开始这一节的学习。

2.7.1 什么是网站内容的相关性

所谓网站内容的相关性，简单来说就是指标题和内容的匹配及相关程度。如果标题里面有的关键词而页面内容里面没有，则属于不相关。但仅仅要求标题含有的关键词在页面内容里面也含有是不够的，这样并不能说明就是相关的，还需要标题含有的关键词在内容里面占有主要位置。标题是页面的主题中心，页面内容则是围绕标题而展开的，在这里还有一个前提，就是符合用户需求。在实际的文章编辑中，务必要在<h1>、<strong>等标签中出现标题含有的关键词。比如一篇关于中药材的百科，优化的关键词是“百合”、“百合的功效与作用”，如图 2-47 所示。

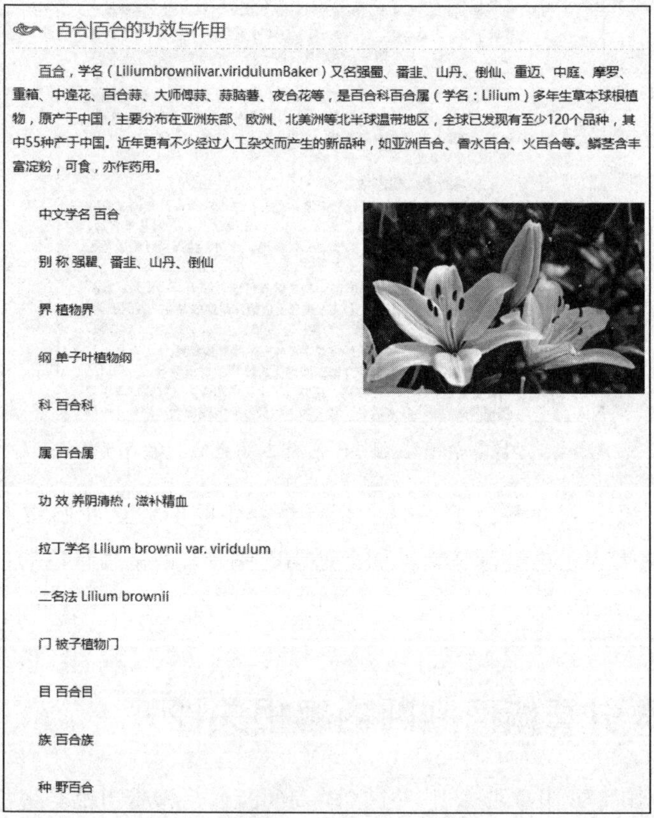
百合|百合的功效与作用

百合，学名（LiliumbrowniivarviridulumBaker）又名强瞿、番韭、山丹、倒仙、重迈、中庭、摩罗、重箱、中逢花、百合蒜、大师傅蒜、蒜脑薯、夜合花等，是百合科百合属（学名：Lilium）多年生草本球根植物，原产于中国，主要分布在亚洲东部、欧洲、北美洲等北半球温带地区，全球已发现有至少120个品种，其中55种产于中国。近年更有不少经过人工杂交而产生的新品种，如亚洲百合、香水百合、火百合等。鳞茎含丰富淀粉，可食，亦作药用。

中文学名 百合

别 称 强瞿、番韭、山丹、倒仙

界 植物界

纲 单子叶植物纲

科 百合科

属 百合属

功 效 养阴清热，滋补精血

拉丁学名 Lilium brownii var. viridulum

二名法 Lilium brownii

门 被子植物门

目 百合目

族 百合族

种 野百合

图 2-47 中医中药大全“百合”文章页

在编辑文章的时候就要在标题、关键词、描述、<h1>、<strong>等标签中出现关键词，如图 2-48 和图 2-49 所示。

```
<html><!doctype html>
<html>
<head>
    <meta http-equiv="Content-Type" content="text/html; charset=utf-8
    <title>百合|百合的功效与作用_中医中药大全</title>
    <meta name="keywords" content="百合,百合的功效与作用" />
    <meta name="description" content=" 百合，学名、
番韭、山丹、倒仙、重迈、中庭、摩罗、重箱、中逢花、百合蒜、大师傅蒜、
效与作用：中医认为，百合味甘微苦，微寒，性平，无毒，入心肺、大、

    <meta http-equiv="Cache-Control" content="no-transform"/>
    <meta name="applicable-device" content="pc">
```

图 2-48　标题、关键词、描述标签中出现了关键词

```
                <div style="line-height:25px;">
    <div>
                <strong>百合</strong>   学名 (Liliumbrowniivar.
山丹、倒仙、重迈、中庭、摩罗、重箱、中逢花、百合蒜、大师傅蒜、蒜脑薯
（学名：Lilium）多年生草本球根植物，原产于中国，主要分布在亚洲东部、
区，全球已发现有至少120个品种，其中55种产于中国。近年更有不少经过人工
百合、香水百合、火百合等。鳞茎含丰富淀粉，可食，亦作药用。</span></div>
    <div>
            <span style="font-size:14px;">    </span></div>
    <div>
            <span style="font-size:14px;">    中文学名<span class="Ap
style="white-space:pre"> </span>百合<img alt="" src="/uploads/allimg/1703
style="width: 300px; height: 200px; float: right;" /></span></div>
    <div>
            <span style="font-size:14px;">    </span></div>
```

图 2-49　<strong>标签中出现了关键词

2.7.2　关键词出现频率或密度

SEOER 都知道关键词密度的重要性，为什么密度能反映网站内容的相关性呢？一个网站里面出现某个关键词的次数越多，就表示这个网站与这个关键词的相关性越强，关键词出现的频率越高相关性越大。所以之前在搜索引擎算法不完善的时候，通过关键词的堆积就能够获取不错的排名。

另外，关键词出现在标题中和出现在内容中，效果是完全不同的。所以为了提高相关性，我们会利用<h>、<strong>等标签，让搜索引擎认为网站内容与某个关键词相关。

2.7.3　标题出现关键词

一个网站或者网页的标题可以说是这个网站或网页的主题、中心思想，如果在一篇文章中出现了关键词，那么搜索引擎会认为这个页面与关键词肯定是非常相关的，这也是为什么网站或网页的标题如此重要的原因。因此，作者在《跟我学 SEO 从入门到精通》一书中多次提到要用撰写广告文案的方法撰写网页标题。如果连网页标题都不愿意花时间撰写，那么做 SEO 是很困难的。

2.7.4 通过大量的数据辨别网页内容

举个例子：香蕉和橘子同样是水果，但是它们的形状完全不同，搜索引擎怎么认知它们的形状呢？通过大量的数据，搜索引擎了解到圆形和橘子经常同时出现，所以搜索引擎得知橘子是圆的，而香蕉不是。这个例子用来讲相关度也是合适的，比如搜索引擎怎么知道空调是家用电器，是同样的道理。

2.7.5 权威网站的链接

权威网站一般都是被搜索引擎所信任的，如果一个权威网站导出一个链接到某个页面，认为那个页面与“SEO”相关，那么搜索引擎根据这个链接就会认为这个页面里面讲的内容就是“SEO”，这也是为什么友情链接或者高质量导入链接作用如此大的原因。这一点也是现阶段我们做外链的参考。很多 SEOER 只是盲目地追求外链的权重和数量，其实链接源和网站内容的相关性才是最重要的。比如一个关于家电的网站，如果在关于水果的网站中悬挂友情链接就是没有什么价值的。关于这一点，作者将在本章中使用单独的小节进行详细介绍。

2.7.6 锚文本与链接页面的主题是否相关

锚文本又称锚文本链接，是链接的一种形式，和超链接类似，超链接的代码是锚文本，把关键词做一个链接，指向其他网站网页。锚文本能精确地描述所指向页面的内容，而搜索引擎则通过锚文本可以判断出链接网站页面的主题是否与锚文本相关。这相当于链接网站页面向搜索引擎示好，有利于搜索引擎蜘蛛爬行并索引。

反之，如果锚文本与链接网站页面主题不相关，那么搜索引擎通过锚文本到达链接页面会很难判断网站页面的主题，这样对搜索引擎不友好，搜索引擎会认为这是作弊行为，从而导致网站可能被 K 或被降权，严重者网站的权重将永远不能恢复。这种作弊行为完全是在挑战搜索引擎的权威，将成为搜索引擎永远打击的对象。

比如我们发布一篇名为“补硒治疗糖尿病”的文章，如图 2-50 所示。

补硒治疗糖尿病

糖尿病作为一种慢性疾病，其治疗的过程是长久而又繁杂的。糖尿病的治疗重在日常的保养及饮食的注重。那么糖尿病饮食方面有什么需要注意的呢？

硒作为人体必不可少的微量元素，对糖尿病有着极其重要的治疗作用。硒最重要的生物学功能是抗氧化，消除自由基，补充适当的硒有助于改善胰岛素自由基防御系统和内分泌细胞的代谢功能，这为预防糖尿病并发症发生提供了新依据。另外，硒也可以通过改善糖尿病血液粘滞性增高状态，延缓糖尿病并发症发生，改善糖尿病预后。

硒是构成谷胱甘肽过氧化物酶的活性成分，它能防止胰岛β细胞氧化破坏，使其功能正常，促进糖份代谢、降低血糖和尿糖。

此外，硒除了产生胰岛素样作用以外，还有与胰岛素协同的作用，这使得硒在糖尿病发病机制中的作用更为引人注目。

因此，糖尿病人日常补硒可以多吃一些富含硒的食物，如鱼、香菇、芝麻、大蒜、芥菜等。

图 2-50　文章《补硒治疗糖尿病》

在页面中出现了很多适合糖尿病人食用的食物，比如“芥菜”，我们之前发布的文章中正好有关于该关键词的，这样我们就要做锚文本链接到“芥菜”的相关页面，如图 2-51 所示。

芥菜

【芥菜的简介】

芥菜（学名：Brassica juncea (L.) Czern. et Coss.），一年生草本，高30-150厘米，常无毛，有时幼茎及叶具刺毛，带粉霜，有辣味；茎直立，有分枝。基生叶宽卵形至倒卵形，顶端圆钝，基部楔形，大头羽裂，具2-3对裂片，或不裂，边缘均有缺刻或牙齿，叶柄长3-9厘米，具小裂片；茎下部叶较小，边缘有缺刻或牙齿，有时具圆钝锯齿，不抱茎；茎上部叶窄披针形，边缘具不明显疏齿或全缘。总状花序顶生，花后延长；花黄色；花梗长4-9毫米；萼片淡黄色，长圆状椭圆形，直立开展；花瓣倒卵形。长角果线形，果瓣具1突出中脉；喙长6-12毫米；果梗长5-15毫米。种子球形，直径约1毫米，紫褐色。花期3-5月，果期5-6月。

芥菜

（《千金食治》）

异名 芥(《仪礼》)，大芥(《方言》)，雪里蕻(《野菜笺》)，皱叶芥(《纲目》)，黄芥(《中药志》)。

来源 为十字花科植物芥菜的嫩茎叶。

植物形态 芥菜

图 2-51　文章《芥菜》

这样的链接就是合理的。如果我们刻意在文章中插入和文章不相干的关键词，再链接过去，是起不到优化作用的，很多情况下还会起到反作用。

2.7.7 链接页面与被链接网站页面主题是否相关

大家都知道，一个网站或者页面的描述必然要围绕主题展开，否则就失去了存在的价值。如果链接页面与被链接网站页面主题相关，那么这时候锚文本作为两个主题相关的网站页面的媒介，搜索引擎通过锚文本自然而然地到达另一个网站，不但是对网站本身的肯定，同时减轻了搜索引擎的负担，而且还会给予一定的权重传递。

这样的做法对两个网站都是有百利而无一害的，同时增加了网站的用户体验度。这样一种三赢的局面，搜索引擎、用户及网站本身都乐意看到，蜘蛛会爬取得更频繁，外链的质量也会提高一个档次。

2.7.8 锚文本与被链接网站页面主题是否相关

说到锚文本与被链接网站页面主题是否相关，这里我们不得不提一下页面优化这个问题。一个网站页面的重点是什么？是页面本身的主题，网站页面所有的华丽文字都是用来修饰页面主题的，就好像一场足球盛宴一样，球场上球员们所有华丽精彩的球技显示无一不是为了足球进门那刻做铺垫。刚才提到页面主题，那么页面主题的核心是什么呢？是关键词，它才是页面核心的核心。

在进行页面优化的时候，我们知道提高页面关键词密度对关键词排名起到了必然的作用。一篇文章中关键词所占的比例为 2%～8%，当然如果很自然，那么高一点也不会影响关键词的排名。关键词的排名提高了，用户通过关键词到达页面，这时候通过关键词做的锚文本链接又链接到另一个网站页面，这对于另一个网站来说，点击流量产生了，外链的相关性也得到了重大体现，这就意味着订单离我们不远了。

2.7.9 发布的帖子是不是与优化的网站相关

作者越来越觉得文章的相关性对于一个网站的优化至关重要了。怎么说呢？物以类聚，人以群分，一个行业聚集着一群人，如果在不相关的网站发一篇不相关的帖子，首先撇开收录问题不谈，就谈谈帖子能活多久，是 1 分钟、1 小时，还是 1 天或者 1 个月？这得看网站管理员和版主的心情，或者说这个网站的专业性。即便帖子活了，但是帖子能带来什么呢？有人会看吗？专业性的网站聚集着专业性的人，那么与这个专业不相关的东西关注的人就真的很少了。

另外，要评估关联后的优化效果。发出去的帖子或者文章是不是被收录了？哪些网站发布的帖子被收录了？做任何一件事情的时候都应该遵循三个原则：事前沟通，事中跟进，事后反馈。假设发布的帖子效果不理想，没有被收录，如果不去跟进，根本就不知道这个资源到底有没有用，那么我们所做的工作是否白做了就不得而知了。

2.7.10　相关性与用户之间的关系

搜索结果相关性的排序技术主要是由搜索的特点来决定的，因为现在的搜索引擎针对用户的关键词搜索通常能够返回成千上万个页面，这么多页面尽管可能都和用户所需内容相关，但是搜索引擎仍然需要将用户最可能感兴趣的内容排在前面，这就需要这个页面与用户的行为和意图最相关，从而增加用户的满意度。这也是为什么过少的关键词很难搜索出用户所需内容的原因，而用户通过输入长尾关键词能更准确地找到自己所需的内容。

在 SEO 过程中，网站内容的相关性太重要了。做 SEO 不能只站在 SEO 的角度去考虑问题，还应该站在用户与客户的角度去看待问题，学会换位思考，或许这就是做排名与做流量转化之间的区别。

2.8　四处一词

“四处一词”的“四处”指的就是标题、关键词和描述标签、内容、锚文本。说起来非常容易，但在实际操作的时候一些 SEOER 还是觉得无从下手，或者不知道怎样建设“四处一词”才是合理的。下面作者就结合实际案例针对“四处一词”的操作方法进行深入解读。

2.8.1　充分理解“四处一词”

首先要实现“四处一词”的地方是 title，也就是标题部分。在《跟我学 SEO 从入门到精通》一书中作者已经提到了标题的重要性，本书也在很多章节中对标题的撰写进行了讲解。在“四处一词”中，标题部分是最重要的一处，难点在于如何将关键词恰当地融入标题。一些 SEOER 在撰写标题的时候只是简单地将关键词叠加起来，暂且不说对搜索引擎是否友好，单纯从用户方面出发，体验也非常差。正确的做法是将相似、相关的关键词进行组合，然后融入一句完整的话语当中。从搜索引擎分词的角度来看这样的组合比较合理，从用户角度考虑也比较友好。

其次需要实现“四处一词”的地方是关键词和描述标签。尽管近两年关键词和描述标签在搜索引擎中的地位有所弱化，但从大量的实际运用中不难看出，重视关键词和描述标签编辑的网站效果要大大优于胡乱处理或者没有关键词和描述标签的网站。

我们来看一篇中医中药大全网站的文章，如图 2-52 所示。

```
  <meta http-equiv="Content-Type" content="text/html; charset=utf-8" /
  <title>春季该如何养生_中医中药大全</title>
  <meta name="keywords" content="" />
  <meta name="description" content="春分节气正好平分昼夜，故从中医
理体内阴阳平衡、协调机体功能的重要时机。本文将为大家介绍春季该如何
..."/>

  <meta http-equiv="Cache-Control" content="no-transform"/>
  <meta name="applicable-device" content="pc">

  <link href="css/zy_v1.1.css" rel="stylesheet" type="text/css">
  <link href="css/list.css" rel="stylesheet" type="text/css">
```

图 2-52　中医中药大全网站某文章头部源码

我们需要优化的关键词是“春季该如何养生”，那么在标题中出现了“春季该如何养生”关键词，在关键词和描述标签中也出现了“春季该如何养生”关键词，这就符合“四处一词”的原则。作者的建议是尽量保证在描述标签中出现 2～3 次需要优化的关键词，如果优化长尾关键词则只需 1～2 次即可，这一点从大量的站群实验中已经得到证实。

再次需要重视“四处一词”的地方是网页的内容部分。在图 2-52 中我们看到标题、关键词和描述标签中都出现了需要优化的关键词“春季该如何养生”，那么在接下来的正文部分该出现了。作者的建议是在正文部分第一次出现关键词的时候用<strong>标签加粗，如图 2-53 所示。

```
<div class="art_cont">
    <!--正文开始-->
    <div class="art_body">
   <h1 id="art_txt0">春季该如何养生</h1>
      <div style="line-height:25px;">

    <span style="font-size:16px;"><strong>春季该如何养生</strong>
    <br />
    <strong style="font-size: 16px;">      春季简介：

     </p>
```

图 2-53　中医中药大全网站某文章内容源码

接下来需要注意关键词在正文中出现的密度，作者的建议是控制在 5%～10%。在后续操作的过程中如果遇到关键词排名无法提升的问题，则可以尝试在控制密度不变的同时提升关键词出现的次数。这个地方读者一定要理解清楚，切

不可盲目地在内容中添加关键词，因为这样做很容易被搜索引擎认为是作弊。正确的做法是：如果首页优化关键词，则可以尝试丰富首页的内容，具体可以是增加首页调用的文章数，或者直接在首页增加一个文字区块。

在这个文字区块中写一段关于网站的介绍或者专门为关键词定制的话语，在这段话语中自然地包含关键词。文字区块的巨大作用在后面的章节中还会提到，这里读者只需要了解在首页关键词的优化中如果需要增加关键词出现次数则可以使用这种方法。

如果是内容页优化长尾关键词，则最好直接增加内容的长度。比如网站之前发布的文章是 500 字左右，我们想要在增加长尾关键词出现次数的同时不改变长尾关键词的密度，那么可以尝试将文章的长度增加到 800～1000 字。

最后需要注意“四处一词”的地方是锚文本。近年来已经有越来越多的 SEO 从业者开始重视站内锚文本的作用，站内锚文本的建设和内容同样是本书重点介绍的部分。本章中也专门对搜索引擎如何判断锚文本的质量做了深入的分析，读者可以阅读相关章节了解。

标题、关键词和描述标签的“四处一词”处理相对比较简单，只需在网页发布的过程中注意即可，而锚文本方面需要做充分的规划。正确的做法是在网站建设之初就应该考虑好需要优化的关键词，平时在发布文章的时候制作一个长尾关键词记录单。

比如我们计划发布《大黄》这篇文章，如图 2-54 所示。

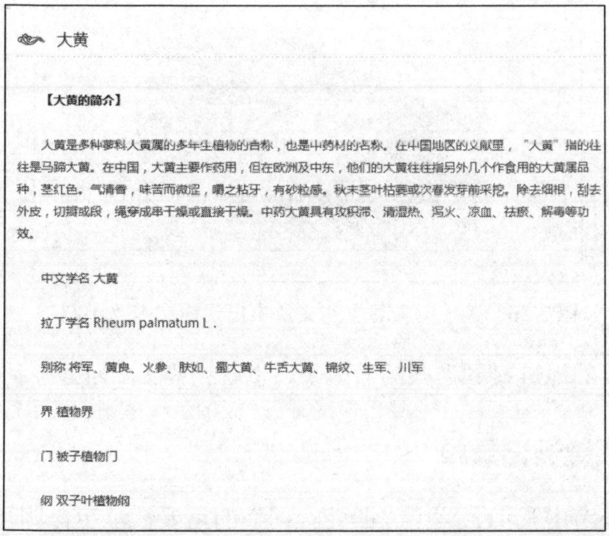
大黄

【大黄的简介】

大黄是多种蓼科大黄属的多年生植物的合称，也是中药材的名称。在中国地区的文献里，“大黄”指的往往是马蹄大黄。在中国，大黄主要作药用，但在欧洲及中东，他们的大黄往往指另外几个作食用的大黄属品种，茎红色。气清香，味苦而微涩，嚼之粘牙，有砂粒感。秋末茎叶枯萎或次春发芽前采挖。除去细根，刮去外皮，切瓣或段，绳穿成串干燥或直接干燥。中药大黄具有攻积滞、清湿热、泻火、凉血、祛瘀、解毒等功效。

中文学名 大黄

拉丁学名 Rheum palmatum L .

别称 将军、黄良、火参、肤如、蜀大黄、牛舌大黄、锦纹、生军、川军

界 植物界

门 被子植物门

纲 双子叶植物纲

图 2-54　中医中药大全网站文章《大黄》

那么在文章发布之后就应该在长尾关键词记录单中记录文章关键词和文章 URL 的数据，如图 2-55 所示。

关键字	链接网址
大黄	http://www[redacted]baike/D/2017/0410/6834.html
大黄蜂子	http://www[redacted]baike/D/2017/0410/6840.html
大黄茎	http://www[redacted]ike/D/2017/0410/6845.html

图 2-55　长尾关键词记录单记录“大黄”等

这样在后面发布文章的过程中如果出现和该文章关键词相关联的信息，就应该用锚文本的方式给该文章加上链接，这样就完成了“四处一词”的最后一步。

在实际操作的过程中，我们不可能遇到那么巧合的锚文本位置，要解决这个问题必须熟练掌握文章的发布和编辑方法。比如我们在书写某篇文章之前就应该考虑这篇文章和之前发布的哪篇文章类似，可以做相互关联，在找到关联点之后需要按照这个关联点刻意地编辑文章。这确实需要一定的技巧，如果生硬地将锚文本加入文章，则无法起到应有的效果。

最重要的就是内容要和关键词相吻合，这样该行业的关键词之间肯定有关联，内容之间也一定会有互相提到的地方，锚文本就会自然地添加进来。比如在一篇关于女人养生的文章中，很自然地就会提到当归，如图 2-56 所示。

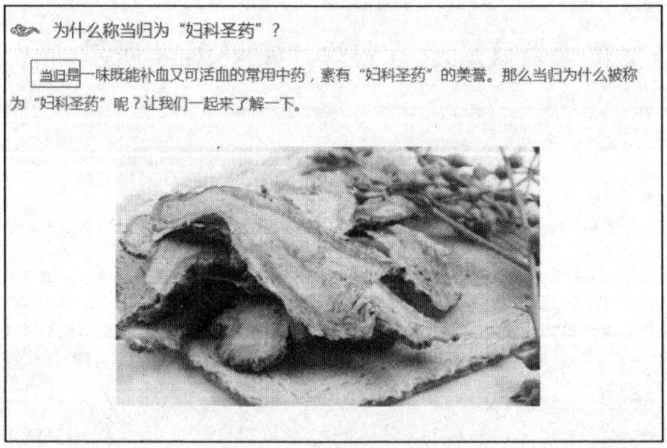

图 2-56　关于女人养生的文章中出现锚文本“当归”

这样就会自然地链接到当归的着陆页，也就完成了“四处一词”的最后一步。

2.8.2　长尾关键词记录单

在前面的小节中我们了解了“四处一词”的重要性，也提到了长尾关键词记录单的概念，看似简单的长尾关键词记录单，在实际操作中往往会遇到许多问题。

我们来看看为什么要做长尾关键词记录单？

一个完整的网站必须是首页、栏目页面、文章页面都有一定比例的流量入口，而长尾关键词是链接网站内部最关键的通道。首页优化的关键词一般非常有限，最常见的也就 3～5 个。所以长尾关键词就是以量取胜，长尾关键词优化得越多，网站内页被抓取收录得就越多，锚文本链接的权重投票分值也就越高，内页的权重值提高对于首页也有着积极的推动作用。在给每个长尾关键词做锚文本时，有必要记录一下每个长尾关键词对应的 URL，可以方便我们做站内锚文本链接布局。

2.8.3　要不要做长尾关键词记录单

SEO 发展到今天，关于什么是长尾关键词等理论，大家都已耳熟能详。但是说到做长尾关键词记录单，80%的 SEO 从业者都没有做过这项工作，理由可谓五花八门。通常的观点是做一般的小网站优化，做好几个首页关键词就可以了，其他的都无所谓。其实不然，在网站发展的中后期，随着页面内容的增多，页面与页面之间的链接变得更加复杂，为了更好地了解每个页面的情况，有必要记录好这些页面的链接地址。

2.8.4　如何做长尾关键词记录单

长尾关键词记录单分为两种形式：第一种是使用记事本、Excel 等工具直接记录发布的文章关键词和 URL，后续发布文章出现关键词的时候手动添加关键词锚文本到对应的 URL 页面；第二种是使用 CMS 自带的长尾关键词记录工具，比如 DedeCMS 就自带这种工具，WordPress 等可以通过第三方插件实现。下面我们就以 DedeCMS 长尾关键词记录工具作为介绍对象。

通过前面的讲解我们已经了解到，一个网站发展到中期，主要依靠长尾关键词获得流量。很多 SEOER 和作者交流都有这样的问题：网站发展了一段时间，首页优化的关键词排名上升，但是似乎遇到了瓶颈，流量也只有那么多。究其原因就是没有重视长尾关键词的优化。一般情况下，网站发展到中后期，流量的井喷要依靠长尾关键词获得，而长尾关键词的优化最重要的一步就是做长尾关键词记录单。

我们还是通过前面多次提到的中医中药大全网站作为案例来说明。比如我们要优化“女性贫血怎么办”这个关键词，首先要做的就是准备“女性贫血怎么办”关键词的着陆页，着陆页的内容就需要分析“女性贫血怎么办”关键词的用户需求，然后按照用户的需求建设页面，如图 2-57 所示。

女性贫血怎么办

女性贫血怎么办

严重贫血者，还极易过早发生皱纹、白发、脱牙、步履蹒跚等早衰症状。血足，皮肤才能红润，面色才有光泽，女性若要追求面容靓丽，身材窈窕，必须重视养血，养血则要注意以下几个方面：

1. 神养：心情愉快，性格开朗，不仅可以增进机体的免疫力，而且有利于身心健康，同时还能促进身体骨骼里的骨髓造血功能旺盛起来，使得皮肤红润，面有光泽。所以，应该经常保持乐观的情绪。

2. 睡养：保证有充足睡眠及充沛的精力和体力，并做到起居有时、娱乐有度、劳逸结合。要学会科学生活，养成现代科学健康的生活方式，不熬夜，不偏食，不吃零食，戒烟限酒，不在月经期或产褥期等特殊生理阶段同房等。

3. 动养：要经常参加体育锻炼，特别是生育过的女性，更要经常参加一些力所能及的体育锻炼和户外活动，每天至少半小时。如健美操、跑步、散步、打球、游泳、跳舞等，可增强体力和造血功能。

4. 食养：女性日常应适当多吃些富含“造血原料”的优质蛋白质、必需的微量元素（铁、铜等）、叶酸和维生素 B12 等营养食物。如动物肝脏、肾脏、血、鱼、虾、蛋类、豆制品、黑木耳、黑芝麻、红枣、花生以及新鲜的蔬菜、水果等。

图 2-57　中医中药大全网站文章《女性贫血怎么办》

建设完成后，我们就要添加这个页面 URL 和关键词到长尾关键词记录单，如图 2-58 所示。

关键字	
墙草根	[redacted]
羌活	
茜草茎	
辣子草	
大苦溜溜	
大九节铃	
西瓜根叶	
辣蓼草	
茜草根	
茜草	
大九股牛	
西瓜	
大金香炉	
西瓜皮	
莱菔	
蜣螂	
枪刀菜根	
羌活鱼	
麻柳树根	

图 2-58　长尾关键词记录单页面

登录 DedeCMS 后台，单击“核心”→“文档关键词维护”，如图 2-59 所示。

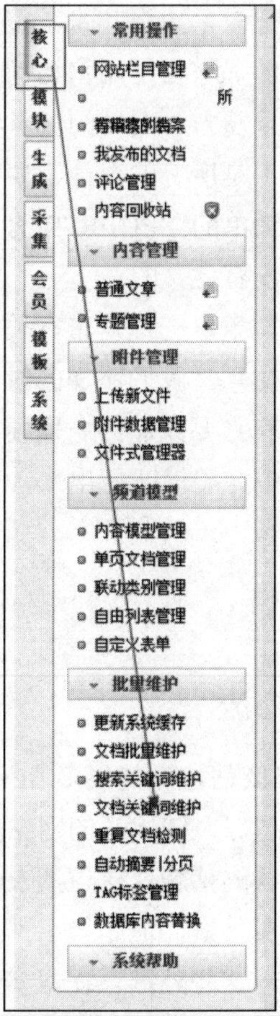

图 2-59 长尾关键词记录单添加步骤

接着将我们刚才发布的网页关键词和 URL 添加进去，如图 2-60 所示。

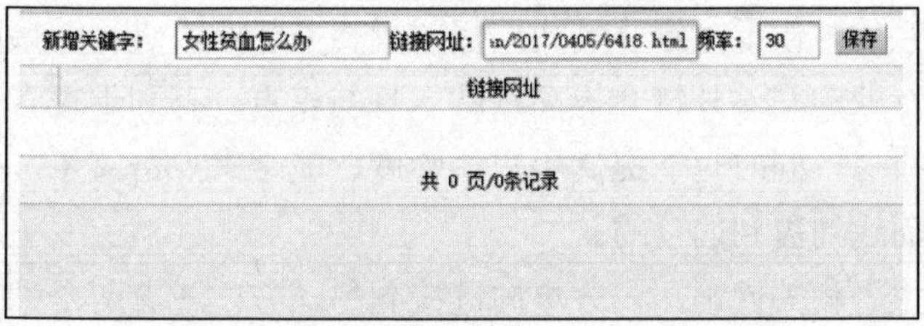

图 2-60 在长尾关键词记录单中新增关键词

这样就完成了长尾关键词记录单的工作，以后发布的内容中如果出现“女性贫血怎么办”这个关键词，系统就会自动添加锚文本到对应的网页。

2.8.5 长尾关键词——让网站的流量井喷

这样一步步将长尾关键词记录单建设起来，整个网站就形成了一个强大的网络结构，无论是搜索引擎蜘蛛的抓取还是用户访问的体验都会大大提升。在某一个特定的时刻，长尾关键词一旦发力，网站的流量将会井喷。

有一点需要注意的是，并不是所有的页面都要添加到长尾关键词记录单中。一些刚开始建设长尾关键词记录单的 SEOER 就有这样的问题，他们将所有发布的文章都添加进来，这样做是没有意义的。

一个网站中有两种类型的文章，一种是带有关键词的着陆页的文章，另一种是为这些关键词着陆页服务的文章。我们添加的时候一般只添加带有关键词的着陆页的文章，另一种文章是没有必要添加的。即便添加进去，因为没有明确的关键词，所以不可能在其他页面中完整地匹配出来，也就不会产生锚文本链接。

2.9 外链

2.9.1 现阶段外链的操作方法

外链在 SEO 中的地位不可低估，但是很多 SEOER 并没有进行深入的研究分析，只是简单地认为外链越多越好，链接源的网站权重越高越好。

作者和一位朋友聊关于外链的话题，这位朋友告诉读者，为了让关键词排名快速上升，他每天的工作就是买外链，但是排名非常不稳定，忽高忽低。作者分析这位朋友购买的外链后发现，这些外链存在很多问题。例如，一些外链的网站已经被安全卫士等屏蔽，还有一些外链的网站存在恶意刷权重的问题，另一个问题就是这些链接源网站大都悬挂了几百个外链，并且很多都是灰色网站链接。最重要的是这些链接源的网站和这位朋友的网站行业存在很大差异。为什么 SEOER 在交换友情链接的时候要刻意强调找同行或者相关行业来进行链接呢？理由是找同行或者相关行业的网站外链会提高网站本身的权重，有利于搜索引擎收录，能提高关键词的排名，同时也能提高用户体验度，能带来点击流量，做产品的就能产生订单，从而达到盈利的目的。

两个网站主题相关性强，一方单向链接到另一方，或者两个站点相互链接，这对链接的网站来说绝对有利。简单来说，有以下几点：

- 有利于搜索引擎通过锚文本链接收录网站的网页。
- 为网站权重的传递增加一分筹码。

- 有利于锚文本链接的关键词排名。
- 被链接网站排在首页时，同样能给链接页面带来点击流量。
- 两个站点的用户体验度会得到很大的提升。
- 这样的链接是高质量链接，使得外链相关性得到了质的飞跃。

下面我们就从实际案例出发，解读现阶段外链的操作方法。仍以中医中药大全网站为例，如果我们要为这个网站建设外链，那么该从哪些地方着手呢？

在做外链之前我们要完善网站的内容。如果一个网站连内容都没有完善，就匆匆地开始外链建设，就算网站关键词排名一时有所上升，但用户通过搜索点击进入网站后没有找到所需内容，还是会选择离开；随着跳出率的升高，网站的排名还是会下降。

网站内容完善后，我们就要分析同行业排名不错的网站。可以使用我们首页优化的目标关键词进行搜索，如图 2-61 所示。

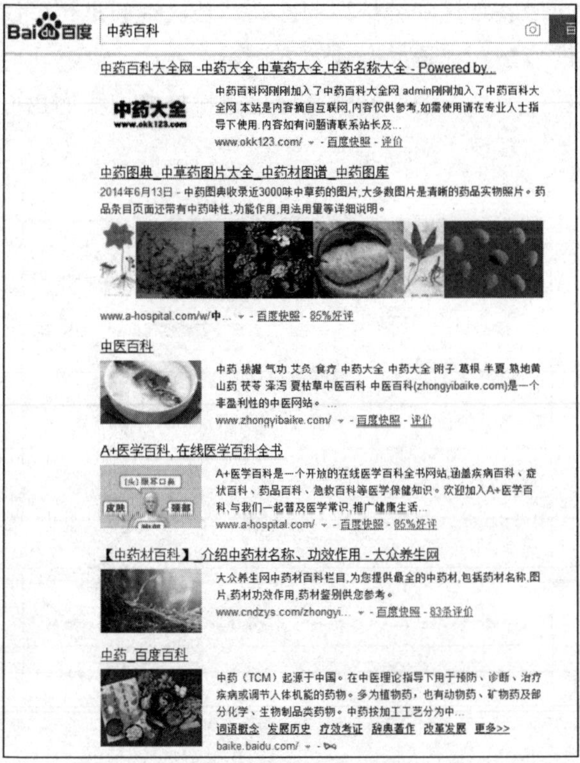

图 2-61　百度搜索“中药百科”结果

接着我们要分析排名前几位的网站外链，如图 2-62 所示。

排名	域名	爱站权重	站长权重	反链数	链接名称
1	www.jlyes.com	2	4	54	中药大全
2	www.fsaowei.com	0	2	13	中药大全
3	dh.gshsyy.cn	0	0	0	中药大全
4	bifupai.com SEO分析 挖该站	0	0	0	中药大全
5	www.jiankangnet.com	0	0	7	中药大全
6	duodong.39.net	0	0	50	中药大全

图 2-62　5118 网站首页外链分析

这时我们就可以联系这些链接源的网站站长，询问是否可以交换或者购买链接。这是最直接的方法，也是最有效的方法。

除了按照这些排名靠前的网站外链信息建设外链，我们也可以在外链交易平台上寻找外链，如图 2-63 所示。

高级搜索

图标说明：自动挂链　认证网站　诚信网站　卖家店铺

网站名称	网站类别	权重	百度收录	PR值	谷歌收录
福建在线	健康保健	2	42434	0	8070
中华养生网	健康保健	1	66341	0	待更新
中华护士网	医药资讯	1	249562	0	待更新
中医健康网	健康保健	1	7	0	待更新
沈阳医药网	健康保健	0	1338	2	待更新
医学教育考试网	医药资讯	1	5947	4	待更新
医疗新闻网	医药资讯	1	13958	0	待更新

图 2-63　外链交易平台

首先要选择和我们网站相同行业的网站，其次要选择适合我们网站权重的网站。权重匹配也非常重要，不要认为高权重就是最好的，要选择和我们网站的权重相匹配的网站。比如我们网站的权重是 2，那么建议选择权重为 2～3 的外链，待我们网站的权重上升了，再逐步调整。一般情况下，购买链接是在我们网站的权重低于 2 的时候操作的；当我们网站的权重高于 2 时，完全可以和同行业的网站站长联系交换链接。

最后要注意链接源网站的权重是否是刷上去的、链接源网站是否悬挂大量的外链，以及链接源网站的外链类型。如果存在灰色链接，就不要选择了。

判断网站权重真假的方法如下：

- 看域名年龄。域名年龄较小，而权重较高，就可能存在刷权重的嫌疑，但不能一票否决。
- 看关键词指数。这在站长工具里面就能很清楚地看到，主要看一些比较生僻的关键词指数是不是存在异常。
- 看关键词指数趋势图。通过百度官方指数能够很清楚地看到关键词的指数趋势。指数一旦出现大幅度的波动，就有可能存在刷指数的嫌疑。

2.9.2　搜索引擎如何判断外链的质量

前面我们详细解读了现阶段外链的操作方法，那么，搜索引擎是如何判断外链的质量的呢？下面作者为大家展开深入的分析。

1．外链的展示率

展示率就是我们的网站出现在浏览者眼前的概率是多大，有多少人会看到我们发布的外链。这从很多方面可以证明，用户喜欢的东西，搜索引擎一般也非常喜欢，毕竟搜索引擎越来越看重用户体验。

2．外链的权威性

就像我们看到一篇关于某某的报道，我们的第一反应就是这条信息的可信度有多少、是不是权威机构发布的。做外链也是同样的道理，如果能发布到一个行业门户的首页或新闻站点的首页，那么这样的外链源是不是很有说服力呢？

3．外链的相关性

外链的相关性在我们交换友情链接时能很容易地体现出来。我们在做外链的时候，要尽可能地选择一些与网站主题相关的外链源，如相关行业网站投稿、行业论坛、行业博客等。如果这些都不好找，那么我们前期可以自己去建立一些相关的第三方博客，如新浪、网易、搜狐博客、博客大巴、天涯博客、和讯博客等，这些博客我们也可以自己慢慢培养，平时多更新相关的内容，时间长了，权重高了，也是一个非常好的外链资源。

4．外链的健康性

一般我们怎么去看外链是否健康呢？这里就得提到一个外链源网站的自身情况，如网站有没有被 K 或降权等。在一个这样的网站上留下大量外链是毫无用处的。

5．教育、政府等机构的站点外链

做 SEO 的人应该都知道.edu、.gov、.mil 等域名是不能随意注册的，这些都表示权威机构，如果你的网站有一条或者几条这样的外链，则能大幅度提升排名。这些域名代表的是教育、政府等机构的站点，是搜索引擎非常信任的站点。这种外链也是高质量外链的一种。

6．带来流量的外链

带来流量的外链最能体现出一个外链是否为高质量外链，要知道搜索引擎是模拟人的习性的，点击次数多了，链接的活跃度自然也就高。如果一个网站上的链接都没人点，那么搜索引擎会判断这个网站上的内容不受欢迎。如果这个外链的点击人数多，而且用户点击进去之后能停留很长的时间，那么搜索引擎会判断这个链接对用户是有用的，自然会给予较高的权重。

7．单向链接

单向链接是指一个网站对你的网站的单独投票，就是一个外链指向你的网站，但是你的网站不指向它，这样的链接最有效，也是做 SEO 优化时苦苦追求的。如果是互相指向对方，则将大大降低链接的价值。第三方博客的建立就是创造大量单向链接的不二法宝。

8．链接存在时间长且稳定

关于链接的稳定性，很多新手 SEOER 都没有注意到这一点，往往交换友情链接还不到一个月就撤掉了。百度站长平台的外链分析平台里有一个外链分析功能，链接至少要保留一个多月才能显示，如果我们频繁地更换链接，则会费力不讨好。对方页面加上你的链接只有一个月和加上你的链接一年，其结果是大不一样的，后者会给网站足够的 PR 分值，前者则由于时间太短，没有充分发挥作用。

2.9.3 搜索引擎如何判断锚文本的质量

锚文本是否合适，主要通过如下几点来判断：

（1）锚文本植入符合文章需要，该出现的时候出现，不该出现的时候不要出现。可以想象，如果用户正在阅读一篇关于母婴用品的文章，突然出现一个关于汽车的锚文本，那么用户体验是非常糟糕的。

（2）对所在文章有促进作用，用户阅读的时候可以通过锚文本扩展阅读。比如用户阅读一篇关于“婴儿吃什么蔬菜最好”的文章，如图 2-64 所示。

婴儿吃什么蔬菜最好

婴儿吃什么蔬菜最好

在为孩子准备蔬菜泥的时候，我们要先确定好食材。一般情况下，新鲜的绿色蔬菜含有更多的维生素以及纤维素。这些蔬菜口感佳，营养多，很适合婴儿食用。因此，选择颜色较深一些的蔬菜会更好一些。

婴儿吃什么蔬菜泥好 婴儿吃什么蔬菜最好 宝宝辅食吃什么蔬菜泥

下面推荐几款蔬菜泥的制作方法：

一、胡萝卜泥

食材准备：新鲜胡萝卜，新鲜牛奶，少许白糖

图 2-64　文章《婴儿吃什么蔬菜最好》

从文章中可以看出婴儿吃胡萝卜泥非常好。当用户阅读到“胡萝卜”这个词的时候会想：既然推荐婴儿吃胡萝卜泥好，到底好在哪里呢？因此我们有必要在“胡萝卜”一词出现的地方添加锚文本链接，用户点击链接就会跳转到“胡萝卜”页面，里面有关于胡萝卜的详细介绍，如图 2-65 所示。

（3）能延展用户需求，挖掘用户额外需求并满足。我们来看一下蚂蜂窝关于青海湖旅游的一个页面，如图 2-66 所示。

页面中提到了距离青海湖较近的其他景点，比如塔尔寺等，编辑为这些景点都添加了锚文本链接。这样一来，用户如果希望了解这些景点的详情，则只需点击浏览即可，这样便延展了用户需求。

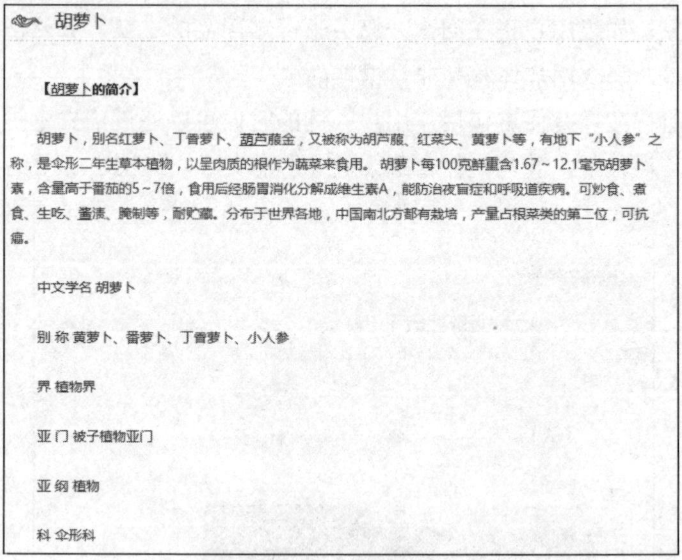

图 2-65　文章《胡萝卜》

图 2-66　蚂蜂窝青海湖旅游页面

（4）锚文本设置的数量和位置都做到依据文章的延展需求而定。

第 3 章

SEO 的秘密武器

在前面的章节中作者对 SEO 的每个环节进行了详细的解读，让大家对 SEO 有了全面的认识。除了前面的内容，在 SEO 过程中还存在比较秘密的内容，比如三天上首页的秘密等。

本章作者将和大家一起畅游这些秘境。值得一提的是，现阶段 SEO 的核心是满足用户需求的内容建设，这些秘密都只能起到锦上添花的作用，千万不要过度依赖。

3.1 百度站长平台使用指南

在 SEO 过程中我们需要不断地分析网站的各项数据，以便调整下一步的 SEO 方案。而对这些数据的分析离不开工具。在百度没有推出站长平台之前，我们都是借助第三方工具进行数据分析的，但是这些数据的准确性、完整性都不太理想。随着百度站长平台的发布，这些问题迎刃而解。

3.1.1 百度站长平台为广大站长带来了便利

百度站长平台于 2010 年 3 月推出，这意味着百度搜索引擎开始认识到应该学会和站长进行沟通，这样才能建设和谐发展的互联网环境。

在百度站长平台推出之前，网站改版简直就是噩梦，会导致网站权重迅速下降，而现在只需通过百度站长平台的网站改版工具就可以解决。正因如此，作者觉得有必要将百度站长平台的各项功能给大家做一个全面的介绍。

3.1.2 添加自己的网站

在开始使用百度站长工具之前要添加网站，如图 3-1 所示。验证方式有文件验证、HTML 标签验证、CANME 验证三种，具体按照自己的方便选择即可。验证完成后就可以使用百度站长工具提供的各项服务了。

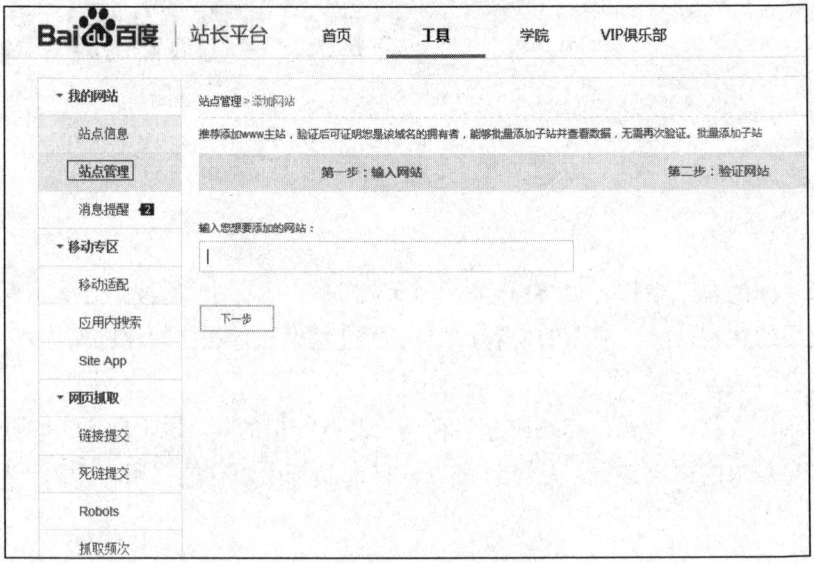

图 3-1　百度站长工具添加网站

下面我们详细来看看百度站长工具的重要功能。

3.1.3 消息提醒

如图 3-2 所示，通过此功能可以检测网站的异常情况。当我们设定联系方式之后，如果网站出现异常，则百度站长工具会第一时间发送消息，我们可以根据此消息进行查询修改。

3.1.4 sitemap 提交

如图 3-3 所示，我们可以将制作好的网站地图 sitemap 提交给百度，这样百度可以第一时间进行抓取，有利于网站收录。

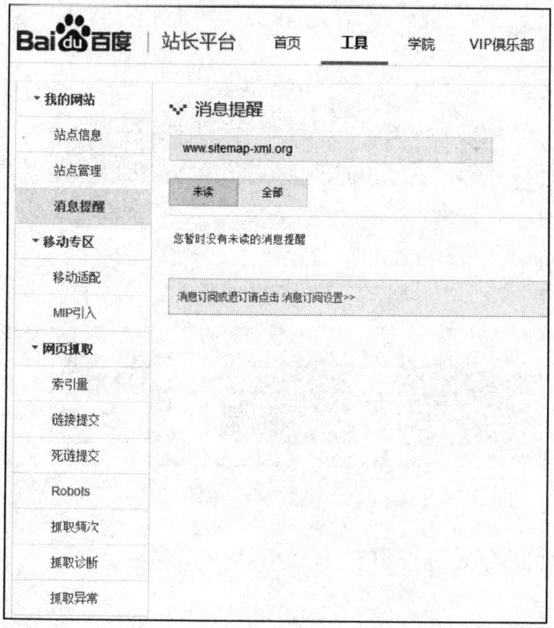

图 3-2　百度站长工具消息提醒

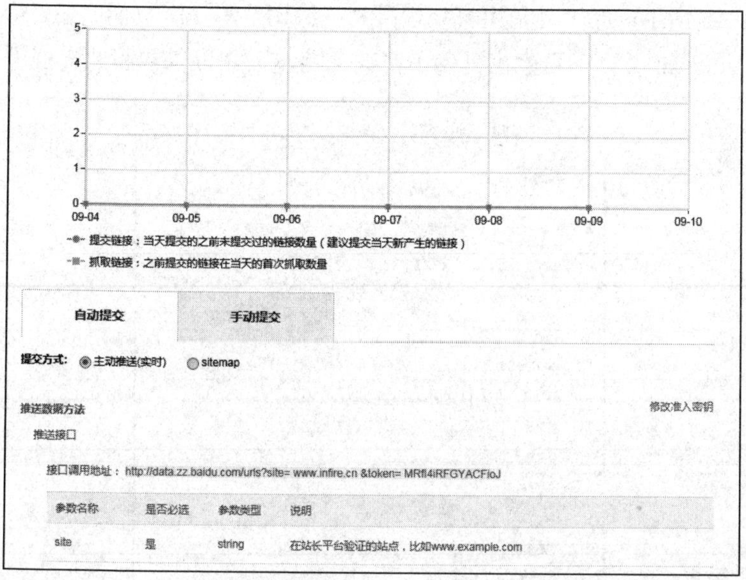

图 3-3　百度站长工具网站地图提交

如果网站程序没有自带的网站地图生成功能，则可以借助第三方提供的工具。作者推荐使用 434.com.cn 小爬虫 sitemap 生成工具，按照说明填写网址即可生成网站地图，如图 3-4 所示。

图 3-4　生成网站地图工具

详细的网站地图提交过程将在本章后续小节单独介绍。

3.1.5　死链提交工具

如图 3-5 所示，此工具是用来处理网站死链的，与 404 页面类似，死链列表文件可以与 sitemap 类似，百度也提供了帮助文档，大家可以参照此文档进行制作。

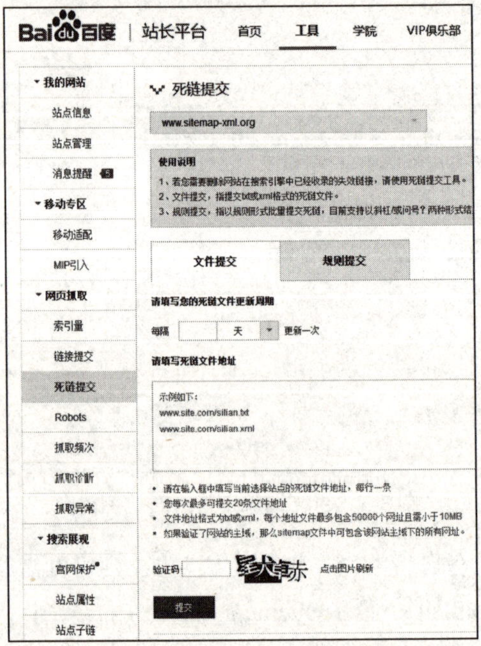

图 3-5　百度站长工具死链提交

3.1.6　链接提交

如图 3-6 所示，此工具的功能可以简单理解为：将网站链接提交给百度，百度接收到信息后进行抓取收录。

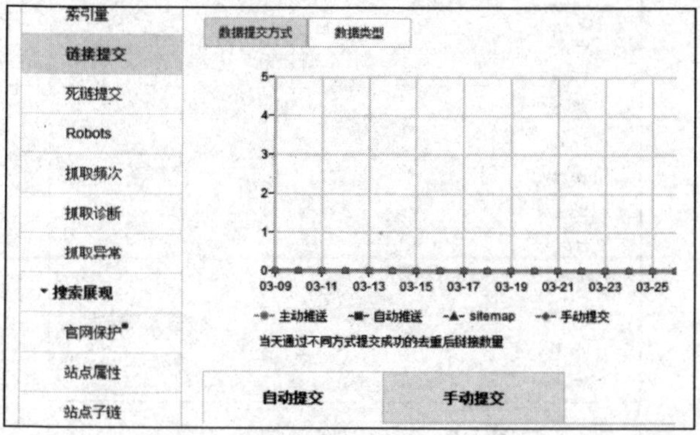

图 3-6　百度站长工具链接提交

3.1.7　网站改版

如图 3-7 所示，此工具是为了网站改版而推出的，这样可以减少网站因为改版而降低收录、外链等情况发生。对于改版的网站来说，这个功能确实非常实用。本章后面小节会对网站改版工具进行详细的解读。

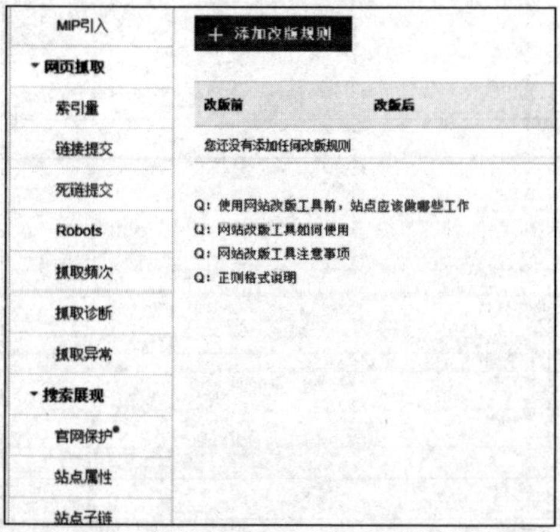

图 3-7　百度站长工具网站改版

3.1.8　索引量

如图 3-8 所示，此工具是为了体现网站有多少数量级的待选内容，而此内容并不能直接被抓取，而是候选的内容。

百度也为我们提供了更新时间，一般为一天到一周不等，可根据网站的实际情况进行索引。

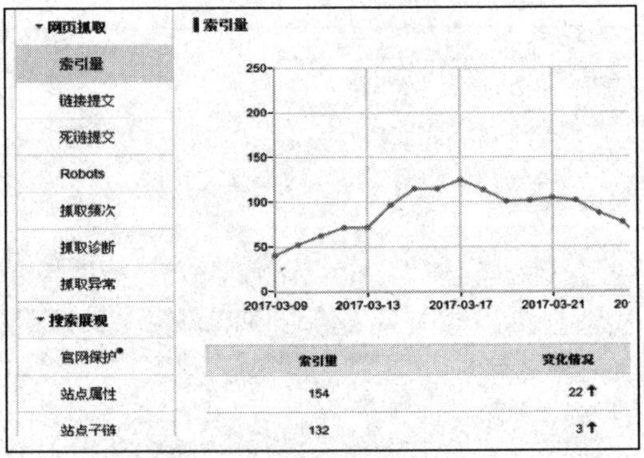

图 3-8　百度站长工具索引量

3.1.9　流量与关键词

如图 3-9 所示，搜索关键词将全面体现百度大数据的特征，通过此工具可以查看点击数量及热门关键词，并且可以让站长进行有针对性的优化。

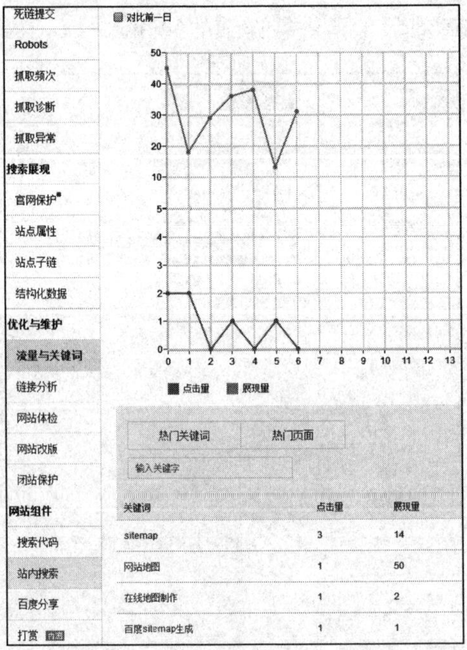

图 3-9　百度站长工具流量与关键词

3.1.10 抓取异常

如图 3-10 所示，此工具非常实用，可以指引站长查看用户可以正常访问而搜索引擎蜘蛛却无法抓取的原因，通过分析原因可以不断优化网站结构、数据、链接、内容等问题。

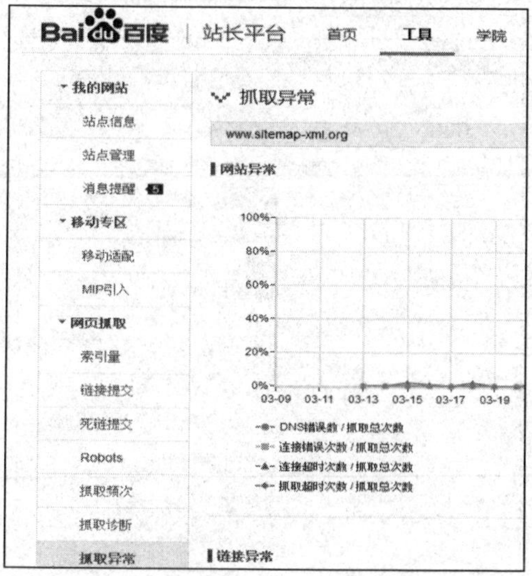

图 3-10　百度站长工具抓取异常

3.1.11 抓取诊断

如图 3-11 所示，此工具非常实用和重要，对于网站优化可以起到事半功倍的作用。

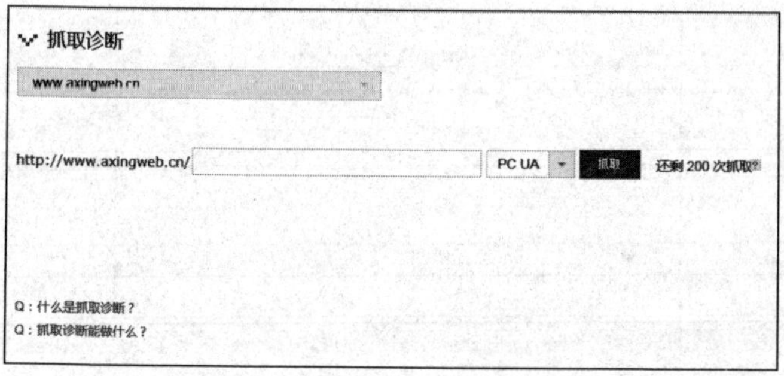

图 3-11　百度站长工具抓取诊断

由于百度将诊断次数限定为每月 300 次，对于内容级别非常大的网站来说可能有所局限，但是对于一般的网站内容是足够的。使用此工具不仅可以诊断内容页面的相关问题，而且可以快速实现收录抓取。有段时间作者测试了这个工具，发现只要内容是原创的，就可实现秒收录。

另外，如果网站收录不正常或者使用 site 命令检索不到首页，则也可以使用该工具进行诊断，很有可能是 DNS 数据不正确导致搜索引擎蜘蛛无法顺利爬行。如果发现问题则可以点击“报错”，直到 DNS 数据正确，如图 3-12 所示。

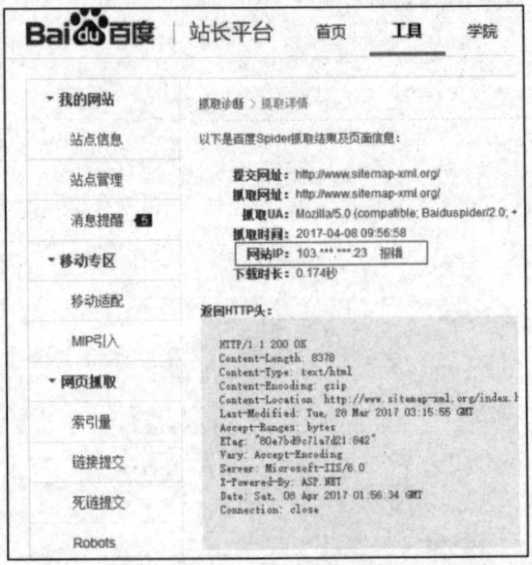

图 3-12　百度站长工具抓取诊断报错

3.1.12　外链分析

如图 3-13 所示，外链分析同样是非常重要的工具。此工具可以真实地反映网站外链数量，而非用 domain 命令出现的数值。

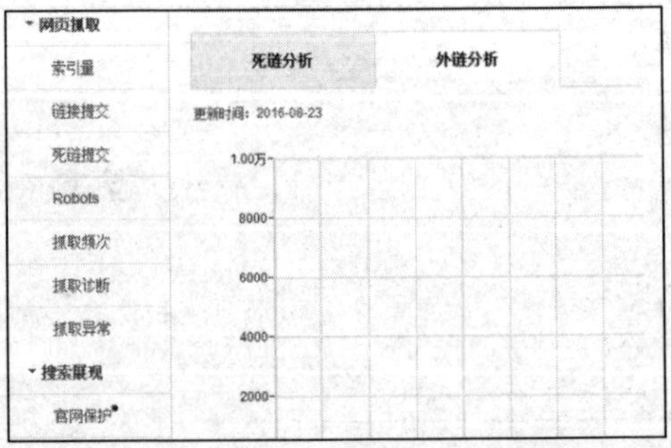

图 3-13　百度站长工具外链分析

不仅如此，百度在此工具中加入了拒绝外链管理，可以通过查看外链有效地拒绝垃圾外链，让网站外链更加健康，而且还可以通过此数据了解网站安全情况。

只要有垃圾文件嵌入网站并被百度抓取，那么垃圾外链就会在外链中显示，通过此工具就可以检测出网站的危险根源。

3.1.13　网站体检

如图 3-14 所示，此功能主要是提醒我们网站的一些优化问题，根据百度搜索引擎优化白皮书的描述进行优化，对于优化人员来说起到了一个基础的指导作用。

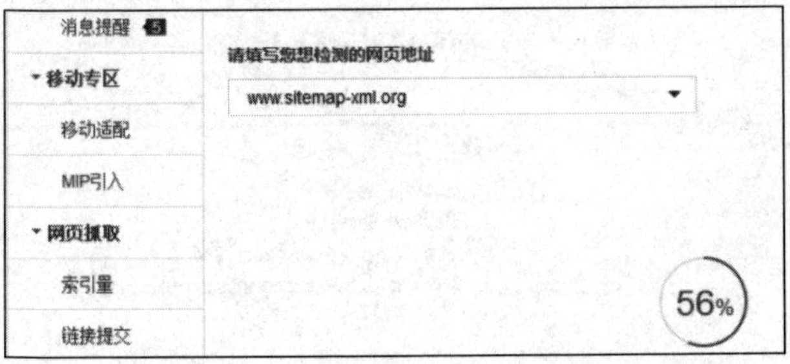

图 3-14　百度站长工具网站体检

3.1.14　抓取频次

如图 3-15 所示，抓取频次代表百度每天对服务器抓取的次数。为了不给服务器造成较大的压力，可以通过此工具调节抓取频次及关闭保护等。

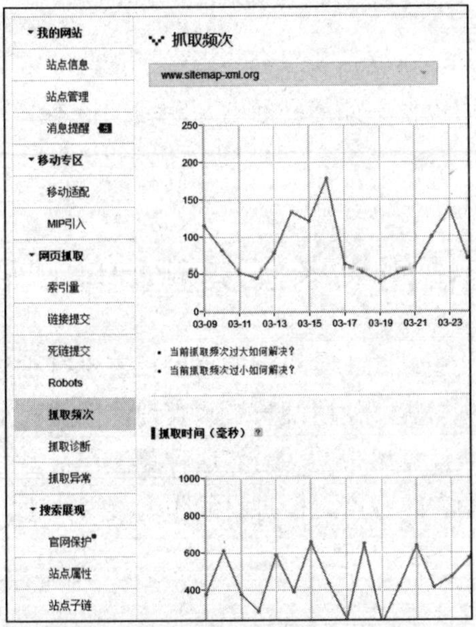

图 3-15　百度站长工具抓取频次

3.1.15 Robots 工具

如图 3-16 所示，此工具用于更新和生成 Robots 等。掌握该工具的使用能帮助我们在日常的 SEO 工作中得出很多有效的数据，通过分析这些数据可以让我们调整下一步的优化方案。

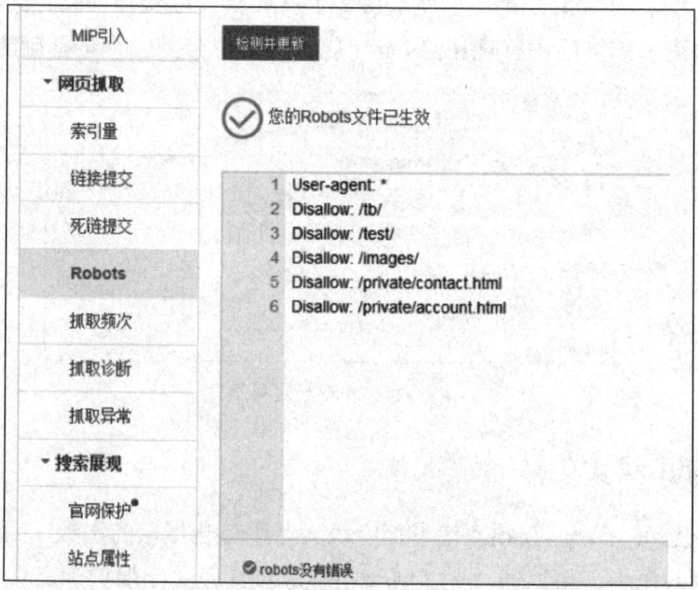

图 3-16 百度站长工具 Robots

除了上述这些工具，百度站长平台还提供了一些非常实用的工具，读者可以自行登录了解。在使用过程中如遇到问题，欢迎扫描本书封面二维码与作者进行在线交流。

3.2 正确对待使用站长工具查询的“百度权重”

一些 SEOER 对使用站长工具查询的百度权重没有正确的认识，认为这个权重就是百度官方的真实权重。使用站长工具查询的百度权重是第三方工具根据网站关键词的排名和指数计算出来的。当然这种算法在很多时候也可以判断一个网站的质量和搜索引擎的青睐程度，但是仅能作为参考，千万不要固执地追求这个所谓的权重。

3.2.1　百度搜索引擎官方解释

关于第三方站长工具中提供“百度权重”的声明：“百度从未提供过网站权重信息数据以及对外查询服务。第三方站长工具的数据并非百度官方数据，不代表真实的网站情况，百度对使用此类数据而造成的困扰不负任何责任。请网站管理员不要将这些‘百度权重’数值当成真实数值来参考使用。”

尤其是购买外链的 SEOER 更需要注意这个问题。作者的一位 SEOER 朋友提出疑问：“我的网站权重在一个月里从 1 升到 3，再从 3 降到 1，自己也没有进行任何非正常的操作。”作者分析后发现，这位 SEOER 的网站的一个关键词某个网站也在使用，并且这个网站的站长使用工具刷了这个关键词的指数。因为第三方站长工具提供的百度权重是根据网站关键词的指数和排名计算出来的，这就导致这位 SEOER 的网站权重突然变高又突然回落。遇到这样的问题没有必要过于惊慌，坚持自己的方案继续执行 SEO 优化，恶意地刷指数对我们的网站是没有什么影响的。

正因如此，一些别有用心的 SEOER 就会做一批网站，每个网站的关键词都是自己独创的，没有什么指数，很容易就能做到搜索引擎搜索结果前三位，然后再使用刷百度指数的软件将这些关键词的指数提高，这样使用站长工具查询的百度权重就会提高，也就可以到外链买卖平台销售外链了。因此，在购买外链的时候大家一定要注意判断是否存在刷指数作弊的手法，这一点作者在前面的内容中已经有详细的解读，这里不再重复。

3.2.2　识别真假“百度权重”的方法

网上有很多短期内提升百度权重的方法和外包业务，这些业务大部分使用刷指数或者点击器的方法，声称一周之内让百度搜索引擎权重提高到 4。作者建议大家不要相信这些所谓的秘籍。真正能代表权重的有如下几个因素：

- 查关键词排名。查看这个网站排名最高的几个关键词的百度指数是否异常，是否有一些冷僻的关键词有非常高的百度指数；查询一下百度指数最高的关键词的历史百度指数，看看是否有某个时间段出现大幅变化。
- 查收录数。排名靠前的网站，不可能收录数会非常少。如果收录数很少，则极有可能是刷的“百度权重”。
- 查反链数。通常高权重的网站，其反链数会非常多。
- 查关键词 PC 端和移动端的百度指数。某些作弊者为了隐蔽，只刷移动端的百度指数，而不刷 PC 端的，因此 PC 端和移动端的百度指数都要查。

3.2.3 SEO 的核心是内容

现阶段 SEO 的核心是内容，这一点百度搜索引擎官方也做了说明，从 2017 年开始要加强对原创内容的保护，详细公告如下：

获取百度搜索内容生态扶持，从完善站点领域开始。

2017 年，百度搜索全新出发：搜索生态向内容生态转变。秉承用户至上的理念，公平开放的原则，一系列优质内容扶持计划紧密筹备。

- 新站收录提速：蝶变行动新、好站点扶持计划即将再次开启！
- 原创保护：保护站点原创内容正在强势升级，敬请期待！
- 阿拉丁产品开放：原大站专享的阿拉丁产品有望为更多优质站点开放！
- Feeds 资讯流展现：手机百度首页主动推荐资讯流，助力网站品牌展现！

想加入以上所有计划的前提是：完善您的站点领域信息。

完善办法：工具－搜索展现－站点属性－站点领域。

部分站点百度搜索已默认推荐相关领域，站长可根据实际情况修改，每个站点最多可选择 3 个领域。

请尽量完善每一个站点的领域信息，准确的信息有助于百度搜索识别数据，从而帮助网站享受相关垂类的资源及权限。

要想网站被搜索引擎喜欢，我们只能不断地建设高质量的内容，满足用户的需求，不要试图使用黑帽的方法。从大量的实战中可以看出，现阶段一个网站从上线到有排名，至少需要 3 个月左右的时间，以前那种今天上线明天就能优化到有排名的手段很多已经不能使用了，即便我们的网站有能力满足搜索引擎的算法，如果内容质量低劣，则最终还是会被用户淘汰。

只要我们静下心来，仔细分析网站所在行业用户的需求，然后想办法在网站中满足这些用户的需求，那么网站一定能获得成功。千万不要迷恋于所谓的百度权重、黑帽手法、三天上首页。

3.3 深入解读跳出率

跳出率是指当用户访问网站时只浏览了一个页面后就离开的比例。跳出率是衡量用户行为非常重要的指标，能反映出用户是否对这个页面或网站感兴趣。但是我们分析一个页面或者网站的跳出率不能简单地只看数据，跳出率高并不能说明网页的用户体验不佳，跳出率低也不一定就是网页的用户体验好。百度统计提供了跳出率监测，如图 3-17 所示。

今日流量

	浏览量(PV)	访客数(UV)	IP数	跳出率
今日	**924**	**281**	**279**	**89.01%**
昨日	1,277	396	374	90.05%
预计今日	1,262↓	373↓	363↓	--
昨日此时	925	294	284	90.61%
每日平均	1,156	343	328	89.35%
历史峰值	1,801	549	513	91.92%

图 3-17　跳出率监测

比如小爬虫网站地图生成工具在改版之前只有一个页面，如图 3-18 所示。

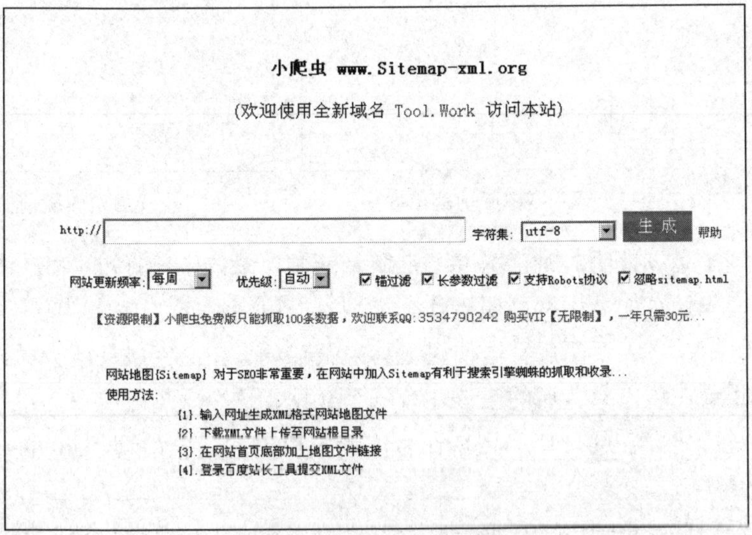

图 3-18　小爬虫网改版前首页

跳出率非常高，如图 3-19 所示。

但是这并没有影响网站的关键词排名，如图 3-20 所示。

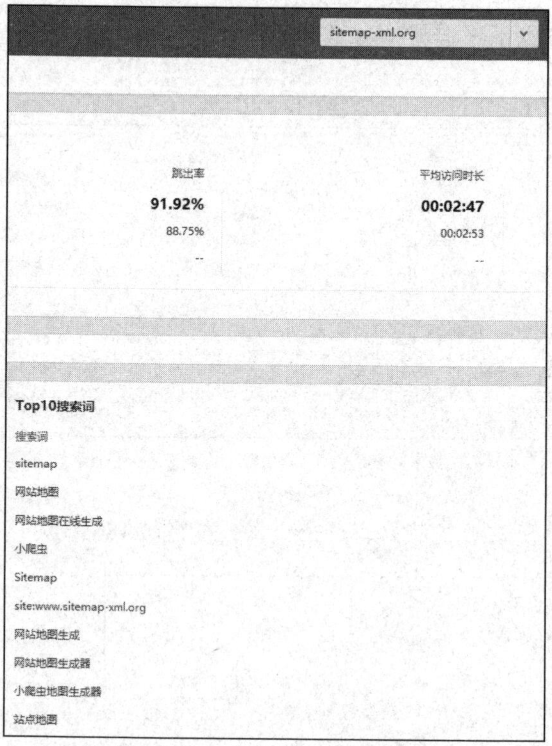

图 3-19 小爬虫网改版前跳出率

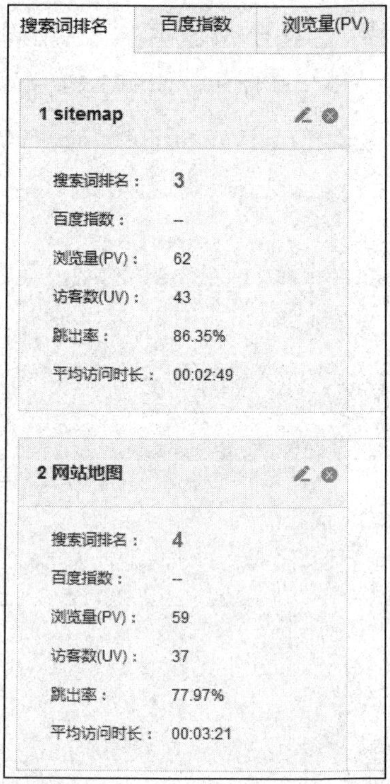

图 3-20 小爬虫网改版前关键词排名

这个例子足以证明，跳出率并不是衡量网站质量的唯一标准。在分析跳出率之前，我们应该首先分析网站属于什么类型，一般情况下工具类型的网站跳出率都非常高，用户进入页面后只是使用工具来做某项工作，完成后就会关闭。

其实隐藏在跳出率背后的应该还有一个数据，这个数据没有官方的说法，但作者认为是一定存在的。比如用户在百度搜索引擎搜索关键词“sitemap”，如图 3-21 所示。

可以看到目前小爬虫排在第一位。很多用户会点击排名前三位的网站，当用户点击进去后如果没有返回来继续点击排在后面的网站，则说明第一个网站已经满足了用户的需求，这样第一个网站的排名就会越来越稳定。相反，如果用户点击进去后再次返回百度搜索引擎继续点击排名靠后的网站，则说明在前面的网站中用户没有找到需要的内容，这样的数据占比如果非常高，就会导致后面的网站排名上升，前面的网站排名下降。作者认为这样理解跳出率才是合理的，单纯地分析跳出率的数值是没有什么意义的。

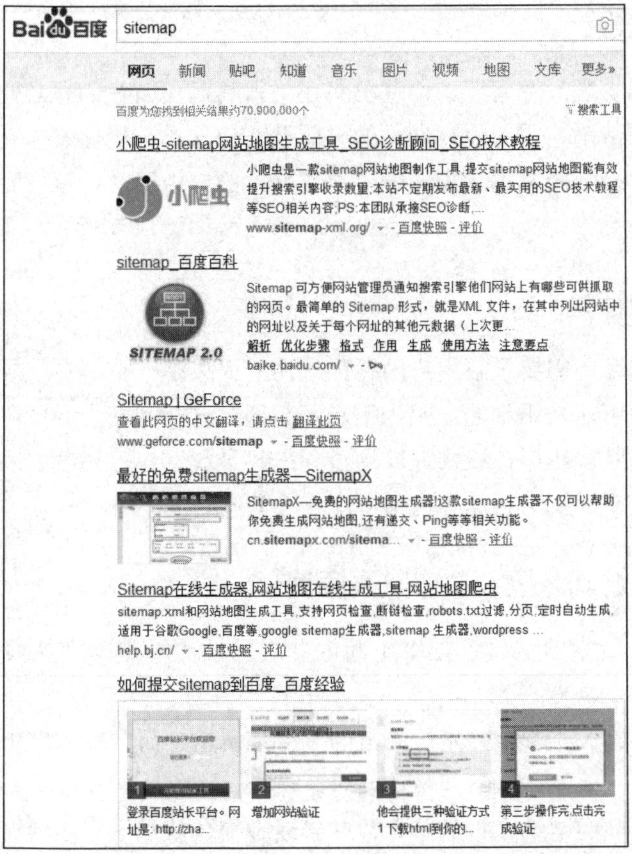

图 3-21　百度搜索“sitemap”结果

跳出率的上升有很多原因，作者总结了一些，下面依次介绍。

3.3.1　单页面网站

如果我们的网站只是一个单页面，那么用户无法通过这个页面到达网站的其他页面，此时的跳出率是非常高的。通常对于这种类型的网站，我们可以根据其他指标来衡量用户行为，比如网站停留时间等。

3.3.2　代码安装错误

如果注意到网站的一个页面或者专题栏目等的跳出率都非常高，那么你可能需要确定一下代码安装是否正确。另外，针对二级域名或者同主域名下不同的产品，如果单独使用不同的统计工具或不同的 ID 统计，那么跳出率也会很高，但这并不是真实的。

3.3.3 网站设计

如果代码安装没有问题，而跳出率还是很高，那么我们有必要评估一下网站设计是否存在缺陷，重新设计网站的导航及其他入口，优化着陆页面，让页面上的内容与用户搜索的关键词相匹配，调整网站的广告形式，让内容更好地展现，等等。

3.3.4 用户行为

衡量跳出率还需要了解用户的行为目的。如果是一个书签或导航网站，那么跳出率高反而可能是正常的，因为用户正是通过这些网站去寻找自己想要的网站的，跳出率高则说明用户很快能够通过导航目录找到自己想要的网站；如果跳出率低，反而说明导航站布局和指引可能存在问题。

3.3.5 网站访问量既要数量又要质量

我们要在日常的运营过程中不断地分析网站的跳出率，从而制定下一步的SEO 方案。

大家都非常关心一个网站访问量的多少和质量，而一些 SEOER 往往只关心访问量的多少，而不关心访问量的质量。例如一个做山地车、户外帐篷的网站在一个卖母婴用品的网站上投放了无数广告或弹窗，获得了很多流量，从而提升了网站整体的流量。但是事实上我们会发现，这些访客来到网站都只打开了一个页面就离开了，跳出率变得非常高，这说明这些访问量不具有很高的价值。原因是两个网站没有相同的目标群体，关注母婴用品的用户大多数是已经或者准备生小孩的妈妈，而该网站是销售山地车和户外帐篷的，这些内容丝毫不会引起关注母婴用品的用户的关注。我们可以参照如下方法分析跳出率，制定下一步的 SEO 方案。

1．跳出率标准

每种类型网站的跳出率都是不同的，但如果在某种情况下网站的跳出率高得惊人，那肯定是有问题的。例如我们有一个博客，博客的第一页列出了第一篇文章的所有内容，那么用户不需要点击就可以看完整篇文章，然后离开，跳出率自然会比较高。通常来说跳出率在 40%～60%是比较正常的。

2．提高导航可用性

如果网站的一个页面跳出率非常高，那么我们需要检查和分析一下这个页面为什么跳出率高，是否和用户搜索的关键词内容不相符，因为如果用户找不到想要的东西，他们就会选择去别的地方再找。因此，我们需要完善网站的导航结构，清理那些可能导致用户离开的因素。

3．网站内容质量

如果我们的网站导航是没有问题的，那么我们要帮助用户快速找到他们想要的内容，网站内容就应该清晰简洁，同时搭配令人感兴趣的图片。单纯复制低质量的内容可能会导致网站的跳出率升高。

4．用户搜索词与内容相符

每隔几个月应该对网站做一次全面的关键词分析，分析这些落地的搜索关键词与网站内容的匹配程度。比如，用户通过搜索引擎搜索“什么品牌的山地车质量好”，如图 3-22 所示。

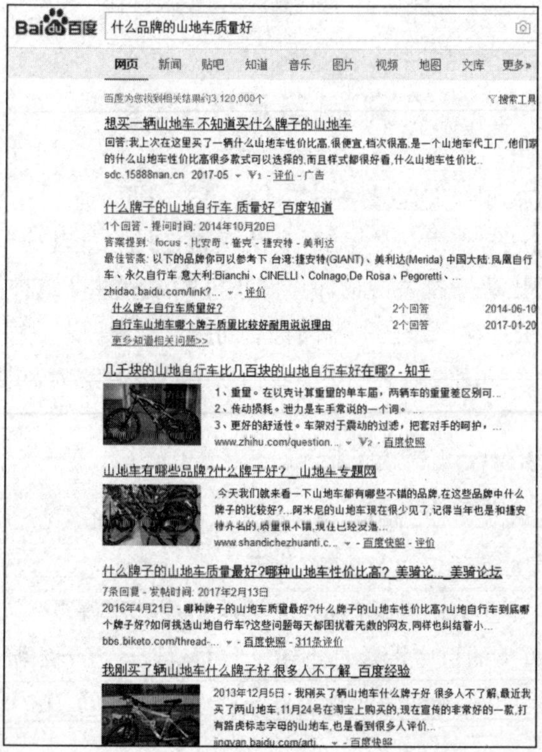

图 3-22　百度搜索“什么品牌的山地车质量好”结果

可想而知，用户搜索这个关键词的需求是了解一下哪些品牌的山地车质量好。如图 3-23 所示，这个页面就满足了搜索这个关键词的用户的需求，排名应该非常好。但是如果我们的网站内容都是关于山地车销售的，完全没有介绍哪种山地车质量好，则很容易造成用户离开，提高网站的跳出率。我们需要适应客户的搜索习惯，通过改善网站导航和建设新的页面来满足用户的搜索需求，从而降低网站的跳出率。

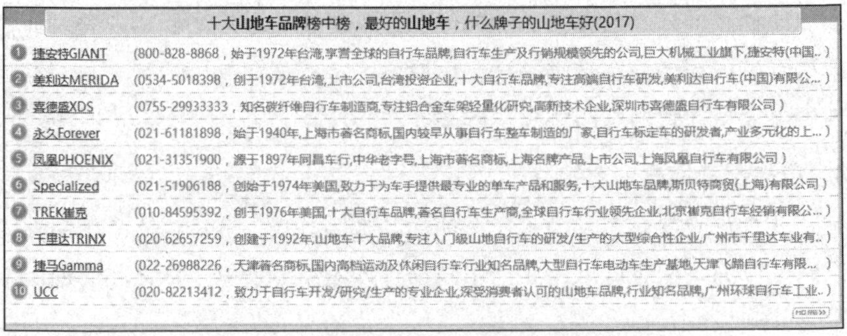

图 3-23　某网站山地车综合排行

3.4　挖掘隐藏在关键词背后的需求

前面作者多次提到要在建设网站之前挖掘关键词，最近和一些 SEOER 交流，发现有很多朋友对这一点不是很了解，认为关键词挖掘就是简单地使用 5118 等工具查询一下，整理出来一批关键词即可。正确的过程并非这样简单，我们不仅仅要挖掘关键词，更要挖掘隐藏在关键词背后的用户需求，之后编辑人员才能按照这个用户的需求建设关键词着陆页。下面我们就用实际的案例为大家做深入的分析。

3.4.1　挖掘旅游的长尾关键词

比如要寻找一些关于旅游的长尾关键词，使用 5118 关键词挖掘工具查询“旅游去哪里好”这个关键词，如图 3-24 所示。

可以看到排在前面的三个关键词“海边旅游去哪里好”、“春节旅游去哪里好”、“五一旅游去哪里好”的百度指数都不错，下面就以“五一旅游去哪里好”为例进行分析。我们使用百度搜索引擎搜索“五一旅游去哪里好”这个关键词，如图 3-25 所示。

旅游去哪里好长尾关键词挖掘

相关长尾词关键词共找到296条记录[有指数：3 无指数：293]

关键词	百度指数	长尾词数量	搜索结果
海边旅游去哪里好	351	12	2140000
春节旅游去哪里好	154	28	3040000
五一旅游去哪里好	77	7	151000
7月份旅游去哪里好	0	4	6940000
去旅游去哪里好	-	217	2400000
旅游去哪里好	-	201	9520000
旅游去哪里好国内	-	24	25800000

图 3-24　5118 长尾关键词挖掘“旅游去哪里好”

图 3-25　百度搜索“五一旅游去哪里好”结果

可以看到排在第一位的是蚂蜂窝的一个页面，打开这个页面，如图 3-26 所示。

【国内】2017五一去哪旅游好，五一去哪里旅游最好

更新时间：2017-04-17 16:49:33 来源：mafengwo.cn | 分享到：

五一去哪旅游好？五一就要到了，小长假还没安排好，不妨和蚂蜂窝小编一起看看五一去哪里旅游最好。

五一去哪旅游好——九寨沟

5月份是九寨沟的旅游旺季，这时候冰雪消融、春水泛涨，山花烂漫，远山的白雪映衬着童话世界，温柔而慵懒的春阳吻接湖面，吻接春芽，吻接你感动自然的心境。九寨沟最有名的是水，水色黛兰、翠绿，清澈如明镜，斑斓生五彩，一年四季，一日之中都变幻无穷，所以有"九寨归来不看水"之说。沟中最小的海子五彩池面积不到半亩；最长的长海蜿蜒5km，面积有200平方公里；最静

图 3-26　蚂蜂窝“五一旅游去哪里好”页面

可以看到这个页面列举了一些适合五一旅游的景点。分析完这个排名第一的页面，我们要思考：如果我们想优化一个这样的关键词，排名超越这个页面，该怎么办呢？

这时候就需要分析隐藏在这个关键词背后的用户需求。首先，搜索“五一旅游去哪里好”的用户按照地区分可以分为南方和北方，而南方和北方的用户搜索“五一旅游去哪里好”关键词有不一样的需求，南方的用户希望到北方的景点旅游，北方的用户希望到南方的景点旅游，如果我们在页面中对南方的景点和北方的景点进行分类，是不是更能满足用户的需求？

其次，按照用户的年龄区分有小孩和老人两个特殊群体，用户在搜索这个关键词的时候是不是隐藏着适合小孩或者老人旅游的需求，我们可以在页面中针对这两个群体制定出适合的景点，比如适合老人旅游的景点、适合小孩旅游的景点。

从表面上来看，所有的用户都在搜索同样的关键词，但是每个用户都有自己特定的属性，这些属性就决定了用户需求的差异性。我们如果能在关键词的着陆页尽可能地满足更多用户的需求，那么这个页面就能被更多的用户喜欢，从而降低跳出率，这样关键词排名是不是就非常稳定了？

3.4.2　挖掘养生的长尾关键词

为了让读者能更加清楚地了解这一点，我们不妨再举一个例子。随着社会的发展，越来越多的人开始注重养生，如果用户搜索“春季养生吃什么好”这个关键词，那么我们该用怎样的页面满足更多用户的需求呢？我们使用百度搜索引擎搜索“春季养生吃什么好”，如图 3-27 所示。

图 3-27　百度搜索“春季养生吃什么好”结果

点击进入排名第一位的网站，如图 3-28 所示。

可以看到这篇文章中推荐了一些适合春季养生的食物，除此之外没有对食物进行更为深入的分类，这样我们就有超越的机会。

我们不妨思考一下搜索“春季养生吃什么好”的背后有哪些类型的用户。从性别来看，可以分为男人和女人，这两大人群对养生的需求是不一样的，女性用户在养生的需求背后还会注重美容养颜等。从年龄区分又会多出老人这个特殊的群体，老年人体质较弱，更加关注养生。因此，我们在构思“春季养生吃什么好”的关键词着陆页的时候就要思考如何尽可能地满足这三类用户群体的需求。比如我们可以将内容分为四大块：

- 第一块介绍春季养生的基础知识。
- 第二块介绍女人春季养生吃什么好。
- 第三块介绍男人春季养生吃什么好。
- 第四块介绍老人春季养生吃什么好。

春季万物复苏、生气勃勃，同时也是阳气生发的季节。中医认为，每个季节合的食物，适量食用可起到很好的养生功效。春季养生最宜吃什么？中国养生网小编八种食物：

春季吃葱可补维C

葱中的维生素C含量比苹果高10倍，比柑橘高2倍。葱还含有葱蒜辣素，菌之作用。

温馨提示：大蒜250克，葱白500克，切碎加水2000毫升煎煮，日服3次，杯，可预防流感;若是胃痛、胃酸过多，消化不良的人可将大葱头4个捣烂，调入红糖连服数日有效。

春季杀菌可吃大蒜

大蒜具有很强的杀菌能力。据最新研究发现，大蒜还具有一定补脑作用，富B1能抵制放射性物质对人体的危害。

图 3-28　百度搜索“春季养生吃什么好”排名第一位对应页面

每一块的内容都可以从不同的网站获取，比如“男人春季养生吃什么好”就可以从如图 3-29 所示的页面获取。

一年之计在于春，春天是个万物复苏的季节，我们要注重养生，那么，春天养生吃什么好？接下来一起来看看适合男人春季养生的食物吧！

一、春天养生吃什么好

1、紫甘蓝

春季万物始生，很容易引发传染性疾病，紫甘蓝含有丰富的维生素C和花青素，有抗氧化清除自由基的作用，非常适宜春天养生食用，能提高身体抵抗力，预防传染病。而且紫甘蓝对于春季皮肤瘙痒以及感冒也具有一定疗效。

2、胡萝卜

春天气候由寒转暖，细菌、病毒等微生物活力增强，易侵犯人体，容易致病，尤其是呼吸道疾病，因此春天适合吃些胡萝卜，其含有丰富的维生素A，具有保护和增强呼吸道黏膜和呼吸器官上皮细胞的功效。而且胡萝卜有补肝护肝之效，也是春季养肝不容错过的食物。

3、油菜

春天气温回升快，空气干燥，是非常容易上火的季节，易引发口腔溃疡，而油菜能清热解毒，祛风泻火，预防口腔炎、口腔溃疡等，此外油菜富含维生素C，具有抗病毒的作用，由此可见，油菜是春季养生不可或缺的食物。

图 3-29　“男人春季养生吃什么好”推荐获取页面

“女人春季养生吃什么好”又可以从另一个网站获取，如图 3-30 所示。

图 3-30 “女人春季养生吃什么好”推荐获取页面

以此类推，这样的组合既能够满足用户的需求，搜索引擎也是非常喜欢的。

每个关键词都有隐藏在背后的需求，我们要学会挖掘这些需求，只有在网页中不断地满足这些隐藏在关键词背后的需求，我们的网站才能被越来越多的用户所喜爱。关于这个问题，读者如有疑问，请扫描本书封面二维码与作者进行在线交流。

3.5 网站地图的制作与提交

网站地图就是根据网站的结构、框架、内容生成的导航网页文件。大多数人都知道网站地图对于提高用户体验有好处：它们为网站访问者指明方向，并帮助迷失的访问者找到他们想看的页面。

3.5.1 什么是网站地图

在开始介绍网站地图的制作与提交之前，我们有必要先了解一下什么是网站地图。网站地图也就是 sitemap，是一个网站所有链接的容器。很多网站的链接层次比较深，蜘蛛很难抓取到，网站地图可以方便搜索引擎蜘蛛抓取网站页面，通过抓取网站页面，可以清晰地了解网站的架构。网站地图一般存放在根目录下并命名为 sitemap，为搜索引擎蜘蛛指路，增加网站重要内容页面的收录。

3.5.2 网站地图的作用

网站地图的作用如下：

- 为搜索引擎蜘蛛提供可以浏览整个网站的链接，简单地体现出网站的整体框架。
- 为搜索引擎蜘蛛提供一些链接，指向动态页面或者采用其他方法比较难以到达的页面。
- 作为一种潜在的着陆页，可以对搜索流量进行优化。
- 如果访问者试图访问网站所在域内并不存在的 URL，那么这个访问者就会被转到“无法找到文件”的错误页面，而网站地图可以作为该页面的“准”内容。

3.5.3 HTML 版本的网站地图

HTML 版本的网站地图就是用户可以在网站上看到的，列出网站上所有主要页面的链接的页面。对于小型网站来说，甚至可以列出整个网站的所有页面。而对于具有一定规模的网站来说，一个网站地图不可能罗列所有的页面链接，可以采取两种办法解决：

- 第一种办法是网站地图只列出网站最主要的链接，如一级分类、二级分类。
- 第二种办法是将网站地图分成几个文件，主网站地图列出通往次级网站的链接，次级网站地图再列出一部分页面链接。

3.5.4 XML 版本的网站地图

XML 版本的网站地图是由 Google 首先提出的，怎么区分呢？上面所说的 HTML 版本中的 sitemap 首字母 s 是小写的，而 XML 版本中的 S 则是大写的。XML 版本的网站地图是由 XML 标签组成的，文件本身必须采用 UTF-8 编码，网站地图文件实际上就是列出网站需要被收录的页面的 URL。最简单的网站地图可以是一个纯文本文件，文件只要列出页面的 URL，一行一个 URL，搜索引擎就能抓取并理解文件内容。

3.5.5 网站地图的制作方法

网上有很多网站地图生成的方法，比如在线生成、软件生成等。这里作者推荐使用小爬虫网站地图生成工具：http://www.sitemap-xml.org。使用方法如下：

（1）输入域名，选择网站对应的编码，点击“生成”按钮（建议使用搜狗浏览器或者 Google 浏览器），如图 3-31 所示。

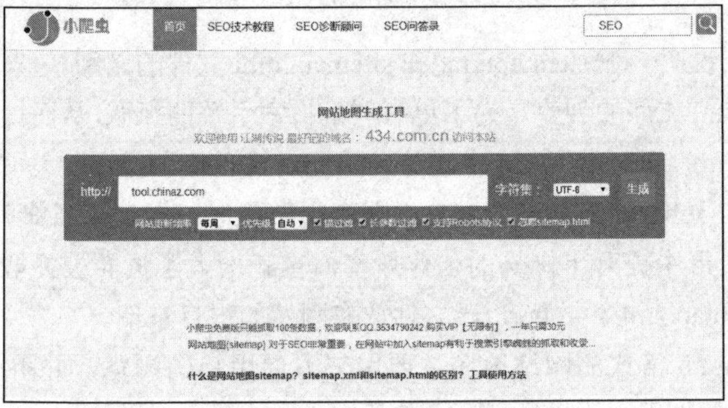

图 3-31 生成网站地图步骤 1

（2）等待小爬虫爬行网站，爬行时间根据网站内容多少和服务器访问速度不定，如果数据较多，则建议晚上 10 点以后操作，如图 3-32 所示。

图 3-32 生成网站地图步骤 2

（3）下载 sitemap.xml 或者 sitemap.html 文件，上传到网站根目录，在首页做链接，如图 3-33 所示。

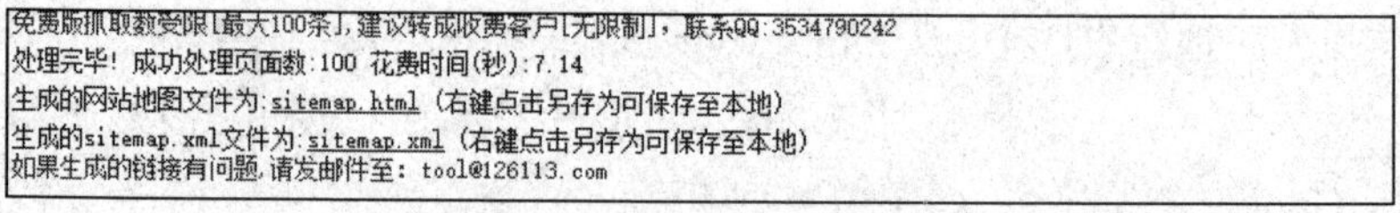

图 3-33　生成网站地图步骤 3

这里需要说明一下 sitemap.xml 和 sitemap.html 文件的区别。

sitemap.xml 文件的创建是为了更有利于搜索引擎的抓取，从而提高工作效率。生成 sitemap.xml 文件后将其链接放入 robort.txt 文件内。提示：

- 良好的 robort.txt 协议可以指引搜索引擎抓取方向，节省蜘蛛抓取时间，所以无形中提升了蜘蛛的工作效率，也就增大了页面被抓取的可能性。
- 将 sitemap.xml 和 robort.txt 文件放在网站的根目录下。

sitemap.html 格式的网站地图主要用来方便用户的浏览，并不能起到 XML Sitemap 所起的作用。所以最好两者都要有。

（4）登录百度站长平台，点击“链接提交”，填写 sitemap.xml 对应的 URL 地址，如图 3-34 和图 3-35 所示。

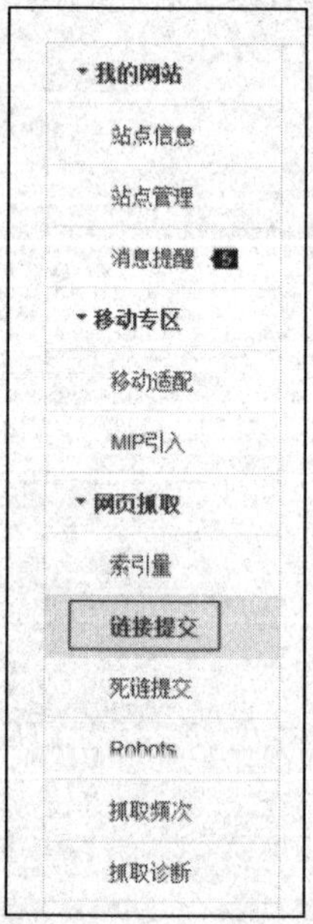

图 3-34　生成网站地图步骤 4

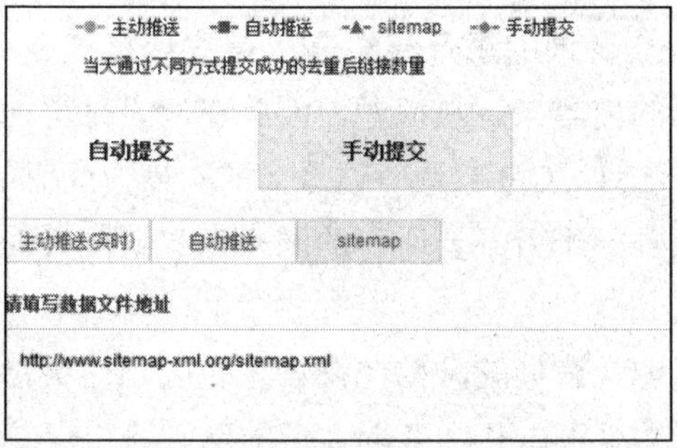

图 3-35　生成网站地图步骤 5

提交完成后，百度搜索引擎蜘蛛会对我们的网站进行抓取。大量案例证明，添加网站能加速网站内容收录速度，提升网站收录率。但是这要建立在网站内容质量符合搜索引擎抓取标准的基础上，如果网站内容质量太差，则使用网站地图也是无济于事的。

3.6　标题和描述标签添加电话、QQ 号码的作用

3.6.1　标题和描述标签添加电话、QQ 号码的重要性

关于标题和描述标签添加电话、QQ 号码的作用，作者在《跟我学 SEO 从入门到精通》一书中做了简要的说明，本书中我们单独提出一小节来介绍，是因为其在 SEO 实战中确实能起到非常重要的作用，尤其是在某些行业中，在标题和描述标签中添加电话、QQ 号码等能有效提升业务量。下面我们就此问题展开深入的讲解。

标题和描述标签添加电话、QQ 号码非常简单，意思就是将公司的业务电话或者 QQ 号码等通信方式添加到网站的标题或者描述标签中，因为标题和描述标签中的内容可以直接在搜索引擎的搜索结果中展示出来，这样用户在搜索某个关键词的时候看到搜索结果，不需要打开网站就可以直接通过电话或者 QQ 号码咨询。一般来说，这样的方法适用于咨询类型的行业，其行业特性一定是用户搜索关键词的目的就是找到联系方式。下面我们来看一个实际案例。

3.6.2　标题和描述标签添加电话、QQ 号码案例解读

2016 年作者接到一个建设情感咨询类型站群的外包业务，其要求是优化一些情感类型的关键词到百度搜索引擎首页。随后作者对该行业进行了详细的分析，

可以看出搜索该行业关键词的用户核心需求是找到在线咨询的电话或者 QQ 号码，并不是通过网页的内容来解决问题。因此在建设站群的时候，我们就在标题和描述标签中添加了电话、QQ 号码等联系方式。需要注意的是，电话、QQ 号码等联系方式要尽可能多，千万不要所有的网站都放置同样的联系方式，这样很容易被搜索引擎 K 站。

分析清楚这个问题，我们就开始挖掘该行业的长尾关键词，因为站群的优势就是优化大量的长尾关键词，从中获取大量的网站流量。

使用 5118 长尾关键词挖掘工具，输入“在线情感咨询”关键词，可以看到有很多相关的长尾关键词，如图 3-36 所示。我们将这些长尾关键词进行整理、归类，每 5～10 个为一组，针对每组关键词都可以建设一个网站。

关键词	百度指数	长尾词数量	搜索结果
情感问题在线咨询	106	1	523000
情感咨询在线	-	28	1370000
在线情感咨询	-	28	1280000
情感在线咨询	-	28	2290000
情感专家在线咨询	-	10	1130000
免费情感在线咨询	-	9	3700000
在线情感心理咨询	-	7	1300000
免费在线情感咨询	-	7	64600
情感免费在线咨询	-	7	2020000

图 3-36　5118 长尾关键词挖掘“在线情感咨询”

做完了关键词的整理工作，我们就开始建设网站了。CMS 选择功能较强、可以全站生成 HTML 静态的 DedeCMS。我们不想像其他团队建设站群那样直接下载互联网上现成的模板建站，因为那些模板已经被全球无数的人使用，使用这些模板建设单站姑且可以，建设站群会加大百度搜索引擎 K 站的风险，这一点从作者几年前建设 100000 个站群的经历中得到了充分的证实。因此，我们计划每个网站模板都单独开发。站群的模板不必太过华丽，只需符合 SEO 标准即可，比如 F 形结构、<h>标签布局合理、每个网页都有单独的 TDK 标签。首页模板如图 3-37 所示。

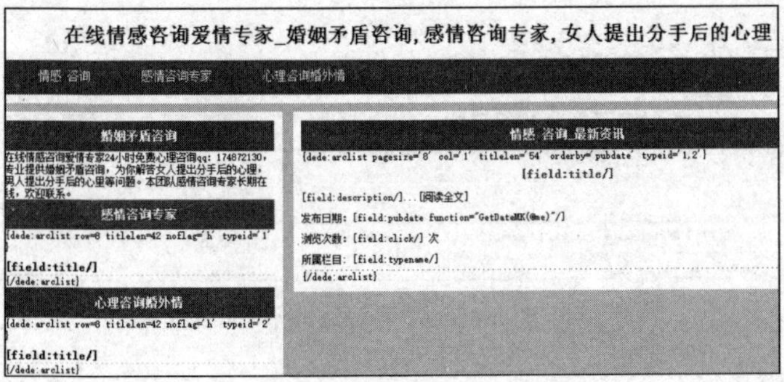

图 3-37　站群首页模板示例

源码如图 3-38 所示。

```
<html xmlns="http://www.w3.org/1999/xhtml">
<head>
<meta http-equiv="Content-Type" content="text/html; charset=utf-8" />
<title>在线情感咨询爱情专家_婚姻矛盾咨询,感情咨询专家,女人提出分手后的心理</title>
<meta name="keywords" content="在线情感咨询爱情专家,婚姻矛盾咨询,感情咨询专家,女人提出分手后的心理" />
<meta name="description" content=
"在线情感咨询爱情专家24小时免费心理咨询qq: 174872130, 专业提供婚姻矛盾咨询, 为你解答女人提出分手后的
心理, 男人提出分手后的心里等问题。本团队感情咨询专家长期在线, 欢迎联系。" />
<link rel="stylesheet" type="text/css" href="../../style/mjp.css"/>
<script type='text/javascript' src='../../function.js'></script>
</head>

<body>
    <div id="mjp_header">
    <h1>在线情感咨询爱情专家_婚姻矛盾咨询,感情咨询专家,女人提出分手后的心理,24小时免费心理咨询</h1>
        <div class="mjp_nav">
            <ul>
                <li><a href="../..">情感 咨询</a></li>
                <li><a href="../../zmmjllk">感情咨询专家</a></li>
                <li><a href="../../dzmj">心理咨询婚外情</a></li>
          </ul>
        </div>
</div>
    <div id="mjp_main">
        <h2>情感 咨询_最新资讯</h2>
            <ul class="mjp_content">
            {dede:arclist pagesize='8' col='1' titlelen='54' orderby='pubdate' typeid='1,2'}
```

图 3-38　站群首页源码

栏目页模板如图 3-39 所示。

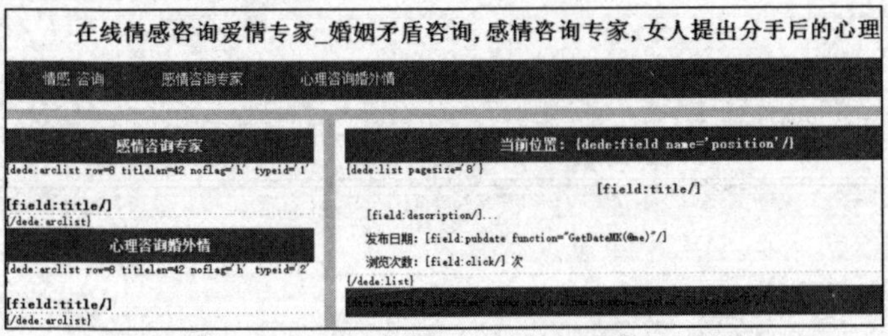

图 3-39　站群栏目页模板

栏目页源码如图 3-40 所示。

```
<html xmlns="http://www.w3.org/1999/xhtml">
<head>
<meta http-equiv="Content-Type" content="text/html; charset=utf-8" />
<title>{dede:field.title/}_在线情感咨询爱情专家,婚姻矛盾咨询,感情咨询专家,女人提出分手后的心理</title>
<meta name="keywords" content=
"在线情感咨询爱情专家,婚姻矛盾咨询,感情咨询专家,女人提出分手后的心理,24小时免费心理咨询" />
<link rel="stylesheet" type="text/css" href="../../style/mjp.css"/>
<script type='text/javascript' src='../../function.js'></script>
</head>

<body>
    <div id="mjp_header">
        <h1>情感 咨询,感情咨询专家,心理咨询婚外情</h1>
        <div class="mjp_nav">
            <ul>
                <li><a href="../..">情感 咨询</a></li>
                <li><a href="../../zmmjllk">感情咨询专家</a></li>
                <li><a href="../../dzmj">心理咨询婚外情</a></li>
            </ul>
        </div>
    </div>
    <div id="mjp_main">
        <h2>当前位置: {dede:field name='position'/}</h2>
        <ul class="mjp_content">
        {dede:list pagesize='8'}
```

图 3-40　站群栏目页源码

文章页模板如图 3-41 所示。

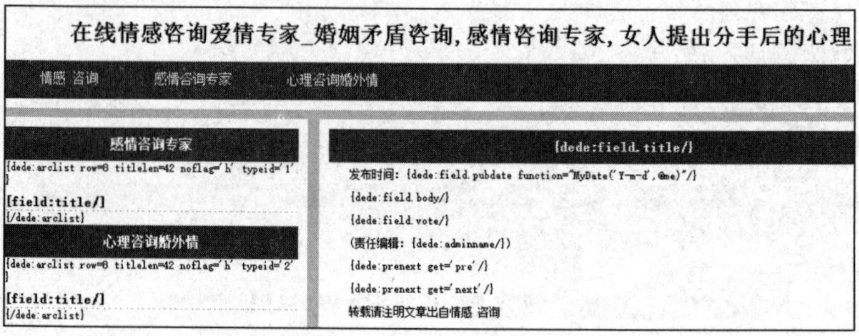

图 3-41　站群文章页模板

文章页源码如图 3-42 所示。

```
<html xmlns="http://www.w3.org/1999/xhtml">
<head>
<meta http-equiv="Content-Type" content="text/html; charset=utf-8" />
<title>{dede:field.title/}_在线情感咨询爱情专家,婚姻矛盾咨询,感情咨询专家,女人提出分手后的心理</title>
<meta name="keywords" content=
"在线情感咨询爱情专家,婚姻矛盾咨询,感情咨询专家,女人提出分手后的心理,24小时免费心理咨询" />
<link rel="stylesheet" type="text/css" href="../../style/mjp.css"/>
<script type='text/javascript' src='../../function.js'></script>
</head>

<body>
    <div id="mjp_header">
        <h2>在线情感咨询爱情专家_婚姻矛盾咨询,感情咨询专家,女人提出分手后的心理,24小时免费心理咨询
        </h2>
        <div class="mjp_nav">
            <ul>
                <li><a href="../..">情感 咨询</a></li>
                <li><a href="../../zmmjllk">感情咨询专家</a></li>
                <li><a href="../../dzmj">心理咨询婚外情</a></li>
            </ul>
        </div>
    </div>
    <div id="mjp_main">
        <h1>{dede:field.title/}</h1>
            <ul class="mjp_content">
                <p>发布时间: {dede:field.pubdate function="MyDate('Y-m-d',@me)"/}</p>
```

图 3-42　站群文章页源码

域名选择购买 6 数字.com 域名，在易名中国搜索有很多这样的域名出售，如图 3-43 所示。

图 3-43　易名中国 6 数字.com 域名搜索结果

价格一般为 100～200 元。需要注意的是，在选择这种类型的域名之前一定要在百度搜索引擎、360 安全检测平台查询一下，看看是否被屏蔽或者之前建设过的网站是否包含不良信息，如图 3-44 所示，因为这样的域名是不能使用的。

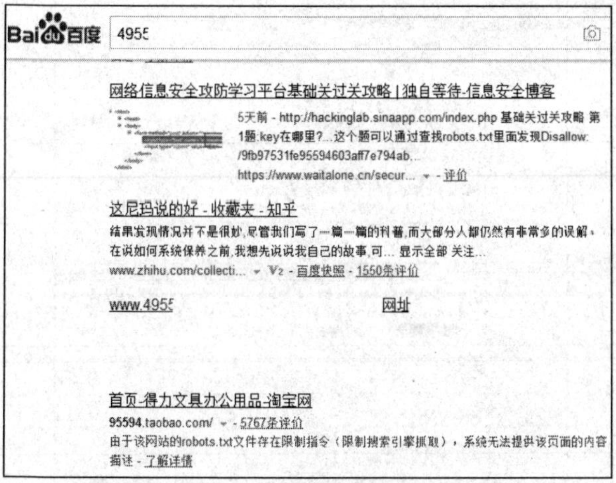

图 3-44　百度搜索想要购买的域名

服务器选择了多 IP 的美国服务器，并且每个 IP 都不在相同的段。

最后我们为每个网站准备了 50 篇内容，内容都是使用 OCR 软件转化的超星读书的书籍，但是书籍和关键词都是相关的，如图 3-45 所示。

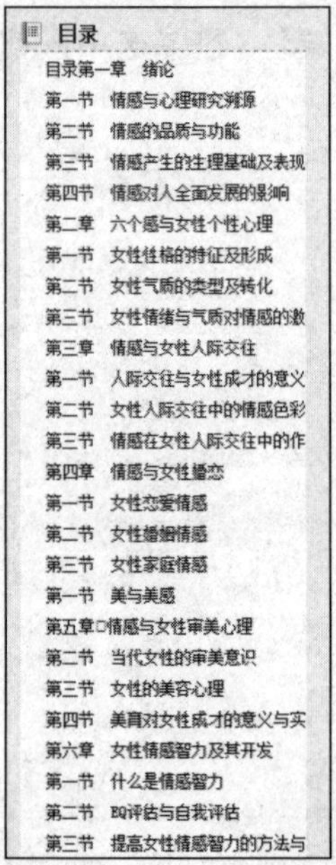

图 3-45　超星书籍截图

网站上线当天将 50 篇相关的内容全部发布出去，之后每天更新 10 篇内容。这样在两个月之后有大量的长尾关键词获得了排名，如图 3-46 所示。

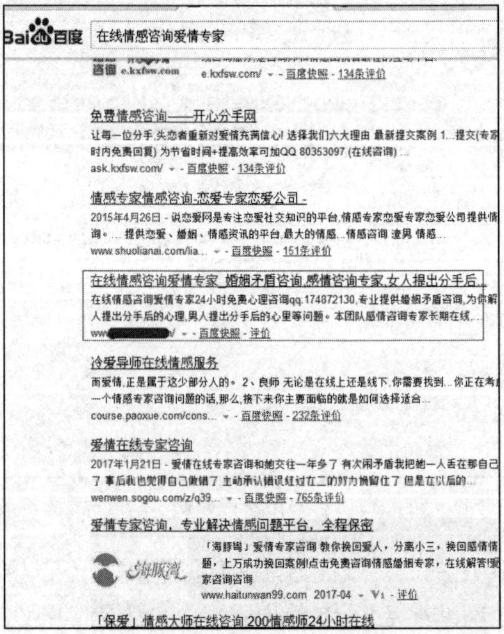

图 3-46　站群百度排名情况

可以看到，布局到描述标签的 QQ 号码在搜索结果中展示了出来，统计证明很多用户都是没有进入网页直接添加 QQ 号码在线咨询的。

除此之外，将电话、QQ 号码等添加到标题和描述标签中还有一个作用，就是当网站无法访问的时候，用户可以直接通过搜索结果找到联系方式，从而减少客户的流失。

本小节我们为了介绍在标题和描述标签中添加电话、QQ 号码等联系方式的作用，将该案例站群的建设过程做了简单的介绍，这是非常有必要的，因为如果我们只是简单地说明作用，那么很多用户无法深入地理解这个过程。这也是本书的特点，尽管我们将全书分为 10 个章节，但是这些章节都是紧密相连的，重要的知识点作者会多次提到，读者在学习的过程中如果遇到不清楚的地方无须太过纠结，建议保留问题继续往后面阅读，随着阅读的深入，相关的问题还会在不同的场景中讲解。

3.7　三天上首页的秘密

SEO 圈一直流传着“三天上首页”的传说，淘宝搜索这样的关键词也有一大堆提供服务的团队。怎样让网站关键词在三天之内就上升到首页呢？这样的操作是不是会被搜索引擎认为作弊？相信很多 SEOER 都有这样的疑问，也对这种操作方法半信半疑。下面作者就为大家揭开这个秘密，相信阅读完本节后，读者一定能找到上面两个问题的答案。

3.7.1　三天上首页的传说

使用点击器快速获得排名是基于搜索引擎通过用户的跳出率调整网页排名而来的，在网站关键词排名进入前 20 位之后，用户的点击浏览行为将作为搜索引擎判断网页质量的重要指标。基于这样的原理，出现了很多软件，这类软件可以自动浏览并且点击网站，与人类的操作非常相似，能自动翻页、前进、后退，让搜索引擎无法识别。

现在大体有这样的两种类型：一种是直接缴费，缴费后便有很多安装该软件的机器点击网站，当然安装这些点击器的机器可以赚到相应的费用；还有一种是自己的电脑也安装一个点击器，通过点击别人的网站获取点数，这些点数可以让其他机器点击自己的网站。

需要明确的是，点击器的适用范围一般都要进入前 20 位，20 位之后点击器就起不到重要的作用。另外，即使通过点击器让网站关键词排名进入前三，如果没有内容的支撑，则一旦点击器停止工作，排名将很快下降。

作者的建议是可以在一些情况下尝试使用这类软件，但是一定要将网站的内容质量提升上去，不然也将是昙花一现。另外，使用这类软件不可操之过急，在使用之前需要分析这个关键词的指数是多少，然后依据这个指数安排点击量。如果一个指数为 200 的关键词，我们安排 1000 次的点击量，则很容易被搜索引擎认为作弊。

3.7.2　点击工具介绍

这类工具非常多，读者可以自行搜索或者扫描本书封面二维码与作者进行在线交流。下面我们分析一下该类型工具的功能，如图 3-47 所示。

图 3-47　某点击器功能列表

可以看到，除了关键词排名，还有蜘蛛池和权重池，这里我们重点介绍关键词排名功能。

注册登录，如图 3-48 所示。

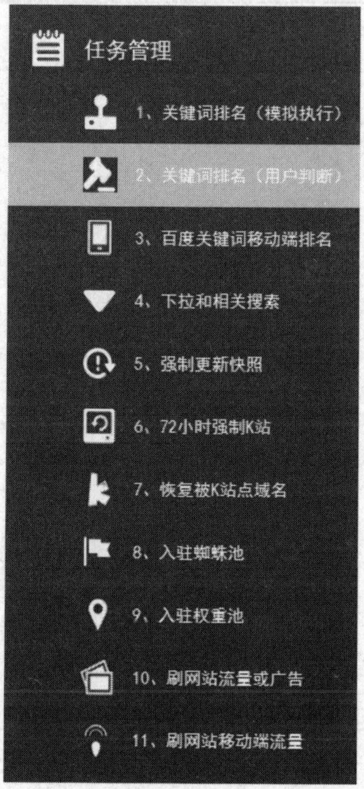

图 3-48　注册登录，显示个人账户界面

登录后点击“关键词排名”，进入关键词排名界面，如图 3-49 所示。

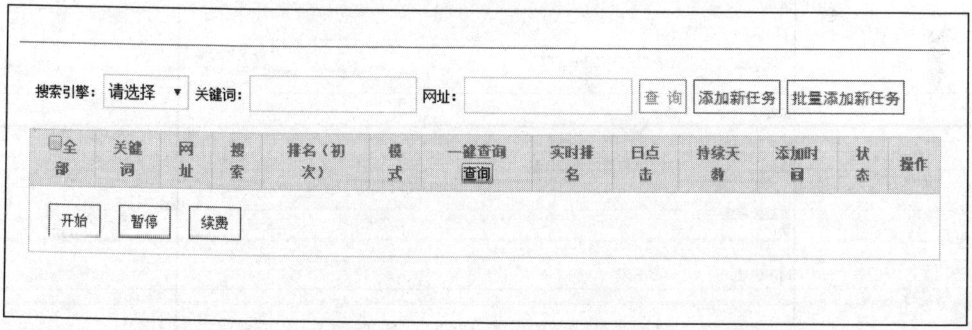

图 3-49　关键词排名界面

开始排名之前需要添加任务，点击“添加新任务”，进入添加任务界面，如图 3-50 所示。

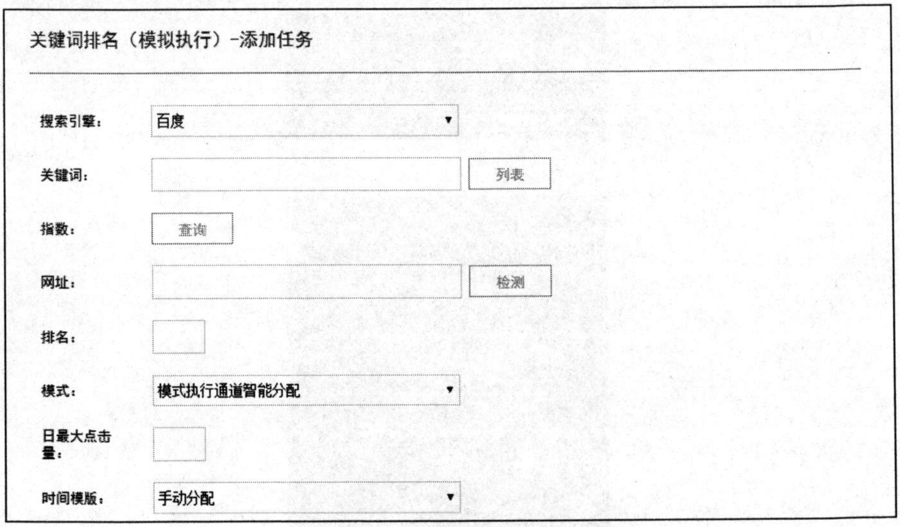

图 3-50　添加任务界面

选择需要优化的搜索引擎，添加关键词，输入网址和目前的关键词排名，完成后点击“检测”按钮，如图 3-51 所示。

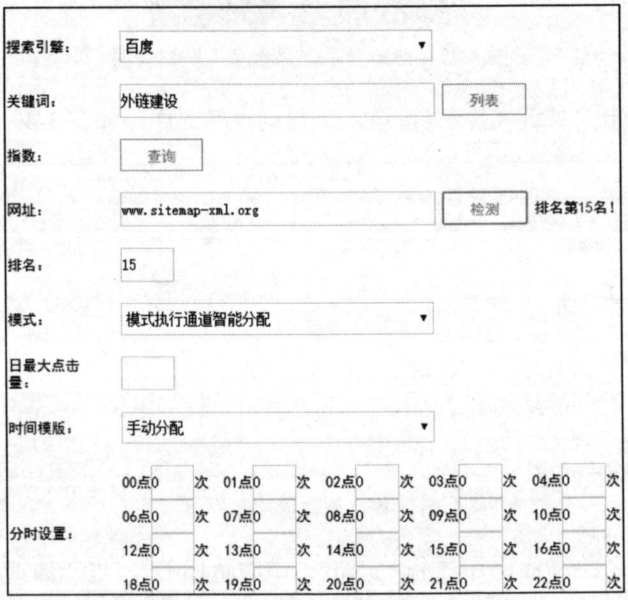

图 3-51　填写信息，点击“检测”按钮

可以看到关键词“外链建设”排在第 15 位。需要注意的是，排名没有进入 100 名之内是无法使用点击器操作的。

最后还需要设置日最大点击量、分时和区域。日最大点击量建议控制在关键词指数的 50%左右，比如，指数为 100 的关键词，设置日最大点击量为 50 次即可。分时设置需要分析一下网站所属行业的用户上网时间段。区域可以使用百度搜索引擎 index.baidu.com 工具，如图 3-52 所示。可以看到搜索“外链建设”这个关键词的用户集中的省份，然后依据这个数据设置点击的区域。这样细致的分析、设置能降低百度搜索引擎认为作弊的风险，因此是非常有必要的。

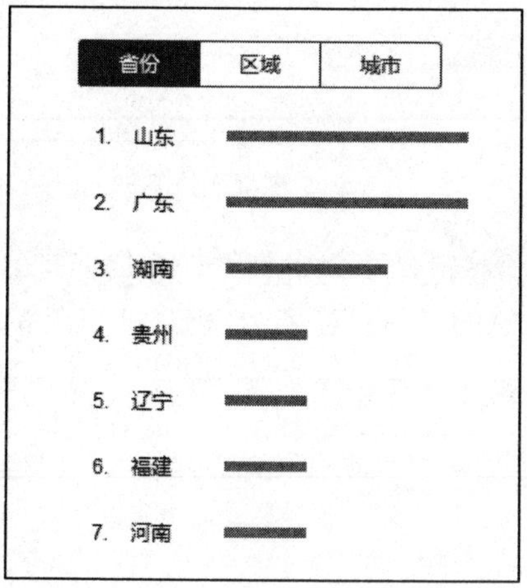

图 3-52　百度指数用户访问区域排行

全部设置完成后点击“添加”，任务就可以执行了，如图 3-53 所示，对于执行过程我们不再进行说明操作。

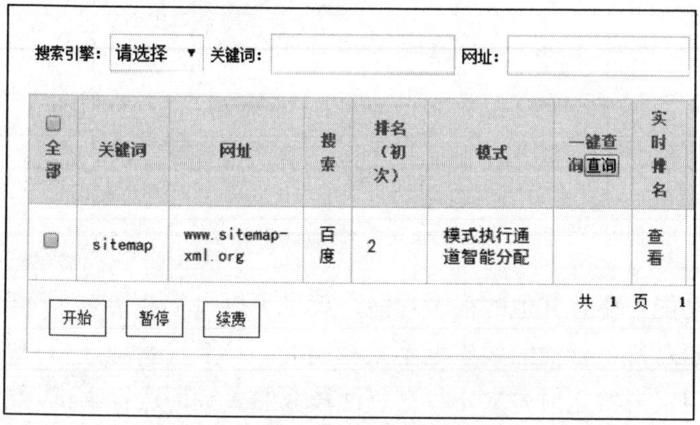

图 3-53　添加完成界面

每点击一次需要消耗 1 积分，积分是需要充值的，充值比例如图 3-54 所示。

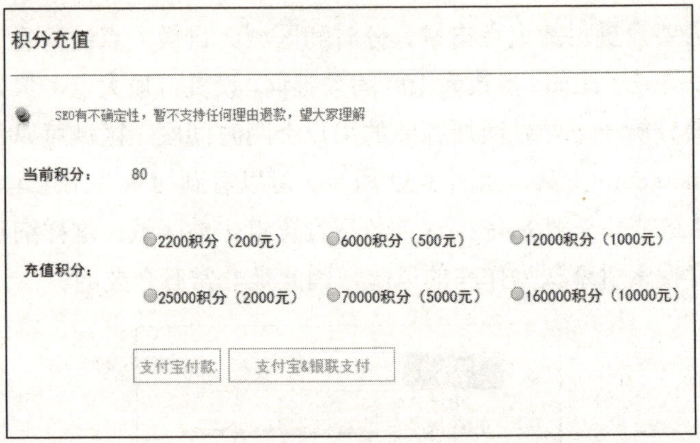

图 3-54　积分充值界面

相比较来说，这个价格还是比较合理的。充值的积分也可以用于蜘蛛池，这个比较便宜，3000 次蜘蛛的来访只需要 10 积分，如图 3-55 所示。

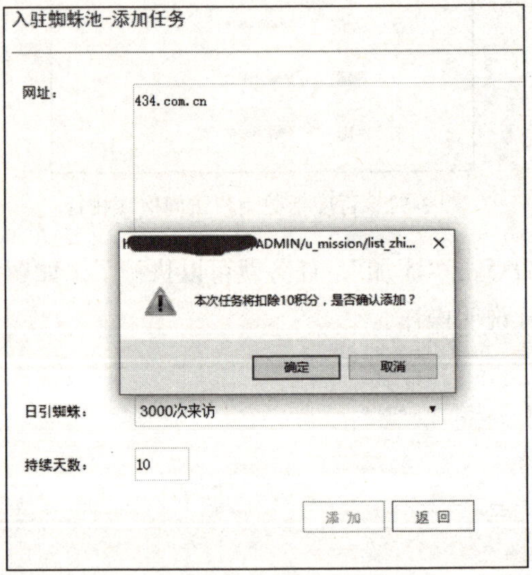

图 3-55　入驻蜘蛛池界面

除上述功能外还有其他的很多功能，读者可以自行注册登录体验。需要说明的是，点击器对每个行业的效果是不太相同的，不要盲目地迷信点击器。作者建议在计划使用点击器之前先拿一些竞争性较弱的关键词进行尝试，然后逐步推进，千万不要认为点击器就是 SEO 的“救命稻草”。

3.8 依靠追词获得百万流量

3.8.1 什么是追词

追词，顾名思义，就是追踪关键词，简单地说就是在关键词排名进入搜索引擎搜索结果 100 名之后使用一些 SEO 操作方法将该关键词做到搜索结果首页的过程。

追词的先决条件是要有进入搜索结果 100 名之内的关键词。这就不得不提到关键词挖掘和分析。很多 SEOER 都对这个过程不够重视，简单地找了一些目标关键词就匆匆地上线网站，网站上线后内容也不知道从哪里找、找什么样的内容。原因就是前期没有对关键词进行分析和筛选，根本不知道用户的需求，内容也当然就不知道如何建设了。这样的结果只能是关键词排名在短期之内没有什么动静，这时 SEOER 在慌忙之中又开始修改标题、修改关键词等，经过一系列操作后发现网站的排名依旧没有起色，最后连最初的信心都消耗殆尽，这样一个网站的优化就失败了。

那么，正确的操作方式是怎样的呢？我们认为关键词的分析和筛选是至关重要的，必须对此非常重视。在这一过程中不仅要确定目标关键词，更要确定长尾关键词，这些长尾关键词可以通过类似 5118 的工具挖掘，也可以到行业论坛进行挖掘，总之要归纳出该行业最基本的用户需求，这些关键词信息将是后续内容建设的依据。

只有对关键词进行了充分的分析和筛选，关键词才有可能在短期内进入前 100 名，关键词出现排名后就可以开始进行追踪了。

比如某关键词出现了排名，我们首先要对该关键词的着陆页进行二次编辑，让其内容更加丰富。可以参考这三句话："别人没有的我们有；别人有的我们精；别人精的我们评论多。"

下面来具体说一下。我们在进行网站分析的时候发现有关键词获得了排名，首先应该看看这个关键词排名第一页的其他网站内容是怎样的，是不是编排得足够精细，评论是不是足够多，是不是和内容相关性很强。如果其他网站的内容非常简单，那么我们只需要完善着陆页的内容；如果其他网站的内容已经丰富，那么我们就要比别人的更加丰富，可以是文本的丰富，可以是图片的丰富，也可以是评论的丰富，总之就是要比别人的更有价值，这样才有可能在排名上超越别人。如果我们的网站本来上线比别人迟，并且内容丰富程度也不及别人，那么有什么理由让我们网站的排名超越别人呢？

归根结底，就是网站内容要尽最大的可能满足用户的需求。

3.8.2 通过实战案例解读追词的方法

举个简单的例子，我们可以搜索“2017 清明节高速免费吗”这个关键词，如图 3-56 所示，可以看出，除了百度的产品，天气网的一个页面排在最前面。

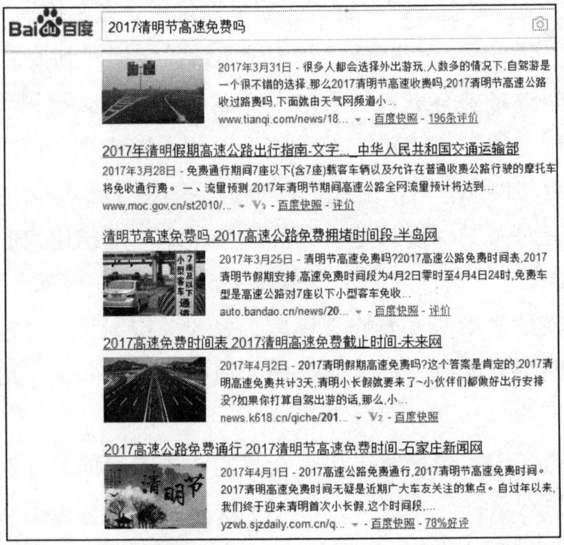

图 3-56 百度搜索“2017 清明节高速免费吗”结果

打开这个网页可以看出其内容并不多，如图 3-57 所示。

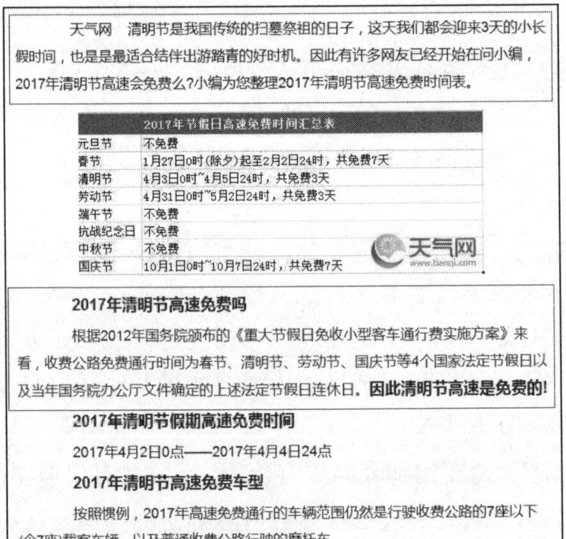

天气网 清明节是我国传统的扫墓祭祖的日子，这天我们都会迎来3天的小长假时间，也是是最适合结伴出游踏青的好时机。因此有许多网友已经开始在问小编，2017年清明节高速会免费么?小编为您整理2017年清明节高速免费时间表。

2017年节假日高速免费时间汇总表	
元旦节	不免费
春节	1月27日0时(除夕)起至2月2日24时，共免费7天
清明节	4月3日0时~4月5日24时，共免费3天
劳动节	4月31日0时~5月2日24时，共免费3天
端午节	不免费
抗战纪念日	不免费
中秋节	不免费
国庆节	10月1日0时~10月7日24时，共免费7天

2017年清明节高速免费吗

根据2012年国务院颁布的《重大节假日免收小型客车通行费实施方案》来看，收费公路免费通行时间为春节、清明节、劳动节、国庆节等4个国家法定节假日以及当年国务院办公厅文件确定的上述法定节假日连休日。**因此清明节高速是免费的!**

2017年清明节假期高速免费时间

2017年4月2日0点——2017年4月4日24点

2017年清明节高速免费车型

按照惯例，2017年高速免费通行的车辆范围仍然是行驶收费公路的7座以下(含7座)载客车辆，以及普通收费公路行驶的摩托车。

图 3-57 百度搜索“2017 清明节高速免费吗”排名第一的网站内容

这篇内容大体分为 5 个模块：第一个模块是对清明节的简介；第二个模块是 2017 年高速免费时间汇总；第三个模块是回答清明节高速是否免费；第四个模块是免费时间；第五个模块是免费车型。每一个模块的内容并不是很复杂，应该也不是自己撰写的，编辑只是对其进行了组合，但是这篇内容能够满足搜索该关键词的用户的所有需求。

有些网站在优化该关键词的时候只是回答清明节高速是否免费或者清明节高速免费时间等，虽然解决了用户的需求，但是我们分析搜索这个关键词的用户的深层次需求，可以得出或许用户还希望看到其他免费时间的信息等。

就以此为例，如果我们也要编辑一篇这样的内容，就应该包含这些基本的需求，除此之外还可以增加清明节高速出行注意事项等用户潜在的需求。

为关键词建设好着陆页以后，我们就要准备和关键词相关的一些内容，发布这些相关内容的时候需要在出现关键词的地方使用锚文本链接到前面建设好的关键词着陆页。

接着就是观察关键词的排名，一旦关键词排名进入前 100 名，我们就要加大相关文章的发布频率。在设计网站的时候，内容页下面应该有相关文章的展示区域，如图 3-58 所示。

图 3-58　相关文章展示栏

除此之外，我们还可以在关键词着陆页的下面增加评论。评论内容可以在微博等平台搜索相关的关键词，将用户评论整理组合一下，然后发布到我们的关键词着陆页。

这样我们从挖掘关键词开始，到关键词着陆页的建设，再到关键词着陆页的优化过程就是追词的过程。在这个过程中我们一定要仔细，对每个步骤要严格执行，每个环节人员之间的配合要到位，这一点作者在后续建设高效的 SEO 团队章节将展开详细的解读。

3.9 网站更换域名完整攻略

很多 SEOER 都遇到过这样的问题：网站发展了一段时间，关键词排名有了进展，流量增加了许多，网站开始有了收入，这时候便有了更换域名的想法，但是又担心更换域名会影响网站的权重和排名，进入左右为难的境地。本节我们就对此问题做深入的解读，在此之前为了能亲自验证更换域名的过程，我们也对几个网站进行了实际的测试，相信这样的结论才是最具说服力的。

值得庆幸的是，百度站长平台开放了网站改版工具，这是非常有用的。在没有这个工具之前，我们的做法只能是 301 转向之后静静地等待，别无他法。而现在有了这个工具，更换域名就会轻松很多。根据我们的经验，一般情况下 15～30 天域名的权重就能完整地转移过来。下面来详细说说更换域名的过程。

3.9.1 301 转向

在更换域名之前首先要对整站做 301 转向，大体有如下方法。

1．设置.htaccess 文件（只适用于 Linux 系统，并需要虚拟主机支持）

在访问 434.com.cn/的时候就会自动转到 www.434.com.cn。

在.htaccess 文件里写上以下代码即可：

```
RewriteEngine on
RewriteCond %{http_host} ^434.com.cn [NC]
RewriteRule ^(.*)$ http://www.434.com.cn/$1 [L，R=301]
```

注意：URL 标准化的 301 重定向（以上代码）需要写在其他 URL-rewrite 代码之前。

2．适用于使用 UNIX 系统的用户

Apache 实现起来要比 IIS 简单多了。在 Apache 中，有一个很重要的文件.htaccess，通过对它的设置，可以实现很多强大的功能，301 重定向只是其中之一。

Redirect permanent / http://www.abc.com/

将目录下的内容重定向到 http://www.abc.com/。

Redirect permanent /old.html http://www.abc.com/new url/ ;

将网页 old.html 的内容重定向到 http://www.abc.com/new-url/。

3．用 ASP/PHP 实现 301 重定向

ASP：

```
Response.Status="301 Moved Permanently"
```

```
Response.AddHeader "Location", "http://www.434.com.cn/"
Response.End
```

PHP：

```
header("HTTP/1.1 301 Moved Permanently");
header("Location:http://www.434.com.cn/");
exit();
```

4．Windows 主机 IIS 服务器实现 301 重定向

首先打开 Internet 信息服务管理器，在欲重定向的网页或目录上单击鼠标右键，在弹出的快捷菜单中选择“重定向到 URL”命令，接下来在“重定向到”文本框中输入要跳转到的目标网页的 URL 地址，选中“资源的永久重定向”，最后点击“应用”按钮。

设置完成后，可以通过 http://tool.chinaz.com/pagestatus/工具查询设置是否已经生效。

3.9.2 域名提交

301 转向设置完成后，我们就可以到百度站长平台进行提交，如图 3-59 所示。

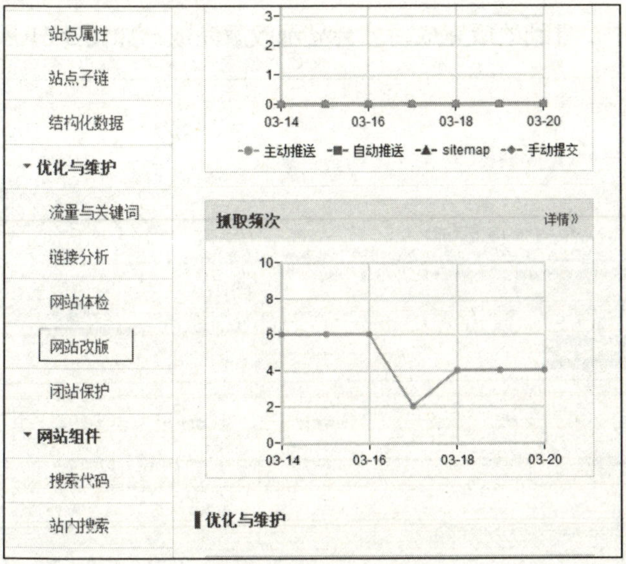

图 3-59　百度站长平台界面

点击“网站改版”，选择新站点名，点击“提交”按钮，如图 3-60 所示。

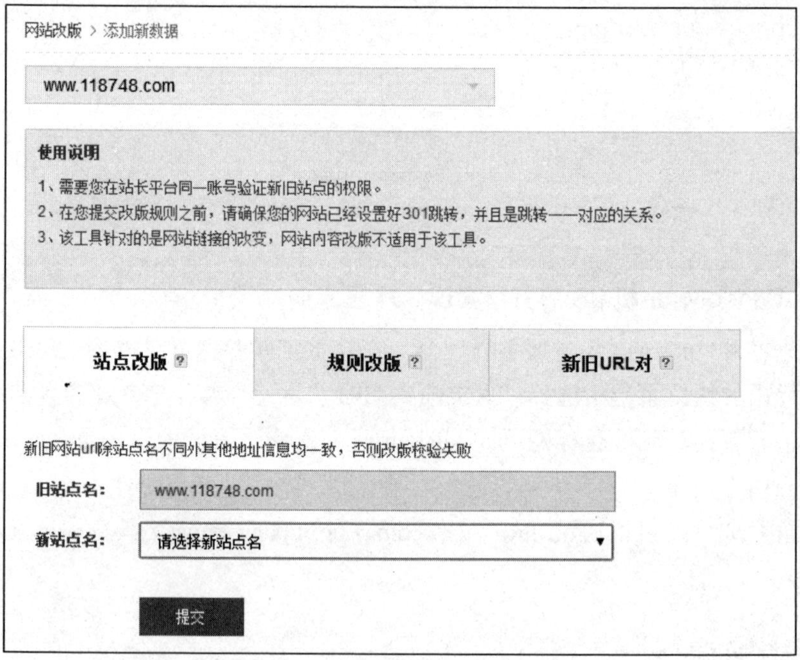

图 3-60　百度站长平台提交界面

注意在执行此操作的时候要先添加新站点域名到站长平台。提交后处理状态就会显示处理中，直到改版完成后才会显示改版完成，如图 3-61 所示。

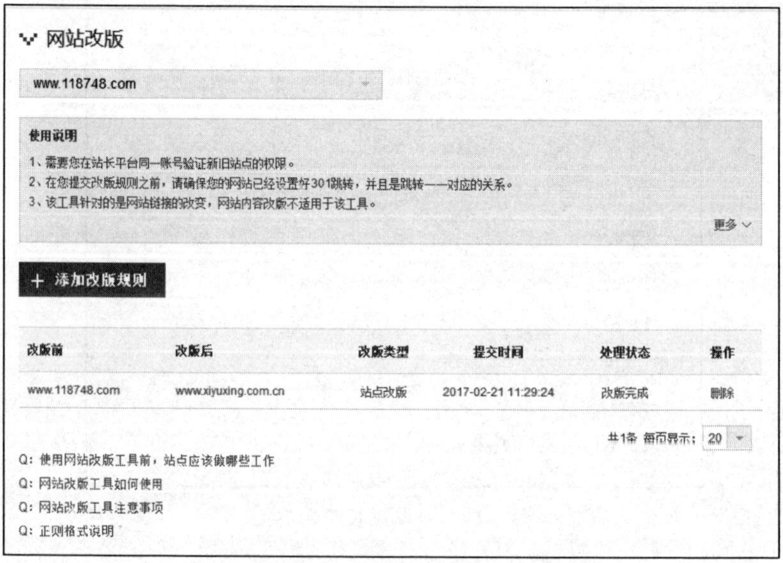

图 3-61　百度站长平台网站改版界面

本案例中提交的日期是 2017 年 2 月 21 日；大概在 2017 年 2 月 28 日网站的关键词排名就开始转移到新站，但是这时候新站收录还是一条；接着到 2017 年 3 月 15 日前后新站收录量完全释放，这也预示着改版的彻底完成。

提交完成后，我们还需要做一项很重要的工作，就是通知友情链接的伙伴更换域名到新站，这样可以加速网站的改版进度。此外，还要加大内容的更新频率，提高内容的质量。如果网站改版之前一天发布 5 篇内容，那么建议在改版的过程中改为 10 篇，这样也可以加速改版的进度。

尽管我们在每个环节都非常注意，但是从大量的实战案例中得出，更换域名至少会损失 10%左右的权重。因此，要谨慎对待更换域名工作，不要轻易更换域名。

3.10　让网站在搜索结果中展示 Logo

3.10.1　在搜索结果中展示 Logo 的重要性

在关键词搜索结果中出现 Logo 会吸引用户的目光，增加点击率，对网站的品牌化建设也能起到积极的作用，如图 3-62 所示。

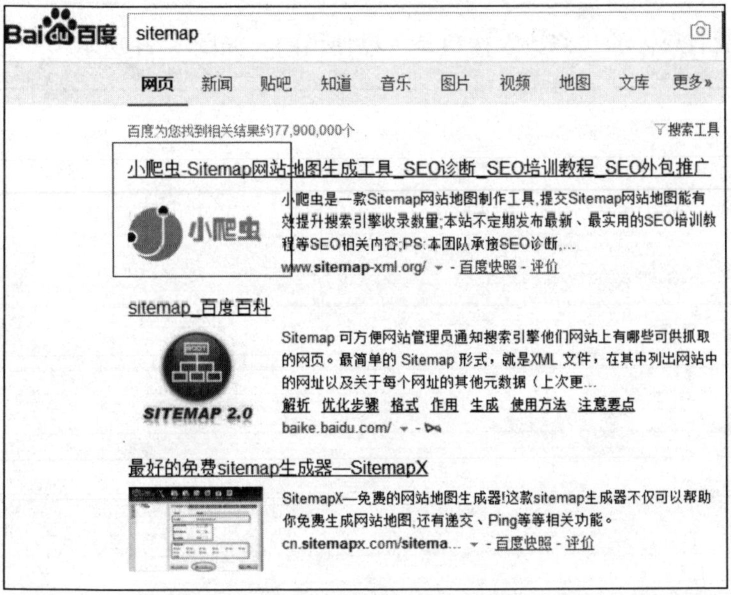

图 3-62　百度搜索“sitemap”结果

但是到目前为止，百度搜索引擎官方并没有给出详细的 Logo 索引方案，只对一部分用户提供了可以通过百度站长平台提交的权限，大部分用户的 Logo 都是随机抓取的。下面我们就此问题做深入的解读。

3.10.2 百度站长平台提交 Logo 的方法

首先来看有权限提交 Logo 的方法。登录百度站长平台，点击“站点管理”，找到对应的网站，点击“管理站点”，再点击“站点属性设置”，如图 3-63 所示。

图 3-63 百度站长平台界面

进入后有权限的“修改”按钮是可以使用的，如图 3-64 所示。

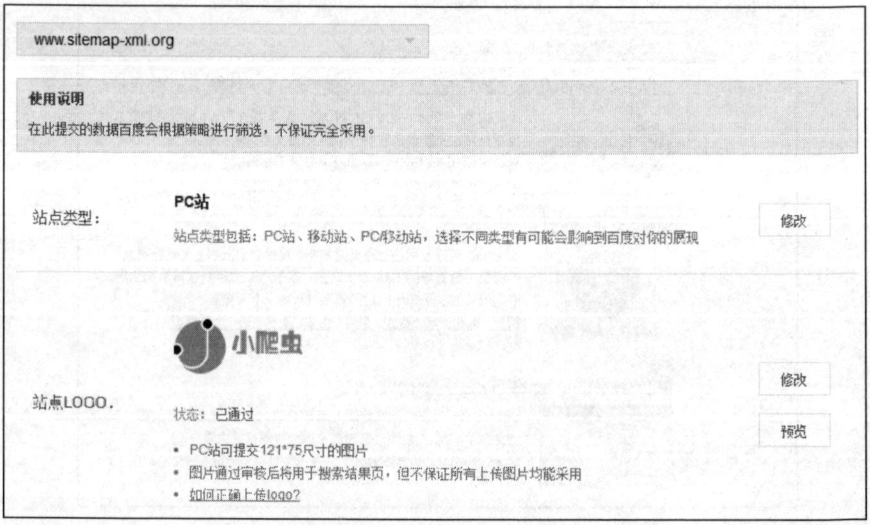

图 3-64 修改提交站点 Logo

需要注意的是，提交的 Logo 尺寸必须是 121 像素×75 像素的，并且要保证清晰、完整、主体突出，不要用过多的色彩和元素，否则很难通过审核。一般的审核周期是 15～30 天。

3.10.3　没有百度站长平台提交权限展示 Logo 的方法

接下来我们分析没有权限的用户该如何让 Logo 展示在搜索结果中。这里我们列举出 8 条要点，当然这些方法不能保证 100%成功，但是会提高 Logo 索引的成功率。

- 图片大小比例：通过审查元素代码发现，所有搜索出现的图片大小基本都是 121×75 比例的，当然还有其他比例的，如 121×65、120×75、120×60、119×52 等，因此，只要在这个比例范围内就是可以被抓取的。如图 3-65 和图 3-66 所示，网页中有很多图片，但是索引的图片却是比例最符合的。

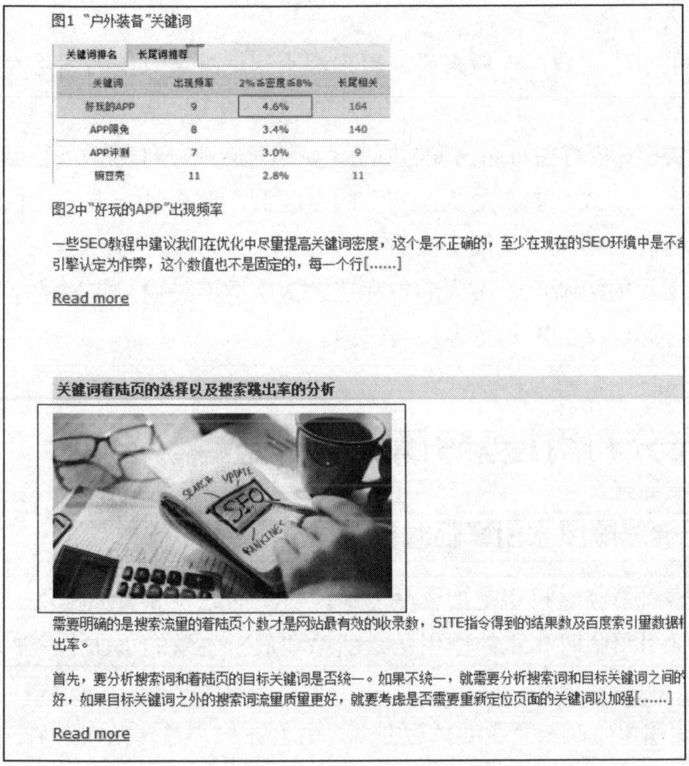

图 3-65　某网站截图

图 3-66　百度搜索“www.axingweb.cn”结果

- 图片<alt>标签：最好是<alt>标签文字与所在网页标题和主题内容相关性较高。
- 权重值：指的是搜索关键词的权重。有些网站自身的品牌词比较唯一，权重值不高，较难显示出图片。
- 文章的快照时间：这是反映搜索引擎时效性的特征。绝大多数在搜索结果中显示的图片都是在最近一个月内更新的，百度很少把一张多年前的图片放进去。
- 图片的点击次数：一般来说，用户浏览网页时所点击的图片次数较多的容易被选中。
- 页面类型：内容型页面出现的概率大，相对应地，列表型页面出现的概率小。
- 页面布局方式：要么是从上到下的专题页，要么是标准的两栏布局，这些主体内容的区域都是很明显的。
- 保证图片的清晰度、不含广告和违禁敏感词汇是通过审核的基本要素，而且不含超链接的图片更容易被选中。

3.11　充分利用搜索引擎临时权重

3.11.1　正确理解搜索引擎临时权重

百度搜索引擎临时权重是指百度为最新收录的站点和页面提供一个权重的行为。百度搜索引擎临时权重的作用是给新站和最新收录的页面一个展现的机会，从而改善用户的搜索体验。

百度搜索引擎临时权重主要体现在两个方面：一个是新站点；另一个是老站新收录的页面。

对于新站点，百度一般会根据其内容的质量和行业特点进行临时权重的提升，目的是让新站有一个在百度前几页展示的机会，展示时间可能是几天甚至更长。

如果是老站的新页面，则根据老站在百度的当前权重进行适当的增加，把单页面提到百度的前几页。不过相对于具体的新站来讲，老站在百度的新页面停留时间很短，一般是几小时，最长不超过 24 小时，如果长尾关键词的热度不够，则停留时间要长一些。

从搜索引擎体验的角度来讲，临时权重的产生是有其实际意义的。大家都知道，新站是改善网站搜索体验的一个重要渠道，也是一个重要来源，我们不给新站机会，让新站和老站没有同等的展示机会，对于改善搜索引擎体验来说是没有好处的。

我们要在新站上注入一些新鲜的内容，这对于搜索引擎来说是一个机会，对于新站的经营者来说也是一个良机。这种对百度和客户来说都有好处的事情，百度是不会错过的。

3.11.2　临时权重消失了怎么办

当网站的临时权重消失后，网站内容也重新和整站权重一起进入“小黑屋”观察。

这时候我们就需要注意，如果突然发现你的新站收录有了排名，甚至排到了很多老站的前面，则请先按捺自己兴奋的心情，因为这是百度给出的新站临时权重。我们要学会习惯，习惯百度的变幻无常，把心思花在内容的建设及网站结构的调整上面，增加百度蜘蛛对网站的爬行频率。

3.11.3　充分把握临时权重

作为新站，如果能充分把握临时权重，那么将会达到事半功倍的效果。下面作者为大家详细介绍如何把握临时权重。

我们先来分析一下为什么有的网站临时权重会消失，有的网站临时权重会保留。首先需要了解为什么百度搜索引擎要给予新上线的网站临时权重。主要原因是仅仅通过搜索引擎算法很难完全判断一个网站的质量高低，这时候搜索引擎需要用户的帮助，因此会给予新上线的网站临时权重，通过用户的跳出率来判断网站的质量。需要注意的是，并不是所有的网站都有临时权重，给予临时权重的前提是网站的内容基本满足搜索引擎算法的需求。如果连这个都无法满足，就不要谈什么临时权重了。

要满足临时权重，就要保证内容的质量，不要直接采集其他网站的文章，更不要简单地使用伪原创工具进行转化。作者建议的方法是：组合、OCR 软件转化实体书籍、评论、问答模式。这些在前面章节做了详细的介绍，这里不再重复。通过这些方法建设内容，网站一般情况下会获得临时权重，接下来就是如何保留临时权重的问题。

这就需要网站的内容能满足用户搜索关键词的需求。简单地说，如果用户搜索某个关键词时看到了一个有临时权重的网站，点击进去后发现这个网站的内容满足自己的需求，那么用户将不再点击其他网站，这样跳出率就很低，搜索引擎会记录这个过程，临时权重也会得到保留。

说起来简单，如何编辑内容才能满足用户的需求呢？这就需要我们在建设网站之前对行业和关键词进行深入的分析，找到用户需求的痛点，然后根据这些需求痛点来建设内容。举个例子，我们计划建设一个“情人节送女孩什么礼物”关键词的着陆页，该准备什么样的内容呢？

首先在百度搜索引擎搜索一下“情人节送女孩什么礼物”这个关键词，如图 3-67 所示。

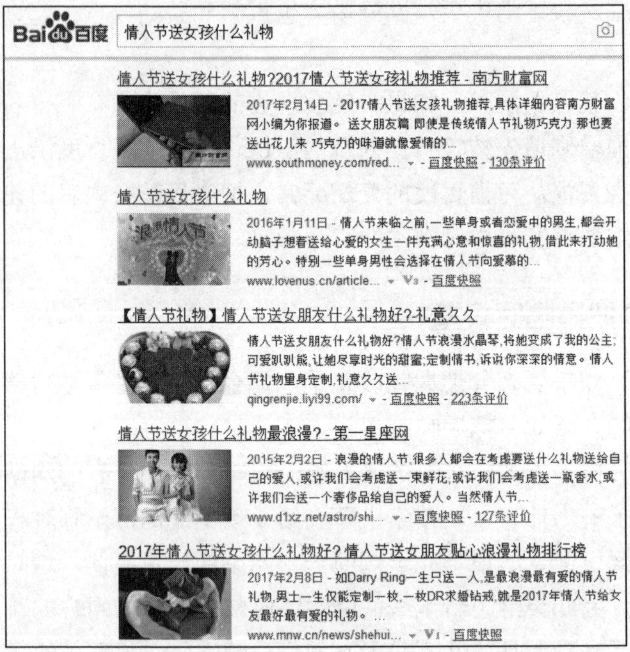

图 3-67　百度搜索“情人节送女孩什么礼物”结果

可以看到排名第一位的是南方财富网的一个文章页，点击进去，看看该网页布局了什么内容，如图 3-68～图 3-70 所示。

情人节送女孩什么礼物？2017情人节送女孩礼物推荐，具体详细内容南方财富网小编为你报道。

送女朋友篇

即使是传统情人节礼物巧克力 那也要送出花儿来

图 3-68　南方财富网“情人节送女孩什么礼物”文章截图 1

野兽派在情人节期间精选了蓝粉白相间的厄瓜多尔玫瑰，愿她既是你的白玫瑰，心口的那颗朱砂痣，也是相伴此生的知己。在一起的时光，都很耀眼。

图 3-69　南方财富网“情人节送女孩什么礼物”文章截图 2

如果你的女朋友是个“武亦姝”款的才女！

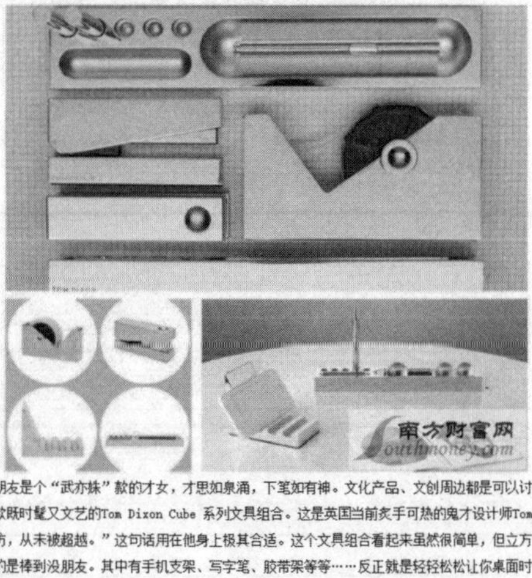

如果你的女朋友是个“武亦姝”款的才女，才思如泉涌，下笔如有神。文化产品、文创周边都是可以讨她欢心的选择。

比如上图这款既时髦又文艺的Tom Dixon Cube 系列文具组合。这是英国当前炙手可热的鬼才设计师Tom Dixon的大作。“一直被模仿，从未被超越。”这句话用在他身上极其合适。这个文具组合看起来虽然很简单，但立方体外观配上铜镀粉的潮流程度真的是棒到没朋友。其中有手机支架、写字笔、胶带架等等……反正就是轻轻松松让你桌面时髦起来，完全不费力气。

图 3-70　南方财富网“情人节送女孩什么礼物”文章截图 3

可以看到该内容页面对女朋友进行了分类，针对不同类型的女朋友推荐了一些礼物。这是非常巧妙的做法。很多网站会选择将所有的礼物堆积出来，却不知道在搜索“情人节送女孩什么礼物”的背后隐藏着不同类型女朋友的需求。

分析完这个网页，我们可以仔细地思考一下：如果我们要建设一个新的网站，排名想超越这个网页该怎么办？该网页已经对女朋友的类型进行了划分，那么我们还可以怎样满足用户的需求呢？我们可不可以按照年龄再进行分类，比如 20 岁以下的女朋友、20～30 岁的女朋友、30 岁以上的女朋友等？还可以按照地区进行分类，因为每个地区的女孩子喜欢的礼物是不一样的，比如适合给北方女朋友送的礼物、适合给南方女朋友送的礼物等。只有这样更加深入地满足用户的搜索需求，网站的临时权重才能得到保留。

本书中作者多次提到关键词挖掘和行业分析的重要性，这一点也会贯穿本书。现在搜索引擎越来越重视内容的质量和用户的体验，只有我们不断地深入分析隐藏在用户搜索关键词背后的需求，才能满足搜索引擎算法的需求，这也是现阶段 SEO 工作的核心。

第 4 章 利用站群优化网站

前面章节我们详细讲述了 SEO 行业中的一些秘籍，相信大家对有些内容还无法完全理解和消化，不要太着急，大家可以带着这些疑问继续阅读后续的内容。在后面章节的实际案例中作者会不断地提到这些秘籍，通过对这些案例的分析，大家会更容易理解这些内容。

提到站群，很多 SEOER 就会想到垃圾网站。我们这里提到的站群并不是使用批量建站工具采集内容发布的垃圾网站，具体是一群什么样的网站，相信大家阅读完本章后会得到一个满意的答案。

4.1 站群概述

4.1.1 什么是站群

简单地说，站群就是多个独立网站形成的集群。在 2012 年 6 月 28 日百度 K 站事件发生之前，所谓的站群就是直接下载模板，批量注册域名，使用采集工具批量发布文章这样简单，一个人可以同时运营成千个站群。但是随着搜索引擎算法的不断升级，这样的操作模式已经变得不可行，这一点作者在本书第 1 章中就有所介绍。

我们这里所说的站群是精细化操作的站群，从域名选择开始，到服务器选择，再到 CMS 模板的开发，都采用和单站一样的操作模式，甚至在某些地方要严于单站。这样操作的站群才是有效的，才不会被搜索引擎当作垃圾网站 K 掉。

4.1.2 站群有什么用

站群里面的所有网站都是属于我们的，可以直接用来推广产品、提升流量、交换链接（站群网站链接别人，别人链接你的 SEO 目标网站），或者直接用站群网站链接优化你的 SEO 目标网站。

建立站群要注意以下问题：

- 要求团队技术人员熟悉各种 CMS 建站程序，博客、论坛程序，善于快速搭建网站。
- 有执行力，资金也要充裕。
- 网站部署的主机，IP 要分散，同一 IP 上的多个网站互联是不安全的。
- 域名的 DNS 信息也要分散，不要都一样，避免被识别。
- 建站程序和模板也要分散，不要都一样。
- 网站内容要通过组合或者使用 OCR 软件转化，可能的话内容主题也要分散。
- 站群里面的网站之间不建议互联，避免被识别出来降权。
- 国内网站的备案问题比较麻烦，你需要熟悉此方面的业务。

综上所述，建设站群是一个很复杂的、门槛较高的工程，没有准备好的 SEOER 建议不要匆忙开始。

4.1.3 站群的建设流程

站群的建设流程如下。

（1）申请域名和购买服务器。每个网站的服务器成本大概是 100 元/年，域名 20～50 元/年，一个网站的建设成本不超过 200 元/年。前期可以少建几个，观察效果之后，有条件的可以再多建一些，越多越好。

（2）把网站加入内容批量更新软件，这样的软件可以提升工作效率。推荐使用虫虫营销助手，如图 4-1 所示。

关于虫虫营销助手，作者在《跟我学 SEO 从入门到精通》一书中有详细介绍，这里不再复述。

（3）充实网站内容。利用虫虫营销助手将提前使用 OCR 软件转化或者组合的文章发布到建好的网站或者论坛上。每个网站可以围绕一个相关的主题来维护，不要过于杂乱。如果是论坛，在发布完帖子后，还可以用虫虫营销助手来顶帖加上回复。初始填充的内容不要放置链接，也不要互链，发纯文本的格式即可，避免被搜索引擎误认为是垃圾站和链接工厂。

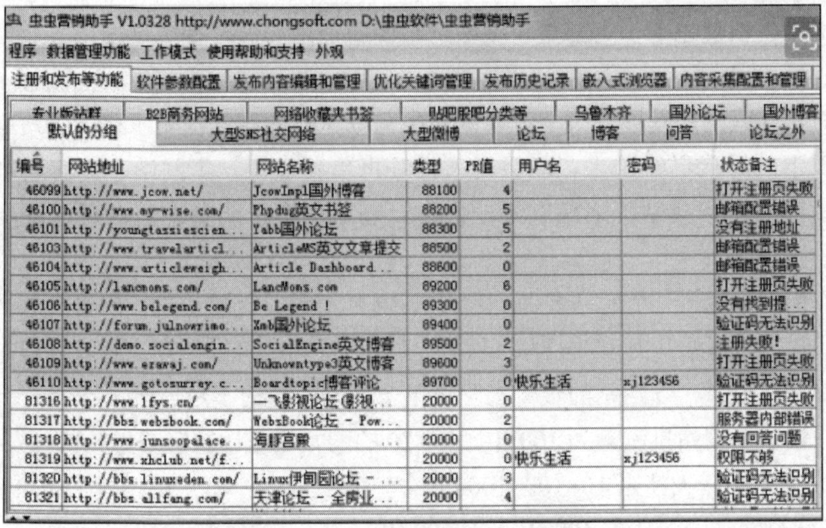

图 4-1 虫虫营销助手操作界面

（4）网站的推广和发布。网站建设完成并填充完内容后，就可以把这些网站的网址或者关键词链接串加（参数 D. g），通过虫虫营销助手发布出去。发布之后等待收录，Google 收录速度比较快，几天就可以；而百度比较慢，视情况可能要一个月。到下个 PR 更新周期之后，这些网站的 PR 值一般都可以达到 1～3。

（5）网站的日常维护和更新。每天或者定期用软件发布数据，更新网站。后期可以逐渐加上链接，但是站群之间不要互链，避免被搜索引擎检测出来。

利用上面介绍的这种模式建立站群，养起来之后，收录有了，PR 也有了，还有一些从搜索引擎过来的流量。这时候，这些网站无论是给自己做链接用也好，卖链接也罢，都有价值了。如果收录量和流量较大，则还可以挂上广告，一年赚回投资成本应该是很容易的。

本章作者将引入大量的实战案例，从域名、服务器、CMS 模板、关键词挖掘、内容来源出发，详细讲解如何建设一批高效的站群。

4.2 站群适合哪些行业

一些 SEOER 认为，随着人工智能被应用到搜索引擎，百度已经非常智能了，可以识别一个网站是否是垃圾站，做站群已经没有什么前途了。事实上，百度还没有智能到真正识别站群的程度。大家以为做站群就是做垃圾站，其实垃圾站与正规站并没有明确的界限，即便腾讯、新浪等大站也要采集别人的内容，也在做链接优化。站群也不一定都是垃圾站，只要我们用心做，提高网站内容质量，就是正规站。

随着互联网的发展，一个在互联网中无依无靠的网站很难生存下去，单个网站打天下的时代已经过去，新手站长很难再单独经营一个网站。在前期可以通过尝试建立小规模站群来赚取第一桶金，等站群有了流量之后，可以逐步将站群转向正规。

我们都知道，一个网站要做到日几万 IP 的流量是比较难的，需要投入很大的精力和财力，即便几万 IP 的日流量，也只有个别网站可以做到。所以就有人利用站群来获取流量，以网站的数量来弥补单个网站流量的不足。

假设 1 个网站日流量为 100 IP（100 IP 的网站还是比较容易做到的）；

10 个网站一天就是 10×100=1000 IP；

100 个网站一天就是 100×100=10000 IP；

1000 个网站一天就是 1000×100=100000 IP。

下面介绍站群的几种盈利模式。

1. 广告联盟

通过广告联盟来将流量直接转化为利润，是最简单、最方便的方式。比如百度、谷歌等众多国内的联盟，只要到广告联盟获取一段广告代码，放到自己的网站上，有了流量之后就可以产生利润。大家选择联盟的时候一定要选择有信誉的，小联盟的信誉没有保证，经常扣量，会严重影响我们的收入。

2. 产品推广

淘宝客的网赚形式目前深受大家欢迎，因为按成交计费，所以淘宝店家喜欢采用，而且佣金高，受到广大站长的追捧。只要做好几个相关的长尾关键词，就可以极大限度地提高转化率，佣金是非常丰厚的。

我们不一定要做减肥、丰胸等热门词，可以选择不是特别热门的关键词来进行优化。通过站群来优化自己产品的关键词排名，以集群优势去击败别人，是非常有效的方式。如果你有自己的进货渠道，则可以代理某个品牌，收入会更加可观。

3. 行业网站

如果我们对某个行业有所了解，就可以打造一批行业细分的精品站群，可以与相关的企业进行合作。比如我们做建材类的网站，预留好广告位置，做一群小站为主站提供外链，提高主站排名，等主站排名提高后，就会有企业找我们投放广告。而且我们的小站也会有相应的流量，可能每个站的流量都不多，但是累加起来也是巨大的，而且是很精准的定向流量。要知道，建材、汽车、机械等很多行业的广告费用是很高的。

4. 网站优化服务

如果是专门为别人提供 SEO 优化服务的，则可以自己养一批高权重的站群，每天持续更新，为需要优化的站点提供优质外链，可以更快地将一个新站优化到百度首页。

那么，什么样的行业适合建设站群呢？

毋庸置疑，站群的投资还是相对较大的，现阶段已经不能简单地通过采集的方式发布文章，需要招聘专业的内容编辑人员组合或者使用 OCR 软件转化文章，其成本也是较高的。因此，站群比较适合回报率较高的行业，比如淘宝客、咨询等行业。当然，如果预算充足，则什么样的行业都是可以使用站群模式的。

作者给许多企业建设过 10 个左右的小型站群，优化的关键词就是企业的产品或者行业长尾关键词，效果还是非常理想的。比如本章我们将要详细分析的旅游类型站群，该企业是甘肃的一家旅行社，我们为其建设了 30 个左右的甘肃各地区景点的站群，如图 4-2 所示。

图 4-2　旅游类站群示例

在上线 30 天后，该地区很多景点的相关关键词都开始获得排名，如图 4-3 所示。这些关键词为该旅行社带来的用户都非常精准。

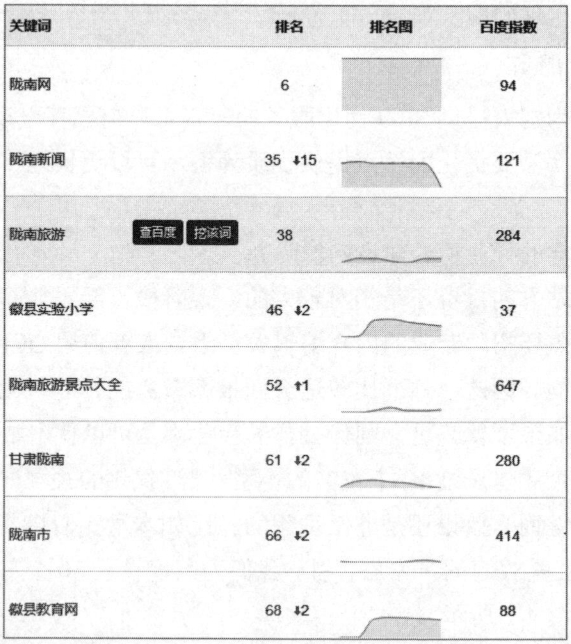

关键词	排名	排名图	百度指数
陇南网	6		94
陇南新闻	35 ↓15		121
陇南旅游 查百度 挖该词	38		284
徽县实验小学	46 ↓2		37
陇南旅游景点大全	52 ↑1		647
甘肃陇南	61 ↓2		280
陇南市	66 ↓2		414
徽县教育网	68 ↓2		88

图 4-3　5118 关键词排名

因此，现阶段我们讨论的站群已经远远不是以前的垃圾网站，这些站群模板都是由技术人员全新开发的，内容都是通过组合或者 OCR 软件转化的方法获取的，网站本身对用户有一定的价值，这样的网站是不会被搜索引擎当成垃圾网站 K 掉的。具体来说，现阶段我们提到的站群是为了营销某些长尾关键词建设的具有单站性质的一群网站，每个网站既相互独立又相互关联。

4.3　站群实战操作案例之：关键词挖掘

在《跟我学 SEO 从入门到精通》一书中作者讲述了很多关于站群的优化方法，后续收到很多读者的反馈，说讲解中提到的实例较少，不好操作。针对这个问题，作者将会在本书中用大量真实的案例、花大量的篇幅手把手地指导读者站群的优化方法。

2017 年作者在甘肃做一个项目，一些认识的朋友就联系作者，希望能指导他们公司建设一些关于甘肃旅游的站群，为后续的项目做引流和用户积累。征得朋友的同意，这些站群的真实建设过程将被完整地记录下来，这样本书中会增加不少实战攻略，这也正是读者需要的。

在开始本节内容之前有必要做一个说明。本书的目录和全书推进方式与《跟我学 SEO 从入门到精通》完全不同，《跟我学 SEO 从入门到精通》是按照常规的教科书类型，首先介绍名词、理论，这种方法非常适合刚入门的读者，但是对于已经了解或者熟悉 SEO 的读者就显得非常啰唆，觉得看了好多章节内容也没有吸收到什么干货。

经过慎重考虑，结合读者提出的建议，本书在目录设计和知识点推进方面做了调整，读者可以看出本书一开场就是案例、实际操作技巧。如果你是一位刚入门的 SEOER，建议不要心慌，前面的叙述或许已经看得满头雾水，作者建议可以首先阅读《跟我学 SEO 从入门到精通》或者带着疑问继续往下看，随着章节的推进，作者会对细小的知识点做更加深入细致的讲解。

4.3.1　行业分析

言归正传，我们正式开始“甘肃旅游”站群的优化分析。面对一个全新的行业，我们不要一上来就盲目地注册域名、建设网站等，首先要花大量的时间分析这个行业，这样才能挖掘到这个行业最核心的关键词。

看到“甘肃旅游”这个关键词，很多 SEOER 会选择直接到词库网等平台查询相关关键词，如图 4-4 所示。这样的查询结果共有 10 个关键词，并且指数也较低，如果简单地拿这些数据来建站，那么获取的流量是非常少的。另外，要建设站群需要大量的长尾关键词，仅仅依靠这 10 个关键词是无法建设站群的。

我们不妨站在用户的角度想，搜索“甘肃旅游”的用户需要得到什么样的内容和信息呢？我们知道甘肃是一个省，下面有很多的市县，有很多的旅游景点，可以将旅游景点和这些市县进行整合。比如，敦煌是一个市，同时也是一个知名的旅游景点，这样我们就可以挖掘一下与敦煌相关的关键词。

去一个城市旅游，我们首先需要知道这个城市的旅游景点，比如“莫高窟”、“月牙泉”等，然后就可以将这些关键词放到词库网等平台进行查询，如图 4-5 和图 4-6 所示，这样就可以得到更多的关键词。接着我们可以考虑：去旅游还需要什么呢？比如住宿、吃饭、购物、特产等，这些都是旅游必不可少的东西。我们可以在词库网查询“敦煌特产”等关键词，将这些用户需求的关键词整理出来就会得到一个庞大的信息库，这是建设站群的基础。

甘肃旅游景点大全	119	627	108	
甘肃旅游景点	72	123	27	
甘肃旅游地图	93	88	27	
甘肃 旅游	56	66	110	
甘肃旅游线路	39	53	28	
甘肃旅游网	47	35	31	
甘肃旅游局	29	9	33	
甘肃旅游政务网	26	0	42	
甘肃海外旅游总公司	1	0	0	
新疆到甘肃旅游线路	--	--	--	

图 4-4 “甘肃旅游”关键词词库网查询结果

“莫高窟”相关长尾关键词共找到 1167 条记录 [有指数：22 无指数：1145]

关键词	PC指数	移动指数	360指数	趋势
莫高窟	754	1326	279	
格式：关键词 [热度] 暂无相关记录				
敦煌莫高窟	500	1472	920	
莫高窟壁画	97	95	31	
莫高窟门票	139	199	31	
莫高窟ppt	26	0	21	
莫高窟的资料	17	183	30	
莫高窟壁画	--	--	--	
莫高窟图片	57	129	42	
甘肃敦煌莫高窟	57	80	23	

图 4-5 “莫高窟”关键词词库网查询结果

"月牙泉"相关长尾关键词共找到 625 条记录 [有指数：10 无指数：615]

关键词	PC指数	移动指数	360指数	趋势
月牙泉	647	1369	533	

格式：关键词 [热度]

暂无相关记录

关键词	PC指数	移动指数	360指数	趋势
月牙泉图片	47	175	30	
敦煌月牙泉	88	112	33	
甘肃月牙泉	46	74	0	
月牙泉再现铁背鱼	92	0	0	
月牙泉在哪	19	65	44	
月牙泉田震	17	27	26	
敦煌月牙泉俗名	36	0	52	

图 4-6 "月牙泉"关键词词库网查询结果

做任何事情都要由易到难，做 SEO 也是如此，这不仅是技术的问题，更是对心理的考验。如果我们没有区分关键词的难易程度就开始盲目地建设网站，则在遇到较难优化的关键词时就需要较多的时间和资源，这需要我们有足够的耐心，一周的时候我们还是满怀激情，第二周也不错，第三周还能坚持，第四周就有些着急了，第五周就开始考虑是不是哪里出了问题，这时候很多 SEOER 会选择改动网站的<title>、<keywords>等标签，第六周就开始考虑使用黑帽的手法了。这样下去我们很容易对自己的优化方法产生疑义，一旦失去了自信和激情，那 SEO 将何去何从？

作者非常喜欢贝尔·格里尔斯的《荒野求生》，贝尔在节目中多次强调，在遇到绝境的时候一定要给自己定一个小目标，然后是下一个小目标，这样才能一步步地完成大目标。如果一开始就定了大目标，则很容易让人气馁，这是很可怕的。

4.3.2　从简单的关键词入手

就拿"甘肃旅游"这个站群项目来说，与"敦煌"相关的关键词肯定是很好的关键词，但是分析竞争性等可以看出这些词的优化难度都是偏高的，如图 4-7 所示，蚂蜂窝等旅游网站都在做这些关键词的优化，如图 4-8 所示。我们刚开始建设站群，没有任何资源，如果这时候就选择优化这些难度较高的关键词，则会花费很多的精力，最严重的是会打击我们的激情和信念，这就有可能导致项目的最终失败。

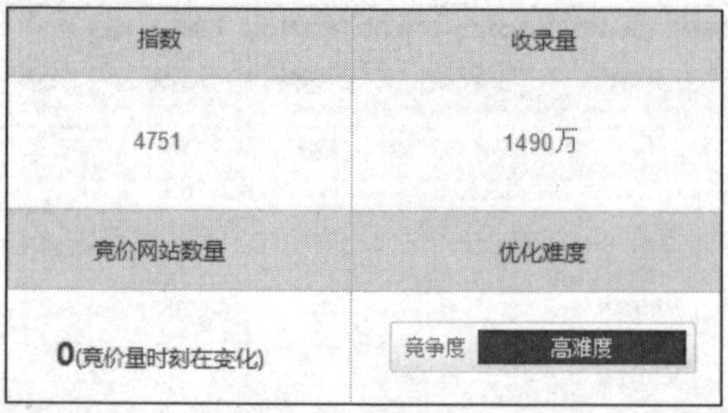

图 4-7 “敦煌”关键词站长工具竞争性分析

图 4-8 “敦煌”关键词百度搜索引擎搜索结果

遇到这样的问题，作者的建议是首先选择优化难度较低的关键词。这些关键词大型网站没有注意到或者没有花费足够的精力和时间去优化，我们利用站群的优势，举全站之力优化大型网站使用内容页优化的关键词，这样做会有很大的胜算。按照作者的经验，这些关键词一般会在 2～4 周内获得理想的排名。等我们手上有了已经有排名和权重的网站的资源，就可以将这些资源运用到难度较大的关键词上来。

考虑到这些问题，在本项目中我们选择了甘肃的一些不太热门的旅游相关关键词开始建设站群。经过分析，“陇南旅游”相关关键词映入我们的眼帘。陇南市是甘肃最南边的一座城市，旅游资源非常丰富，选择这样一系列关键词作为第一批站群建设，既能带来不错的流量，也能鼓舞大家的士气。在词库网查询“陇南”，如图 4-9 所示，可以得到一些关于陇南的关键词。经过筛选，可以整理出“陇南”、“陇南旅游”、“陇南旅游景点大全”、“甘肃陇南、“陇南天气预报”等关键词，这些关键词的需求都和“陇南旅游”的目标群体非常吻合，接下来我们只需将这些关键词进行合理的整合，以便能恰当地布局到网站中。

“陇南”相关长尾关键词共找到 4031 条记录 [有指数：55　无指数：3976]

关键词	PC指数	移动指数	360指数	趋势
陇南	309	832	133	
				格式：关键词 [热度] 暂无相关记录
陇南吧	104	526	253	
陇南旅游景点大全	37	410	0	
陇南市	139	264	66	
陇南都市网	94	291	112	
陇南天气预报	60	246	26	
甘肃陇南	92	196	43	
陇南公众信息网	111	151	337	
陇南旅游	121	109	49	

图 4-9　“陇南”关键词词库网查询结果

下一节作者将从域名的选择出发，深入分析“陇南旅游”相关关键词的优化方法。最好的 SEO 学习方法就是实践，希望读者在阅读本书的同时多操作、多实践，将书本中讲解的方法技巧运用到自己的网站中，这样做才会事半功倍；不要像看小说一样花几天时间阅读完再去操作，这样做的效果是不理想的。本书封面有作者的微信二维码，在阅读本书的过程中遇到问题随时可以联系作者交流。

4.4　站群实战操作案例之：域名选择

4.4.1　域名选择的重要性

关于域名的选择在 SEO 中的重要性，作者在《跟我学 SEO 从入门到精通》

一书中用大量的篇幅做了说明。作者提出建设站群的时候在域名中包含目标关键词的全拼非常有利于 SEO 优化，这一点是作者从大量的站群实践中总结出来的。本书后面还会有专门的章节介绍外贸网站优化、Google 优化。在英文网站的优化中，域名中包含目标关键词的英文单词的重要性要高于中文网站包含全拼，关于这一点，在后续章节中我们再做详细深入的研究。

当然，这要根据实际情况来选择。在“甘肃旅游”站群项目中，考虑到站群的网站后期可能直接作为单站使用，如果使用包含目标关键词全拼的域名则会增加用户的记忆成本，比如 www.longnanlvyou124.com 这样的域名用户记忆起来非常麻烦，也不利于后期的线下推广。最后经过协商，决定使用 6 数字域名。6 数字域名带 0、4 的均价一个 400 元左右，在易名中国可以详细筛选，如图 4-10 所示，价格虽然比注册的高一些，但是这类域名的记忆成本较低，后期网站权重提高后转化为单站非常方便。

图 4-10　易名中国检索 6 数字域名

SEO 就是这样，我们应该尽可能地注意每个细节，但是切记不要生搬硬套，不管是哪本书籍或者培训机构提出的方法，我们都要结合实际的问题操作。前些年作者操作很复杂的站群项目，清晰地知道最好的方法是手动发布文章，做到多分段、短句子、图文并茂、建设站内定向锚文本等。但是手动发布文章每天每人最多只能发布 40 篇，如果运营 40000 个网站，则需要 1000 人，这是非常可怕的数据。

最后结合各种因素，我们选择了虫虫营销助手。这个软件作者在《跟我学 SEO 从入门到精通》一书中有详细的介绍和说明，用这个软件发布文章就会方便很多，只要把电脑的内存和网络带宽升级到足够大，发布文章是非常迅速的。虫虫移动营销创始人三叶虫和作者也是多年的老友了，本书的微信营销章节会详细介绍虫虫营销助手，作者亲测这个软件 6 个月之久，会从实战出发做深入的分析。

4.4.2　域名选择的方法

关于域名的选择，作者给出如下建议：

第一，建设单站，要尽可能地让域名便于记忆，同时尽量选择和网站内容有关联的域名。当然现在.com 域名要找到这样条件的已经很少了，但是选择其他域名会增加用户的记忆成本，作者建议优先选择.com 域名，接着是.cn、.net、.com.cn，除这些之外的域名尽量不要使用，除非你已经有非常强大的用户资源或者推广资源。

第二，建设站群，但是站群有转化为单站的计划。这个情况就和我们前面分析的一样，虽然我们建设的是站群，但是后期如果发展较好，则计划将站群转化为单站，比如可以将“敦煌旅游”的站群直接升级为有实际用途的“敦煌旅游网”等。针对此种情况，作者建议建站初期就选择比较不错的域名，即便注册价格较高也值得一试。当然，我们也可以在后期通过百度站长工具直接将老域名的权重转移到新域名上，如图 4-11 所示。但是这个改版过程是需要时间的，也存在一些不确定因素，详细的操作步骤作者会在后续的章节中做深入的讲解。

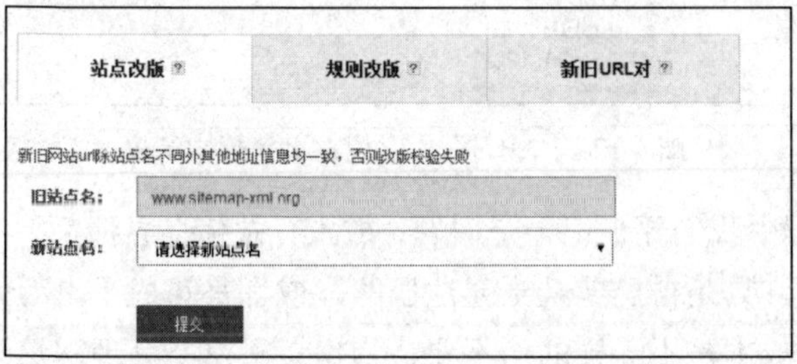

图 4-11　百度搜索引擎站长工具-站点改版

第三，建设纯站群。这类站群并没有打算作为单站运用，建设站群的目的仅仅是给主站引流或者提供友情链接。在给这类站群选择域名时应尽可能地选择包含目标关键词全拼的域名，比如“敦煌旅游”这个词，我们就应该选择包含“dunhuanglvyou”全拼的关键词，同比来说，这样的网站在 SEO 优化过程中会更加容易获得排名。

另外，这样的纯站群要尽可能选择.com 后缀的域名。作者从大量实战中分析得出，同等条件下，.com 域名做 SEO 要优于其他域名。切记不要选择廉价的.cn.com、.pw 等域名，这些域名虽然便宜，但是收录起来很困难。在百度搜索引擎搜索“.PW”关键词，如图 4-12 所示，很难看到使用该后缀域名建设的网站，这足以说明问题，即便收录了也很容易被搜索引擎惩罚。

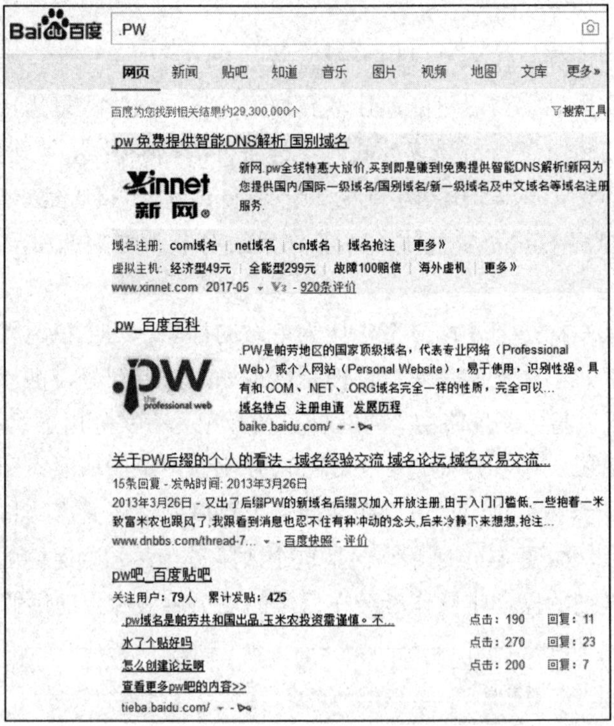

图 4-12 “.PW”百度搜索引擎搜索结果

在 SEO 过程中我们要牢记一个问题：成本。做什么事情都要有成本，比如一个网站的域名或许只是自己花几十元注册的，或许是花成千上万元甚至几百万元购买的，这样的成本是不一样的，不要认为搜索引擎不会理睬这些因素。再比如内容的建设，我们可以选择用采集软件自动发布文章，只需投入几百元买个软件即可；也可以选择雇佣编辑来发布，这样每个月一名编辑至少需要 4000 元，并且每天只能发布 40 篇左右的文章。

用这两种成本发布的文章肯定是不一样的，SEO 的结果可想而知。不要认为黑帽 SEO 就是低成本的，黑帽 SEO 的成本是非常高的，如购买黑链、点击等都需要高额的投入，这就是做黑帽 SEO 的往往是暴利行业的原因。

4.5　站群实战操作案例之：服务器选择

单独把站群服务器的选择作为一节来讲解，原因是站群服务器的选择直接关系到站群的生死存亡。一些 SEOER 觉得一台服务器怎么会决定站群的生死呢？有点夸张了吧？这绝对不是危言耸听，下面作者就为大家详细解读其中的秘密。

相对于单站，站群是在一台服务器上配置数量较多的网站。如果选择的服务器只有一个 IP，那么搜索引擎很容易判断出这是站群，其中一个网站被搜索引擎惩罚，其他网站也会受到惩罚。

因此，做站群需要有丰富的 IP 资源。针对站群所需服务器的特性，现在市面上有专门的站群服务器可供选择。在租用这种站群专用服务器的时候，我们需要考虑哪些方面呢？

4.5.1　服务器的售后服务

为什么把服务器的售后服务放在第一位呢？很多 SEOER 在租用站群服务器的时候有一个误区，认为做站群对服务器的速度要求不是很高，所以想当然地以为服务器只要价格便宜就是自己的首选。

但是有一点他们没有考虑到，服务器之所以便宜，并不一定是因为线路速度差，很大一部分原因是投入的人力成本比较低。那么，服务器的人力成本都用到了哪些方面呢？那肯定是 7×24 小时的售后服务了。可以想象，如果哪天服务器宕机了，却怎么也联系不上机房和服务器商，那么你的网站将长达几小时处于关闭状态。如果这样的关闭状态经常出现，则会导致网站被降低权重。

所以，租用服务器时首要考虑的就是服务商有没有 7×24 小时的售后服务，要在服务器出现问题的第一时间就能解决。

4.5.2　服务器的稳定性

服务器的稳定性对于网站优化是很重要的，一台服务器的稳定性比速度快更重要。因为服务器不稳定就会导致网站打不开，搜索引擎蜘蛛多次来到你的网站却进不去，这样的网站怎么可能会被蜘蛛收录呢？

4.5.3　服务器的速度

有的站群对服务器的速度要求很高，甚至要求丢包率也不能太高，这时候就要考虑站群机房的线路速度和线路稳定性了。一般来说，所做的网站对网络速度要求极高而流量不是太大的时候，可以选择中国香港站群服务器。中国香港属于中国的一部分，但因为是特区，所以当地没有备案政策，这对建设站群是很有利的。中国香港服务器在中国内地访问的速度十分快。其中，中国内地访问中国香港 CN2 线路机房的延迟只有 10～60ms，跟访问国内的 BGP 机房几乎是一样的。如果你的网站流量比较大，而且对服务器的线路要求较高，那么建议你选择美国 CN2 线路的站群服务器。美国 CN2 线路直连中国大陆的线路带宽虽然贵，但是一分价钱一分货。

研究表明，大多数用户期望的网站加载时间是 3s，如果时间长过 3s，网站就开始流失用户了。SmartBear 研究表明，Amazon 加载时间每延长 1s，一年就会减少 16 亿美元的营收。最新研究表明，网页加载超过 3s，57%的用户将会离开，如图 4-13 所示。

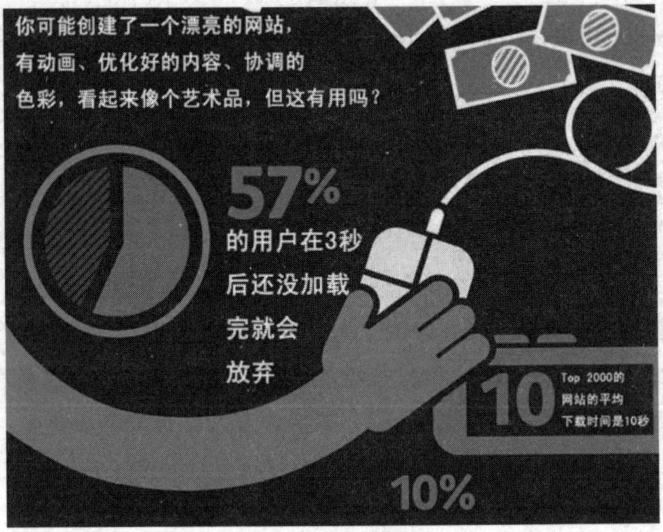

图 4-13　网页加载超过 3s，57%的用户将会离开

4.5.4　IP 段是否可以定制

一些站群服务器的 IP 都是连接到一起的，比如 127.0.0.1、127.0.0.2 等。作者从大量的实战中得出结论，这样相互连接的 IP 段在某些网站出现问题的时候会相互牵连。作者的建议是最多 10 个 IP 连接一起，也就是说每 10 个 IP 就要更换一次 IP 段。

4.5.5 服务器系统选择

站群服务器系统最好选择 Windows 2003 Server，因为在建设站群的时候我们会经常使用一些批量操作工具，比如批量 IIS 建站工具等，如图 4-14 所示。

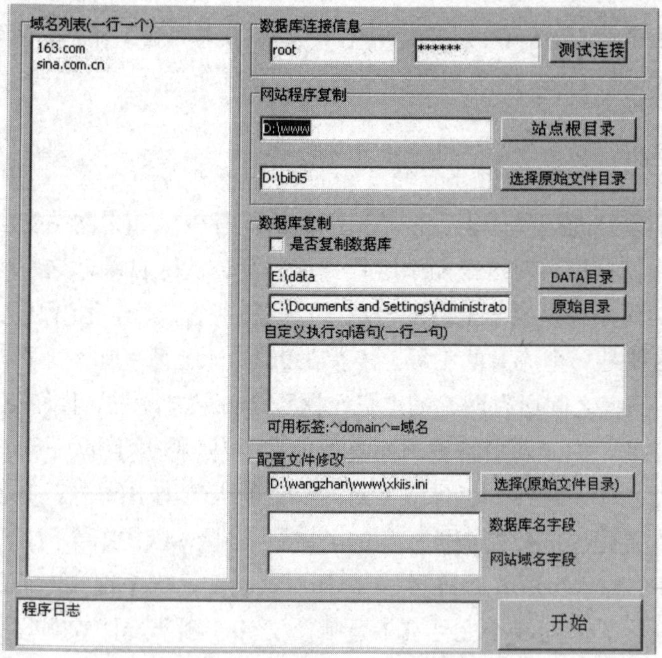

图 4-14 批量 IIS 建站工具

读者可以扫描本书封面二维码与作者联系索取 IIS 批量建设等工具软件。这些软件大多数在高版本的系统中无法正常运行。

4.5.6 海外机房推荐

最后，作者列出一些访问速度较快、价格合理的海外机房供大家参考：

- 中国香港新世界、电讯盈科。
- 美国圣安娜 KT 机房、洛杉矶机房。
- 荷兰鹿特丹和阿姆斯特丹。
- 德国 ST 机房、VL 机房、DE 机房。
- 韩国 KT 机房。
- 日本 NTT 数据中心机房。
- 新加坡 QALA 机房。

4.6 站群实战操作案例之：CMS 选择

在前面的章节中作者已经对 CMS 的选择进行了深入的分析，那么站群在选择 CMS 的时候有哪些注意事项？和单站相比较，站群最大的不同就是网站数量较多，如果选择的 CMS 不利于批量操作，则会大大提高工作量、降低工作效率。下面我们针对站群 CMS 的选择进行分析。

4.6.1 安全性

这是非常重要的选择因素。在单一网站的运行中，如果网站安全性不高，被黑客攻击，我们只需要对这个网站进行补丁修复、清除目录，这些操作不会花费太多的时间；而如果是成千上万的网站，一旦被黑客攻击，挂了木马或者服务器直接瘫痪，这就是一个庞大的工程。作者在 2013 年运行了几万个网站，当时被黑客集体攻击，一夜之间所有网站的上亿个网页全部被挂木马，我们花费了 20 多个小时才清理完成，但是随后又被周而复始地挂木马，安全团队三天三夜没有休息才解决了问题。即便这样，也导致了网站权重的大范围下降。

因此，作者建议选择安全性较高的 CMS。一些 SEOER 会问：现在 CMS 都是开源的，每个黑客都知道漏洞，怎么选择？这确实是一个现实的问题，DedeCMS 等大家都非常熟悉，对哪个文件夹下是哪个文件、哪个文件有哪些漏洞都一清二楚，没有秘密可言。但是解决的方法还是有的，我们可以改变其程序结构，删除没有用的、容易遭到攻击的文件夹或者文件，比如会员中心等。如图 4-15 所示就是作者修改过结构和删除无用文件的 DedeCMS 程序。

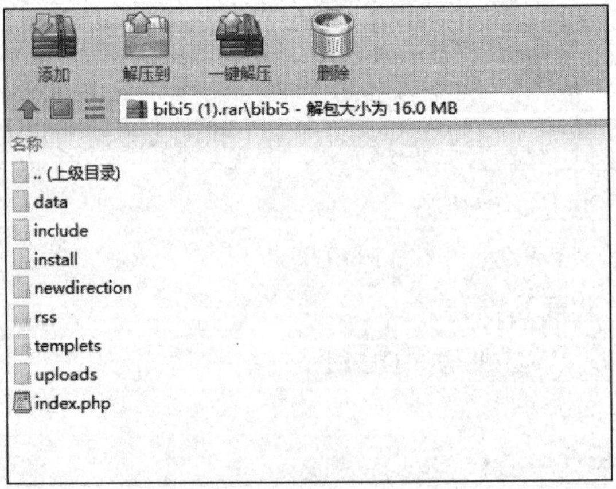

图 4-15　删除没有用的文件夹

这样一来，不但安全性提高了，程序本身也瘦身很多。需要修改版 DedeCMS 源码的读者可以扫描本书封面二维码与作者联系索取。

4.6.2　易于管理

适合软件批量发布文章，这一点也非常重要，因为站群一般来说都由成百上千个网站组成，如果依靠人工发布文章则会浪费很多时间。经过作者测试，人工使用 DedeCMS 发布一篇文章的时间是 1min 左右（文章是提前准备好的），而使用软件发布一篇文章的时间是 20s。一般情况下，发布完文章后还需要更新首页和栏目页，人工更新也需要 1min，软件更新只需要 20s。这样软件发布一篇文章加上更新首页和栏目页共需要 40s 左右，如图 4-16 所示。

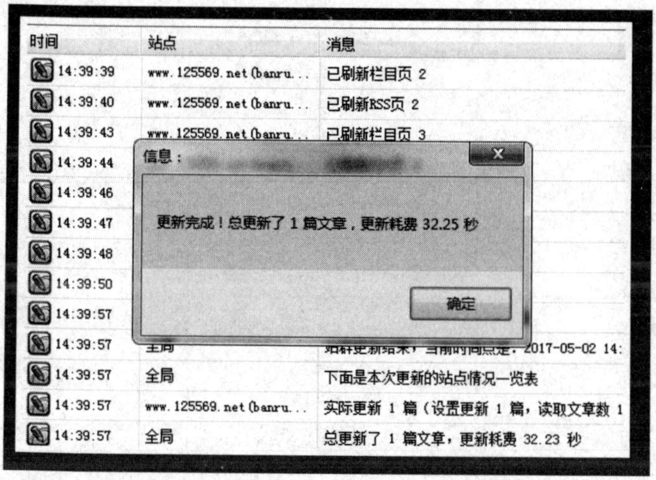

图 4-16　自动发布文章软件发布一篇文章的耗时

综合考虑，软件只用人工 1/3 的时间就能完成文章发布，不仅节约了时间，更重要的是节约了成本。

前面我们提到的虫虫营销助手是目前支持 CMS 类型最多的站群管理软件，我们在选择 CMS 的时候可以参照一下。其他站群管理软件支持的 CMS 大家可以到百度搜索一下，这里不再详细介绍。作者的建议是，在选择 CMS 之前先了解一下有没有适合这款 CMS 的站群管理软件、是不是好用、价格怎么样。

4.6.3　模板易开发

前面作者提到了模板对于 SEO 的重要性。从网上下载的模板虽然漂亮，但是因为被很多用户使用，建设站群有一定的风险性。因此，作者建议站群的每个模板都要单独开发，当然界面不需要多么华丽，只需要有基础的功能、结构合理就可以。单独开发模板就需要熟悉 CMS 的标签和规则，这一点 DedeCMS 做得比较好，有完整的标签手册，如图 4-17 所示。

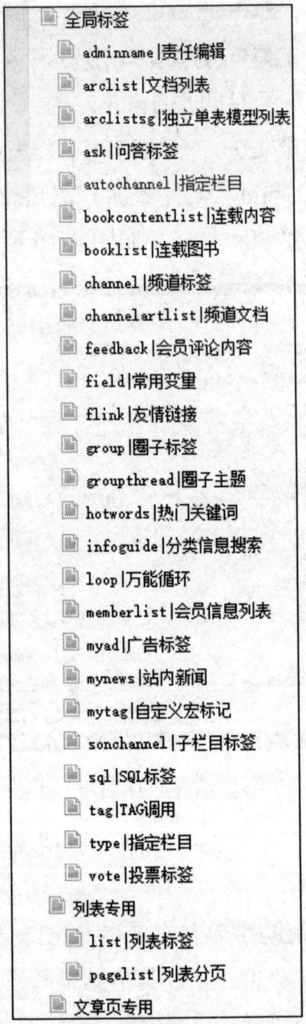

图 4-17　DedeCMS 标签手册

并且还有在线标签代码生成工具，如图 4-18 所示。

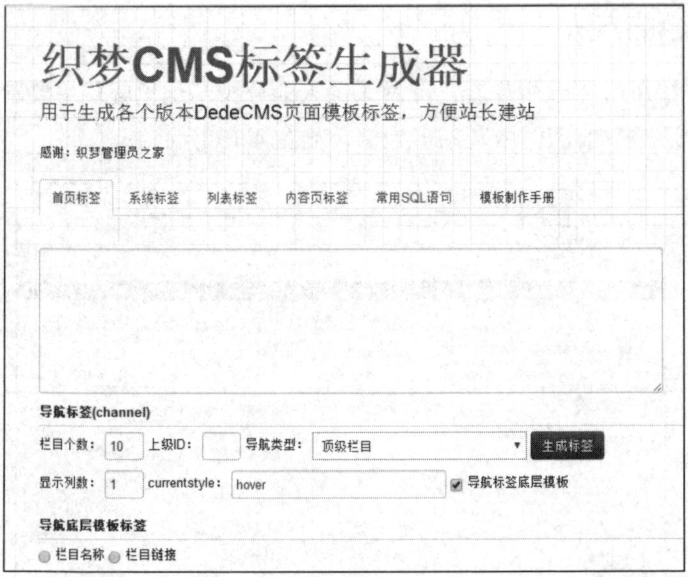

图 4-18　在线标签代码生成工具

这样我们只需要使用 HTML 建设好模板，然后使用 CMS 标签生成器生成标签，再将标签替换到对应的框架中即可。开发人员只需要熟悉 HTML 就能快速地开发 DedeCMS 模板，从而减少二次学习的成本。

4.6.4　全站能生成 HTML 静态

随着搜索引擎算法的升级，动态网页也可以很容易地被搜索引擎收录，但是从大量的实战案例中可以看出，静态化的网站优化效果要好于动态化的网站。而且动态化的网站非常耗费服务器资源，毕竟站群都是几十个或者几百个网站运行在一台服务器上面。另外，考虑到备案的问题，我们大多数选择海外的服务器，访问速度较慢，如果使用动态的 CMS 建设站群，那么服务器运行是非常吃力的。需要注意的是，我们这里提到的是全站生成 HTML，有些 CMS 只能首页生成 HTML，有些 CMS 是伪静态 HTML，其效果都是不理想的。

4.7　站群实战操作案例之：内容来源及发布

站群的内容来源一直是困扰很多 SEOER 的难题。采集和伪原创虽然简单，但是很容易被搜索引擎当作作弊而遭到 K 站，完全原创的话成本又很高。今天作者就介绍几种有效的内容来源和发布方法，供大家参考。

4.7.1 组合的方法

这种方法在第 2 章中作者已经做了深入的分析，这里我们主要围绕站群实战展开讨论。还是拿前面的中药站群为例，如图 4-19 所示。

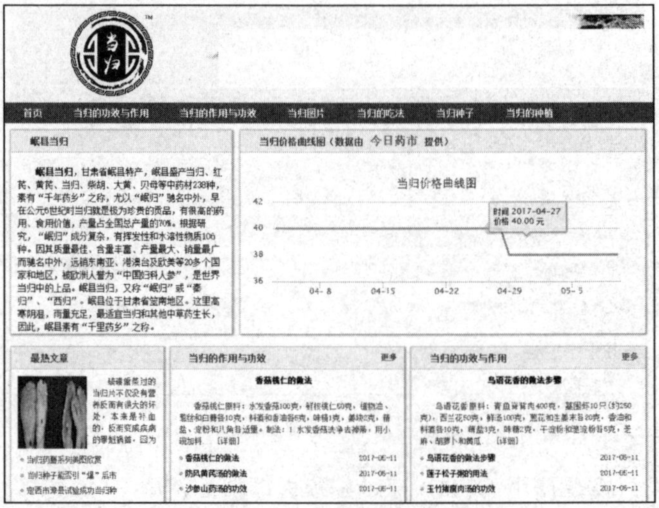

图 4-19　中药站群截图

在这个当归的站群中，我们优化的关键词是“岷县当归”、“当归的吃法”等。截至 2017 年 5 月 2 日，“岷县当归”关键词排名位于第一位，如图 4-20 所示。

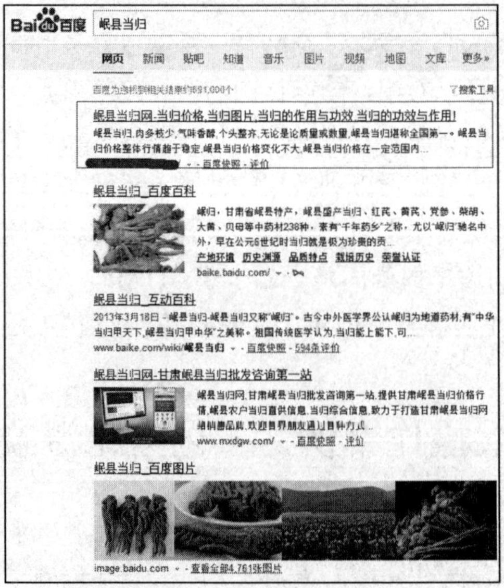

图 4-20　百度搜索“岷县当归”结果

下面我们重点来看该站群是如何通过组合的方式建设内容的。

图 4-21 是“当归的吃法”栏目中的一篇文章，标题是“怎么做当归生姜羊肉汤”。分析这篇文章，可以将其分为三个模块：第一个模块介绍当归生姜羊肉汤；第二个模块介绍当归生姜羊肉汤的功效和作用；第三个模块介绍当归生姜羊肉汤的做法。

当归生姜羊肉汤是一道常见的汉族药膳。当归生姜羊肉汤有补气养血，温中暖肾作用，适用于妇女产后气血虚弱，阳虚失温所致的腹痛，同时，此汤还可以治疗血虚乳少，恶露不止等症状。当归20克，生姜30克，羊肉500克，黄酒、调料适量。将羊肉洗净、切块，加入当归、生姜、黄酒及调料，炖煮1-2小时，吃肉喝汤。主治体虚畏冷，少神、哈欠连连，或寒疝腹痛，或妇女产后血虚之体。有资料报道，尚能治疗某些男性不育症。俗话讲：“美食要配美器，药疗不如食疗”，羊肉性温热，补气滋阴、暖中补虚、开胃健力，在《本草纲目》中被称为补元阳益血气的温热补品。

材料：羊肉（带皮带骨的羊腿或羊排）1000g，当归60g，生姜100g，水14杯，盐1.5小匙。

做法：

1. 羊肉切块后，用一锅滚水汆烫去血水，捞出洗净沥干。

2. 生姜洗净后，切块，然后用菜刀拍扁；把14杯水另外倒入汤锅里加热备用。

图 4-21　中药站群文章界面

首先找当归生姜羊肉汤的相关内容，如图 4-22 所示。

编辑 | 讨论 | 分享 | 2384

当归生姜羊肉汤

开放分类：烹饪 | 生活 | 药膳食品 | 菜谱 | 饮食

当归生姜羊肉汤，是一道常见的汉族药膳。当归生姜羊肉汤有补气养血，温中暖肾作用，适用于妇女产后气血虚弱，阳虚失温所致的腹痛，同时，此汤还可以治疗血虚乳少，恶露不止等症状。当归20克，生姜30克，羊肉500克，黄酒、调料适量。将羊肉洗净、切块，加入当归、生姜、黄酒及调料，炖煮1-2小时，吃肉喝汤。主治体虚畏冷，少神、哈欠连连，或寒疝腹痛，或妇女产后血虚之体。有资料报道，尚能治疗某些男性不育症。俗话讲："美食要配美器，药疗不如食疗"，羊肉性温热，补气滋阴、暖中补虚、开胃健力，在《本草纲目》中被称为补元阳益血气的温热补品。

编辑摘要

图 4-22　当归生姜羊肉汤的相关内容

我们可以将这段文字直接复制过来作为内容的第一段。

然后继续寻找第二个模块的内容，如图 4-23 所示。

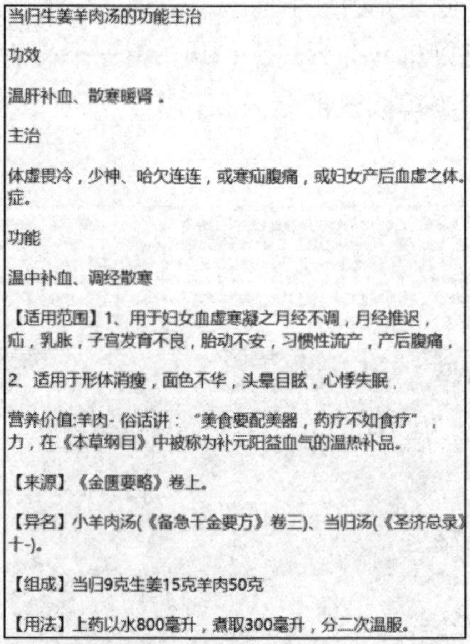
当归生姜羊肉汤的功能主治

功效

温肝补血、散寒暖肾。

主治

体虚畏冷，少神、哈欠连连，或寒疝腹痛，或妇女产后血虚之体。
症。

功能

温中补血、调经散寒

【适用范围】1、用于妇女血虚寒凝之月经不调，月经推迟，
疝，乳胀，子宫发育不良，胎动不安，习惯性流产，产后腹痛，

2、适用于形体消瘦，面色不华，头晕目眩，心悸失眠，

营养价值:羊肉- 俗话讲："美食要配美器，药疗不如食疗"，
力，在《本草纲目》中被称为补元阳益血气的温热补品。

【来源】《金匮要略》卷上。

【异名】小羊肉汤(《备急千金要方》卷三)、当归汤(《圣济总录》
十-)。

【组成】当归9克生姜15克羊肉50克

【用法】上药以水800毫升，煮取300毫升，分二次温服。

图 4-23　当归生姜羊肉汤的功效和作用相关内容

我们可以将这段文字整理一下，作为第二个模块的内容。

最后找当归生姜羊肉汤的做法相关内容，如图 4-24 所示。

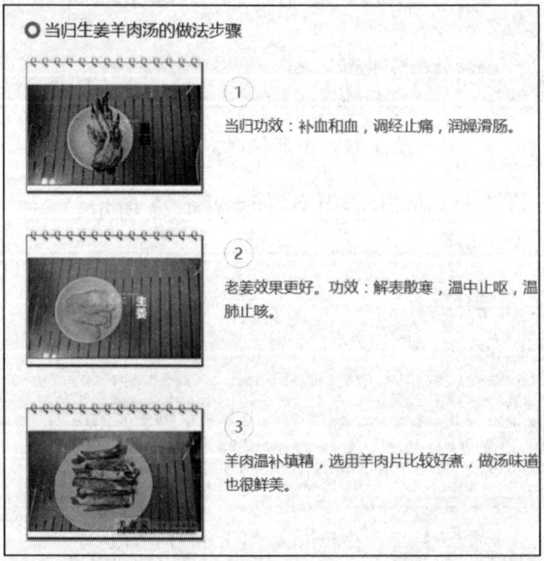

图 4-24　当归生姜羊肉汤的做法相关内容

可以多找几个网站的内容组合一下，比如做法一、做法二等。

通过这些组合方法建设的内容是搜索引擎所喜欢的。虽然每个模块的内容都在其他网站上出现过，但是这些内容组合到一起在我们的网站上是第一次出现，这对于用户来说是有价值的。

值得提出的是，随着搜索引擎算法的不断升级，搜索引擎已经可以识别出图片是否原创，其主要通过 MD5 值进行识别，作者建议在为文章配套图片的时候使用 MD5 转化工具将图片处理一下，如图 4-25 所示。

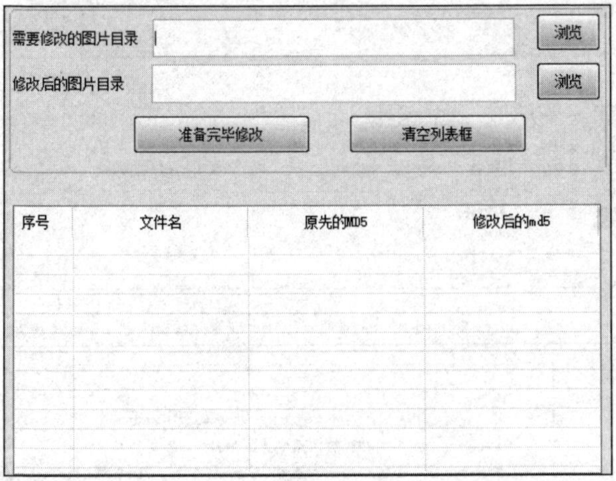

图 4-25　MD5 软件界面

需要 MD5 修改工具的读者可以扫描本书封面二维码与作者联系索取。

4.7.2　使用 OCR 软件转化

同样，对于这种方法我们在前面的章节中已经进行了详细的探讨，这里不再复述。本小节我们主要围绕实战案例展开讲解。还是以“岷县当归网”作为案例，在超星读书中搜索“当归”关键词，如图 4-26 所示。

可以看到有很多关于当归的书籍，打开其中的一本，如图 4-27 所示。

这样的内容原创度是非常高的，我们只需要使用 OCR 软件将这些内容转化出来，如图 4-28 所示。

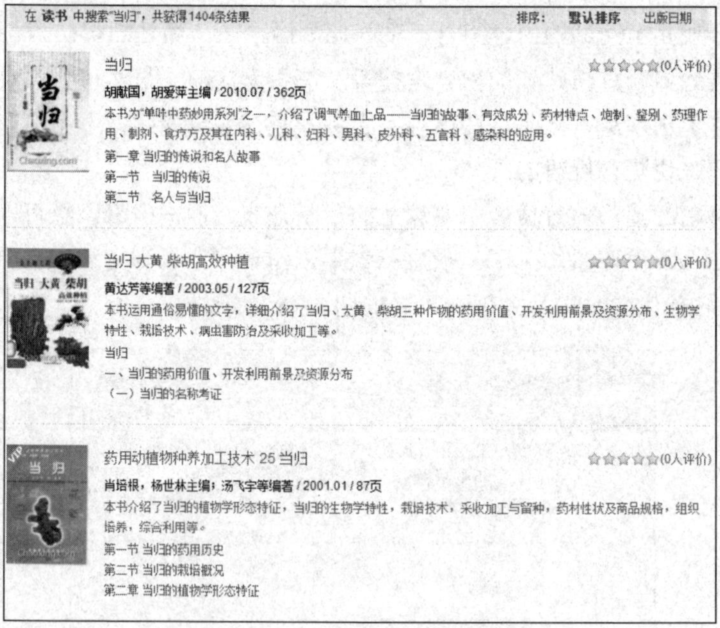

在 读书 中搜索"当归"，共获得1404条结果　　排序：　默认排序　出版日期

当归　　☆☆☆☆☆(0人评价)

胡献国，胡爱萍主编 / 2010.07 / 362页

本书为"单味中药妙用系列"之一，介绍了调气养血上品——当归的故事、有效成分、药材特点、炮制、鉴别、药理作用、制剂、食疗方及其在内科、儿科、妇科、男科、皮外科、五官科、感染科的应用。

第一章 当归的传说和名人故事

第一节　当归的传说

第二节　名人与当归

当归 大黄 柴胡高效种植　　☆☆☆☆☆(0人评价)

黄达芳等编著 / 2003.05 / 127页

本书运用通俗易懂的文字，详细介绍了当归、大黄、柴胡三种作物的药用价值、开发利用前景及资源分布、生物学特性、栽培技术、病虫害防治及采收加工等。

当归

一、当归的药用价值、开发利用前景及资源分布

（一）当归的名称考证

药用动植物种养加工技术 25 当归　　☆☆☆☆☆(0人评价)

肖培根，杨世林主编；汤飞宇等编著 / 2001.01 / 87页

本书介绍了当归的植物学形态特征，当归的生物学特性，栽培技术，采收加工与留种，药材性状及商品规格，组织培养，综合利用等。

第一节 当归的药用历史

第二节 当归的栽培概况

第二章 当归的植物学形态特征

图 4-26　超星搜索“当归”结果

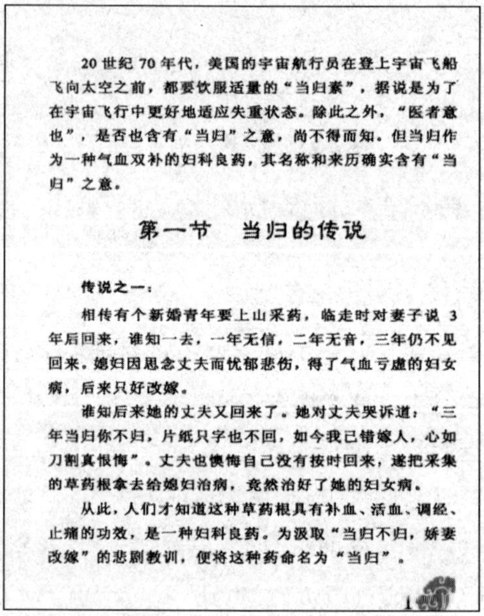

20 世纪 70 年代，美国的宇宙航行员在登上宇宙飞船飞向太空之前，都要饮服适量的“当归素”，据说是为了在宇宙飞行中更好地适应失重状态。除此之外，“医者意也”，是否也含有“当归”之意，尚不得而知。但当归作为一种气血双补的妇科良药，其名称和来历确实含有“当归”之意。

第一节　当归的传说

传说之一：

相传有个新婚青年要上山采药，临走时对妻子说 3 年后回来，谁知一去，一年无信，二年无音，三年仍不见回来。媳妇因思念丈夫而忧郁悲伤，得了气血亏虚的妇女病，后来只好改嫁。

谁知后来她的丈夫又回来了。她对丈夫哭诉道：“三年当归你不归，片纸只字也不回，如今我已错嫁人，心如刀割真恨悔”。丈夫也懊悔自己没有按时回来，遂把采集的草药根拿去给媳妇治病，竟然治好了她的妇女病。

从此，人们才知道这种草药根具有补血、活血、调经、止痛的功效，是一种妇科良药。为汲取“当归不归，娇妻改嫁”的悲剧教训，便将这种药命名为“当归”。

1

图 4-27　超星“当归”书籍界面

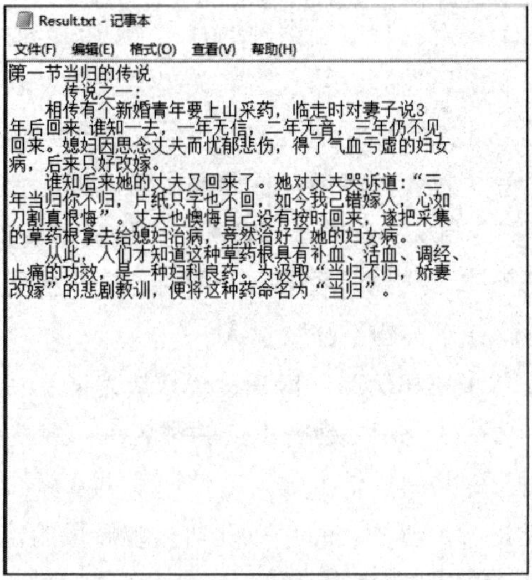

图 4-28 OCR 转化结果

然后为这篇内容撰写一个更加适合互联网发布的标题，标题中最好包含用户搜索的长尾关键词。这是一篇关于当归传说的文章，使用百度搜索“当归”相关关键词，如图 4-29 所示。

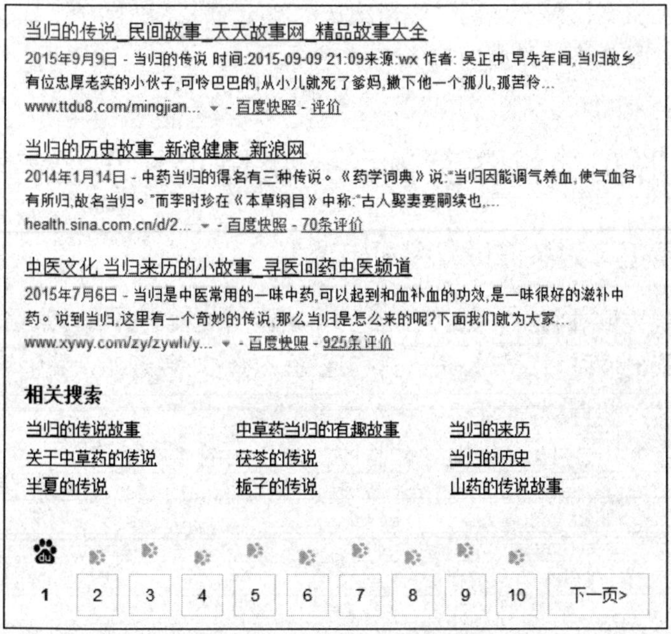

图 4-29 百度搜索“当归”相关关键词的结果

可以筛选出和这个关键词相关的关键词有“当归的传说故事”、“中草药当归的有趣故事”、“当归的来历”等，结合这些关键词我们可以自己撰写一句能够包含所有关键词的标题，比如“你不知道的中草药当归的有趣传说故事”、“当归的来历原来如此”等。除了包含关键词，标题要尽可能地引起用户的点击欲望，这是非常关键的一步。在今日头条的推广过程中，一篇内容的推荐次数达到几万次，但是点击次数只有几千次，这说明系统已经把内容推送到用户的面前，但是用户没有点击内容，问题就在于标题不够吸引人。

一些 SEOER 还对采集和伪原创抱有希望，认为某某站长的网站一直发布采集的文章、伪原创的文章，为什么会有不错的排名，一直没有被搜索引擎 K 掉？作者的看法是：首先，这些站只是少数，随着搜索引擎算法的升级，这样的垃圾站群总会被搜索引擎 K 掉；其次，每个行业对内容质量的定义不同。

在实际的操作中，我们千万不能大意，毕竟站群的投资也是一笔不小的费用，每个环节我们都要认真对待。就在写本小节内容的前一天，有位客户的站群就被黑客直接攻击到系统崩溃，数据库内容都无法找回。之前作者多次建议他找一个专职负责服务器安全的人员，每天备份数据库，出于大意，他迟迟没有行动，懊悔不已。这样的服务器事件对于站群来说是致命的。除此之外，作者还遇到过一些朋友贪图便宜在国外一些网站注册廉价的.com 域名，在网站上线一个月后域名集体被删除，导致不可挽回的后果。

4.8 站群实战操作案例之：关键词排名监控和调整

4.8.1 使用工具对关键词排名进行监控

网站上线一段时间后，关键词排名开始进入百度搜索引擎搜索结果前 100 名，这预示着我们的网站已经开始进入排名通道。从这时候开始，我们就要对网站的关键词进行监控和调整。

作者推荐使用 5118 关键词排名监控工具，如图 4-30 所示。

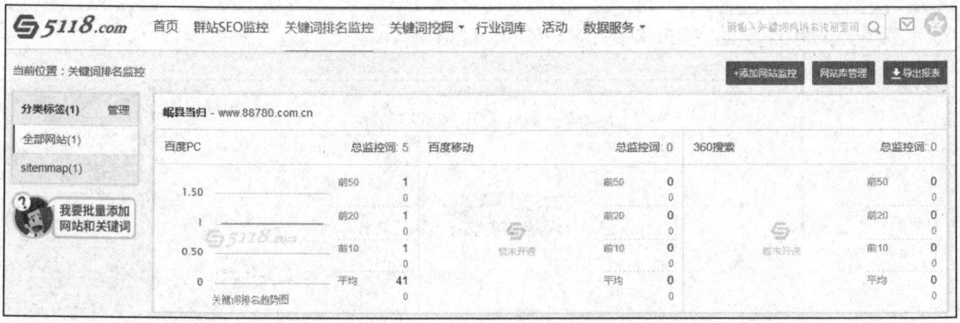

图 4-30　5118 关键词排名监控工具

点击“马上添加”按钮，弹出如图 4-31 所示的界面。

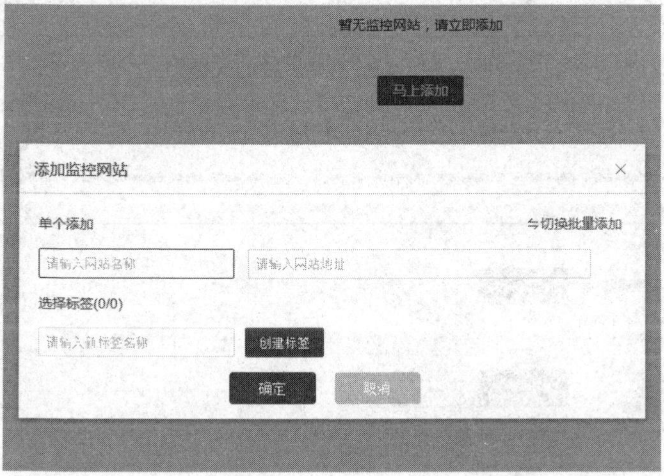

图 4-31　点击“马上添加”按钮弹出的网站添加界面

输入网站名称和网站 URL，点击“确定”按钮，出现提示框，如图 4-32 所示。

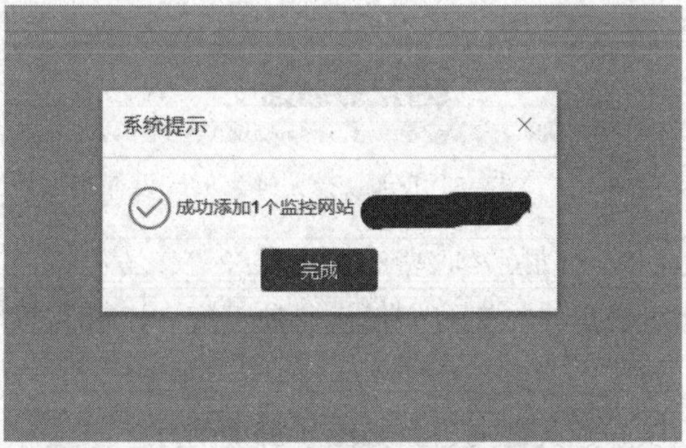

图 4-32　点击“确认”按钮出现的提示框界面

接着添加需要监控的关键词，如图 4-33 所示。

图 4-33　添加需要监控的关键词

点击“马上添加”按钮，弹出如图 4-34 所示的界面。

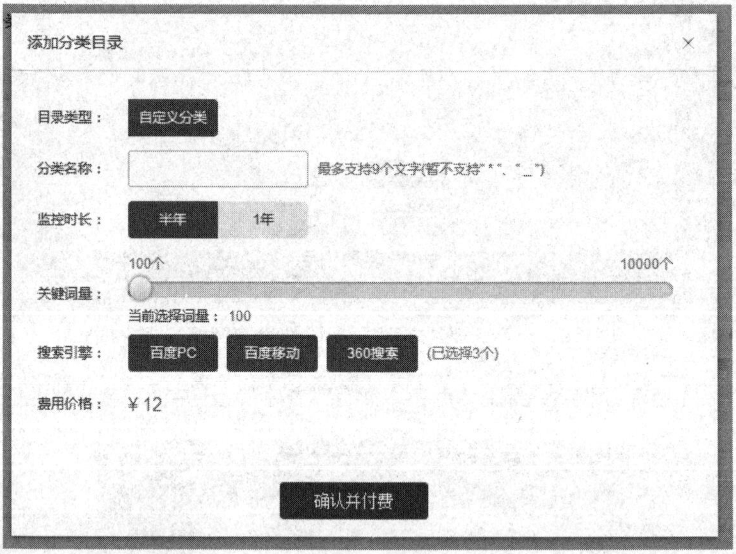

图 4-34　点击“马上添加”按钮弹出的关键词添加界面

需要注意的是，这个功能是收费的，但是经过作者测试，其监控数据非常准确，并且价格也相对合理。如果我们仅仅监控百度 PC 和百度移动数据，那么半年仅需 8 元。

支付完成就可以添加关键词了，如图 4-35 所示。

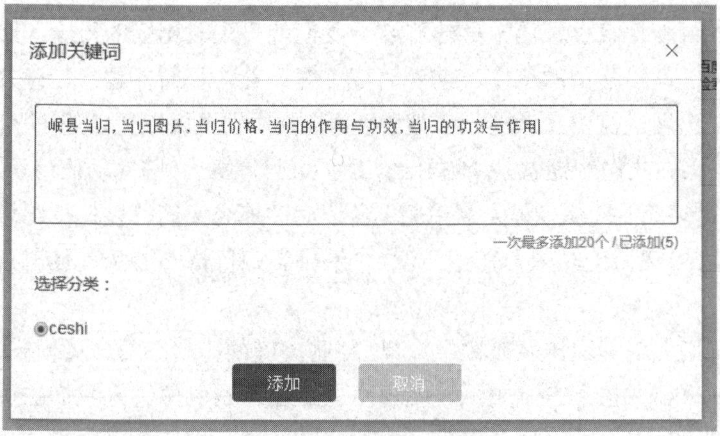

图 4-35　添加关键词界面

以后系统会每天对关键词排名进行监控，如图 4-36 所示。

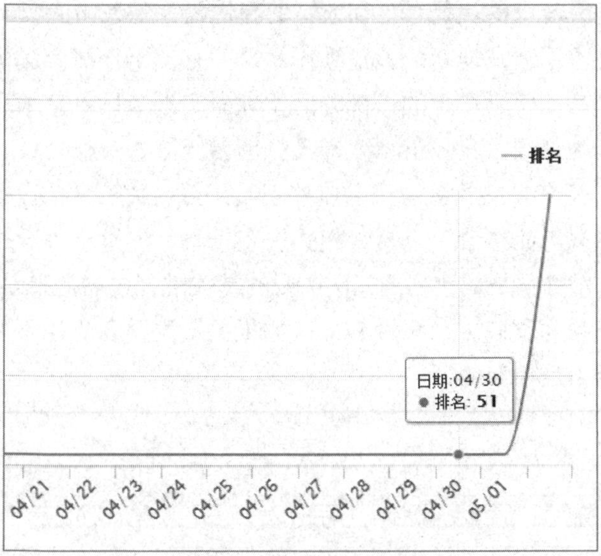

图 4-36　关键词监控曲线图

通过这样的监控数据，我们可以更加方便地调整网站的关键词布局，决策哪些网站已经可以开始投放广告等。

4.8.2　通过监控数据调整方案

有了监控还远远不够，我们要学会通过监控数据分析导致网站排名下降或者提升的原因，制订后续的 SEO 计划。比如某个关键词持续在 20 名徘徊 15 天，始终无法进入百度搜索引擎第一页的排名，我们就要采取相应的措施，比如增加该关键词在关键词着陆页的密度，或者调整关键词着陆页的标题，让该关键词在标题当中完整出现。需要注意的是，搜索引擎对分词匹配和完整出现的重视程度是不一样的。比如我们的标题是“岷县当归网_当归价格_当归的功效与作用”，如果“岷县当归价格”这个关键词始终在 20 名徘徊，那么我们可以把标题修改为“岷县当归价格网_当归的功效与作用”，让“岷县当归价格”这个关键词完整地出现在标题中。

如果我们在关键词排名监控中发现，某些关键词排名在第一页一段时间之后，掉到了第二页很久也没有上来，这就说明虽然在搜索引擎看来我们的页面是符合 SEO 规范的，但是在第一页展示期间，用户的访问习惯告诉搜索引擎，我们的网站并不受用户的欢迎，这就会导致网站关键词排名下降。解决这个问题的办法是二次编辑，让该页面内容更丰富，更加符合用户的需求，也可以增加评论。总之就是一句话：别人没有的我们有，别人有的我们精，别人精的我们评论多。

这样在监控中不断发现新的关键词排名，并且使用一些方法将这些关键词排名稳定下来，慢慢地将站群中的一部分网站独立出来当作单站来运营，一旦有了排名便有了收入的来源，花钱招聘编辑人员也会变得更有意义。

除了 5118，还有爱站关键词排名监控工具，百度站长平台也推出了关键词排名监控工具，感兴趣的读者可以搜索相关内容了解，这里不再详细分析。我们只需要掌握一点：付费不是最重要的，最重要的是关键词排名监控是否及时、准确，这样的信息才能帮助我们更好地做 SEO。如果关键词排名监控不准确，那么也就失去了意义，哪怕是免费的！

第 5 章

利用 SEO 诊断网站

在前面的章节中我们对现阶段站群的操作展开了深入的分析，相信大家已经对站群有所了解。建议大家在开始大规模建设站群之前先建设 3 个左右的网站进行实战操作，总结出自己行业的一些特性。大家有什么问题可以随时和作者沟通获取帮助。

本章作者将引入实战中的 SEO 诊断案例，指导读者从各个方面对网站进行 SEO 诊断。面对一个运营了几个月甚至更长时间的网站，我们不能盲目地对其进行 SEO，在开始之前一定要做深入的诊断，制定完善的 SEO 方案。

5.1 SEO 诊断需要重视哪些点

一个网站上线了很久，关键词排名没有明显的提升，无法为企业带来用户，这样的网站就是失败的。不要认为 SEO 就是简单地发布文章和外链，哪怕在 5 年前这也不是全部，更何况现如今搜索引擎的算法不断升级。为什么网站关键词没有排名呢？绝大多数网站都是因为各种各样的 SEO 问题，导致网站评分太低而无法获得排名。

为什么要做 SEO 诊断呢？只有通过系统分析，才能发现网站各种各样的不足，网站有什么样的问题都可以在一份诊断书中得到体现。而对于搜索引擎蜘蛛来讲，网站的问题每解决一条，评分就会提升 1 分，而这 1 分往往是排名的关键。如果提升 10 分、20 分呢？差距就显而易见了。

随着 SEO 行业的发展，各种以 SEO 为载体的职业便衍生出来，如 SEO 优化、SEO 诊断、SEO 顾问、SEO 站内编辑、SEO 外链专员等，这也正体现了 SEO 行业对人才的需求。通常情况下，如果一个人能够掌握所有的技巧，便可以独立生存、自我发展了。本章我们探讨的话题是 SEO 诊断的意义何在。

SEO 诊断就是 SEOER 在对网站进行优化之前，先对网站的整体情况进行诊断。就像医生给病人看病，先要进行“望、闻、问、切”才能知道病人的情况；同样，SEOER 也要先对网站进行诊断，写出网站诊断书，然后根据该诊断书进行网站的内部优化和推广。

SEO 诊断是网站优化推广的基础。一般来说，SEO 诊断包括如下内容。

5.1.1 基本诊断

主要包括如下内容：

- 服务器诊断。
- 网站 PR 值、网站排名、收录情况、PV 值、IP 值、流量来源等分析。
- 页面美观及用户体验诊断。
- 域名诊断。

5.1.2 网站结构及导航诊断

主要包括如下内容：

- 是否有头部导航、产品导航、底部导航、面包屑导航。
- 主导航是否都是文字形式的。
- 页面是否最少包含一个“返回首页”和返回上级页面的链接。
- 研究网站页面是动态网页还是静态或伪静态网页。
- 是否有网站地图。

5.1.3 网站内容诊断

主要包括如下内容：

- 检查网站内容是否合理，判断网站内容中的言论是否符合本国法律。
- 内容的更新频率及质量。
- 网站是否有<title>和<meta>标签，是否有关键词堆砌，<meta>标签的内容是否与网页相关性高。
- 网站关键词分布是否合理，关键词的密度如何，关键词有没有堆砌行为。

- 图片是否加有<alt>或<title>标签，<alt>或<title>标签的设置是否合理。
- 是否有大量的 Flash 效果。

5.1.4　网站代码诊断

主要包括如下内容：

- 是否使用了 Robots.txt 文件。
- 是否采用了 DIV+CSS 布局。
- 检查网站是否使用了标签。
- 检查网站<h1>、<strong>标签的使用是否合理。

5.1.5　友情链接及站内和站外链接诊断

主要包括如下内容：

- 判断对方网站类型是否与要优化的网站相同、相似或者互补。
- 判断与对方网站交换友情链接是否对本网站有利。
- 友情链接的个数不要太多，以 20～50 个为佳。
- 正文是否已创建对应的相关文章列表（标签）。
- 是否有站内互链（长尾关键词记录单）。

本章作者将结合实战 SEO 诊断案例对 SEO 诊断进行全方位的解读，读者可以参照这些 SEO 诊断案例对自己的网站进行诊断或者开展 SEO 诊断相关业务。

5.2　某货车网站诊断报告

5.2.1　关键词布局存在的问题

从分析来看，该网站布局了“二手大小货车”、“二手半挂车”、“二手卡车”、“二手货车交易网”4 个关键词，其中仅有“二手大小货车”和“二手卡车”两个竞争性较弱的关键词获得了排名，排在百度搜索引擎搜索结果第二页。

一般情况下，我们建议网站首页布局的关键词数量为 5～10 个，其中应该有 2～4 个竞争性较强的关键词，剩余的可以选择竞争性较弱的关键词。

我们建议首页布局的关键词应该是“二手货车”、“二手货车交易市场”、“二手货车交易网”、“二手货车网”、“二手半挂车”、“二手卡车”。确定这些关键词之后，我们就要开始挖掘相关的长尾关键词，可以使用 5118 工具进行长尾关键词的挖掘，如图 5-1 所示。

二手卡车长尾关键词挖掘

相关长尾词关键词共找到3749条记录[有指数：2 无指数：3747]

关键词	百度指数	长尾词数量	搜索结果
二手卡车	342	1299	1690000
二手柴油皮卡车	236	25	1140000
二手的皮卡车	-	2408	1000000
二手 卡车	-	1316	3970000
卡车二手	-	1300	-
二手皮卡车	-	878	1510000
皮卡车二手	-	878	1380000

图 5-1 “二手卡车”长尾关键词挖掘示例

可以看出与“二手卡车”相关的长尾关键词有很多，我们逐一将这些长尾关键词整理出来，然后为这些关键词配套需要的内容，并建设长尾关键词的着陆页，最后将这些内容发布出来，做好长尾关键词记录单，格式如下：

二手皮卡车　　　www.abc.com/pikache/

二手柴油皮卡车　www.abc.com/chaiyoupikache/

……

后续发布内容的时候，一旦出现长尾关键词记录单中的文本，就链接到相应的关键词着陆页。

结合现在网站所有的关键词排名，如图 5-2 所示，可以看出“二手货车”、“二手卡车”等关键词已经有较好的排名，但是都在第二页徘徊。针对这种情况，我们给出以下几点建议。

第一，在首页标题、关键词、描述标签中增加这些关键词。

第二，增加这些关键词的密度，一般认为关键词密度要达到 5%～8%。

第三，建议在首页增加文字区块，文字区块的内容是对网站的简单介绍，字数为 300～500 字，建议每个关键词出现 2～3 次。

第四，为这些关键词准备一些优质的内容，内容建议采用组合的方式。比如写一篇关于二手货车保养的知识，我们可以将这篇文章分为三大块：第一块介绍二手货车的选择常见问题，内容从 A 网站复制过来；第二块介绍二手货车的保养知识，内容从 B 网站复制过来；第三块介绍一些其他二手货车的知识，内容从 C 网站复制过来。这样组合而成的内容搜索引擎是非常喜欢的，我们也比较容易操作。

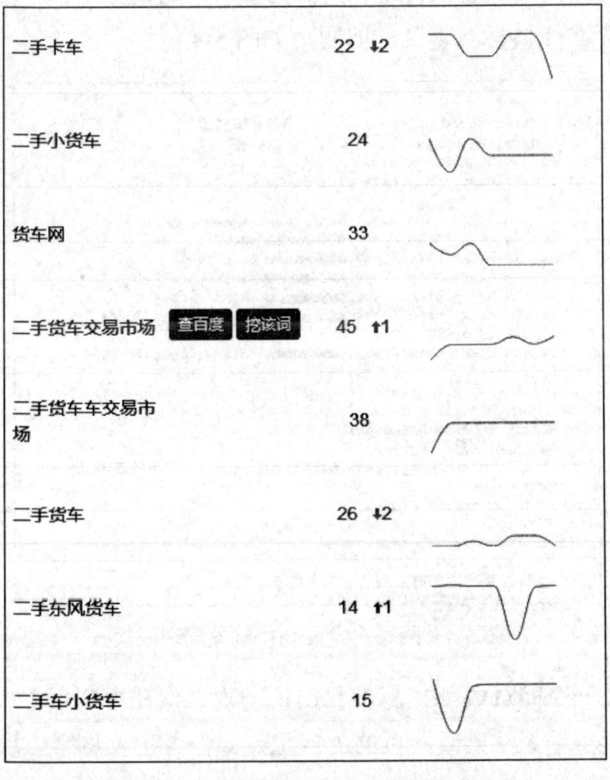

图 5-2　某货车网站所有的关键词排名

5.2.2　网站结构存在的问题

分析网站首页可以看出，网页结构存在一些问题，如图 5-3 所示。

```
    <input  type="hidden" name="mcnid" id="mcnid" value="2674"  disabled="disabled"/>
    <input  type="hidden" name="caid" id="caid" value="33" />
    <input  type="hidden" name="addno" id="addno" value="1" disabled="disabled"/>
    <input name="searchword" type="text" placeholder="请输入关键字" value=""  class="sotxt"/>
    <input type="submit" class="sobt removewordval" value="搜索"/>
  </form>
 </div>
<h1><a class="usedcarlogo l" title="二手车频道" href="http://www.168hc.com/escpd/"
style="background:url(http://www.168hc.com/template/default/logo/usedcarlogo.png) no-repeat;
" rel="nofollow" alt="二手货车网"></a></h1>
```

图 5-3　网站首页<h1>标签使用不合理

首页<h1>标签包含的是“二手车频道”这样的关键词。通过影响关键词排名的因素我们可以知道，<h1>标签在网页中的重要程度仅次于<title>标签，因此作者建议首页<h1>标签应该包含首页需要优化的关键词，但是这些关键词不能简单地使用逗号等符号间隔，建议将这些关键词融入一句话当中。

内容页也存在<h1>标签混乱的问题，如图 5-4 所示。

```
  </div>
<h1><a class="usedcarlogo l" title="二手车频道"
" rel="nofollow" alt="二手货车网"></a></h1>
<div class="blank20"></div>
<div class="usedcarnav Fs14 clearfix">
  <ul>
    <li class="fs "><a href="http://www.[redacted]">首页
    <li ><a href="http://www.[redacted]/escpd/oldcar/">
    <li ><a href="http://www.[redacted]/cars/105">
    <li ><a href="http://www.[redacted]pingu/cars/">
    <li ><a href="http://www.[redacted]escpd/oldqugou/">
    <li ><a href="http://www.[redacted]/member/mcnid 2674/">
    <li class="act">
    <li ><a href="http://wap.[redacted]" class="last">手机站
  </ul>
  </div>
<div class="blank15"></div>
<div class="website-break pL15">
   <span>当前位置：</span>
   <i></i><a href="http://www.[redacted]/escpd/">二手货车频道</a> <i
弊</div>
<div class="blank15"></div>
<!--[通用]1000_80--><div id="_08_adv_fcatalog_custom"></div>
   <div class="w740 l mR25">
     <div class="news-h1">
       <h1>二手小货车对人们生活的利与弊</h1>
```

图 5-4　网站内容页<h1>标签出现两次

我们建议在一个网页中<h1>标签只出现一次，但在内容页中出现了两次，这样就会导致搜索引擎无法判断网页的内容重点。作者建议将第一次出现的<h1>标签取消。

内容页关键词和描述标签也存在问题，如图 5 5 所示。

“二手小货车”是我们在首页优化的关键词，而内容页也优化了这个关键词，这就会导致搜索引擎无法判断在本站中我们想用哪个页面作为“二手小货车”这个关键词的着陆页。作者的建议是，如果实在觉得无法对该页面内容进行关键词撰写，则尽量留空。

```
<html xmlns="http://www.w3.org/1999/xhtml">
<head>
<meta http-equiv="Content-Type" content="text/html; charset=utf-8" />
<title>二手小货车对人们生活的利与弊-168二手货车网</title>
<meta content="二手小货车" name="keywords"/>
<meta content="二手小货车对人们生活的利与弊" name="description"/>

<!--网站公用头部[css+js+网站图标]-->
<link rel="shortcut icon" type="image/x-icon"
<link rel="stylesheet" type="text/css"
<link rel="stylesheet" type="text/css"
<script type="text/javascript">var
document.domain;</script>
```

图 5-5　内容页关键词和描述标签存在问题

同样，这里的描述标签只是简单地对标题进行了复制，作者建议描述标签要简单地对本网页的内容进行说明。比如我们可以选择这段文字：“现在生活中的货车已经非常常见了，因为任何时候我们的生活都需要它，有些人也会选择以货车为生，但更多的还是进行二手车买卖，因为现在人们也开始接受二手市场的车了。如果选择二手小货车，对人们的生活有什么好处或者危害呢？其实人们选择二手车的时候最担心的就是车的质量和来源问题，如果这个问题可以保证，那么看中的车就可以买下来。”

如果我们不想花时间去选择描述标签的内容，则也建议留空。

5.2.3　内容来源存在的问题

SEO 发展到今天，内容已经占据了 SEO 的绝大多数比重。一个网站如果有 1000 篇高质量的、有价值的内容，那么将很容易通过 SEO 获得成功。但前提是我们要弄清楚什么是有价值的内容。

很多站长认为原创的就是最好的，其实不然。比如这个二手货车网，如果由对二手货车行业很熟悉的人来撰写内容，那当然是好的；但是如果我们仅仅找了一些不懂这个行业的编辑来撰写内容，那么内容或许是原创的，但是对二手货车的需求用户可能起不到任何作用。

因此，最好的方法是进行内容组合。同样一篇内容，我们可以首先对其标题进行二次编辑，然后在 3～4 个网站上寻找内容，最后进行组合并发布。

除此之外，我们还可以使用 OCR 软件将书籍上的相关内容转化发布。推荐到超星网寻找一些关于二手车的知识进行转化发布，如图 5-6 所示。

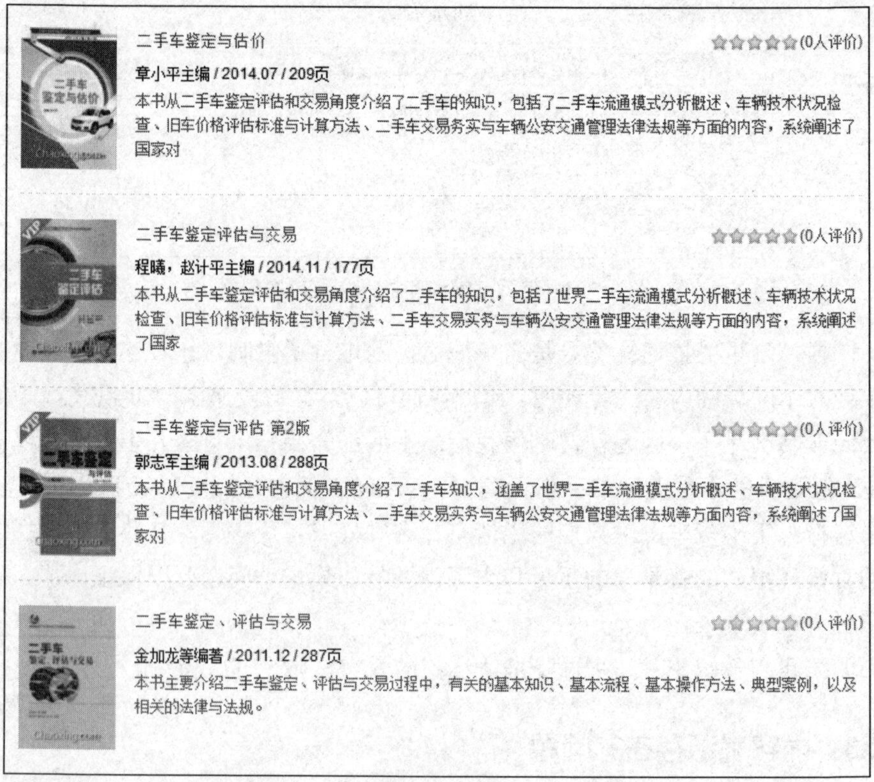

图 5-6　在超星中搜索“二手车”相关内容

5.2.4　内容发布存在的问题

结合网站关键词竞争性和现状，作者建议每天保证网站更新 10 篇以上的内容。注意不要为了发内容而发内容，我们的每篇内容都要通过对目标关键词和长尾关键词的分析得来。比如我们要发布与“二手小货车”相关的一篇内容，首先就要确定搜索“二手小货车”这个关键词的用户到底有什么样的需求，可以通过百度站长工具来分析，如图 5-7 所示。

可以看出，搜索“二手小货车”的用户需求包含“厢式”、“自卸”、“高栏”、“二手货车 4.2 米”等内容，可以围绕这些关键词进行内容的组合和整理发布。

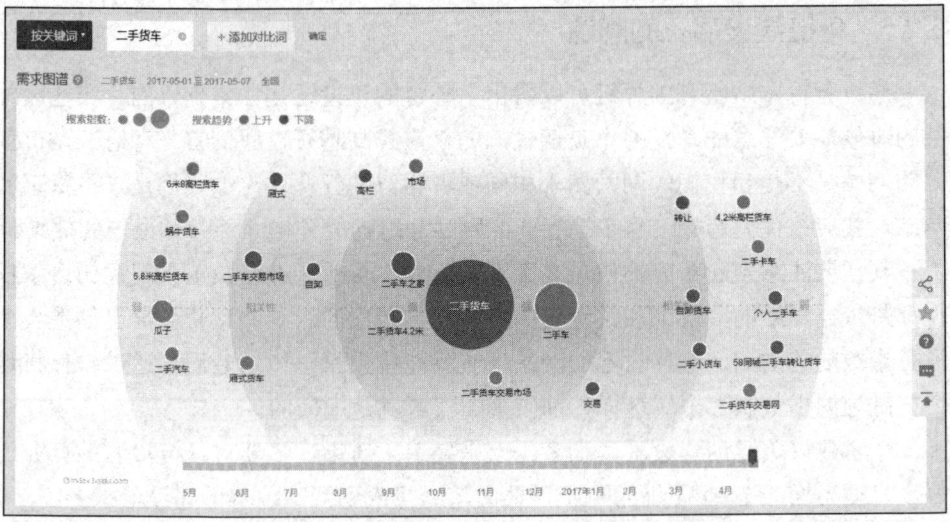

图 5-7　使用百度站长工具分析关键词用户需求

发布内容的时候可以遵循这样的原则：多分段、短句子、图文并茂、1%的站内定向锚文本。

- 多分段：在发布内容的时候不要长篇大论，建议每 1～3 句话就要分开一段，这样用户读起来比较轻松。
- 短句子：建议一句话最多包含两个逗号。
- 图文并茂：建议每篇文章配置 3～5 张图片，这样用户阅读起来会比较有兴趣。
- 1%的站内定向锚文本：这就是我们前面所说的做好长尾关键词记录单，建设站内定向锚文本。这一点蚂蜂窝网站做得非常到位，推荐参考一下。

此外，在发布内容的时候，作者建议在第一次出现该着陆页关键词的时候使用<strong>标签将其加粗，无须每次出现都加粗。分析网站我们注意到，网站内容也有加粗的现象，说明编辑注意到了这一点，如图 5-8 所示。

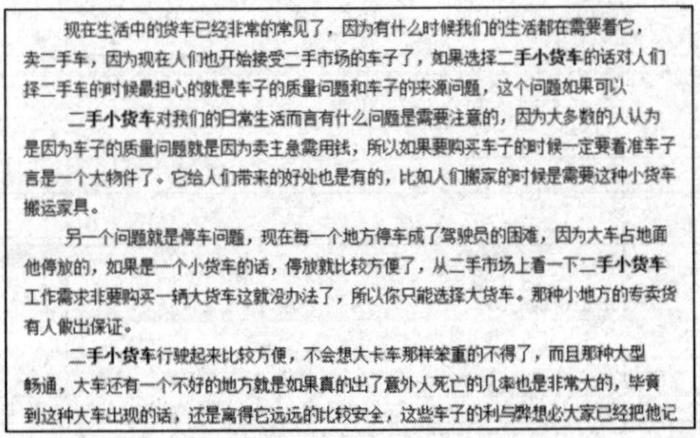

现在生活中的货车已经非常的常见了，因为有什么时候我们的生活都在需要着它，卖二手车，因为现在人们也开始接受二手市场的车子了，如果选择二手**小货车**的话对人们择二手车的时候最担心的就是车子的质量问题和车子的来源问题，这个问题如果可以

二手**小货车**对我们的日常生活而言有什么问题是需要注意的，因为大多数的人认为是因为车子的质量问题就是因为卖主急需用钱，所以如果要购买车子的时候一定要看准车子言是一个大物件了。它给人们带来的好处也是有的，比如人们搬家的时候是需要这种小货车搬运家具。

另一个问题就是停车问题，现在每一个地方停车成了驾驶员的困难，因为大车占地面他停放的，如果是一个小货车的话，停放就比较方便了，从二手市场上看一下二手**小货车**工作需求非要购买一辆大货车这就没办法了，所以你只能选择大货车。那种小地方的专卖货有人做出保证。

二手**小货车**行驶起来比较方便，不会想大卡车那样笨重的不得了，而且那种大型畅通，大车还有一个不好的地方就是如果真的出了意外人死亡的几率也是非常大的，毕竟到这种大车出现的话，还是离得它远远的比较安全，这些车子的利与弊想必大家已经把他记

图 5-8　内容页面<strong>标签的使用

5.2.5 外链建设存在的问题

通过分析本站所有的外链可以看出，外链的建设还是非常到位的。在建设外链的时候需要注意的是，并不是链接源的权重越高越好，我们首先考虑的是链接源的网站是不是和我们的网站属于相同或者相似的行业。比如我们是二手货车的网站，就应该优先选择二手车等行业的网站，这样的外链才能起到最佳的效果。

其次要注意判断对方的权重是否真实可靠。目前通过站长工具查询的百度权重都是依据网站的关键词和关键词的指数倒推得出的。一些站长会自己创造一个没有指数的关键词，这样自己的网站很快就能排到第一位，然后再通过软件将这个关键词的指数刷上去，这样查询出来的权重就是虚假的。

作者建议关键词建设不要太多，而是要追求质量，还要选择链接源的行业，每个月适当增加 1～2 个即可，把重要的精力投入到网站内容的建设上来。

综合来看，该网站有一些竞争性较强的关键词排到了百度搜索引擎第二页，说明其初步获得了百度搜索引擎的肯定；但是一直没有进入第一页，则说明网站内容建设还存在一些问题，比如网站内容无法满足用户的需求导致跳出率增加，造成搜索排名一直在第二页停滞不前。

再次要做好关键词挖掘、筛选和着陆页确定工作。该网站目前的关键词着陆页比较混乱，比如我们确定的“二手小货车”这个关键词是首页优化，就无须再为这个关键词准备其他的着陆页，我们要做的就是整理与“二手小货车”相关的内容和信息，发布到“二手小货车”的栏目或者频道下，这样就可以助力该关键词获得排名。

最后，我们要每天对网站关键词排名进行查询，推荐使用 5118 网站关键词工具，如图 5-9 所示。

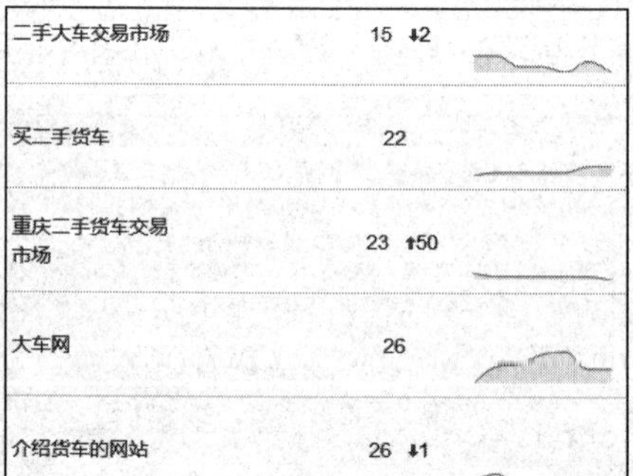

图 5-9　使用 5118 工具查询关键词排名

我们可以看出，“重庆二手货车交易市场”这个关键词的排名有很大的提升，点击进去可以看到如图 5-10 所示的内容。

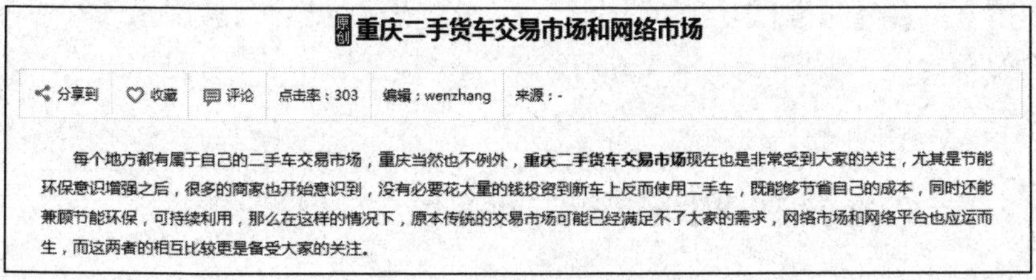
重庆二手货车交易市场和网络市场

分享到　收藏　评论　点击率：303　编辑：wenzhang　来源：-

每个地方都有属于自己的二手车交易市场，重庆当然也不例外，重庆二手货车交易市场现在也是非常受到大家的关注，尤其是节能环保意识增强之后，很多的商家也开始意识到，没有必要花大量的钱投资到新车上反而使用二手车，既能够节省自己的成本，同时还能兼顾节能环保，可持续利用，那么在这样的情况下，原本传统的交易市场可能已经满足不了大家的需求，网络市场和网络平台也应运而生，而这两者的相互比较更是备受大家的关注。

图 5-10　网站内容页截图

该篇文章获得了排名，这样的页面获得排名非常不稳定，对此我们有三点建议：

- 第一，对该网页进行二次编辑，让其更加丰富，对用户有价值。
- 第二，在该网页的下面进行评论，评论内容包含关键词“重庆二手货车交易市场”。
- 第三，发布与“重庆二手货车交易市场”相关的内容，出现“重庆二手货车交易市场”关键词锚文本链接到该页面。

类似这样的排名还有很多，如图 5-11 所示。

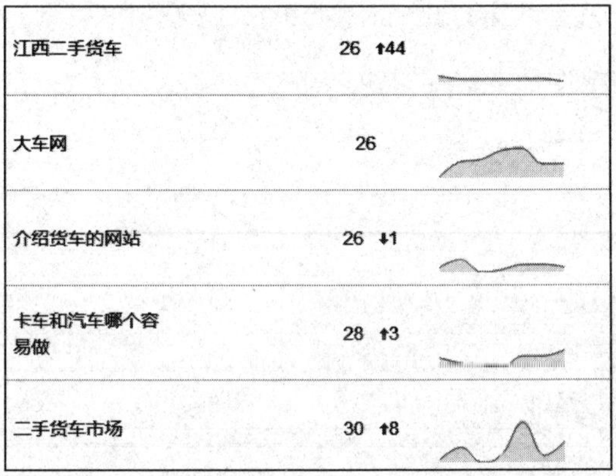

图 5-11　“江西二手货车”等关键词排名

我们要进行实时查询、监控、追踪。不要小看这些指数较小的关键词，这些关键词排名的稳定是首页目标关键词排名稳定的前提，而且这些关键词累加起来也是一个不小的数字。

综合建议：对网站的行业关键词进行深入的挖掘和梳理，重新布局网站结构，明确关键词着陆页，做好内容建设和站内定向锚文本。不要盲目地追求某个关键词排名的上升或者下降，在制订一个长期计划的同时要明确一个小的目标，这样才会让我们越来越有信心，否则考虑得太长远会导致我们失去信心，因为在 SEO 工作中信心是非常重要的。相信做完这些工作，在 1～3 个月内网站关键词排名会有很大的变化。

5.3 某培训咨询网站诊断报告

经过关键词分析，在“六西格玛”、“六西格玛培训”、“六西格玛咨询”、“六西格玛培训公司”、“六西格玛绿带培训”、“六西格玛黑带培训”、“6sigma”、“6sigma 培训”、“6sigma 绿带培训”、“6sigma 黑带培训”、“精益六西格玛”、“精益六西格玛培训”、“精益六西格玛绿带培训”、“精益六西格玛黑带培训”、“六西格玛设计”、“六西格玛管理”这些关键词中，“六西格玛”、“6sigma”属于优化难度较高的关键词，其他关键词都比较容易优化。

5.3.1 网站存在的问题

目前首页布局的关键词如图 5-12 所示，布局比较混乱。

关键词	出现频率	2%≤密度≤8%	长尾相关
六西格玛管理咨询机构	3	0.2%	0
精益六西格玛管理咨询	4	0.3%	1
六西格玛培训公司	3	0.2%	3
精益六西格玛管理	13	0.7%	8
六西格玛黑带和六西格玛绿	1	0.1%	0
六西格玛项目辅导	1	0.1%	1
6sigma管理培训公司	2	0.2%	0
六西格玛	417	11.2%	763

图 5-12　首页布局的关键词截图

我们的建议是：在网站发展初期首页最多布局 3～5 个关键词，其中难度较大的选择 1～2 个，难度较小的选择 2～3 个。具体来说，我们可以将“六西格玛”、“6sigma”、“六西格玛培训”、“六西格玛咨询”等关键词布局到首页，其他优化难度较低的关键词可以布局到栏目页或者文章页面。

同时，网站首页关键词布局密度不合理。一般来说，首页目标关键词布局密度要达到 5%～8%，从图 15-12 中可以看出，“六西格玛”的密度达到 11%以上，这样高的密度很容易被搜索引擎认为作弊，从而导致网站被降权；而其他关键词的密度又太低，这样搜索引擎无法判断网站内容和关键词的关联性，因而较难获得排名。我们建议将“六西格玛”这个关键词的密度适当下调，其他关键词的密度上调到 5%以上。

5.3.2 文章页 keywords 存在的问题

文章页 keywords 截图如图 5-13 所示。

```
<!DOCTYPE html>
<html>
<head lang="en">
    <meta charset="UTF-8">
    <meta name="viewport" content="width=device-width, initial-scale=1.0, minimum-scale=0.5,
maximum-scale=2.0, user-scalable=yes" />
    <meta name="apple-mobile-web-app-capable" content="yes" />
    <meta name="format-detection" content="telephone=no" />
        <title>第331期上海5月六西格玛绿带培训5天圆满结束-张驰咨询</title>
    <meta name="keywords" content="六西格玛咨询"
```

图 5-13 文章页 keywords 截图

我们分析发现每篇文章都强行植入了需要优化的长尾关键词，这样操作是不正确的。

我们的建议是：如果发布的文章没有相关的关键词就选择留空；如果强行植入和内容相关度不高的关键词，则很容易被搜索引擎屏蔽或者降权，对网站发展毫无意义。

5.3.3 SEO 诊断建议

关于长尾关键词的布局，我们建议按照以下流程执行。

第一步，筛选长尾关键词。长尾关键词的选择一定要抓住用户的需求，可以从行业的论坛或者自媒体平台进行筛选。长尾关键词不要太在意指数的高低，比如“介绍精益六西格玛方法”就是一个非常不错的长尾关键词。长尾关键词的量一定要大，对此需要做深入的分析和研究。

第二步，做长尾关键词记录单。长尾关键词整理完成后需要做一个表格，即长尾关键词记录单。长尾关键词记录单非常简单，只需三列即可：第一列为长尾关键词；第二列为长尾关键词的指数或者优化难度；第三列为长尾关键词布局的 URL 地址。

第三步，布局长尾关键词。长尾关键词记录单做好后，我们便要为长尾关键词选择着陆页。一般情况下，难度较高的关键词选择栏目页或者聚合页面进行布局，难度较低的关键词选择文章页面进行布局。布局长尾关键词首先要考虑关键词需要的内容，比如我们在前面筛选的“介绍精益六西格玛方法”，如果我们要布局这个关键词，就要寻找一篇介绍精益六西格玛方法的文章，字数在 800 字左右，再配上图片。如果原始文章出现长尾关键词的密度不够，则可以人为增加关键词的密度，一般控制在 10%左右，也就是在 800 字的文章中“介绍精益六西格玛方法”这个关键词至少要出现 8 次，同时在文章的标题中也要出现，在关键词和描述标签中也要出现。文章发布完成后，我们就需要在长尾关键词对应的地方记录这篇文章的 URL。

第四步，站内定向锚文本。在第三步中我们完成了文章的发布，也记录了长尾关键词着陆页的 URL，接下来我们要将这些内容串联起来。比如我们在发布另一篇文章的时候出现了“介绍精益六西格玛方法”这个关键词，就需要为这个关键词加上锚文本，按照长尾关键词记录单做好链接。如果内容来源和质量不是太好，和长尾关键词的相似度也不是太高，则需要对文章进行二次编辑。

第五步，分析排名，调整站内锚文本数量。长尾关键词布局完成后，我们需要不断地监测分析长尾关键词的排名，并据此进行站内锚文本的数量控制，排名较高的可以陆续减少站内锚文本，排名较低的可以陆续增加站内锚文本。

文章页<h1>标签使用也存在问题。<h1>标签对于搜索引擎蜘蛛非常重要，<h1>标签中的内容是搜索引擎蜘蛛判断该网页内容主题的重要因素，在分析中发现文章页出现多次<h1>标签，如图 5-14 和图 5-15 所示，这样就会导致搜索引擎蜘蛛无法判断网页的内容主题。我们建议<h1>标签中包含的应该是该文章的标题，其他地方出现的<h1>标签应该取消。

```
<div class="banner">



class="site"><b>当前位置: </b>
                              >公司新闻</a> >  某光伏科技1期六西格玛咨

   <h1>某光伏科技1期六西格玛咨询项目关闭暨2期项目启动</h1>
   <span><a href="http://
      <span>2016-11-22 09:04:59</span>
</div>
               <div class="desc">
```

图 5-14　文章页<h1>标签内容布局不合理 1

```
        浮层框架开始          -->
class="pop_bg"></div>
class="pop_body">
<div class="pop_dialog">
    <a href="javascript:void(0);" class="close"></a>
    <div class="pop_head">
        <h1>您对张驰咨询的建议或意见</h1>
    </div>
    <div class="pop main">
```

图 5-15　文章页<h1>标签内容布局不合理 2

进一步分析，我们发现首页<h1>标签的使用也存在问题，如图 5-16 所示。

```
<!--          浮层框架开始          -->
<div class="pop_bg"></div>
<div class="pop_body">
    <div class="pop_dialog">
        <a href="javascript:void(0);" class="close"></a>
        <div class="pop_head">
            <h1>您对[redacted]的建议或意见</h1>
        </div>
        <div class="pop_main">
            <span class="txt">如需反馈问题，请拨打服务热线<h3
            <div class="mess">
                <form method="post"
                    <table cellspacing="5">
                        <tbody>
```

图 5-16　首页 H1 标签内容布局不合理

首页是一个网站权重最为集中的地方，在<h1>标签中应该包含目标关键词信息。我们建议在首页增加目标关键词，并且用<h1>标签包含，也可以用<h1>标签包含 Logo，Logo 的 alt 属性内容包含目标关键词。注意这个地方的目标关键词不要简单地叠加，而是要将目标关键词融入介绍的话语当中。

建议在“联系我们”等链接中使用<nofollow>标签，如图 5-17 所示。

```
<div class="footer_nav">
                <div class="footer_nav_h">在线服务</div>
                <ul>
                    <li><a
href="http://www.abc.com/contact" target="_blank"
rel="nofollow">联系我们</a></li>
                    <li><a
href="http://www.abc.com/ApplyOnline" target="_blank"
rel="nofollow">在线报名</a></li>
                    <li><a
href="http://www.abc.com/Guestbook" target="_blank"
rel="nofollow">留言板</a></li>
                    <li><a
href="http://www.abc.com/DataDownload" target="_blank">资
料下载</a></li>
                    <li><a
href="http://www.abc.com/Certificate" target="_blank"
rel="nofollow">证书查询</a></li>
                </ul>
            </div>
```

图 5-17　“联系我们”等链接建议使用<nofollow>标签

在诊断中我们发现网站更新频率较低，建议在网站建设初期或者关键词排名初期网站更新频率至少要达到每天 5 篇，有条件的话最好每天 10 篇，这样至少保持 3 个月才能保证网站的有效收录量。目前网站的收录量仅有 242 条，这还不全是有效收录量。

建议在首页描述标签中加入电话号码，这样用户可以直接在搜索结果中看到电话号码，可以方便地联系咨询，如图 5-18 所示。

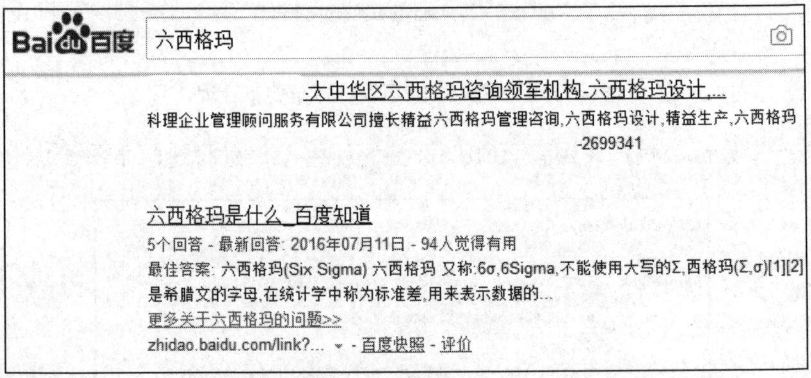

图 5-18　百度搜索关键词“六西格玛”结果

我们一定要将排名和用户的转化有所区分，不一定有了较好的排名就能获得较好的用户转化，在这里面需要注重很多的细节。我们可以设想，如果用户搜索“介绍精益六西格玛方法”关键词，点击进去的内容不是关于这个关键词的，则用户就会有一种欺骗感，就不可能成为我们的客户。接着用户就会跳出该网站而去点击其他的网站，这个过程会被搜索引擎记录下来。随着跳出率的提高，关键词的排名就会不断下降。

5.4　某旅游类型网站的运营思路

曾有朋友邀请作者为其制订一份旅游类型网站的运营计划，其主要范围是：面向国外用户的内容是西部旅游的英文网站、面向国内用户的内容是尼泊尔等地区的中文网站、面向国内用户的内容是西部旅游的中文网站。作者对大量的旅游类型网站做了深入的研究，做出了如下的运营思路。为了让读者能更加深入地了解一个网站运营思路的形成过程，作者特意将这些内容完整地记录下来，读者可以结合自己实际操作的网站进行深入的思考。

5.4.1　面向国外用户的内容是西部旅游的英文网站

面向国外用户的网站推广渠道首先考虑的便是 Google。和百度搜索引擎相比，Google 对外链的重视程度较高，因此我们首先考虑寻求一些同行业英文网站的外链资源。需要注意的是，很多朋友都说现阶段外链效果不明显，其原因就是交换友情链接的网站和自己的网站不属于同一行业，或者至少没有相似的用户群体，比如一个旅游类型的网站却找了一堆销售母婴用品网站的外链，这样的链接效果是非常不理想的。正确的做法应该是找与旅游相关的行业，比如酒店、户外用品、机票等。

其次便是内容的问题。一个网站在建设初期一般没有什么访问量，主要的内容都是给搜索引擎看的，这个时间需要 1～3 个月，其间文章的发布量是第一位的，再者就是要有价值。注意这里所说的是价值，而不是所谓的原创度。很多朋友都认为原创度越高越好，其实这是错误的思维。一篇文章首先要有价值，所谓价值就是要能提供给搜索引擎用户需求的信息。建议初期我们可以考虑寻找一些关于西藏等地区细分的资料，这些资料可以采用电子书转化为文字的方法获得，也可以通过寻找较早出版的一些书籍报刊获取。我们可以先到一些英文的旅游类型论坛等渠道挖掘国外用户感兴趣的、目前网站没有提供或者没有完整提供相关信息的关键词，然后依据这些关键词寻找适合的内容。寻找内容的时候不要盯着那几个景点，这样的内容是非常有限的。我们可以对景点所在地区做深入的研究，比如甘肃、新疆等地区都是重要的古丝绸之路，还有就是玄奘西天取经的传奇等。对这些故事和传奇进行深入的挖掘，就可以寻找到很多内容，而国外用户对这些历史是非常感兴趣的。

英文网站域名的选择原则就是域名中包含目标关键词的英文单词，这一点想必读者已经注意到了。后期站群模式操作也是准确的方向，现阶段旅游网站竞争非常激烈，如果我们单纯地想依靠单站就做竞争性较强的关键词，则是非常吃力的。而如果我们选择使用站群的模式，用站群的首页优化其他网站的栏目页或者内容页优化的关键词，则效果还是不错的。

任何一种模式的运营方式，最关键的就是关键词的筛选。切忌在选择英文网站关键词的时候用中文的思路去操作，毕竟国外用户的搜索习惯是不一样的，最好的方法是到论坛等平台挖掘用户的需求。

还有一点需要注意的是，我们不要把眼光都集中到 Google 等国外的平台推广，其实有很多外国人想来中国旅游也会考虑使用百度等中文搜索引擎搜索相关关键词，当然搜索的关键词有可能是英文，也有可能是中文。

最后是英文网站的设计一定要简洁。这些年随着中国互联网的发展，国内的网站设计越来越复杂，特效也越来越多，我们不妨看看国外的一些网站，其设计大都简单、明了。另外，在网站 URL 中一定要包含关键词信息，如图 5-19 所示。

图 5-19　URL 包含关键词信息

5.4.2　面向国内用户的内容是尼泊尔等地区的中文网站

面向国内用户的网站首先需要关注和推广的就是百度搜索引擎排名。一般情况下，百度有了不错的排名，搜狗、360 等都会有很好的排名。

搜索“尼泊尔旅游”等关键词，我们可以看到还是蚂蜂窝等几家大型旅游网站占据了排名的前几位，如图 5-20 所示。

图 5-20　百度搜索“尼泊尔旅游”结果

和这些网站竞争目标关键词非常困难，我们不妨挖掘一下其他的关键词，从长尾关键词入手，比如“去尼泊尔旅游多少钱”、“上海到尼泊尔旅游”等。如果计划用单站运营，则可以将这些长尾关键词布局到内容页或者专题页，但是这样做需要的周期较长，一般情况下一个全新的网站要让内容页或者其他页面的关键词获得较好的排名需要 3 个月以上的周期。如果计划用站群的方式来做就比较简单了，每个旅游景点可以配套 5～10 个网站，每个网站首页可以布局 5～10 个关键词，这样就可以布局 25～100 个关键词。这些长尾关键词虽然不如目标关键词带来的流量多，但是相对来说是比较精准的，我们也可以用较短的周期来实现关键词的排名，这对于鼓舞士气和后期网站运营的资源建设非常有意义。

这里我们不妨发散一下思维，比如我们要寻找一些关于印度旅游的内容，经过深入的分析可以知道，在印度的历史中佛教有着举足轻重的地位，而“那烂陀寺”是那个时期印度佛教的最大学府；再做深入的分析可以得知，中国的玄奘在“那烂陀寺”有非常重要的历史信息，而玄奘又是中国无人不知的，并且“那烂陀寺”现在是印度非常重要的旅游景点。将这些故事和线索串联起来，从中找到用户的需求点。

除了建设站群，我们还可以注册一批新浪博客等账号，用这些账号发布一些包含长尾关键词的文章。如图 5-21 所示，新浪博客也有不错的排名。

图 5-21　新浪博客排名

除了直接做旅游的关键词，我们还可以进行深入的研究。比如，去尼泊尔的游客一般抱着怎样的想法？我们知道尼泊尔是佛祖的故乡，很多去尼泊尔的游客都计划游览寺庙、了解佛教知识，而他们在出发之前一般会搜索这些寺庙的传说等。我们不妨从这里切入，寻找一些与尼泊尔寺庙、传说相关的内容，通过这些内容可以将潜在的客户挖掘出来。

5.4.3　面向国内用户的内容是西部旅游的中文网站

国内的旅游网站现在比较多，比如蚂蜂窝等网站的 SEO 都做得非常不错。搜索很多热门景点的目标关键词，蚂蜂窝网站的排名都非常不错，这一点值得我们借鉴。分析这些网站的内容建设，我们可以看出其关键词着陆页都做得非常丰富。比如在百度搜索引擎搜索“日本”，可以看到蚂蜂窝在自然排名中位于第一位，分析可以看出其页面在攻略、线路、酒店等方面都做了很多的内容，其站内定向锚文本也做得非常到位，如图 5-22～图 5-26 所示。作者认为蚂蜂窝是国内旅游行业 SEO 做得最到位的网站，值得我们深入研究、学习。

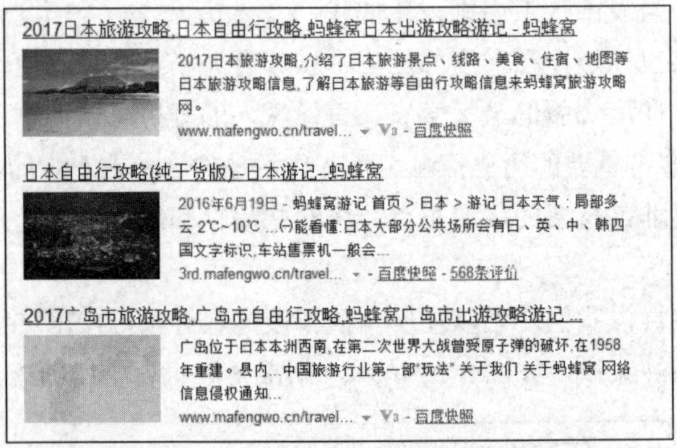

图 5-22　百度搜索引擎“日本”关键词搜索结果

图 5-23　“日本”关键词在蚂蜂窝的关键词着陆页 1

图 5-24　“日本”关键词在蚂蜂窝的关键词着陆页 2

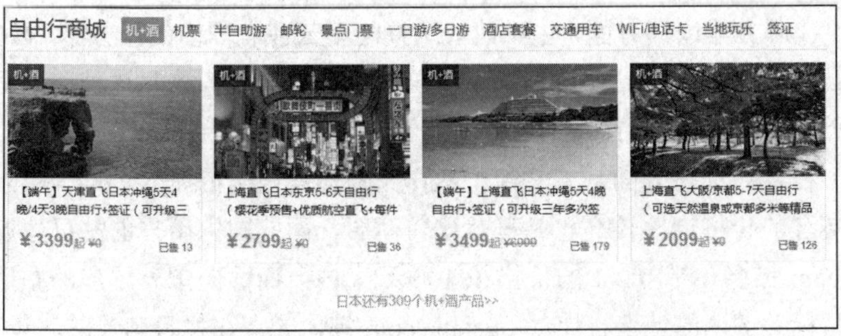

图 5-25　“日本”关键词在蚂蜂窝的关键词着陆页 3

```
            <dd class="titleBar">
                <h1>日本自由行攻略（纯干货版）</h1><a target="_blank"
href="http://www.mafengwo.cn/i/5519573.html">查看原文</a>

                <p><a href="http://www.mafengwo.cn/u/55130734.html"
target="_blank">柯小胖(深圳)</a> <span>2016-06-19 18:07:15</span></p>
            </dd>
            <dd class="rt">
                <a href="/travels/mdd.php?id=10183"><img src="http://b3-
q.mafengwo.net/s1/M00/A0/61/wKgBm04C73H_G1f8AADOdWaTF1w66.jpeg?
imageView2%2F2%2Fw%2F96%2Fh%2F72%2Fq%2F90"></a>
                <strong><b></b><a href="/travels/mdd.php?id=10183">日本</a>
</strong>
                <span class="num">28237<b></b></span>
            </dd>
        </dl>
    </div>
    <div class="post_info" id="pnl_post_content">

<p></p>
<p><img src="http://a2-
q.mafengwo.net/s9/M00/19/18/wKgBs1eOMemASKCDAAhpGYypIv439.jpeg?
imageView2%2F2%2Fw%2F600%2Fh%2F600%2Fq%2F90"></p>
```

图 5-26　“日本”关键词在蚂蜂窝的站内定向锚文本建设

当然，这些网站也是我们潜在的竞争对手。针对这些问题，作者给出如下建议：

（1）国内旅游网站关键词的筛选是非常重要的，因为大型的关键词，比如在百度搜索引擎搜索“甘肃旅游”，排名靠前的都是携程、蚂蜂窝等大型网站，如果我们选择的关键词和这些网站去竞争将是非常吃力的。建议前期选择竞争性比较小的关键词，可以将甘肃的一些知名景点直接建设站群，比如可以建设“敦煌旅游网”，可以布局“敦煌旅游景点”等关键词，这样关键词会更容易获得排名，等我们有了资源便可以去优化难度更高的关键词。

（2）在网站建设方面，建议采用主站配合站群的模式。比如我们可以建设甘肃旅游网、西藏旅游网等，同时为甘肃旅游网配套 10 个左右的网站，这些网站布局的关键词就是前面我们提到的竞争性较小的关键词，然后将流量和资源引流到甘肃旅游网等主站中。当然也可以将甘肃旅游网、西藏旅游网合并建设一个网站，比如西部旅游网等。

（3）在服务器选择方面，主站建议选择阿里云或者国内的服务器，备案方便、稳定、访问速度快；而站群就要购买美国的站群专用服务器，这种服务器的优点是 IP 数量较多、价格便宜、无须备案。

（4）在域名选择方面，主站建议选择比较容易记忆的域名，推广较为容易，但这类域名的价格也比较高。站群就比较简单，面向国内用户的站群建议购买 6 数字的.com 域名，带 0、4 的价格在 100 元之内；而面向国外用户的站群就要选择包含目标关键词的域名，比如 tibetabc.com 等，或者在栏目建设的时候 URL 中一定要包含优化的目标关键词，这是非常重要的。

从总体来说，旅游行业在未来还会有非常不错的发展，但是在这个充满强大竞争对手的今天，要想获得生存，就要做细分市场。因此，网站的建设一定要提前做好布局，寻找好内容等资源，对关键词和目标群体做深入的研究，不要盲目地开始，更不要随意将关键词布局到网站。如果要这样做，除非有大量的资金作为后盾。我们一定要将目标分阶段，明确第一阶段我们做哪些关键词、抓住哪些目标群体，第二阶段达到什么效果等，切记目标不要定得太高。

第 6 章 移动站优化

移动站优化是目前 SEOER 讨论最多的话题，在 2016 年的统计中搜索引擎有 60%的流量来自移动端。本章对移动端网站 SEO 进行了深度的讲解，其中明确指出使用移动适配的方法可以快速将 PC 端的排名转化到移动端。未来的几个月或者一两年，百度搜索引擎一定会将 PC 端索引库和移动端索引库分开，因此现在是一个机遇，希望引起大家的重视。本章将为大家详细介绍如何通过移动适配的方法将 PC 端的排名快速转化到移动端。

6.1 移动站和 PC 站排名的关系

随着移动互联网的发展，用户的搜索习惯从 PC 端向移动端转移，很多关键词的移动端搜索量已经大于 PC 端搜索量。如图 6-1 所示是“旅游”关键词的搜索指数。

可以看出移动端的搜索指数是 6338，而 PC 端的是 3050。出于这样的结果，越来越多的行业做 SEO 开始将重心从 PC 端向移动端转移。艾媒咨询发布的 2016 年第三季度中国移动搜索市场报告显示，2016 年中国移动搜索用户持续增长，如图 6-2 所示。

图 6-1 “旅游”关键词的搜索指数

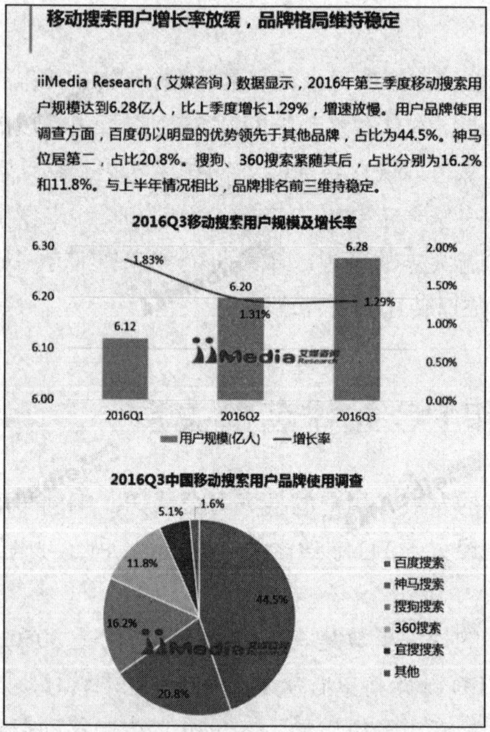

图 6-2 2016 年移动搜索图谱

很多 SEOER 一直搞不清楚移动站和 PC 站排名的关系，原因是百度搜索引擎对移动端和 PC 端的索引数据库并没有完全分开。我们在移动端搜索关键词，大部分内容都是由 PC 端网页转码而来的，如图 6-3 所示。

图 6-3　移动端网页示例

而真正的移动端内容比较少，这也是为什么搜索引擎这几年一直鼓励建设适合移动端内容的原因。

正是因为搜索结果中同时出现 PC 端网页和移动端网页，导致 SEOER 在做优化方案的时候比较混乱，不知道该如何优化移动端排名。

作者参加 MADCon 中国互联网优化大会时，很多 SEO 行业的朋友询问：现在到底该怎样做移动端优化，是在网站建设开始时就建设 PC 端网站和移动端网站，还是在什么时候上线移动端网站？移动端网站排名和 PC 端有什么区别？因此，在撰写本书之初，作者就考虑用一章的内容专门对移动端的优化做全面深入的解读，相信阅读完本章内容，读者一定能找到上述问题的答案。

本节我们先来解释移动站和 PC 站排名的关系。通过前面的分析我们已经知道，百度搜索引擎移动端的搜索结果内容包含 PC 端和移动端的内容。作者从大量的案例中得出，移动端的排名源于 PC 端的排名。

怎样理解这句话呢？简单地说，一个网站上线一段时间，如果 PC 端排名不错，那么移动端也会有对应的排名。如图 6-4 和图 6-5 所示，在百度搜索引擎的 PC 端和移动端分别搜索“sitemap”关键词。

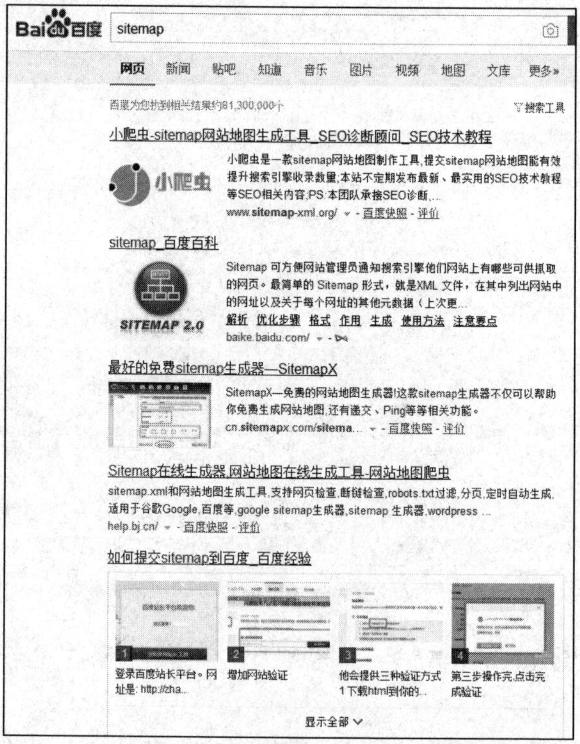

图 6-4　PC 端百度搜索“sitemap”结果

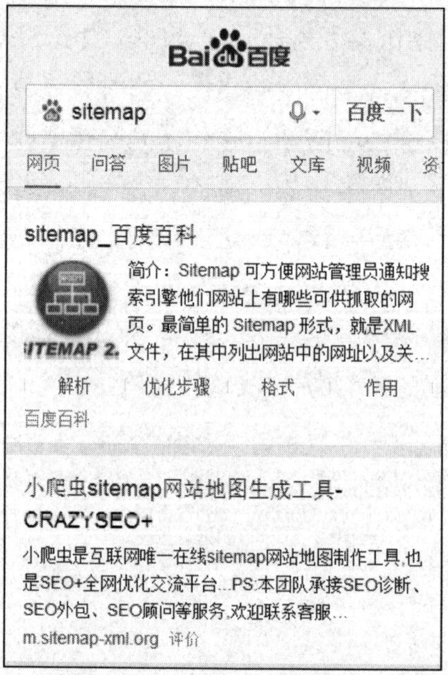

图 6-5　移动端百度搜索“sitemap”结果

可以看出排名出入不大，小爬虫在 PC 端排在第一位，在移动端排在第三位。注意，该网站并没有针对移动端单独建设网站或者进行移动适配。导致 PC 端和移动端排名差异的原因有很多，作者将在后续小节中单独为大家解读。

当然某些行业并不是这样的，比如某些行业移动端网站数量非常多或者绝大多数网站都做了移动适配，而我们的网站并没有进行这两项操作，或许会没有和 PC 端相对应的排名。

但从总体来看，绝大多数网站都会将 PC 端的排名映射到移动端，这个模式预计还会持续几年，或许到移动端网站或者内容足够多的时候，搜索引擎会选择将移动端和 PC 端的排名完全分开。

现阶段我们要优化移动端的排名就需要从 PC 端入手，一旦关键词在 PC 端获得了排名，就可以单独建设或者使用工具生成移动端网站，然后使用百度站长平台进行移动适配，适配完成后这个排名就会交接到移动端网站，这是最快捷的移动端优化方法。一个网站如果没有依靠 PC 端网站开始移动端的优化，则是比较吃力的，因此本章作者会围绕将 PC 端排名交接到移动端的方法展开讲解。

6.2 使用工具建设移动端网站

前面我们提到，移动端网站关键词的排名来源于 PC 端，百度站长平台为此专门提供了移动适配工具，但是在进行移动适配之前，我们需要一个像样的移动端网站。

移动端网站的建设有两种方法。一种方法是技术人员单独开发移动端网站，将数据库内容调取出来。这种方法的优点是内容和 PC 端网站同步，展现方式很灵活；缺点是成本较高，需要较长的开发周期。另一种方法是使用工具生成移动站。这种方法的优点是快速便捷、成本较低；缺点是内容不方便和 PC 端实现同步，模板比较固定。第一种方法作者将在后续章节展开详细讲解，在这里我们重点介绍第二种方法。

目前主流的移动端生成工具有百度 SiteApp 和搜狐快站，但是经过测试，百度 SiteApp 似乎处于半停滞状态，有时候可以打开，但有时候无法访问页面，因此不推荐读者使用。下面我们重点来看搜狐快站。

注册并登录后出现新建站点界面，如图 6-6 所示。

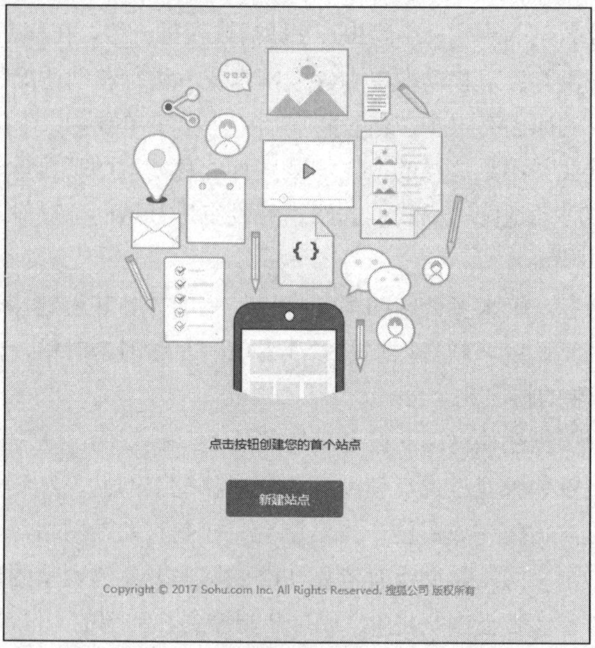

图 6-6　搜狐快站新建站点界面

点击“新建站点”按钮，进入模板选择界面。根据站点的行业或功能选择模板，点击“使用”，如图 6-7 所示。

图 6-7　搜狐快站模板选择界面

点击“页面”进行主题选择，在同一个模板下有多种主题和颜色可供选择，如图 6-8 所示。

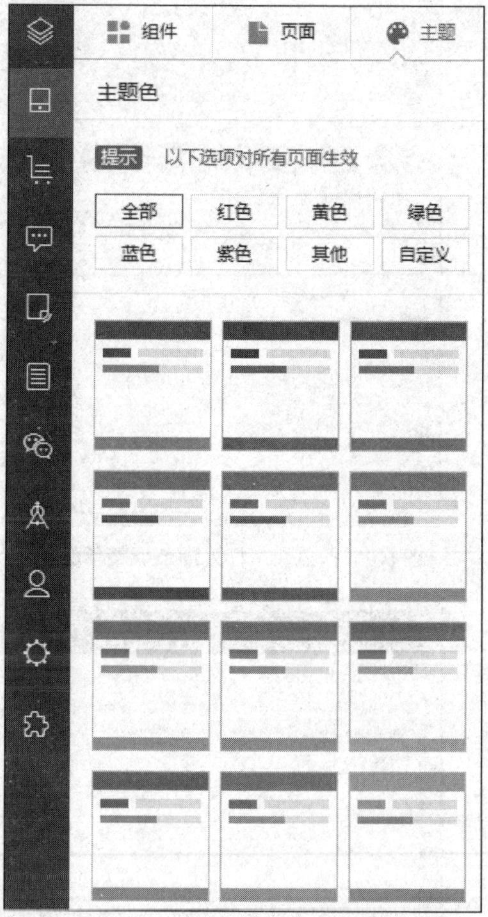

图 6-8　搜狐快站主题设置界面

点击头部或导航，可以对站点信息和导航的内容及样式进行设置。在界面右边，可以修改站点名称，添加 Logo，修改导航的名称、链接、图标，对导航进行增加和删除，拖拽可修改导航的顺序。在“样式”里，可以调整头部和导航的样式、对齐方式、颜色、透明度，如图 6-9 所示。

接下来可以选择左下角的内容、排版、营销、第三方的相关组件，以拖拽的方式添加到中间的操作栏，进行相关内容和样式的设置，如图 6-10 所示。

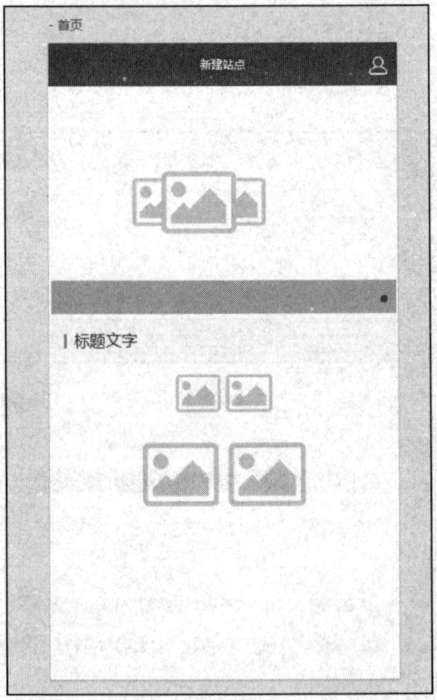

图 6-9　搜狐快站样式细节调整界面

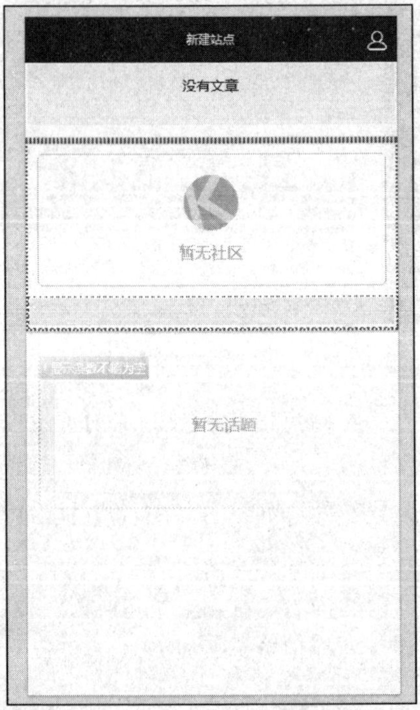

图 6-10　搜狐快站模板细节调整界面

例如，拖拽组图组件，可以批量上传图片。选择相应的图片，拖拽可以调整图片的顺序，设置图片的相应描述和链接。在“样式”里可以调整轮播样式、图片比例、自动轮播及边距，如图 6-11 所示。

图 6-11　搜狐快站图片调整界面

然后对标题进行设置，也可以设置标题的链接及标题的样式，如图 6-12 所示。

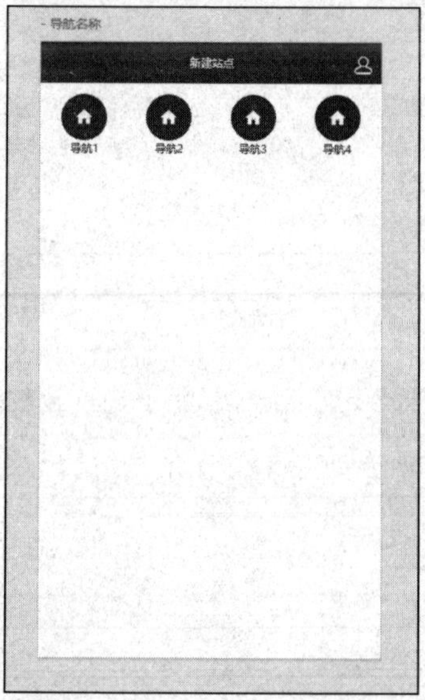

图 6-12　搜狐快站标题调整界面

在左上角的“页面管理”中可以新建页面，点击导航名称可以进行修改，图片也可以链接到其他页面，如图 6-13 所示。

图 6-13　搜狐快站导航调整界面

工具栏里的设置可以修改页面的基本属性，比如去掉头部和导航，如图 6-14 所示。

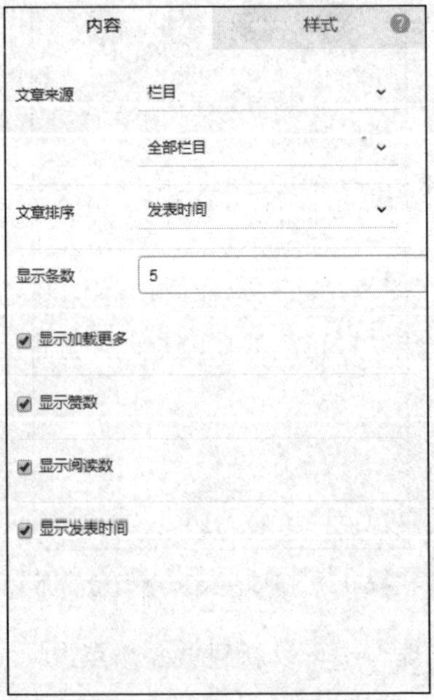

图 6-14　搜狐快站页面基本属性调整界面

站点建好后，就可以发布了。点击“更新页面”，第一次建站时，点击“发布站点”，填入相应的站点信息，点击“发布”，这样一个站点就建好了。要想使站点永久发布，需要点击“免费认证”，输入相应的认证信息，点击“立即提交”按钮，如图 6-15 所示。

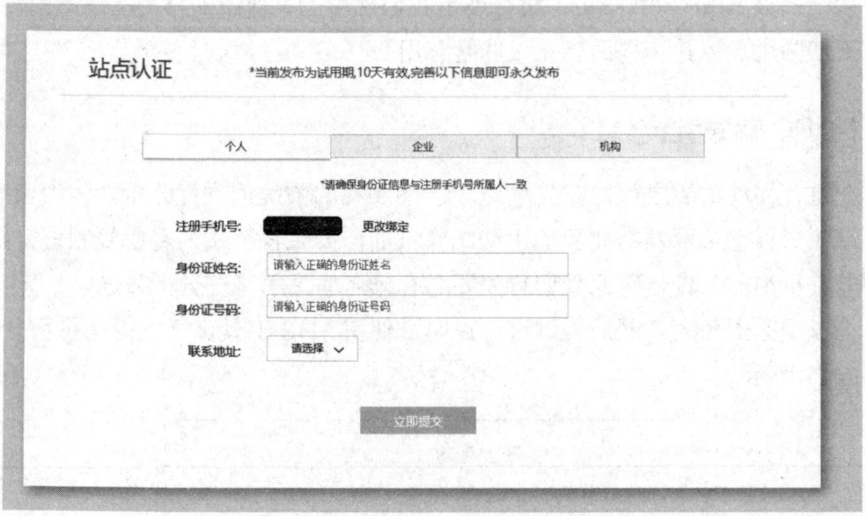

图 6-15　搜狐快站站点认证界面

认证完成后，我们需要将制作的移动端网站绑定独立域名，如图 6-16 所示。

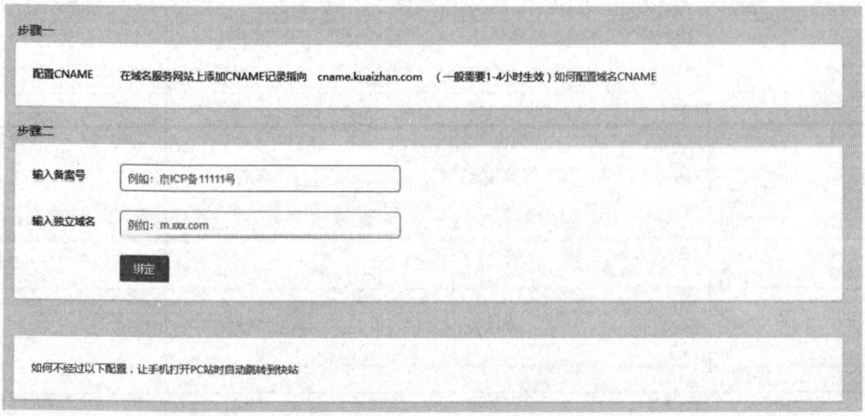

图 6-16　搜狐快站域名绑定界面

需要注意的是，只有备案的域名才能进行独立域名的绑定。绑定独立域名完成后，我们第一步的工作就结束了，接下来我们就需要使用百度站长平台移动适配工具进行 PC 端网站和移动端网站的适配，下一节我们将详细展开讲解。

6.3 百度站长平台移动适配

前面我们已经对如何使用搜狐快站工具建设移动端网站进行了介绍，本节将为大家详细介绍如何将我们建设的移动端网站和 PC 端网站进行移动适配。适配完成后，在移动端的搜索结果中将会展示我们使用工具建设的移动端网站的内容，这对于增强用户体验和提高转化率非常有用。

6.3.1 PC 端关键词分析

在进行移动适配之前，首先要对 PC 端网站的关键词进行分析。因为使用搜狐快站生成移动端网站需要我们手动制作页面，如果将全站内容都复制进来则是一项非常可怕的工作，因此我们首先要对有排名的页面进行分析筛选。

仍以中医中药大全网站为例进行说明。使用 5118 工具进行关键词排名分析，如图 6-17 所示。

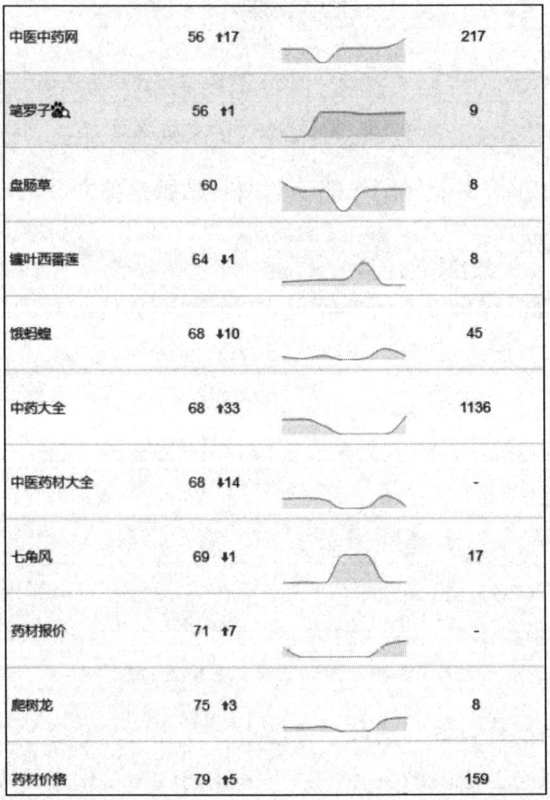

图 6-17　5118 关键词分析

可以看出，已经有很多关键词进入搜索引擎搜索结果前 100 名，我们选择“药材价格”、“中药大全”等有指数并且进入搜索结果前 100 名的关键词进行适配。使用这样的分析方法将所有有排名的关键词着陆页整理出来，然后逐一使用搜狐快站制作相应的移动端页面，并把这些页面 URL 记录下来，为下一步的移动适配做好准备。

6.3.2 二级域名和移动端网站的绑定

接下来我们需要将二级域名和移动端网站绑定，首先需要在域名服务网站上添加 CNAME 记录指向 cname.kuaizhan.com，如图 6-18 所示。

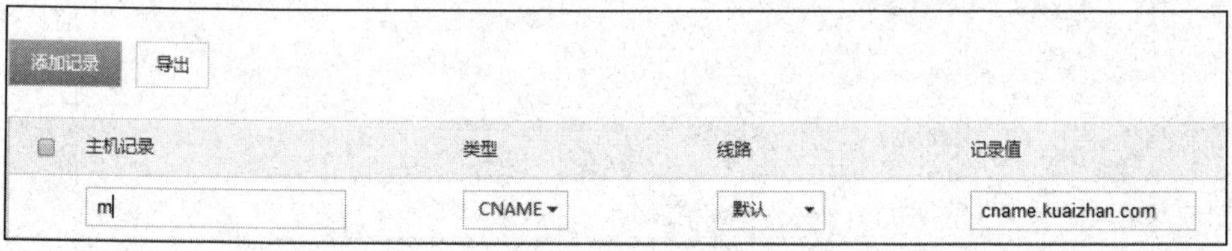

图 6-18　域名解析界面

这里需要注意一下，作者建议移动端的域名尽量使用 m.abc.com 模式，其他的二级域名也可，但是移动适配的过程和效果不如该模式的二级域名。

添加完成后需要审核，如图 6-19 所示。

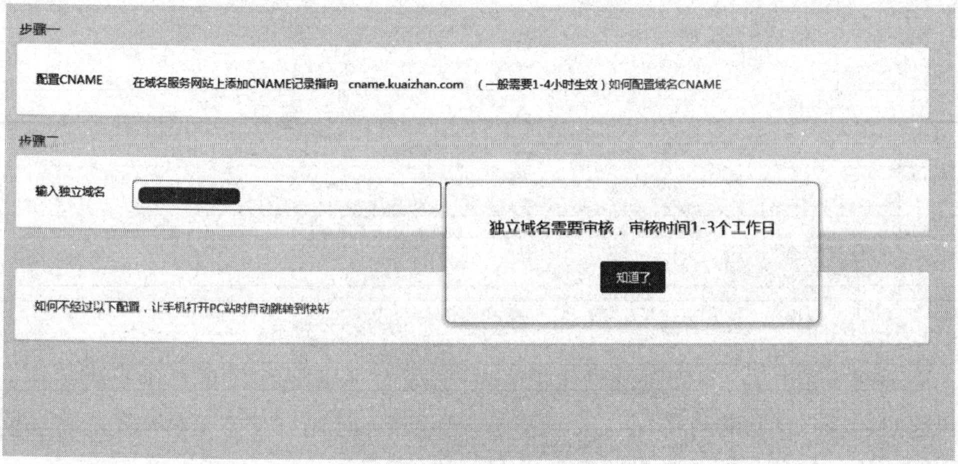

图 6-19　域名绑定状态界面

审核完成后，我们就可以开始进行移动适配了。

6.3.3 移动适配的操作

下面我们正式开始登录百度站长平台进行移动适配，如图 6-20 所示。

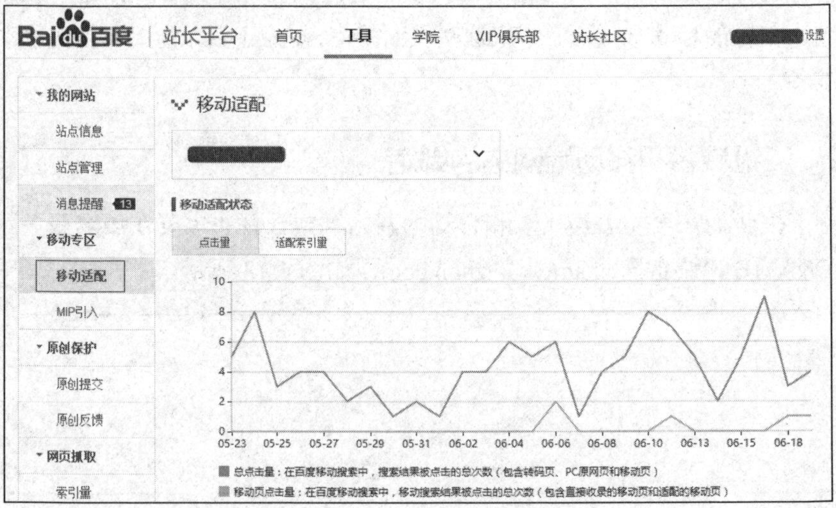

图 6-20　百度站长平台移动适配

点击“移动适配”，进去后点击“添加适配关系”按钮，如图 6-21 所示。

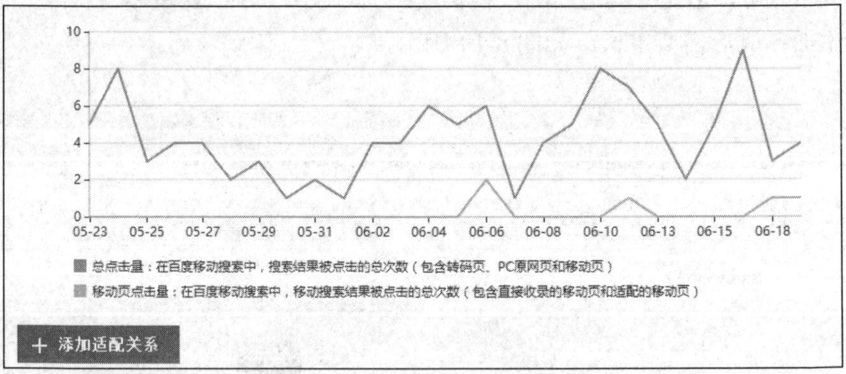

图 6-21　移动适配状态界面

适配关系分为“规则适配”和“URL 适配”，规则适配一般适用于程序员自己建设的独立移动端网站，而 URL 适配一般适用于使用第三方工具建设的移动端网站，这里我们选择“URL 适配”，如图 6-22 所示。

移动站点填写 m.zyzydq.com，提交方式可以选择“填写 URL 对”或者“上传 URL 对文件”，这里我们选择“填写 URL 对”，如图 6-23 所示。

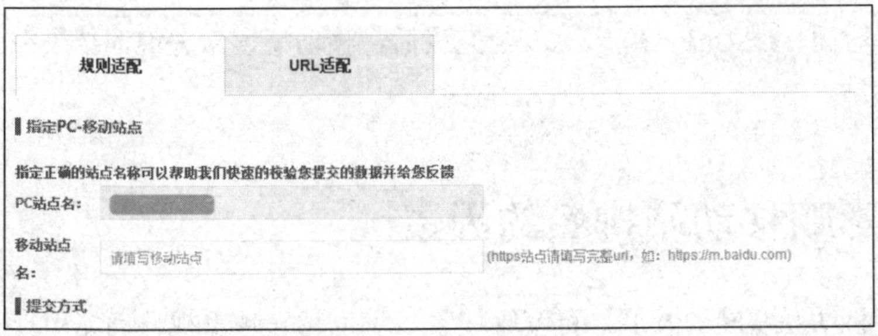

图 6-22 URL 适配界面

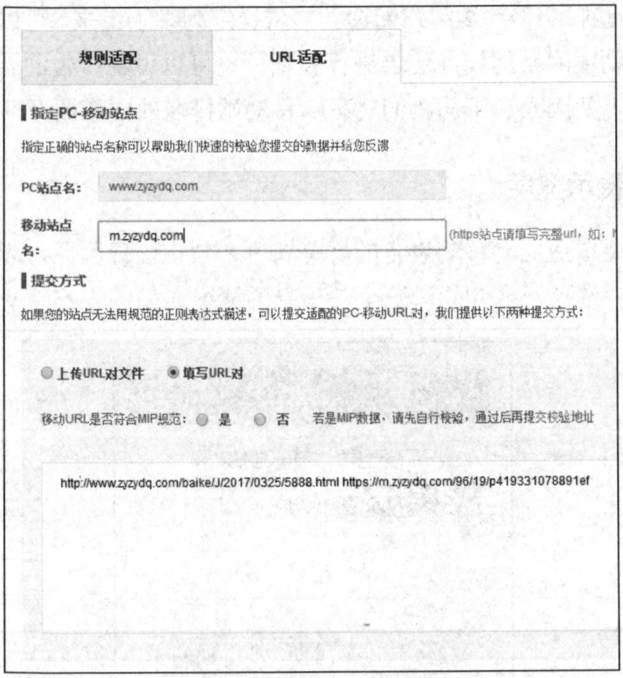

图 6-23 URL 适配内容填写

这样逐个将我们之前准备的 PC 端 URL 和移动端 URL 填写完成后，点击“提交”按钮，将进行移动适配规则的校验，如图 6-24 所示。

图 6-24 移动适配规则的校验

校验时间一般为 7～30 天。校验完成后，移动端搜索关键词结果中就会出现移动端网站。

6.4 影响移动站排名的因素

随着移动互联网的发展，百度等搜索引擎也越来越重视移动端用户的搜索体验。2017 年 3 月 13 日，百度官方发布了《百度移动搜索落地页体验白皮书——广告篇》，将一些影响移动端用户阅读的广告详细列举了出来。可以看出百度搜索引擎开始对移动端网站的混乱广告进行整理，也可以说明广告的展现方式是影响移动站排名的重要因素。下面我们对影响移动站排名的因素展开深入解读。

6.4.1 页面展示宽度

页面结构要自适应到移动设备的屏幕宽度，禁止出现因图片超宽、结构超宽而需要用户左右滑动屏幕才能浏览全部信息的情况，如图 6-25 所示。

图 6-25　某网站移动端显示结果超过屏幕宽度

移动端用户习惯上下滑动屏幕，如果一个网站需要用户左右滑动屏幕才能阅读完整，则用户体验是非常糟糕的。

6.4.2　移动设备广告

严禁大幅的广告遮挡正常的实用信息，影响到用户浏览，对用户视线造成干扰，以及说是“诱导广告”等，引导用户点击，均不符合规范，如图 6-26 所示。

图 6-26　诱导性广告

相信大家在移动端搜索都遇到过这样的网页，整个屏幕都是广告内容，有些甚至无法关闭，只能上下滑动“偷着看”，对于这样的网页，用户肯定不愿意进行二次浏览。

6.4.3　标题部署

大多数网站直接采用 PC 端的标题部署，并未考虑移动设备显示长度的问题。如果标题严重超长，则用户需要了解的标题只显示了一半，无法完整阅读，此时需要对标题进行修正。

6.4.4　数据下载和页面跳出

如果移动端做了下载链接，则要求可以直接下载，禁止出现如跳转到其他页面下载，以及注册、登录后才能完成下载等情况，同时禁止为了盈利而出现“虚假信息下载”。

在移动设备上尽量不要使用“站外跳转”类型的链接，如广告跳转、查询跳转等，这些均会影响到搜索引擎评分。

6.4.5 远离 Flash 和 Java

因为苹果产品没有 Flash 功能，而且苹果也宣称将来不会添加这个功能。而苹果产品占据市场份额的 30%以上，所以如果使用 Flash，则将会有很大一部分用户无法使用这个功能。同样，Android 手机不支持 Java，而且受到网速影响，Java 会大大延缓页面的下载时间。

6.4.6 不要使用弹窗

在手机上进行多个选项和浏览器的跳转比传统网站难得多，而且还会影响下载速度，所以做手机网站不要使用弹窗，如图 6-27 所示。

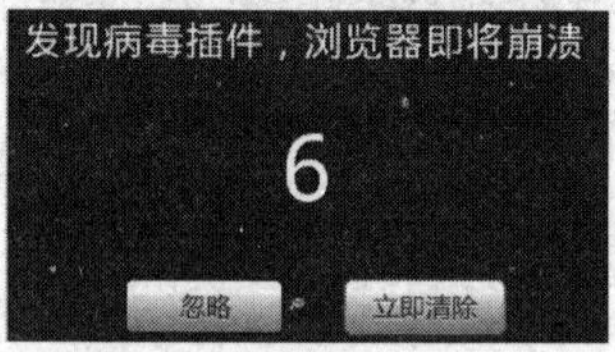

图 6-27 某网站弹窗界面

这样的弹窗无论用户点击哪个按钮都会直接跳转到广告页面，甚至直接开始下载 APP，这样的用户体验是非常糟糕的。

6.4.7 让网站更加简洁

（1）首先，打开移动端网站比打开 PC 端网站的速度慢得多，所以要把页面数和页面大小控制到最低。其次，移动端打开网页是按照流量计费的，如果移动端网站没有进行优化，直接把 PC 端图片等元素搬过来，或许加载一个网页就要耗去几 MB 的流量，这样一个网站浏览下来估计很多用户都不敢再来了。

（2）手机用户浏览网页的时间都是零碎的，不可能耐心地去点击很多页面，所以要尽量精简移动端网站。

6.4.8　优化页面的细节

（1）做一个移动端网站专属的头部标签。移动端网站的首页或频道首页的代码中的 keywords、description，加上与 PC 端有所区别的<meta>标签和关键词，每个页面的关键词和描述可以像做传统 PC 端网站一样。

（2）减少死链接。如果没有内容，则最好使用状态码指定，如 403、404 等；如果希望死链接回到首页，则最好使用 302 跳转，不要使用 JavaScript 跳转。

6.4.9　其他影响因素

（1）使用规范化的协议，做好浏览器兼容调试工作。

（2）网页打开速度。对此，百度的测算规则为：从用户点击百度搜索结果开始计时，到第三方网站页面 load 事件触发结束，这之间包括网络时间+服务器处理时间+页面渲染时间，这个时间以 1s 内为最佳，1～3s 中等，3s 以上出局。因为移动端浏览网站的用户大多数利用碎片时间阅读，如果一个网页的加载速度超过 3s，那么很多用户会选择关闭，这个数值要远远小于 PC 端网站的时间，如图 6-28 所示。

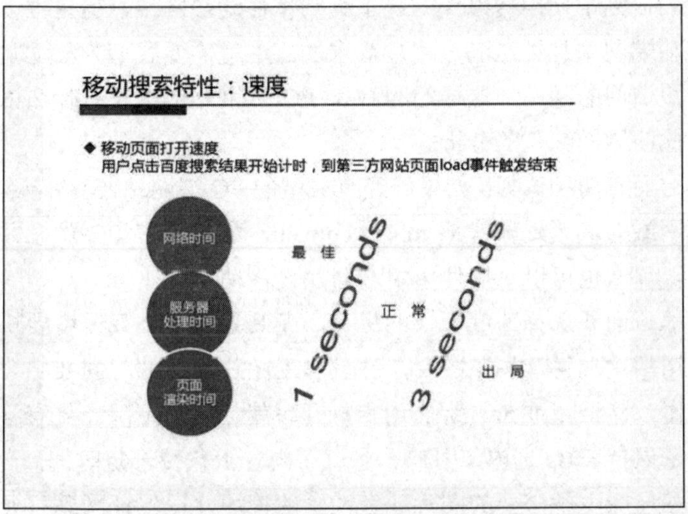

图 6-28　移动搜索特性：速度

（3）地域。这也是搜索引擎将来发展的大趋势，它会根据你手机所在的地方为你匹配搜索结果。一般来说，网页描述内容跟你所在地相近的会排在更前面，如图 6-29 所示。

图 6-29　移动搜索特性：地域

6.5　移动端网站建设和 PC 端网站建设的区别

前面我们提到了使用搜狐快站等工具制作移动端网站，但是很多时候这些工具制作的移动端网站是无法满足用户需求的。这就需要我们为移动端单独开发适合移动端用户访问的网站，这样的网站和 PC 端网站的建设有什么区别呢？本节作者将针对此问题做深入的分析。

在域名方面有两种选择：如果已经有成型的 PC 端网站，如 www.434.com.cn，那么移动端网站的域名最好就是 m.434.com.cn；如果没有 PC 站，并且也不计划建设移动站，那么也可以直接使用主域名建设移动站。

在服务器方面要选择速度较快的机房，尤其是图片加载速度要快，因为在移动端阅读的用户更加喜欢浏览图片，并且忍受图片加载的时间要更短。如果网站打开速度过慢，甚至超过 5s，那么用户打开率就会迅速下降。只有移动端网站的打开速度尽量保持在 3s 之内，用户才愿意在内容上花费一定时间。因此，移动端网站建设要尽量减少不必要的图片或者动画的使用，以保证网站打开速度。作者建议在设计移动端网站的时候将图片加载设计成按需加载。实现移动端网页图片按需加载是什么意思呢？就是在可见区域内的图片就加载，不在的就不加载，而使用默认图片。下面作者列出按需加载图片的方法，供大家参考。

步骤一：选取需要实现这种需求的容器中的所有图片，不在容器中的图片就不用管了。例如：

```
$('.container').find('img');
```

步骤二：如何判断图片是否到达可见区域呢？

一般我们会想到 touchmove，这是错的，为什么呢？正常情况下，我们 touchmove 都是上划一下就松开，那么滚动也就一下。但是当我们上划很多时，由于“惯性”，touchend 以后，滚动条还会继续滚动，那么这一段的滚动距离就是不可控的了。

然后我们会想到 scroll，这就对了，在这个容器中监听 scroll 事件就可以了。

步骤三：什么时候可以认为图片到达可见区域？即图片本身距离顶部的高度≤可见区域本身的高度+滚动的距离。

例如，滚动的距离为 0，图片本身距离顶部的高度小于可见区域高度的图片就在视野内。

具体实现如下：

```
imgDelayLoad: function () {
    var img = $('.pic-list').find('img')
      src = "";
      windowHeightScrollTop = $(window).height() + document.body.
scrollTop;
    img.each(function(index, el) {
      src = $(this).attr("data-src");
      if ( windowHeightScrollTop > (this.offsetTop + 200) ) {
        if (this.src.indexOf("logo1") > 0) {
          this.src = src;
        }
      }
    });
  };
```

可以看到多加了一个 200 的值，该值视个人情况而定，作者是为了体现得更明显。如果是已经加载过的图片就不用再加载了。在 scroll 向上的时候调用，向下的时候就没必要了，在这里作者用了一个全局变量来标识网页的位置，当然在进入这个页面进行初始化的时候也要调用一次，也就是没有发生滚动事件的情况。

```
// 滚动监听
    $(window).scroll(function (event){
      if (me.isScrollUp)
        me.imgDelayLoad();
    });
```

还有一个问题需要注意一下，就是移动端和 PC 端支持的图片类型是不一样的，有些 SEOER 直接把 PC 端的图片格式调用到移动端，这样在有些时候会导致移动端用户无法正常浏览图片，这是相当糟糕的体验。下面作者总结了 Android 平台和 iOS 平台支持的图片格式，供读者参考。

如图 6-30 和图 6-31 所示是 Android 和 iOS 目前的图片编/解码架构。

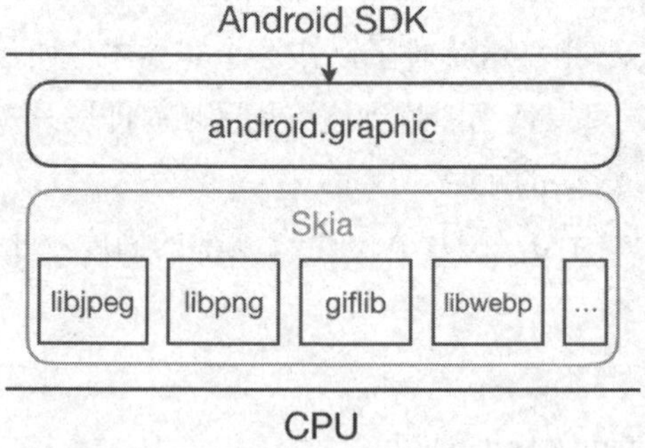

图 6-30　Android 图片编/解码架构

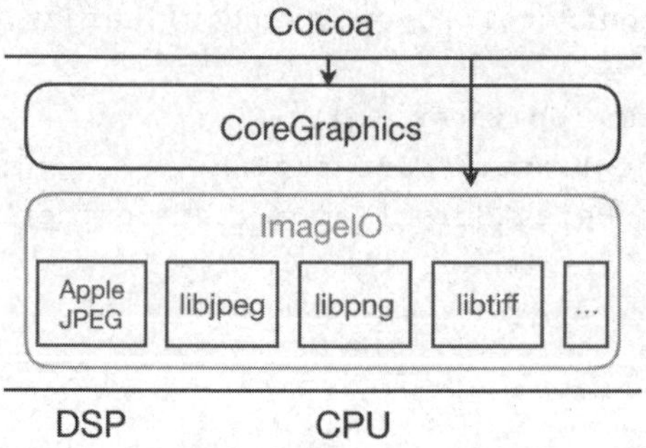

图 6-31　iOS 图片编/解码架构

Android 的图片编/解码是由 Skia 图形库负责的，Skia 通过挂接第三方开源库实现了对常见图片格式的编/解码支持。从目前来看，Android 原生支持的格式只有 JPEG、PNG、GIF、BMP 和 WebP（在 Android 4.0 中加入），在上层能直接调用的编码方式也只有 JPEG、PNG、WebP 这三种，还不支持直接的动图编/解码。

iOS 底层是用 ImageIO.framework 实现的图片编/解码。目前 iOS 原生支持的格式有 JPEG、JPEG 2000、PNG、GIF、BMP、ICO、TIFF、PICT，自 iOS 8.0 起，ImageIO 又加入了对 APNG、SVG、RAW 格式的支持。在上层，开发者可以直接调用 ImageIO 对这些图片格式进行编码和解码。对于动图来说，开发者可以解码动画 GIF 和 APNG，可以编码动画 GIF。

两个平台在导入第三方编/解码库时，都或多或少地对它们进行了修改，比如 Android 对 libjpeg 等进行了调整以更好地控制内存，iOS 对 libpng 进行了修改以便支持 APNG，同时增加了多线程编/解码的特性。除此之外，iOS 专门针对 JPEG 的编/解码开发了 AppleJPEG.framework，实现了性能更高的硬编码和硬解码，只有当硬编码和硬解码失败时，libjpeg 才会被用到。

在建设移动端网站的时候需要注意，不要直接调用 PC 端的图片，因为移动端用户浏览网页是使用流量计费的，如果一个网页很大，那将会增加移动端用户浏览网页的成本。

除了以上所述，移动端的设计还需要参照以下规则。

6.5.1 移动端网站导航模块的设计

其实这跟 PC 端的网站建设一样，都要清晰明了地向用户和搜索引擎展示导航，注重网站导航的设置布局及功能的应用。但与 PC 端不同的是，移动端网站更要注重导航按钮大小的设计，使之符合用户手指碰触的习惯。如图 6-32 所示的移动端设计，用户点击某个分类非常吃力，这会导致用户访问体验的下降。相比来说，如图 6-33 所示的体验就会好很多，用户可以轻松点击某一个栏目，并且页面下方有悬停的导航菜单，方便移动端用户在各个页面之间进行切换。

图 6-32　某网站移动端导航示例 1

图 6-33　某网站移动端导航示例 2

6.5.2　网站内部结构更加扁平化

通常来说，移动端用户的时间是比较零碎化的，这就要求站长尽可能地降低网站的内部层次，通过优化网站来节省时间，使用户以最快的速度找到所需的内容。

6.5.3　页面优化

相信大家都有过这样的经历：当你在 PC 端浏览网站时，感觉这个网站做得相当大气好看，布局也很合理，可是在移动端观看时经常会出现页面无法正常浏览、字体过小或过大的情况。其实这完全与设备环境有关，所以我们在建设移动端网站时要非常注意网站页面的宽度、字体大小设计。如图 6-34 所示，这样的字体，用户在移动端根本无法正常阅读，何谈体验？

图 6-34　某网站移动端内容页

6.5.4 网站内容布局

考虑到移动端用户的浏览时间和浏览习惯，网站的内容布局必须合理。一般来说，如果首页能完整展示内容最好；如果不能，也要将目录层次限制在三层以内。另外，网站的内容布局一定要注重图片与文字的完美配合，在用内容吸引用户之时，也不要忘了缓解用户的浏览疲劳。在《跟我学 SEO 从入门到精通》一书中作者提到，PC 端网站建设要多分段、短句子、图文并茂，一般认为一句话最好包含 3 个以内的逗号，一段话最好包含 3 个以内的句号，每段话之间最好包含一张图片。这个标准在移动端更加适用，句子、段落要更短，图片要更多。

6.5.5 控制加载时间与网页大小

如图 6-35 所示为跳出前等待时间的用户比例。

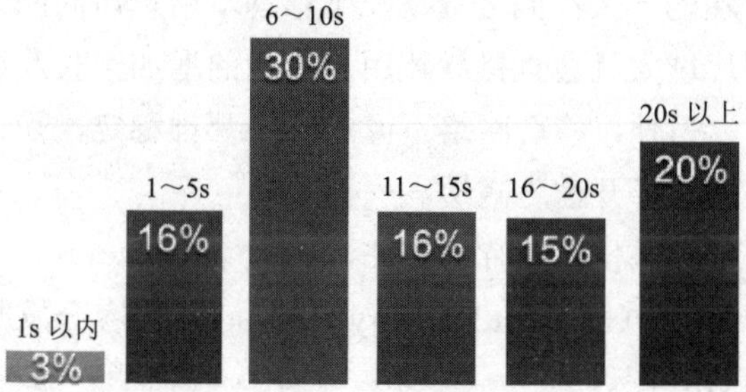

图 6-35 跳出前等待时间的用户比例

加载时间：单页面 5s 以内；网页大小：单页面 50KB 以内；优化加载时间和网页大小：重点在前端优化；减少 HTTP 请求：减少重定向，合并图片；减少传输数据大小：压缩图像，开启 GZIP。

考虑到移动设备和移动互联网的特点，在进行移动端网站的页面开发设计时，一个总的原则就是要考虑用户访问的效率，缩短页面加载时间。

6.5.6 减少访问请求数

访问请求数直接影响用户的浏览体验，请求次数过多会延长网站的打开速度，网站的打开速度直接影响用户的跳出率。因此，在开发移动端网站的时候一定要注意减少访问请求数。下面作者整理了一些减少访问请求数的方法，供大家参考。

（1）资源合并及压缩：比如将背景图片、导航图片等作为一张图片，这样只需一次请求，而不是多次。

（2）静态资源（CSS、JS、Image）懒加载。

（3）异步执行 inline 脚本。

（4）避免重复的资源请求。

（5）缩小 Cookie。

（6）设置连接方式为 keep-alive。

（7）减少 DNS 查询。

（8）移动端可见区域是有限的，采用延迟加载方式。

（9）开启服务器压缩（GZIP 方式）。

6.5.7 优化图片处理

移动端和 PC 端的一大不同之处就在于移动端用户访问网站是需要为流量付费的，如果网站图片过大就会直接导致用户流量的增加，长此以往，用户都不敢打开我们的网站了。另外，移动网络不像 Wi-Fi 那样稳定，受很多因素影响，图片过大会直接导致网站打开速度减缓。

下面作者总结了一些优化图片的方法，供大家参考。

（1）图片使用 CDN（Content Delivery Network，内容分发网络）加速。

（2）少用动态 GIF 图。

（3）图片不宜过多及过大。

（4）零碎图片使用 CSS Sprite 技术一次性下载。

（5）避免使用 BMP 图片。

（6）压缩图片。

6.5.8 优化 HTML

和图片处理一样，优化 HTML 的目的还是为了减小网站的体积，让用户能用最短的时间打开网站并且获取信息。我们可以通过优化下面这些内容来提高网站的打开速度。

（1）减少<html>标签，减少不必要的嵌套。

（2）废弃<table>标签。

（3）减小 DOM 深度。

（4）压缩 HTML，去掉注释、空格换行等信息。

6.5.9 优化 JS

JS 是网站开发中的双刃剑，一方面能大大提升网站的交互性，另一方面会延缓网站的打开速度，我们要在这中间找一个均衡值。可以通过下面这些方法优化 JS 以达到均衡。

（1）使用临时变量或者数组存储 document.images 及 document.forms 等集合数据。

（2）慎用 with 语法。

（3）使用 AJAX 缓存。

（4）避免使用 eval 及 Function 语法。

（5）避免使用 inlineScript。

（6）异步、底部加载 JS。

（7）合并压缩 JS。

（8）字符串连接使用数组的 join 方式。

6.6 移动站内容建设技巧

和 PC 端网站相比较，移动端用户阅读窗口很小，无法像 PC 端那样看到过长的内容标题，因此，在建设移动站内容的时候，标题的撰写尤为重要。在前面的章节中作者提到文章标题的撰写要用撰写广告文案的方法，而移动端网站的标题撰写要用发电报的方法逐字筛选。下面作者就移动端网站标题的撰写和内容来源以及编辑方法为读者做详细的解读。

6.6.1 标题的撰写

PC 端搜索引擎的搜索结果一般显示 30 个左右的中文字符，如图 6-36 所示。而移动端搜索引擎的搜索结果显示 20 个左右的中文字符，如图 6-37 所示。

当然，有些手机屏幕大小不一样，显示的内容有时也长短不一。但是移动端显示的标题字符数量要少于 PC 端，这样一来，如果我们机械地将 PC 端的标题转移过来，尽管有时候排名不受影响，但是点击率会大大下降，点击率的变化是导致移动端和 PC 端排名出现差异的重要因素。大量的案例证明，移动端搜索结果的标题后面出现“多图”、“高清”等字符的网页点击率会大大高于没有这些字符的网页。

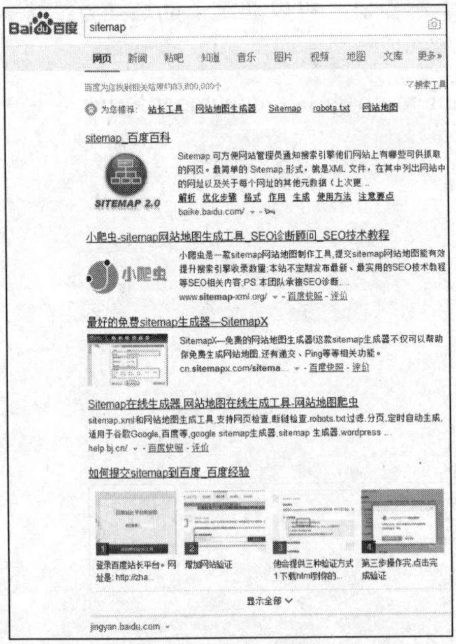

图 6-36 PC 端搜索引擎搜索结果

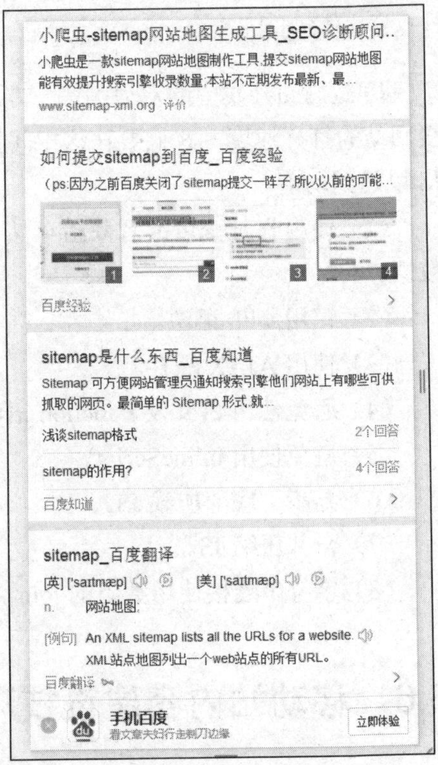

图 6-37 移动端搜索引擎搜索结果

举个例子，比如用户在移动端搜索“最美的旅游图片”这个关键词，分析可以看出，用户的需求是看到高清的、漂亮的关于旅游的图片。我们先来看 PC 端百度搜索引擎的搜索结果，如图 6-38 所示。

下面再来看移动端搜索“最美的旅游图片”的结果，如图 6-39 所示。

可以看出，移动端排名靠前的网页和 PC 端的并不完全相同，但是有一点非常引人注目，那就是移动端排名靠前的文章在结尾都配有与“图片”相关的字符。这一点可以充分证明，移动端用户的搜索需求和 PC 端用户的搜索需求存在差异性。

每个行业都有特殊的文字能促进用户点击，因此，我们在撰写移动端标题之前要对各个行业进行深入的研究分析，抓住用户的痛点，有关这些痛点的词语在移动端尤为突出，毕竟移动端用户的搜索大都使用碎片化的时间，目的性很强，能直接满足用户的需求才是核心。

图 6-38 PC 端百度搜索“最美的旅游图片”结果

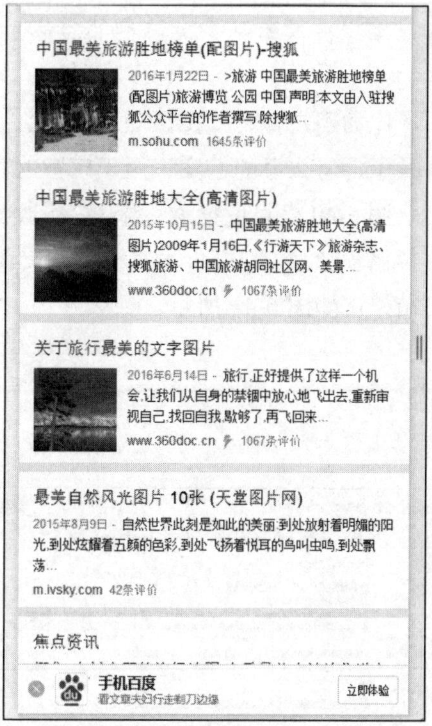

图 6-39 移动端百度搜索“最美的旅游图片”结果

6.6.2 内容的来源和编辑方法

大多数 SEOER 习惯了 PC 端网站内容的优化，为了取悦搜索引擎、增强站内黏性和内容丰富度，常常长篇大论，在内容间穿插大量锚文本，许多本来能够在一篇文章里表达清楚的内容往往被分为两篇、三篇甚至更多篇。

但是随着移动端的兴起，这种内容编辑方式已显得落伍，多数人出于各种原因已沉不下心读完一篇长文，我们必须将内容精简、提炼、再精简，努力使内容占用用户更少的时间并生动地表达出自己的观点。只有这样，我们才能获取更多用户的关注。

在前面的章节中作者提到，内容的来源主要是组合、OCR 软件转化、评论、问答等。在移动端内容的来源方面，作者更推荐使用 OCR 软件转化、评论、问答等方式，因为移动端的内容要求精练，因此内容组合的方式不太适合。我们可以使用 OCR 软件转化 PDF 或者实体书籍内容，配合评论的方式进行内容建设。作者尤其推荐问答模式，因为在前面已经提到，移动端用户搜索的目的性非常强烈，用户在搜索某个关键词的时候只是希望得到问题的答案，而不希望看到过多的渲染。

比如用户搜索“感冒嗓子疼怎么办”这个关键词，很显然用户只希望得到感冒嗓子疼怎么办的答案，至于感冒的其他相关内容，用户是没有需求的。

图 6-40 是百度搜索引擎 PC 端搜索“感冒嗓子疼怎么办”的结果，可以看出内容比较杂乱。我们再来看看移动端使用百度搜索引擎搜索“感冒嗓子疼怎么办”的结果，如图 6-41 所示。

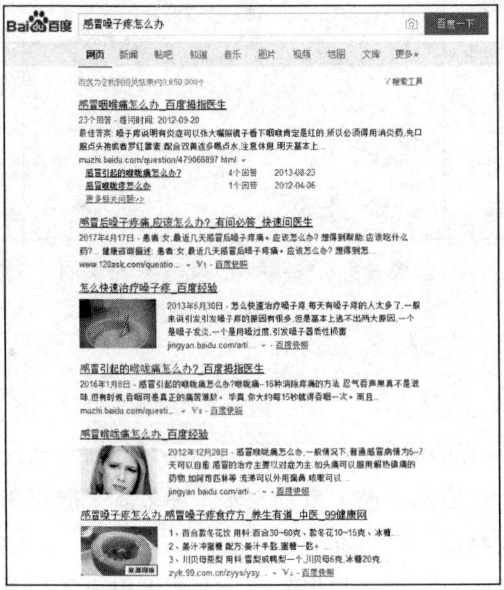

图 6-40　PC 端搜索“感冒嗓子疼怎么办”结果

图 6-41　移动端搜索“感冒嗓子疼怎么办”结果

可以看出，宝宝树的网页脱颖而出，排在搜索结果的第一位，更为重要的是其标题后面出现的“共 1764 条”，这就是我们在前面提到的用户需求的痛点，这个数据说明有很多关于“感冒嗓子疼怎么办”关键词的答案，这样用户不需要再一一浏览其他搜索结果，在这个网页中就能按照自己的需求找到答案，如图 6-42 所示。

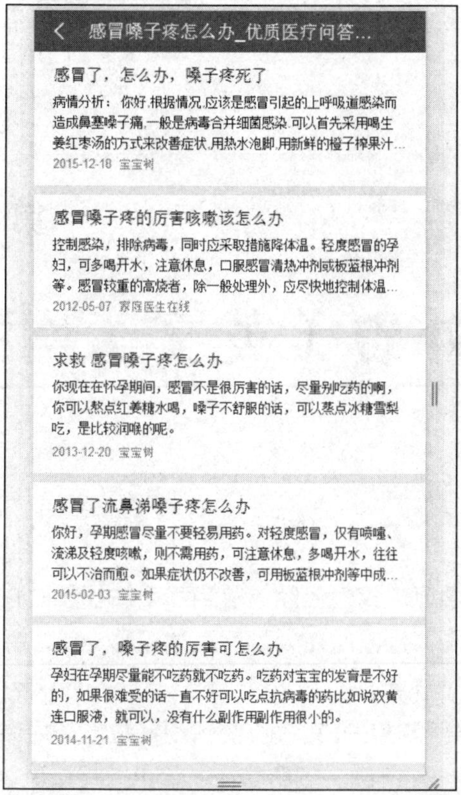

图6-42 搜索“感冒嗓子疼怎么办”宝宝树对应界面

每个行业都有潜在的用户需求，而这种需求在PC端和移动端存在差异性。一般情况下，我们在PC端搜索的时候时间是比较宽裕的，希望能在大量的结果中找到自己需要的答案；而在移动端搜索的时候时间是比较有限的，用户只希望快速找到应急的答案，这个答案是不是最优并不是用户最关心的。

在内容编辑发布的时候我们应该精简文字，并处理好图片。PC端的字数控制在800～1000字，而移动端的字数应该是PC端的1/2。可以使用图片、幻灯片提升展示效果，并注意压缩图片尺寸，推荐用宽图片展示Logo，正方形图片展示产品。

第 7 章 外贸（英文）网站的优化

通过前面章节的学习，我们已经了解到移动站优化的技巧，这里有必要再强调一下，建议大家尽快为自己的 PC 端网站建设移动版，并且进行移动适配，不要错过这个重要的时间节点。

外贸网站 SEO 是很多 SEOER 关心的话题，随着国内中文网站盈利空间越来越小，外贸网站 SEO 的优势越来越凸显。本章我们将从域名的选择出发，采用由简单到深入的方式对外贸网站的优化展开讲解，重点分析外贸网站和国内中文网站 SEO 过程中的相似点和区别，希望能给准备或者正在进行外贸网站 SEO 的读者一些启迪。

7.1 域名的选择

本章作者将围绕英文、外贸网站的 SEO 从域名选择到关键词布局等进行深入的分析和解读，下文中我们不再区分英文和外贸网站，统一称为英文网站，以便大家阅读。

7.1.1 域名后缀的选择

关于域名的选择，作者在《跟我学 SEO 从入门到精通》和本书的前面章节都进行了详细的分析。比如，在选择域名后缀的时候作者再三强调不要选择廉价的、非主流的后缀域名建设网站。这一点得到了百度官方的认可，如图 7-1 所示。

域名	简介
.top	通用型域名后缀，域名以单词top作为主体。个人及企业均可以注册使用。
.win	Internet网络域名。它由Famous Four Media运营管理。
.co	因特网域名治理机构ICANN为哥伦比亚共和国（The Republic of Colombia)国家及地区分配的顶级域（ccTLD）作为其国家及地区因特网顶级域名。目前由哥伦比亚一所名为La Universidad de Los Andes的大学管理。
.bid	全球通用的顶级域名，有出价/投标；必得/志在必得的含义，可以用作专业在线拍卖和竞标商品等方面。另一方面，"必得"体现出了人的志气和决心。行业类域名，简短易记。注册仅需5元。
.pw	2013年新加入的顶级国别域名后缀，代指帕劳，非国际通用顶级域名。是ResellerClub母集团公司——Directi集团首次以注册局的身份对外开放，独立运营一款域名后缀。

这些五花八门的域名后缀，平台君真大开眼界呢。
而且觉得很多都很吉利有木有？
但是不是真的很吉利？
用了.top的域名就能排在top1？
用了.win的域名就能赢得更多流量？
百度搜索究竟怎么看？

此类域名注册成本相对较低，因此成为了站群作弊者的温床，部分站群作弊者注册一个站点作弊后，一旦被发现，马上新换另外一个。因此针对这类域名后缀，平台君建议各位站长们不要使用，可能会出现收录延迟等问题；
（正常做站的站长是不是要骂"尼玛，都是这些苍蝇屎害的！"）
对于使用此类域名且正当运营的站点，想和这些作弊站点脱离干系，就请拥抱平台君吧！来站长平台验证站点，通过系统校验后，就可以被看做正常域名，享受同等待遇啦！

图 7-1　百度官方公告

有些域名因为价格便宜经常被用来建设站群，一旦搜索引擎发现一个后缀域名经常被用来建设站群或者不良的网站，搜索引擎就会对这样的后缀域名进行刻意的防范。

尽管英文网站一般都是针对 Google 等搜索引擎进行优化的，但是在域名后缀的选择上还是要谨慎。作者建议优先选择.com 域名，其次可以选择.net 和.org 域名，除此之外的域名尽量不要考虑，也不要使用.cn、.com.cn 等域名建设英文网站。

7.1.2　让域名包含关键词

除了后缀的选择，英文网站域名应尽量包含关键词。比如我们要建设一个关于西藏旅游的网站，那么域名中就应该包含"Tibet"这个关键词。Google 搜索"tibet travel" 关键词，结果如图 7-2 所示。

图 7-2 Google 搜索“tibet travel”结果

可以看到，排在搜索结果第一页的很多网站域名中都包含“Tibet”这个关键词。这一点作者在《跟我学 SEO 从入门到精通》一书中针对中文网站也提到过，从大量的中文站群实战中可以分析得出，域名中包含中文全拼的网站排名要高于其他域名的网站。但是因为包含中文全拼的域名在有些时候实在太长，用户体验非常不好，因此这种方法只能是建议，并不是非要这样做。但是在优化英文网站的时候，域名中包含英文关键词的作用是显而易见的，并且海外用户比较适宜记忆这样的域名，因此作者强烈推荐在域名中包含英文关键词。

我们还可以从图 7-2 中看出，使用.org 后缀的域名也占据非常不错的比例，这就是作者推荐使用.org 后缀域名的原因。

除此之外，英文网站选择域名还需要注意以下事项。

1．避免行业词

选择包含行业词的域名可应用范围很小，也很单一，就像搜索引擎巨头 Google 不会选择 Searchengine.com、百度不会选择 sousuo.com 一样，不利于后期业务的拓展。毕竟一家公司在发展起来之后会考虑经营更多的产品，如果域名中包含行业词，则对后续发展其他产品非常不利。

2．品牌性

未来的互联网应该是一个品牌的时代，域名看上去像品牌的网站更受用户的信任，一看到域名就自然想到网站的主打业务就是最大的成功。就像一看到 Amazon 就知道是卖书的、一看到 IBM 就想到卖笔记本电脑一样，品牌可以永久地深入人心。

3．自创词

在域名短缺的情况下，可以根据谐音、意义等自创词，使其独一无二，比如 Lenovo、Yahoo 以及国内的 Skyworth 等。基于这类词的唯一性，可以同时注册相关后缀的域名作为未来品牌保护的一部分。

4．国际化

首选英文单词，如 Alibaba、Baidu 等网站的国际化程度就比较高。但大多数拼音域名很难被英语国家的网民认可，而一些简称甚至汉字拼音的声母拼凑则更不可取，除非是简短的三四个字母的组合。

5．易记

虽然域名越短越好，但有的资源已被注册了。对于英语国家来说，几个单词的组合也很好记，比如 made-in-china.com，世界知名的域名注册商 Network Solutions 主推的域名是 networksolutions.com 而非简写的 nsi.com。

域名无疑是一个网站展示给用户的第一张名片，其重要性不言自明。但只要符合品牌性、简洁大气、国际化和易记等即可，不必太拘泥于形式，应该将更多的精力放在后期的运营推广上。

6．域名要符合国外用户的思维和习惯

由于我们做的是英文网站，针对的主要是海外的客户，所以网站域名的选择一定要站在他们的角度来考虑，尤其注意不要碰到什么忌讳的东西。对于域名的主词一定要查看是否包含了其他国外用户不喜欢的含义，最好的方法是找一个本土用户对我们选择的域名提提意见，介绍一下他们国家用户的喜好和禁忌，甚至让他帮我们想几个域名作为参考。比如“moist”这个单词，字面意思是潮湿的、微湿的、多雨的、含泪的，在我们看来似乎没有什么歧义，但是不知道为什么，很多外国人讨厌这个单词，《纽约时报》的一些读者甚至建议把这个词从字典里去掉。另外，damp、wet 等表示潮湿的词也不招人喜欢。

7.2 服务器的选择

7.2.1 英文网站服务器选择指南

和中文网站不同，对于英文网站，作者建议尽量选择海外的服务器，因为海外的服务器价格较低，海外用户的访问速度也较快。作者总结了一下海外机房的排行，如图 7-3 所示，读者可以参照选择。

排名	虚拟主机提供商	价格	空间	带宽	得分
1	BlueHost	$6.95	10000 MB	250 GB	94%
2	IX Web Hosting	$3.95	10000 MB	100 GB	91%
3	StartLogic	$4.95	5000 MB	100 GB	89%
4	Lunarpages	$7.95	5000 MB	400 GB	89%
5	Micfo Hosting	$4.98*	5000 MB*	250 GB*	87%
6	HostGator	$6.95	3500 MB	50 GB	85%
7	midPhase	$7.95	12000 MB	无限	85%
8	iPowerWeb	$7.95	10000 MB	250 GB	84%
9	PowWeb	$5.18*	12000 MB	300 GB	83%
10	Globat	$7.95	10000MB	300G	80%

图 7-3 海外机房的排行

7.2.2 选择海外主机的注意事项

1. 受众客户访问速度

首先需要了解的是自己网站的客户主要分布在哪个地区，优先考虑客户的访问速度。下面简单地举几个例子：

- 如果客户主要是在美国，就必须选择一款在美国访问速度快的服务器，最好是美国服务器。比较好的有 BlueHost、HostGator、GoDaddy 等品牌。
- 如果客户主要针对欧洲或者中东地区，则建议选择欧洲服务器，如英国服务器。可以考虑的有 BlueHost、GoDaddy，它们都有欧洲主机。

- 如果客户主要是在亚洲或者东南亚，那么可以选择中国香港服务器，或者印度服务器。可以考虑的有 BlueHost、HostGator 等品牌。
- 如果客户遍及全球，那么建议选择美国服务器，这样可以实现大部分地区的访问速度较优。

2．稳定性

稳定是非常重要的一点，如果网站一会儿快一会儿慢，一会儿能打开一会儿打不开，就会给客户留下非常差的印象，继而对你的产品产生怀疑。现在主流的主机商基本上都会标榜 99%以上的在线保障，但是实际上仍然需要自己认真调研，因为口碑最重要。如果珍惜自己的事业，则尽量不要选择小品牌的服务器。稳定性最重要的保证就是行业口碑和信誉，一个从事主机行业 20 年以上还持续好口碑的品牌，其本身就是稳定性的象征，这也是作者一直推荐 BlueHost、HostGator、GoDaddy 服务器的原因。

3．服务与支持

售后服务是非常重要的部分，特别是响应速度和处理问题的能力，以及对待站长的真诚度。平时没什么事没关系，一旦出现什么紧急故障，这方面就举足轻重了。在这里不得不夸赞 BlueHost 的服务，到目前为止，作者联系 BlueHost 中文客服恢复过两次数据，处理起来非常迅速。在售后服务和支持方面，大品牌的表现确实不错，尤其是 HostGator 的 10 分钟响应确实很厉害。值得一提的是，BlueHost 和 HostGator 都有自己的中文服务，可惜 GoDaddy 目前还只能纯英文交流。

4．参数和配置

虽然国内有很多站点采用 ASP 及 Windows 平台架构搭建，但是作者认为选择国外常用的网站程序和 Linux 平台比较好，因为这更符合国外客户的浏览习惯和便于 Google 搜索引擎搜索，如 WordPress、Drupal、ZenCart、Joomla 等。这些国外的程序都默认支持各类国外 SNS 功能，国外客户一般很少使用微信、QQ、微博等工具，主流的是 Facebook、Twitter 等。此外，Google 搜索引擎的抓取也偏向于国外程序。为了减少不必要的麻烦，推荐使用国外程序。一般主流的主机商都提供一键安装这类程序的功能，特别是集成 cPanel 的主机，如 BlueHost、HostGator、GoDaddy 都可以方便地一键安装 WordPress、ZenCart 等程序。

5．供应商

应以国内供应商为佳，因为国内供应商可以为企业解决沟通不便、付款不便、售后服务不便等问题。但也不能随便选择一家供应商了事，其中的了解筛选过程必不可少。查看该供应商的域名注册有效期是非常必要的。

6. 查看用户评论

看中某款海外虚拟主机后不要急着订购，到网上搜索看看，通常可以在一些论坛中看到用户对它们的评价，仔细看看用户的评论再作定夺。这一步一定要做，因为用户的评论不仅是对供应商的主机产品质量的评价，也是对其服务质量的评价，而在使用海外主机的时候，服务质量是一个非常重要的评判标准。

7. 供应商的机房

要弄清楚供应商的机房在哪里，是代购机构，还是在海外有自己的机房？毫无疑问，如果供应商拥有自己的海外机房，则既是主机稳定安全的可靠保障，也是供应商实力的反映。

7.2.3 十大海外虚拟主机供应商

有些 SEOER 觉得英文网站选择在海外注册不方便，作者根据海外虚拟主机供应商的资质及公司实力分析，统计出十大海外虚拟主机供应商，供大家参考。

（1）中国诺网：www.nuo.cn，在美国拥有中诺达拉斯机房，专业提供美国主机服务。其业务主要是海外服务器，比较专业，机房非常多，价格合理，如图 7-4 所示。

型号	处理器	内存	硬盘	月流量/带宽	IP数	月付价格	
Atom 系列							
双核Atom 330	Intel Atom 330 1.6GHz	2GB	250GB SATA	10TB/100M	5	499元/月	购买
双核Atom D510	Intel Atom D510 1.66GHz	2GB	250GB SATA	10TB/100M	5	580元/月	购买
双核Atom D525	Intel Atom D525 1.8GHz	2GB	250GB SATA	10TB/100M	5	599元/月	购买
Super Atom D525	Intel Super Atom D525 1.8GHz	4GB	250GB SATA	10TB/100M	5	699元/月	购买
双核系列							
双核 i3 2100	Intel Core i3 2100 3.1GHz	8GB	500GB SATA	10TB/100M	5	899元/月	购买
四核系列							
四核 i5 2400	Intel Core i5 2400 3.1GHz	8GB	500GB SATA	10TB/100M	5	999元/月	购买
至强系列							
至强 E3 1230	Intel Xeon E3-1230 3.2GHz	8GB	500GB SATA	10TB/100M	5	1199元/月	购买
至强 E3 1230V2	Intel Xeon E3-1230V2 3.3GHz	8GB	1TB SATA	10TB/100M	5	1299元/月	购买
至强 E3 1230V3	Intel Xeon E3-1230V3 3.3GHz	8GB	1TB SATA	10TB/100M	5	1399元/月	购买
至强 E5 2620	Intel Xeon E5-2620 2.0GHz	8GB	500GB SATA	10TB/100M	5	1999元/月	购买

图 7-4　中国诺网

（2）美橙互联：http://www.cndns.com，提供美国虚拟主机和中国香港虚拟主机服务。其主要提供中国香港虚拟空间，价格比较便宜，稳定性较好，建议企业类型的英文网站选择，如图 7-5 所示。

图 7-5　美橙互联

（3）润迅通信：http://www.cmidc.com，与中国电信共建 10G 跨境光纤传输网络。其主要提供海外云服务器，服务器配置可以弹性定制，后期升级比较方便，如图 7-6 所示。适合前期预算较为紧张的英文网站，可以根据网站的发展逐步升级服务器，减少前期不必要的开支。

（4）上海网域网：http://www.7x24.cn/，美国标准数据中心，40G 美国骨干网络接入。

（5）西部数码：http://www.west263.com，机房位于在美国加利福尼亚州硅谷数据中心。

（6）太阳网：http://www.idc.hk/，主机连通美国 DC1/DC2 数据中心。

（7）海洋数据：http://www.idcsea.com/，提供美国、中国香港、中国台湾、日本等主机服务。

（8）新一代数据中心：http://www.gzidc.com/，提供美国主机和中国香港虚拟主机服务。

（9）亿人互联：http://www.erenb.com，提供美国达拉斯机房、加利福尼亚州旧金山机房选择。

（10）乙天科技：http://www.it5.cn/，提供美国独立 IP 虚拟主机服务。

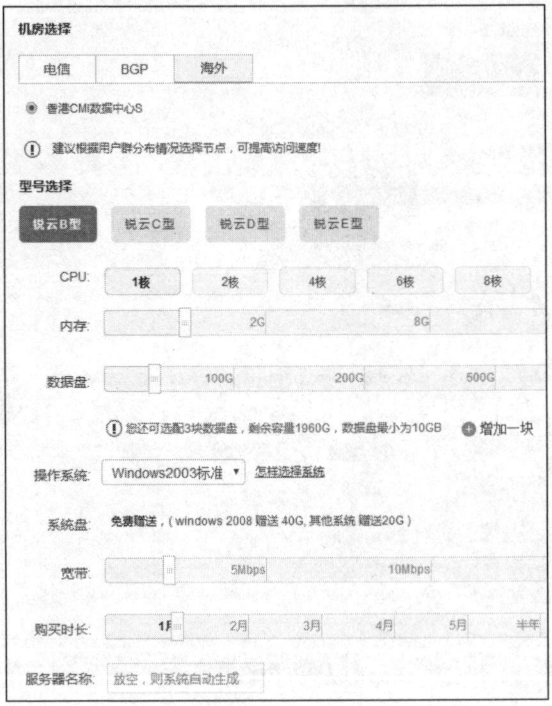

图 7-6　润迅通信

7.3　CMS 选择

前面在做中文网站 SEO 的时候作者介绍了很多中文 CMS，比如 DedeCMS 等，但是这些 CMS 对英文网站的支持都不是很好。因此，在这里有必要给大家介绍一些适合建设英文网站的 CMS。海外用户和国内用户浏览网页的习惯是不相同的，海外用户比较喜欢简单直观的网站风格，国内用户比较喜欢绚丽的风格，这也就是我们看海外的网站都不太好看的原因。

下面我们就对几款适合建设英文网站的 CMS 进行详细的分析。

7.3.1 WordPress

WordPress 是一种使用 PHP 语言开发的博客平台，也是运行于 PHP+MySQL 数据库的服务器平台，一般作为博客或者内容管理系统（CMS）来使用。WordPress 是一个功能非常强大的博客系统，插件众多，易于扩充功能，且安装和使用都非常方便。目前 WordPress 已经成为主流的 Blog 搭建平台，如图 7-7 所示。

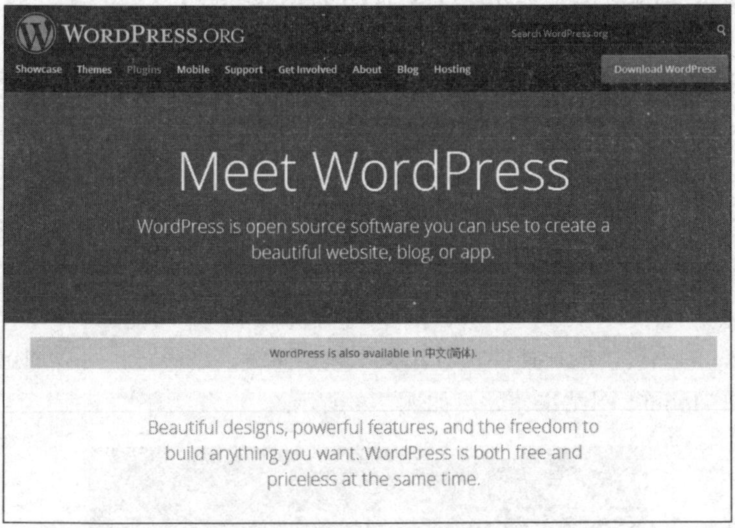

图 7-7　WordPress 官网

WordPress 的特点：

- 程序开源，无须顾虑版权问题。
- 功能强大，是主流的 Blog/CMS 搭建平台。
- 界面样式开发容易，第三方样式主题丰富。
- 程序耦合度低，插件化开发，第三方插件众多。
- 使用者及开发者众多，社区完善，问题容易解决。

WordPress 的主要功能：

- 文章发布、分类、归档、收藏，统计阅读次数。
- 提供文章、评论、分类等多种形式的 RSS 聚合。
- 提供链接的添加、归类功能。
- 支持对评论的管理，提供垃圾信息过滤功能。
- 支持对样式 CSS 和 PHP 程序的直接编辑、修改。
- 在 Blog 系统外，可以方便地添加所需页面。

- 通过对各种参数进行设置，使 Blog 更具个性化。
- 静态 HTML 页面生成。
- 通过选择不同主题，可方便地改变页面的显示效果。
- 通过添加插件，可提供多种特殊的功能。
- 支持 TrackBack 和 PingBack。
- 支持针对某些其他 Blog 软件、平台的导入功能。

更为重要的是，WordPress 由海外团队打造，对 Google 非常友好，江湖传言，使用 WordPress 建设的网站 Google 是秒收的。一般的企业展示类型网站使用 WordPress 建设绰绰有余。

除了 WordPress，Drupal、Joomla 也是非常不错的开源 CMS，这三种 CMS 无论是在国外还是在国内使用都很广泛。如果从难易程度上来排列，则 WordPress→Joomla→Drupal 逐渐增强。无论是在国内还是在国外，WordPress 的免费模板、插件都非常多，但使用的前提是熟悉 WordPress 的结构。

Joomla 的免费模板、插件相对较少，但是可编辑性很强，可以通过编辑模块仿照别人的 Joomla 网站来建站，如图 7-8 所示。

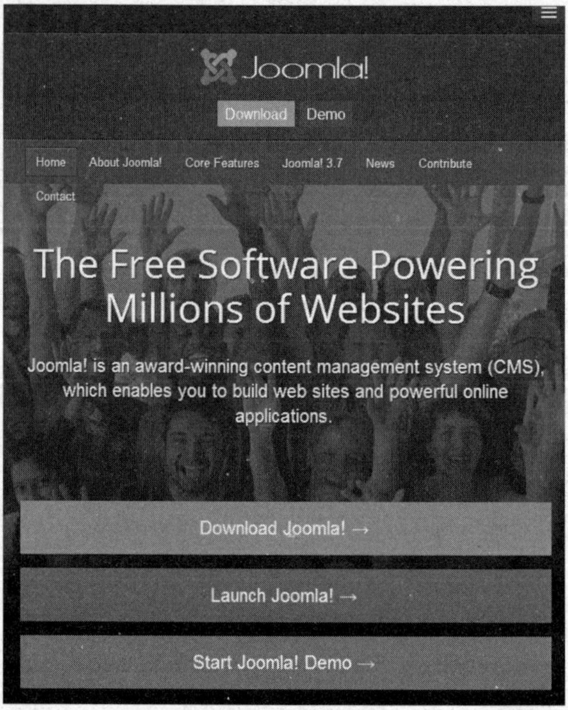

图 7-8　Joomla 官网

Drupal 则需要有比较强的代码基础，其优势是功能比较强大。如果是新手，则可以选择 WordPress 和 Joomla 入手。Drupal 官网如图 7-9 所示。

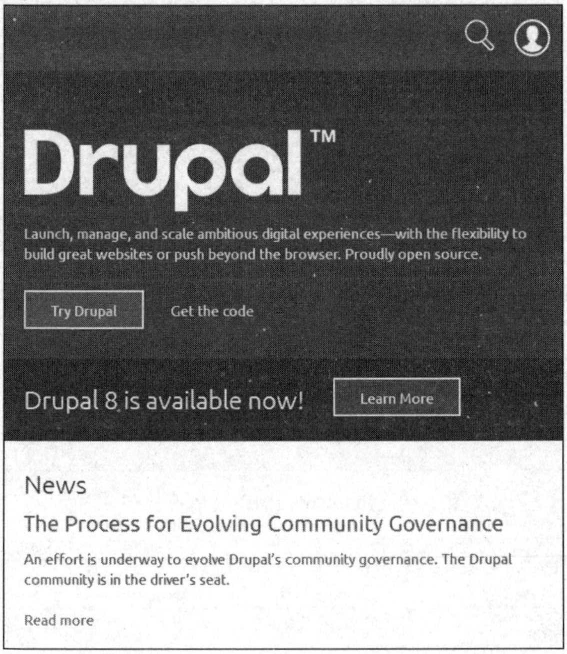

图 7-9 Drupal 官网

在 SEO 方面，由于这三个 CMS 的源码都是 PHP 源码，所以针对 SEO 要实现静态化，网上类似的教程有很多，读者可以自行搜索，这里不再赘述。此外，针对站内来说，有相应的内链插件，关键词的布局也比较好做，所以这三个 CMS 都可以进行站内 SEO 设置。

7.3.2 SemCms

SemCms 是国内团队打造的专门针对外贸网站的开源 CMS，主要用于外贸企业，兼容 IE、Firefox 等主流浏览器。SemCms 使用 PHP 和 VBScript 语言编写，结合 Apache 或 IIS 运行。SemCms 主要从事英文网站建设、外贸网站建设、外贸网站制作、外贸网站源码开发。SemCms 拥有 ASP 和 PHP 版本，可以方便更多用户使用。

PHP 版本首页效果如图 7-10 所示。

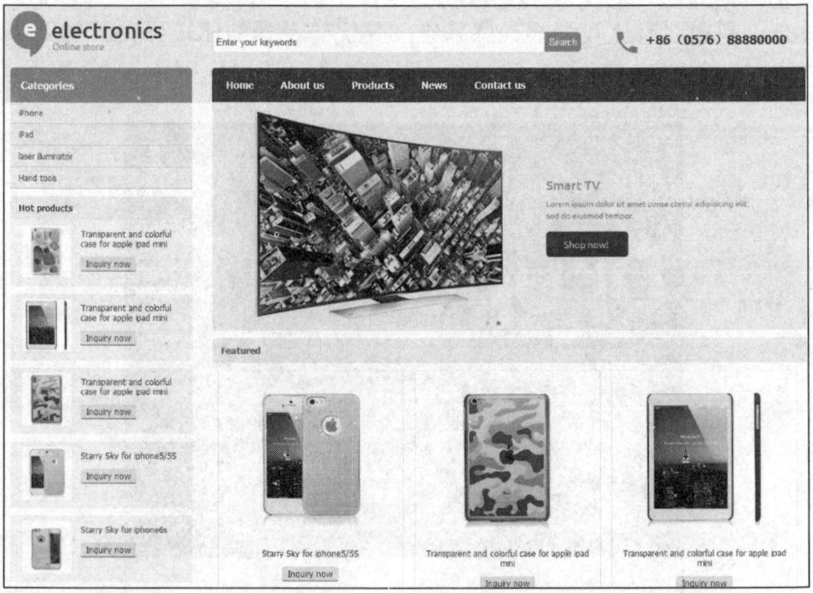

图 7-10 SemCms PHP 版本首页效果

PHP 版本详情页效果如图 7-11 所示。

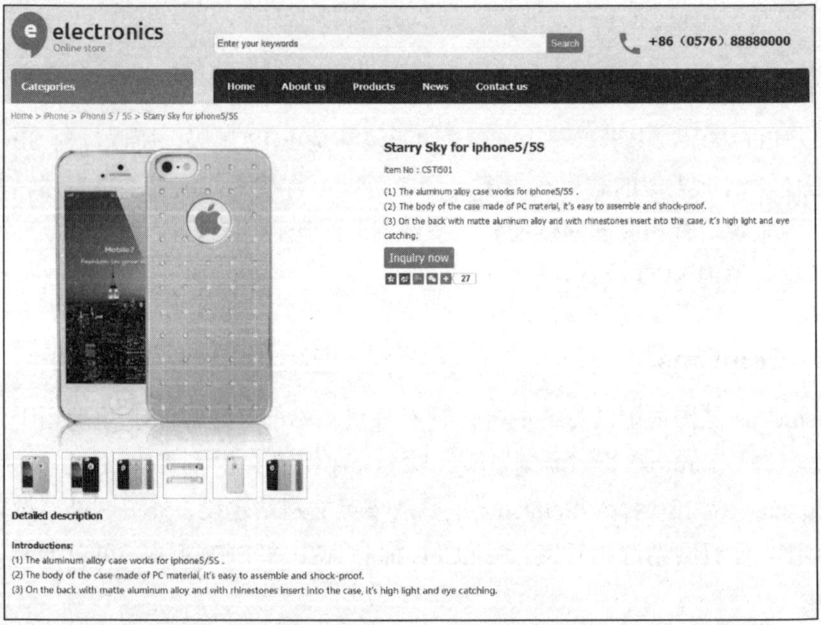

图 7-11 SemCms PHP 版本详情页效果

ASP 版本首页效果如图 7-12 所示。

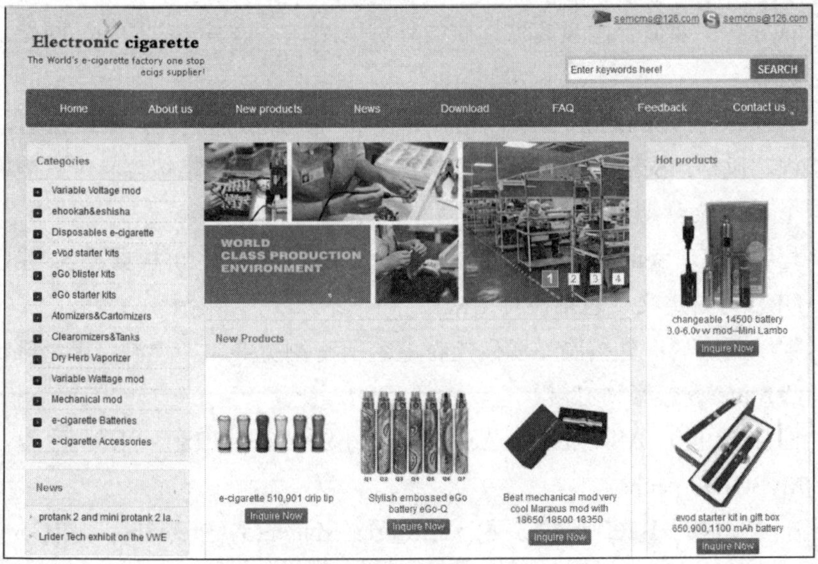

图 7-12　SemCms ASP 版本首页效果

ASP 版本详情页效果如图 7-13 所示。

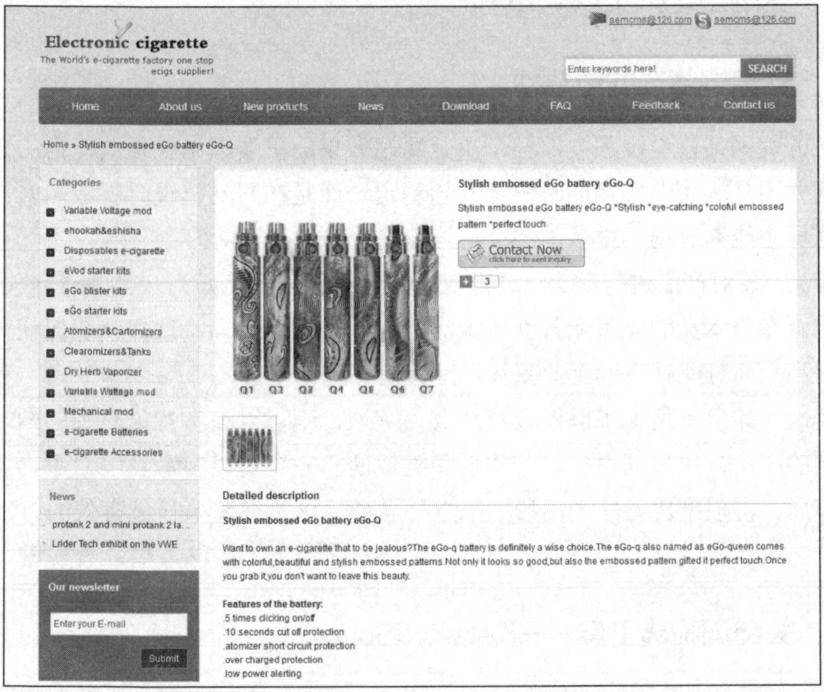

图 7-13　SemCms ASP 版本详情页效果

SemCms 主要适合建设商城性质的外贸网站、多语言（小语种）网站，其主要特点如下。

- 运行速度：SemCms 外贸网站建设体积小，加载速度快，数据移动方便。
- 程序风格：SemCms 外贸网站制作、修改、编辑风格很容易，只需修改一个 CSS 文件即可。
- 程序 SEO：SemCms 外贸网站源码全站可静态生成，可根据需求增减功能，URL 可自定义，包括图片 URL。
- 程序兼容性：外贸网站源码支持兼容所有浏览器，如遨游、IE、Firefox、Chrome 等主流浏览器。
- 程序架构：ASP 版为 ASP+DIV+CSS+Access+IIS；PHP 版为 PHP+MySQL+Apache。

另外，在建设 B2C 网站方面，ZenCart、Magento、PretaShop、osCommerce 都适用，感兴趣的读者可以自行搜索了解，这里我们不再一一介绍。

7.4 关键词筛选和布局

7.4.1 关键词筛选的重要性

在外贸网站建设过程中，一个决定网站效果的重要因素就是关键词的选择。关键词并不是等到做优化的时候才开始制定，而是在网站建设时就应当安排关键词，这样才能够有利于排名。那么，该如何选择关键词呢？

首先，要对产品进行归类，这样就能够将类似的产品归为一类并作为关键词，同时结合客户本身的外贸业务性质来添加一些长尾关键词，这样就能促使关键词排名提高，而且能够帮助企业获得精准客户。

其次，如果不是很了解该设置什么关键词，则可以参考竞争对手的网站，因为相同的产品，关键词也是十分相近和类似的。完全可以参考竞争对手网站的关键词布局，再根据自己的产品特点来进行微调，这是最简单和最有效的方法。

下面作者将会总结一些使用工具挖掘外贸关键词的方法，供读者参考。

7.4.2 关键词筛选工具——KeywordSpy

（1）打开 KeywordSpy 主页面，链接为 http://www.keywordspy.com，如图 7-14 所示。

图 7-14　KeywordSpy 主页面

（2）注册免费会员，如图 7-15 和图 7-16 所示。

（3）注册后可以免费体验。返回主页面，选择 Keywords 单选按钮，然后在搜索框内输入自己公司的主打产品关键词，选择国家，搜索，就可以看到该国相关关键词，如图 7-17 所示。但只能看到一部分，查看完整关键词是需要付费的，点击这部分关键词，可以延伸更多，如图 7-18 所示。

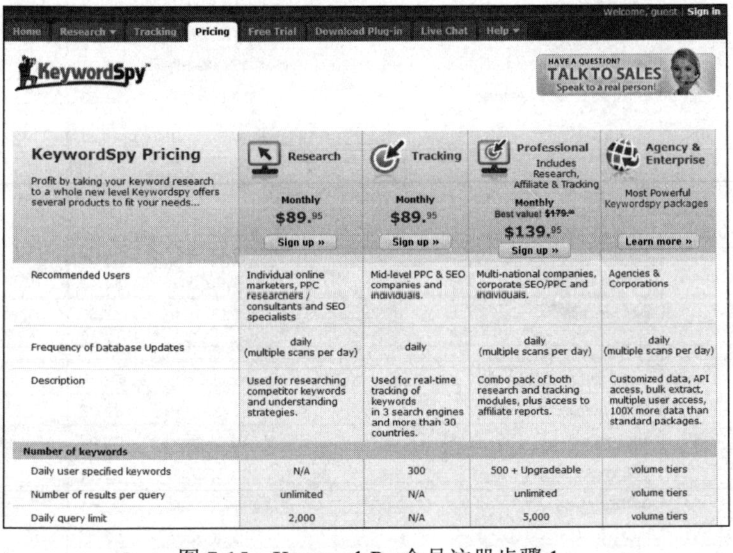

图 7-15　KeywordsPy 会员注册步骤 1

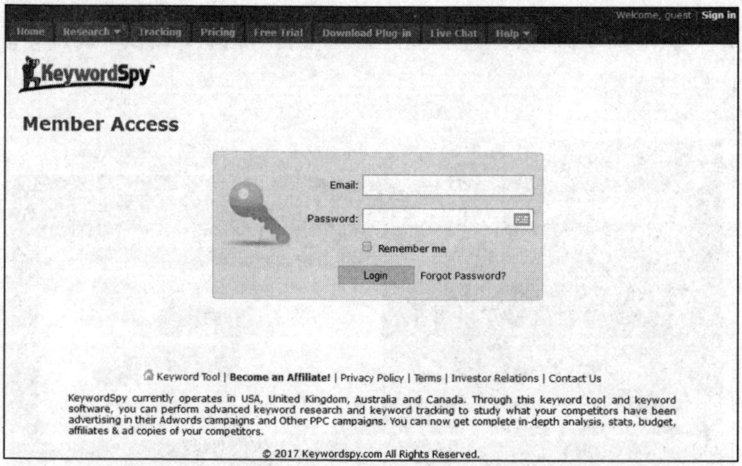

图 7-16　KeywordSpy 会员注册步骤 2

Related Keyword Overview

Related (1,000)	Search Volume	CPC
bathroom faucets	246,000/mo	$2.65
kitchen faucets	301,000/mo	$2.59
faucet	2,740,000/mo	$2.16
shower faucets	110,000/mo	$2.23
discount faucets	12,100/mo	$2.45
toilets	1,830,000/mo	$1.75
bath faucets	201,000/mo	$2.64
kitchen faucet	301,000/mo	$2.71
bathroom fixtures	165,000/mo	$2.97
bathroom sink faucets	14,800/mo	$2.65

图 7-17　KeywordSpy 搜索界面 1

Related	Search Volume	CPC
roman tub faucet	9,900/mo	$2.41
bar faucets	9,900/mo	$2.57
sinks	1,830,000/mo	$1.88
plumbing fixtures	49,500/mo	$2.60
bathroom accessories	550,000/mo	$1.08
kitchen sinks	246,000/mo	$1.94
bathroom sinks	135,000/mo	$1.94
bathtub faucets	165,000/mo	$2.68
discount kitchen faucets	1,900/mo	$2.72
stainless steel sinks	110,000/mo	$2.38

图 7-18　KeywordSpy 搜索界面 2

另外，我们也可以利用这个工具看到同行一些国际品牌的网站，从这些网站中也可以搜集关键词。

7.4.3　关键词筛选工具——Google Global Market Finder

（1）打开谷歌翻译网页，链接为 http://translate.google.cn/?hl=zh-CN&tab=wT#en/pt/，如图 7-19 所示。

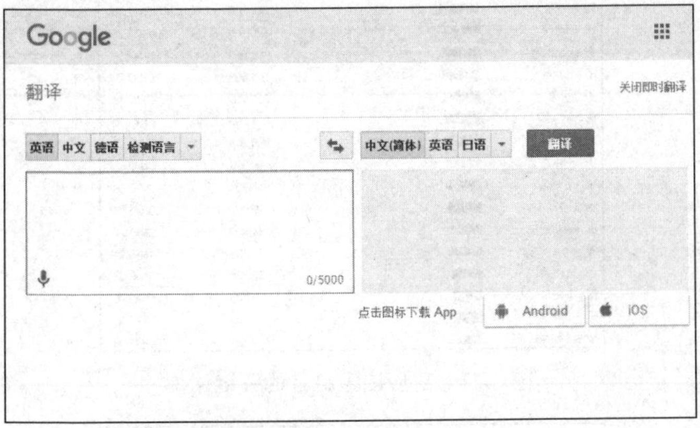

图 7-19　谷歌翻译界面

（2）在页面右下角会看到“全球商机洞察”这 6 个字，点击打开，链接为 http://translate.google.com/globalmarketfinder/index.html?locale=zh-CN，如图 7-20 所示。

图 7-20　全球商机洞察界面

（3）打开后，可以按照提示输入自己公司的主打产品关键词，选择国家和语言，输入验证码，确定后就可以看到该国家语言的关键词，点击更多，可以看到更多关键词，链接为 http://translate.google.com/globalmarketfinder/index.html?locale=zh-CN，如图 7-21 和图 7-22 所示。

Geographic distribution

Location	Opportunity	Local Monthly Searches	Suggested Bid
Germany		1,127,310	CN¥2.55
United States		1,832,110	CN¥10.82
Argentina		301,300	CN¥1.28
France		590,500	CN¥5.39
Brazil		260,800	CN¥2.37
Russia		301,000	CN¥3.80
Japan		270,000	CN¥6.14
Canada		201,000	CN¥7.38
Turkey		60,500	CN¥1.58
United Kingdom		90,500	CN¥6.88
China		47,900	CN¥2.56
Mexico		29,000	CN¥1.84
Indonesia		14,800	CN¥1.28
India		27,100	CN¥3.21
Australia		22,200	CN¥8.03
Saudi Arabia		3,600	CN¥0.76
South Korea		1,900	CN¥1.06
South Africa		2,400	CN¥4.39

图 7-21　对应国家语言的关键词 1

Geographic distribution

Location	Opportunity	Local Monthly Searches
Germany		1,127,310
English		12,100
faucet		12,100
Hide additional keyword suggestions from Keyword Tool		
grohe		368,000
moen		33,100
taps		22,200
faucets		5,400
kitchen faucet		390
kitchen faucets		260
bathroom faucets		260
delta faucet		210
sink faucet		140
shower faucet		170
faucet direct		36
delta faucets		140
faucets direct		28
bidet faucets		28
sink faucets		91
shower faucets		110
faucet light		58
grohe faucets		58
sensor faucet		36
grohe kitchen faucets		16
German		1,110,000
Polish		590
Russian		1,900
Spanish		2,720

图 7-22　对应国家语言的关键词 2

大家按照上述步骤操作，对大量关键词进行筛选分析，就可以整理出自己网站的关键词。

7.4.4 关键词筛选工具——KeywordDiscovery

（1）打开 www.keyworddiscovery.com，如图 7-23 所示。

图 7-23 KeywordDiscovery 主页面

（2）点击 Free Trial 注册免费体验版，如图 7-24 所示。

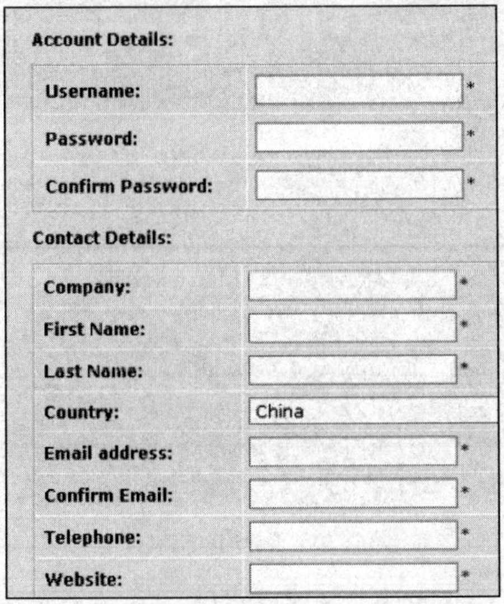

图 7-24 KeywordDiscovery 注册界面

（3）注册后登录就可以搜索关键词。在 Search Term 搜索框中输入公司产品关键词，搜索就可以获得一些关键词，如图 7-25 所示。

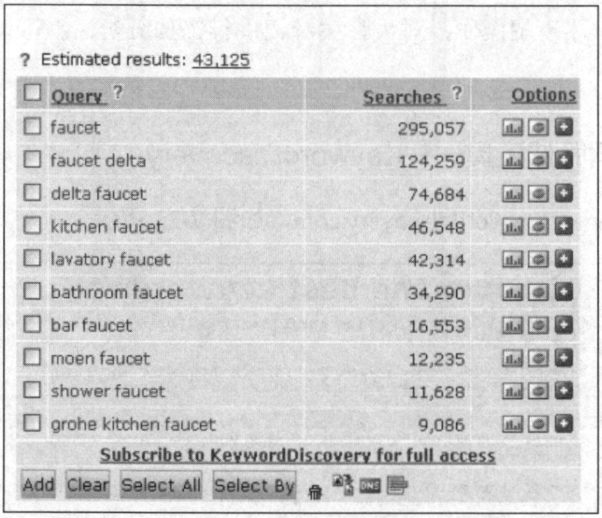

? Estimated results: 43,125

Query ?	Searches ?	Options
faucet	295,057	
faucet delta	124,259	
delta faucet	74,684	
kitchen faucet	46,548	
lavatory faucet	42,314	
bathroom faucet	34,290	
bar faucet	16,553	
moen faucet	12,235	
shower faucet	11,628	
grohe kitchen faucet	9,086	

Subscribe to KeywordDiscovery for full access

Add Clear Select All Select By

图 7-25　关键词搜索界面

7.4.5　关键词筛选工具——Triplify

（1）打开 Triplify 主页面，链接为 http://www.triplify.com/，如图 7-26 所示。

图 7-26　Triplify 主页面

（2）在搜索框内输入自己公司的主打产品关键词，搜索就可以看到同行的网站，如图 7-27 所示。从同行的网站中搜集关键词是非常高效的方法。

图 7-27　Triplify 搜索界面

在实际的操作过程中，我们不要拘泥于某一种关键词挖掘工具，尽可能地使用更多的关键词挖掘工具，完成后仔细对关键词进行整理、分析，最后得出自己想要优化的关键词。

还有一种方法就是到行业相关的论坛挖掘用户需求的关键词，这需要一定的英文功底，但是挖掘出来的关键词符合最基础用户的需求，也很容易优化。

7.5　内容的来源和发布

Google 对于网站内容的审核是非常严格的，因此像中文网站那样随意采集一些内容就获得点击率是完全不可能的。在很多时候，如果轻易复制了其他网站的内容，那么很有可能会被内容源网站警告，甚至诉至法庭。

对于企业网站来说，大部分英文内容都是原创的，因此只要使用合理的方式，网站在 Google 中的排名一定不会很低。但是对于资讯类的网站，内容来源就比较麻烦了。假如你需要做一个有关中国传统文化的网站，那就需要对大量的中文内容进行翻译。如果英文水平并不是很高，则不建议制作这样的网站。

很多站长都是通过一些翻译工具进行内容采集的。这里要提醒一下，千万不要使用 Google 自带的翻译工具将中文翻译成英文，然后把内容粘贴上去。因为 Google 翻译本身也是有算法的，当 Google 发现你在使用它的翻译工具滥竽充数时，后果可能是直接将你的网站从搜索引擎的结果页中删除。作者曾经见到一位聪明的 SEOER，他把国外网站的法文、德文内容通过非 Google 的其他翻译工具翻译成英文作为内容，效果也非常不错。

很多 SEOER 都知道，建设英文网站的收益高，但是很多人都被英文水平难倒了。特别是英文网站的内容是一个很棘手的问题，自己写的话，没那个水平；如果复制别人的，则可能会面临版权问题和别人的投诉。该如何解决这个问题呢？

就算我们选择了一个不错的主题、关键词做域名，域名也能注册下来，竞争性不是很强，流量也还过得去，但关键问题是如何保证围绕这个主题去持续更新网站内容呢？自己写？估计大家都不太乐意，这样只会把自己给累死。雇人写？估计现在也没那个经济实力。

因此，作者建议在选择主题的时候可以选择那些和我们生活息息相关的话题，这样我们能获取素材的渠道就比较多了。比如做资源类的，举个例子——纸飞机的叠法。作者曾经看到一个英国的网站，也是一个老站，每月收入 1000 美元左右，即使你完全复制这样的网站，修改一下关键词之类的，谷歌同样需要这类信息，因为叠纸飞机的方式太多了。

比较有意思的是，叠纸飞机的网站显示的广告很多是航模，甚至是航空公司。当然这些实在是太偏门了，但正是这样的内容更适合我们去做（并不是让大家都去叠纸飞机）。

再举一个例子——发型。发型有很多，各式各样的，随着时间的变化层出不穷，即使你完全照搬其他网站的内容，略作修改，一样会有排名。因为你提供了资源类的服务，这是搜索引擎所需要的。而对于这种资源类的网站，我们该如何保持网站内容的持续更新呢？其实方法很简单，资源多了，内容也就有了。作者推荐的方法是：找个简单的在线重写网站就可以，这样做几乎不费脑筋，而且更新也快，可以同时做很多主题，也更实在。不推荐那种重写非常厉害的，连母语是英语的人都看不懂，实际上这类网站的跳出率非常高，点击率也极低。一种掩耳盗铃的想法是，内容看不懂但是广告可以看得懂，所以母语是英语的人会点击广告。

和中文网站一样，英文网站的内容来源也可以是组合和使用 OCR 软件转化，但前提是需要一定的英语功底，否则组合起来也是非常吃力的。不过使用 OCR 软件转化还是非常好用的，前提是要找一些行业相关的 PDF 书籍。需要注意的是，海外对版权非常重视，因此在用 OCR 软件转化之前一定要看看是否有侵权的问题，否则一旦被起诉是非常麻烦的。

和中文网站一样，也有适合英文网站的伪原创工具，作者总结了一些，供读者参考。

7.5.1　伪原创工具——The best spinner

官方网站：http://thebestspinner.com/，如图 7-28 所示。

图 7-28　The best spinner 主页面

这应该是目前公认的最好的也是最流行的英文伪原创工具，简称 TBS，其特点是同义词库超级大，所有用户增加的词库共享；软件本身很小巧，使用也很简单，词库从服务器端获取；功能很强大，可分质量等级进行伪原创，可以一键生成成百上千的文章；同时软件提供了 API 接口，用户可以开发出一些周边产品。目前网络上已经出现了利用 TBS 的 API 开发的 WP 伪原创插件，但是需要用户的 TBS 账号，相信这个功能应该很强悍。

这是一款付费软件，价格为 77 美元/年，提供 7 美元 7 天的试用！对于做 SEO 的人来说，这个投资是必需的！

7.5.2　伪原创工具——Magic Article Rewriter

官方网站：http://www.article-rewriter.info/，如图 7-29 所示。

这也是一个比较热门的伪原创工具，这个工具国内提得比较少，作者也没用过，国外论坛有很多人都在推荐，有人说这个工具伪原创的效果比 TBS 还要好，当然这对于国人来说似乎没什么区别。如果你不熟悉这个工具，那么另一个模块化工具 Magic Submitter 相信很多人都知道。这个软件还有一个配套的 Magic Article Submitter，可以将你伪原创的文章发布到上百个文章站。

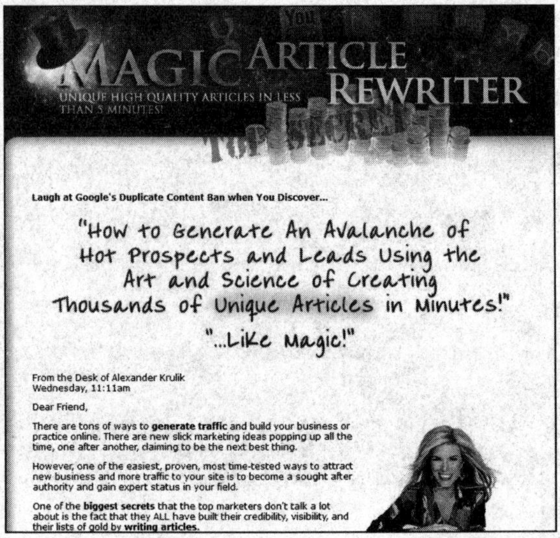

图 7-29　Magic Article Rewriter 主页面

7.5.3　伪原创工具——WordFlood

官方网站：http://www.wordflood.com/，如图 7-30 所示。

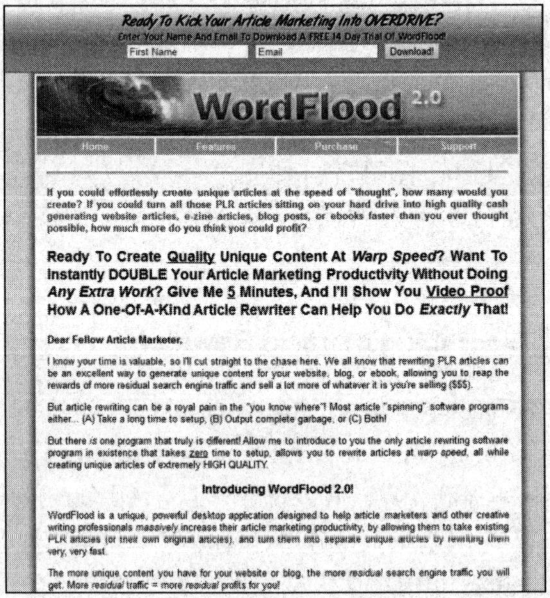

图 7-30　WordFlood 主页面

这应该算是一款比较早的工具了，具体效果未知，作者下载用过一次，但是

当时不太熟悉，所以感觉不太好用。这个软件的缺陷在于没有伪原创功能，也就是就无法生成{||}格式以便在其他地方使用。把文章输入软件，软件会分析同义词，选择替换即可。对于简单的伪原创以及外国人来说，已经足够了。

7.5.4　伪原创工具——SpinnerChief

官方网站：http://www.spinnerchief.com/，如图 7-31 所示。

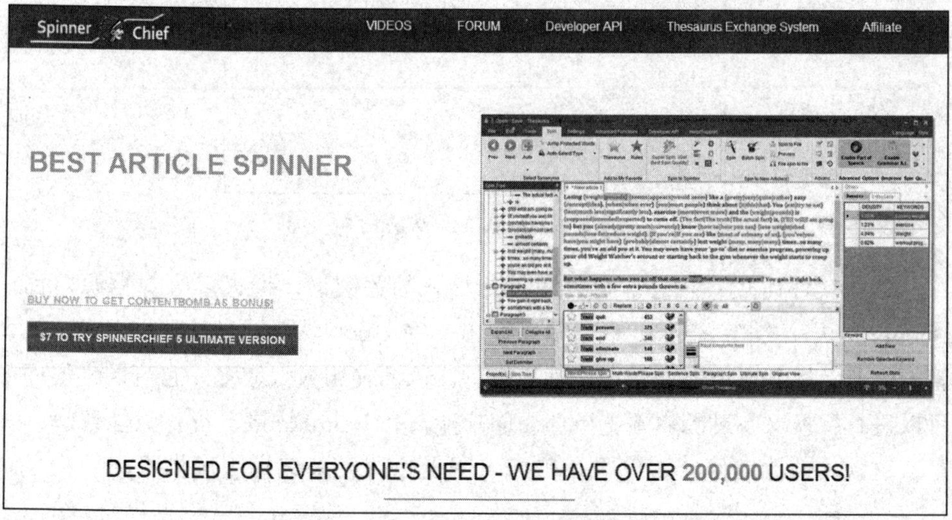

图 7-31　SpinnerChief 主页面

这应该是一款比较流行的免费伪原创工具，作者一直在用。软件也有付费版，词库更大，功能也更多，但是对于一般的伪原创来说免费版已经足够了。其优点在于免费，大部分功能全面；但缺点是免费版词库量比较少，看自己需要。网上有将 TBS 词库导入 SpinnerChief 的方法，可以增大词库。这款软件在作者的机器上运行时间长了有点慢，可能是机器问题，也可能是软件问题。同时软件提供了 API 接口，使用它可以开发出一些周边产品。

需要注意的是，这款软件现在不提供直接下载，必须通过 Affiliate 链接才可以下载。官方有个专门的帖子，里面都是 Affiliate 链接，随便选一个下载即可，链接地址为 http://forum.whitehatautomation.com/index.php?topic=207.0。

7.5.5　伪原创工具——Instant Article Wizard

官方网站：http://www.instantarticlewizard.com/，如图 7-32 所示。

图 7-32　Instant Article Wizard 主页面

这款软件比较有意思，可以根据你输入的关键词，通过多个数据源，包括 Google 网页、文档、政府、教育等搜索出一些文章，然后通过软件重组成一篇完整的文章。用其重组的文章可读性比较强，因而使用人数较多。它有同义词库，可以进行替换，不过貌似不支持伪原创功能，和 WordFlood 一样，只能替换。

这款软件比较便宜，仅需 7 美元，网上也有很多破解版可供下载。

7.5.6　伪原创工具——Article Rewrite Assistant

官方网站：http://www.rewriteassistant.com。

这也是一款免费的伪原创工具，界面和 The best spinner 非常类似，据说用的就是 TBS 词库，需要注册一下，但是很好用，完全免费。

7.5.7　其他伪原创工具

（1）Google 的翻译工具。如果你不追求质量，那就把文章多翻译几遍，从中文到英文，从英文到法文，从法文到日文，从日文到韩文，从韩文到英文……

（2）Google 写作助手，提供同义词建议功能。Google 的同义词库应该是世界上最大的，不过只支持替换，不支持伪原创。

（3）Easyrewriter、Easy Article Rewriter、Content Professor 等一些不太流行的工具。

7.5.8　在线伪原创工具

在线伪原创网站如下：

- http://www.articlequeen.com/。
- http://www.articlechanger.net/。
- http://www.articlespinnertool.com/。
- http://www.onlinearticlespinner.co.uk/。
- http://semthinking.com/rewrite/index.php。

另外介绍一个实用的网站：http://www.whitesmoke.com/，如图 7-33 所示。

图 7-33　WhiteSmoke 主页面

WhiteSmoke 可不是伪原创工具，这款软件是用来进行英文拼写及语法错误检查的。如果网站对伪原创的文章要求比较高，比如发布到 EzineArticles 网站，就得考虑到英文拼写及语法检查了，这个工具可以给你提供很好的帮助。

前面作者提到，中文网站每篇内容要求的字数是 500～1000 字，而英文网站建议在 500～700 字就可以了。

Google 对<h1>、<strong>等标签的重视程度要远远高于百度搜索引擎，如图 7-34 所示。

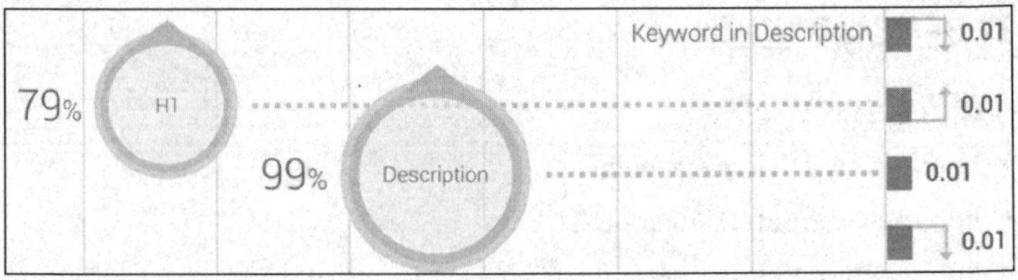

图 7-34　Google 对<h1>、<strong>等标签的重视程度曲线

这一点在 7.7 节中作者会进行深入的分析，因此在内容编辑发布的时候，我们要对这些标签尤其重视。

7.6　英文网站标题优化指南

在前面的内容中，作者多次提到标题对于 SEO 的重要性，建议用撰写广告文案的方法撰写每一篇文章的标题。这样的要求在英文网站进行优化的时候同样适用。网站标题中关键词一般设置 3 个左右为最佳，如果设置过多，那么搜索引擎对网站主题的判断就会变得模糊不清。网站标题是客户第一眼看到的，标题设置得合理与否直接影响客户对网站的兴趣。如果网站标题符合用户的查找目标，那么他就会点击访问。因此，好的网站标题非常重要。

网站标题一定要和网站本身相符合，与网站的产品、服务、公司名称、品牌、地区等相结合。

如果不会设计，则可以学习竞争对手，但是不能有太多相似之处。除此之外，还应当合理控制网站标题的关键词数量和字符数量。

作者总结了一些英文网站标题撰写的方法，供读者参考。

1．为每个页面使用一个独特的标题

许多网站的不同页面都使用相同的页面标题，这是很不可取的。在每个页面设置特定的关键词，将帮助你最大限度地提高网站的曝光度。请务必确保优化你的网站标题，以确保网站上的每个单页都有一个独特的标题。

2．将关键词合理地嵌入短语中

将关键词以短语的形式呈现要比直接使用关键词的效果好得多。例如，“How to Lose Weight for Women Under 35”要比单纯的关键词“Lose Weight”要更有效果。这将帮助你得到更具体的目标搜索流量。此外，还可以减少 Google 认为你滥用关键词的可能性，要知道 Google 对关键词堆砌的处罚还是很严厉的。

3．使用诱导促销性的标题

尝试使用“How to Lose Weight Quickly”或“How to Shed Pounds in Weeks” 而不只是“How to Lose Weight”，这些话听起来更加积极并能获得更多关注。这有助于吸引读者的关注和帮助 Google 定位你的排名。Google 判断某个关键词的排名会考虑到用户的需求。当用户通过一个关键词点击进入你的网站比同等外部条件的其他网站频繁时，Google 没有理由不把你的网站排在前面。

4．把你的主要关键词靠前分布

把最重要的关键词放在开头要比放在结尾效果好，所以关键词越重要就越靠前。

5．使用分隔符“|”或连字符“-”分隔关键词

如果你需要使用多个关键词优化标题标签时，请使用分隔符“|”或连字符“-”将它们分开，例如“减肥|低热量食物”，不要让关键词混在一起。

6．指定的缩写

如果人们有可能通过缩写搜索你的网站，则确保它包括你的标题标签里。例如，“Better Business Bureau”可以写成“Better Business Bureau（BBB）”。

7．用数字来获取点击

让更多人来点击你的网站内容的行之有效的方法之一就是在网站标题中植入数字。例如，“Wedding Store 2012”或“Cheap Boots UK 2012”。

8．首页格式：网站名称+宣传语

网站首页应该是你的网站名称或品牌名称，再加上你的宣传标语、一个连字符或分隔符。例如，“Weight Loss Made Easy | Lose Weight in 60 Days or Less”。

9．内容页格式：关键词词组+网站名称

你网站上的所有其他网页应遵循的是关键词词组优先，网站名称其次，并有一个连字符或分隔符的格式。例如，“12 Tips for Building Great Abs | Weight Loss Made Easy”。

10．避免：降低阅读速度的词

在进行英文网站优化时有几个词要特别注意，应该尽量避免写在标题里。这些词包括 “it”、“because”、“be”，因为这些词不仅起不到任何作用，而且会降低用户的读取速度，同时还会占用位置，因为标题的字数也是有限制的。例如，

用“Cut Fats, Cut Calories”替换“Fats are bad because they add calories”。

11．避免：关键字堆砌

关键字堆砌的危害大家都知道。通常一个页面尝试一个或两个关键词即可，多了反而是累赘，并不能起到预期的效果。

12．避免：标题过长

标题最好不要超过 69 个字符。如果超过 69 个字符，那么 Google 会把其余部分用省略号（……）代替，这样一来，省略的部分就没有用武之地了。

13．避免：重写关键词

不要重写关键词，即使你认为是同义词。例如，heels 和 pumps 都有高跟鞋的意思，而国外通常用的是 heels，如果你自作聪明地用 pumps 做关键词，则会适得其反。你需要优化那些用户会搜索的关键词，才能获得更多的流量。

14．避免：特殊字符

人们几乎不会使用特殊字符进行搜索。有些字符在浏览器和 Google 上会显示为乱码。如果可能，请尽量避免使用它们。

15．避免：逗号和句号

逗号和句号既会减缓阅读标题的速度，同时也会让人感到不爽。据统计，含有句号或逗号的头条新闻比那些没有的销量要小得多。即使它不符合语法习惯，也不要贸然使用。

7.7 解读影响 Google 搜索排名的重要因素

7.7.1 Description 的重要性

Description（页面描述）的重要性有所提高。调查显示，几乎所有的着陆页中都有页面描述内容，优质的页面描述内容有利于提高页面在搜索结果页中的排名，也有利于提高用户点击率。2015 年的调查数据显示，排名 TOP 10 的网站中 99%的站点都含有页面描述内容，排名 TOP 30 的网站中占比同样是 99%，如图 7-35 所示。

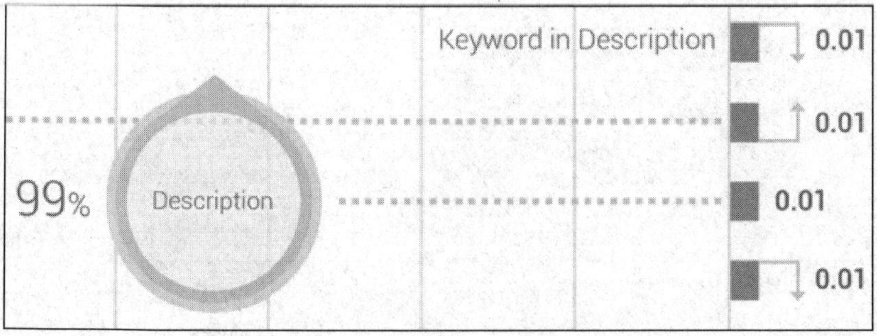

图 7-35　搜索引擎排名——页面描述占比

作者在《跟我学 SEO 从入门到精通》一书中提到，尽管描述标签的作用在近些年有所降低，但是相比于其他的标签，描述标签依然是非常重要的。现在的问题是如何才能书写一个被搜索引擎青睐的描述内容。作者的建议是，首先要保证描述内容符合正文，不要为了 SEO 而撰写描述内容，比如加入关键词等，这样的操作或许只能取得短期的利益，但是随着用户进入页面因无法找到需求的信息而选择离开，跳出率会不断提高，结果只能被搜索引擎屏蔽。其次，要用撰写广告文案的标准来撰写描述内容，语句尽可能的通俗易通，并且语句中包含产品关键词，如果是企业网站则可以考虑直接加入 QQ 号或者电话号码等联系方式，这样用户无须点击进入网站便可以直接联系我们。最后就是关键词出现的次数，作者建议目标关键词一般出现 2～3 次，长尾关键词一般出现 1～2 次。

7.7.2　<h1>标签的重要性

<h1>标签的重要性有了显著的提升，作者在之前的博客中多次提到，<h1>标签是未来 SEO 的重点，这一点在 2015 年的调查报告中得到了印证。与 2014 年相比，2015 年使用<h1>标签的网站比重明显增加了。在搜索引擎排名 TOP 30 的网站中，使用<h1>标签的站点比重较 2014 年增长了 4%。此外，在排名 TOP 10 的网站中 80%的站点都使用了<h1>标签，而在排名 TOP 30 的网站中占比则为 79%，如图 7-36 所示。

很多 SEOER 对于<h1>标签感到很迷茫，甚至出现了胡乱使用的现象。作者从 SEO 诊断案例中发现，很多企业网站负责人在网页中多次使用<h1>标签，这是十分错误的做法。作者建议<h1>标签在一个网页之中只能出现一次，并且在文章的标题或者重点文字部分最好能包含关键词。如果在一个网页中多次使用<h1>标签，则只会让搜索引擎无法判断网页的重点，全部是重点也就失去了重点。

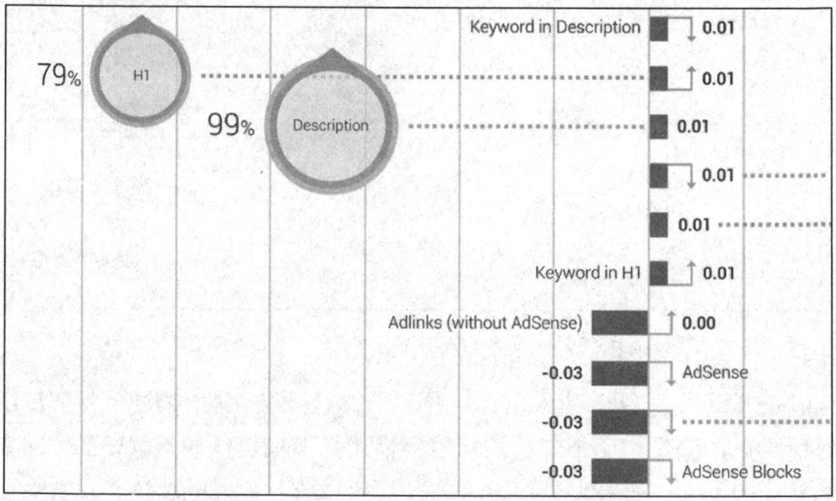

图 7-36　搜索引擎排名——<h1>标签占比

7.7.3　域名与关键词的关系

域名中要包含关键词，这一点作者在《跟我学 SEO 从入门到精通》一书中做了深入的解析，这里我们再次就这个问题展开讨论。先来看 Google 对于这点的说明（见图 7-37）：“几年前，域名中包含关键词对搜索引擎排名极为有利，比如使用‘www.cheapcarinsurancestudents.com’这个域名，则对关键词‘cheap car insurance for students’的排名十分有利。不过近年来，这项‘优势’在不断地减弱。而在 2015 年的调查报告中，域名包含关键词的站点比重再次下降。在排名 TOP 10 的网站中仅有 8%站点的域名中包含关键词。”

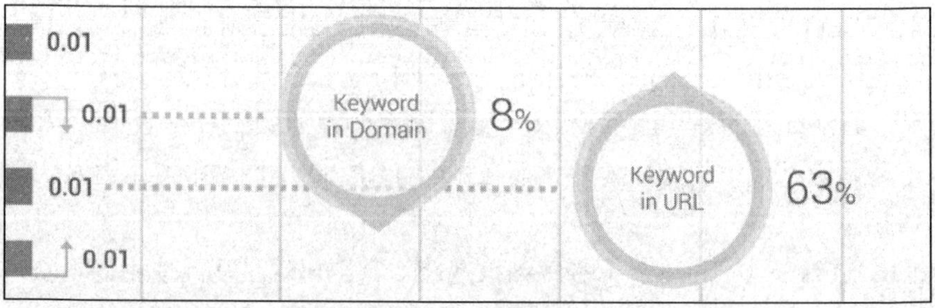

图 7-37　搜索引擎排名——域名中包含关键词占比

可以看出域名中包含关键词的重要性已经有所降低，但是比例仍然很高。国内很多 SEO 从业者一直不认可这一点，或者认为中文网站域名是否包含关键词没有意义。作者在这里要告诉大家的是，在我们过去操作的上万个站群中，通过统计的方法判断出域名中包含关键词的网站比域名中不包含关键词的网站更容易获得排名。

7.7.4　HTTPS

关于 HTTPS，Google 的说明如下（见图 7-38）：“2015 年是我们首次对‘HTTPS 协议’这项因素进行调研，由于谷歌此前宣布‘采用 HTTPS 协议的站点在搜索引擎排名中更具优势’（百度也曾如此表示），所以才将此项因素纳入研究对象中。据调查报告显示，在排名 TOP 10 的网站中使用 HTTPS 协议的站点比例为 12%，TOP 30 中的比例为 10%。谷歌对 HTTPS 协议愈发重视，虽然其不是‘必要’因素，但从谷歌的态度来看，比起 HTTP 协议，采用 HTTPS 协议的站点还是更有优势的。”

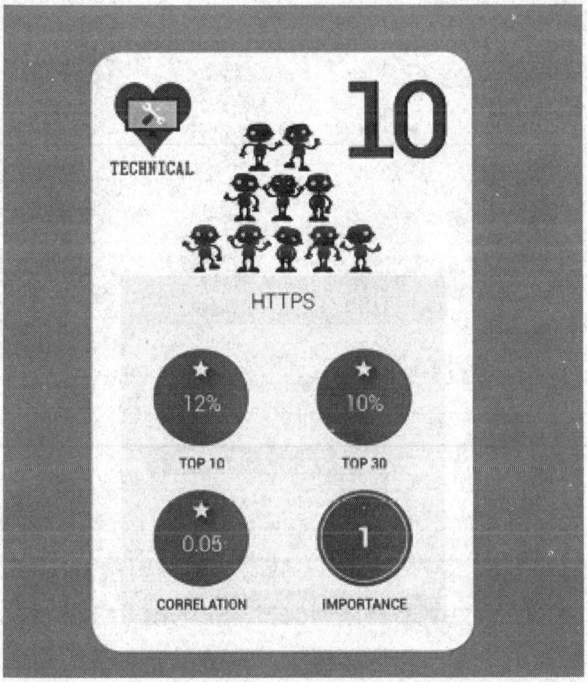

图 7-38　搜索引擎排名——采用 HTTPS 协议的网站占比

可以看出，搜索引擎对 HTTPS 协议已经开始重视，不过从这份调查报告来看，Google 也只是刚刚开始探索这一点，百度搜索引擎估计还要等一段时间，因此我们暂时不必为此做过多的考虑。

7.7.5 域名的搜索量

关于域名的搜索量，Google 的说明如下（见图 7-39）："2015 年，我们也研究了域名的搜索量（包括大型网站，如 searchmetrics.com 等）这项因素。从调查结果来看，这项因素的价值比起去年明显上升了许多。注：搜索词包括品牌名、品牌名+关键词两种模式。"

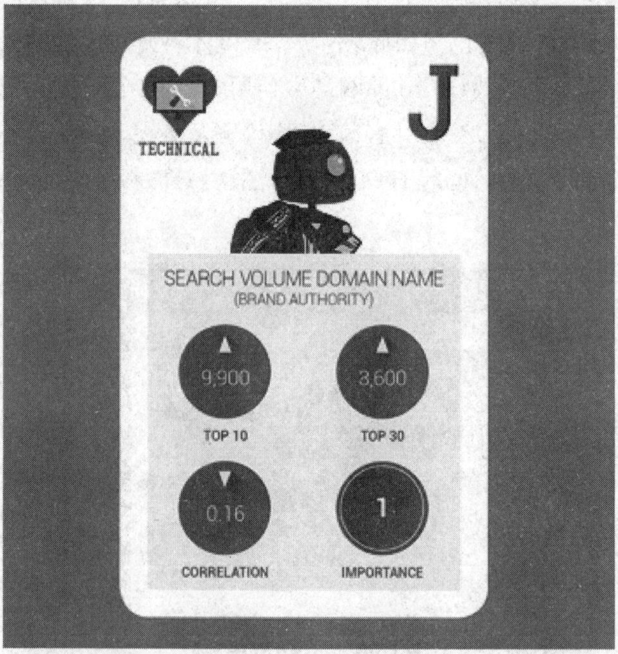

图 7-39 搜索引擎排名——域名的搜索量

这是一个比较新颖的概念，说明搜索引擎开始重视网站的品牌效应，这是一个非常积极的信号。近年来，搜索引擎越来越重视对垃圾网站的清理，Google 和百度都推出了相应的算法，这些举措都意味着提升网站质量已经成为 SEO 最为重要的方面。作者一直强调，并不是原创的文章就是搜索引擎喜欢的，搜索引擎喜欢的是对用户有价值的文章，哪怕这些文章是从已经收录的文章中提取而来的。我们可以尝试这样理解：时间成本是搜索引擎衡量一个网站非常重要的因素，高质量的文章、精美的版面设计和网状的站内锚文本建设都需要投入较大的时间成本，这样的网站自然会被搜索引擎重视，而依靠采集等手段企图欺骗搜索引擎的做法迟早会被搜索引擎遗弃。

7.7.6　.com 域名备受青睐

关于使用.com 域名，Google 的说明如下（见图 7-40）：“随着新顶级域名的不断开放，.com 域名的使用比例有所下降，不过排名可不会降。在 2015 年的调查结果中，排名 TOP 10 的网站中使用.com 域名的站点占比为 84%，TOP 30 中使用.com 域名的站点占比为 81%。”

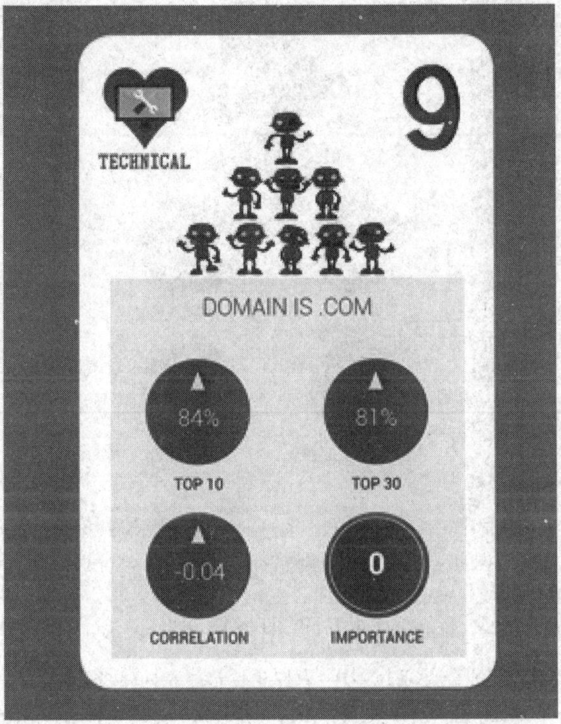

图 7-40　搜索引擎排名——使用.com 域名占比

关于这一点，作者在《跟我学 SEO 从入门到精通》一书中开辟了专门的章节进行讲解。我们都知道，域名是一个网站的根本，域名的价值无疑也是网站价值的一部分。近年来，数字.com 域名的价格水涨船高，搜索引擎也不会没有注意到这一点，上面我们提到过的成本问题在这里也是适用的，.com 域名即便注册也要 50 元左右，而.pw 等域名 9 元甚至更低就能注册，同样的条件下建设这样两个网站所需的成本是不一样的。

作者建议除非是建设垃圾网站，否则尽量不要使用除.com、.net、.cn、.com.cn 之外的域名。

7.7.7 内容的长度

关于内容长度（字节数、单词数）的分析如图 7-41 所示。

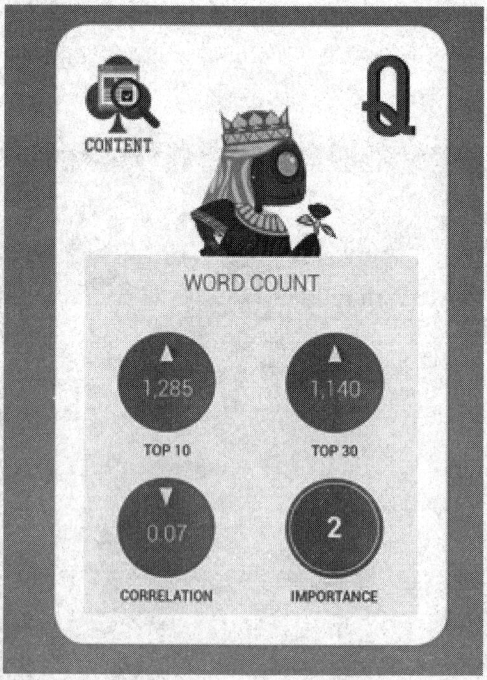

图 7-41 搜索引擎排名——内容长度分析

调查结果显示，排名 TOP 10 的网页中内容平均长度为 1285 字（单词数），而排名 TOP 30 的网页中内容平均长度为 1140 字，相比 2014 年有所上升，2014 年排名 TOP 10 的网页中内容平均长度为 975 字，排名 TOP 30 的网页中内容平均长度为 902 字。由此可见，有一定长度的文章被视为更规范的内容。当然，千万不要为了长度而拼凑内容，内容的质量更加重要。

7.7.8 主题内容（<body>标签）中的关键词量

关于主题内容中的关键词量的分析如图 7-42 所示。

相比 2014 年，2015 年排名靠前的站点中，<body>标签内的关键词数量有所增加，排名 TOP 10 的网页中关键词平均值为 10 个，排名 TOP 30 的网页中关键词平均值为 9 个。不过需要注意的是，虽然搜索引擎会根据关键词的相关性显示搜索结果，但是如果内容不满足用户需求或者内容与关键词相关性不高，则很可能面临被惩罚的命运。

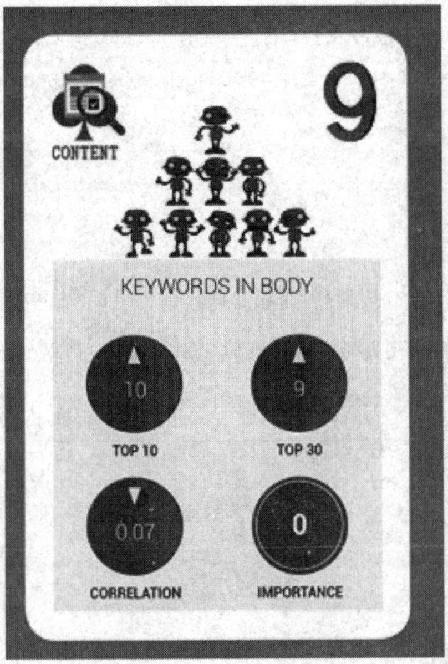

图 7-42　搜索引擎排名——主题内容中的关键词量分析

7.7.9　内链关键词

关于内链关键词的分析如图 7-43 所示。

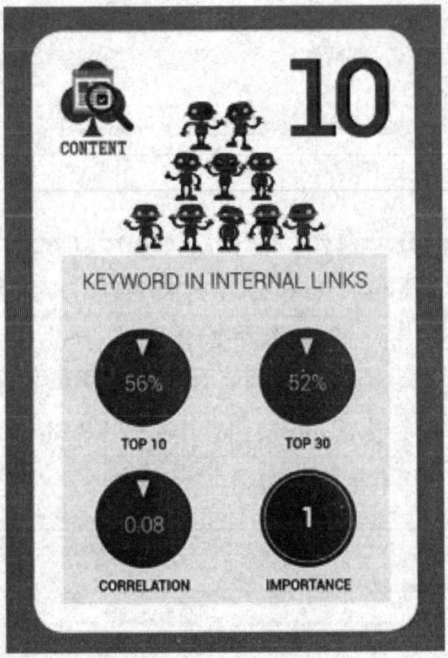

图 7-43　搜索引擎排名——内链关键词分析

据 2015 年的调查报告显示，虽然排名靠前的站点的内链关键词使用率仍超过 50%，但整体比例较 2014 年还是下降了。不过适当地使用内链关键词对稳定的搜索排名还是很有帮助的。

7.7.10 内容的可读性

关于内容的可读性（以 Flesch 得分表示）分析如图 7-44 所示。

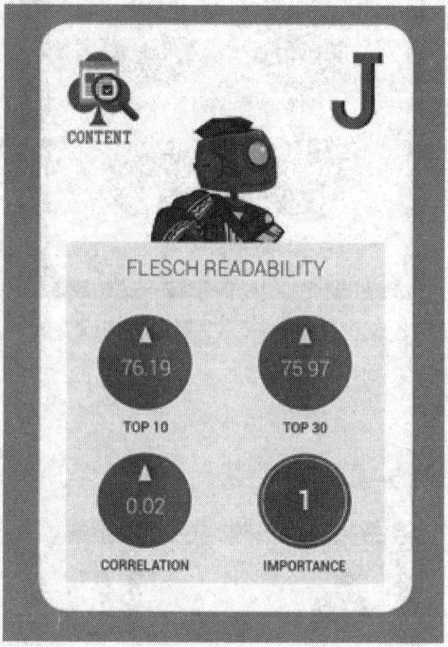

图 7-44 搜索引擎排名——内容的可读性分析

Flesch 得分指的是内容的复杂程度，Flesch 得分越高表示内容的可读性越高、越容易阅读。排名 TOP 30 的网站 Flesch 得分平均值为 75.97，而排名 TOP 10 的网站稍微高些（可读性更强），Flesch 平均得分为 76.19。

除了上述因素，还有很多因素影响 Google 排名，作者在这里仅仅列举出占比较大的因素，更多的内容读者可以自行搜索浏览，这里不再一一解读。

第 8 章 如何建设一支高效的 SEO 团队

通过前面章节的学习，我们了解到外贸网站 SEO 的知识，希望大家能多多实践，这样才能将知识完全消化。SEO 和其他的技术不同，很多知识点我们不能拿来就用，最有效的方法是将知识点结合自己所在的行业进行比对，找出不同点和相同点，这样才能逐步将这些知识点应用到自己的领域。

SEO 团队建设一直是国内 SEO 的痛点，作者通过和 SEOER 的对话了解到，在一家公司当中，SEOER 技术人员、编辑人员都是相对独立的，因此导致很多 SEO 方案无法执行。本章作者针对这些问题进行了详细的梳理和解读，帮助企业建设一支高效的 SEO 团队。

8.1 SEO 已经不是一个人能完成的工作

近些年搜索引擎算法不断升级，SEO 已经不再是最初的关键词叠加和文章采集。要让关键词获得排名，我们往往要投入很大的精力和时间。几年前，一个站长就可以轻松运营一个网站，但是现在已经非常艰难，这需要团队的配合协作。

作者在和一些 SEOER 聊天时发现一个问题：公司的 SEO 部门和技术部门是相互独立的，SEO 主管提出的意见无法被技术部门充分执行。因此，在本书中作者计划用单独的章节介绍 SEO 团队的组建和分工。

在未来的 SEO 中，团队协作是非常重要的，一个网站从准备之初就要让技术部门和 SEO 部门充分配合。SEO 部门首先要挖掘行业关键词和需求，然后考虑用户需求或者关键词的着陆页怎样在网站中展现出来，写好文案后和技术部门交流，让技术部门充分理解设计的需求，清楚 TDK 标签怎样布局，清楚<h1>、<h2>、<h3>等标签怎样设置。这些对后续的网站上线和 SEO 非常重要。

作者在 SEO 诊断工作中就遇到过很多类似问题，SEOER 要求每个网页的 TDK 标签可以自定义，但是技术人员设计的 TDK 标签和首页一样，无法修改，<h1>、<h2>、<h3>标签更是非常混乱，这样的结果就是网站一旦上线就会输在起跑线上。搜索关于 SEOER 和技术人员配合的关键词，我们可以看到很多 SEOER 为此烦恼，如图 8-1 和图 8-2 所示。

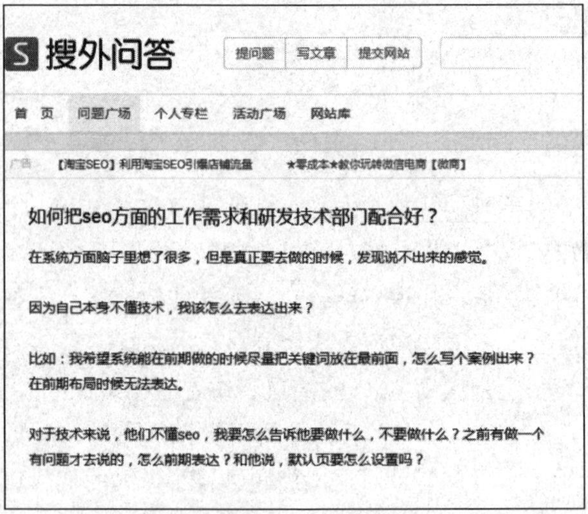

图 8-1　搜索关于 SEOER 和技术人员配合的关键词的结果 1

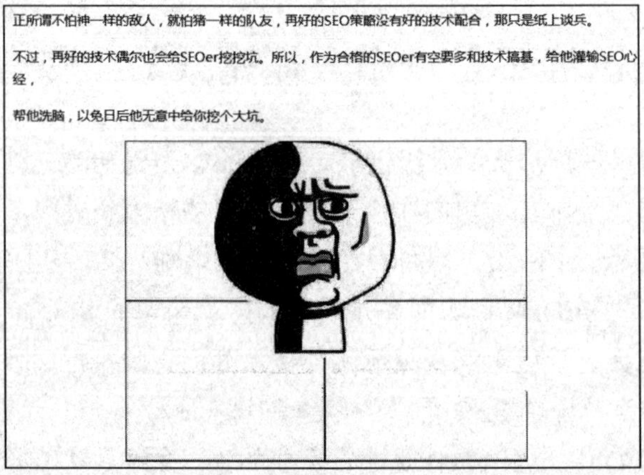

图 8-2　搜索关于 SEOER 和技术人员配合的关键词的结果 2

在我们自己的团队中，SEOER 和技术人员是紧密配合的，在技术人员开发网站的时候，SEOER 几乎站在后面不断地交流，如这里该如何实现、那里如何展示用户体验会更好等。

很多 SEOER 抱怨技术人员不懂 SEO，无法配合，老板不懂得协调两个部门的工作，等等。这里作者给计划做搜索引擎营销的企业老板几点建议：

- 如果公司较小，则技术部门和 SEO 部门没有必要分开，这样大家协调工作会比较容易。
- 技术部门和 SEO 部门最好有一名单独的主管，这名主管最好对 SEO 和技术都有所了解，方便协调两个部门的工作。
- 技术部门和 SEO 部门的绩效要综合管理。比如，并不是做一个网站就给一次绩效，而是将绩效分阶段，如网站做好给一次绩效、网站关键词获得排名给一次绩效，等等。

因为作者就是技术人员出身，知道作为技术人员有时候非常喜欢钻研，希望自己设计的网站非常炫酷，而这往往需要加入很多 JavaScript 代码，而这样的代码对 SEO 来说属于重标签，是不利于搜索引擎优化的，最终导致两个部门分道扬镳。解决这个问题并不难，重要的是两个部门要积极沟通，一个网站缺少了 JavaScript 代码也会降低用户体验，太多了又会影响搜索引擎优化，我们的工作就是商量出一个临界值，既能满足用户需求，又能适宜搜索引擎优化。毕竟一个网站首先要通过搜索引擎获得流量才能谈用户体验，如果连第一步都做不到，那么只能是空中楼阁了。

8.2　SEO 团队需要怎样的配置

前面小节我们已经对现阶段的 SEO 做了分析，也了解了 SEO 的前提是需要建设一支高效的 SEO 团队，那么一支 SEO 团队具体需要什么样的人员呢？大体来说，一支 SEO 团队需要 SEO 工程师、友链专员、关键词挖掘专员、编辑专员、数据分析师。下面我们来具体说说什么样的情况下需要什么样的人员。

因为每家公司的情况不同，每个项目的预算不同，所以在实际操作中并不是所有人员都能配套齐全的。本节作者为大家介绍在只有一名 SEO 工程师的情况下如何进行 SEO 操作。

现在什么项目都可以外包出去，但是作者建议只对友情链接建设和内容发布进行外包，关键词挖掘和数据分析尽可能自己操作。因为每个行业的需求是不一样的，如果我们将这两项工作外包，即便外包人员有很强的业务能力，但是不一定对我们所在的行业有充分的了解。作者建议的流程大概如下：

（1）分析行业用户需求，挖掘关键词，整理出至少 5000 个关键词。

（2）根据关键词制定相关的关键词着陆页，并且撰写网站开发方案。

（3）对网站进行外包，建议到 A5 平台发布任务，如图 8-3 所示，该平台的网站开发速度和质量都比较好，价格也比较合理。

图 8-3　A5 平台主页面

在 A5 平台发布任务非常简单，注册登录后，点击“发布任务”，填写相关信息，如图 8-4 所示。

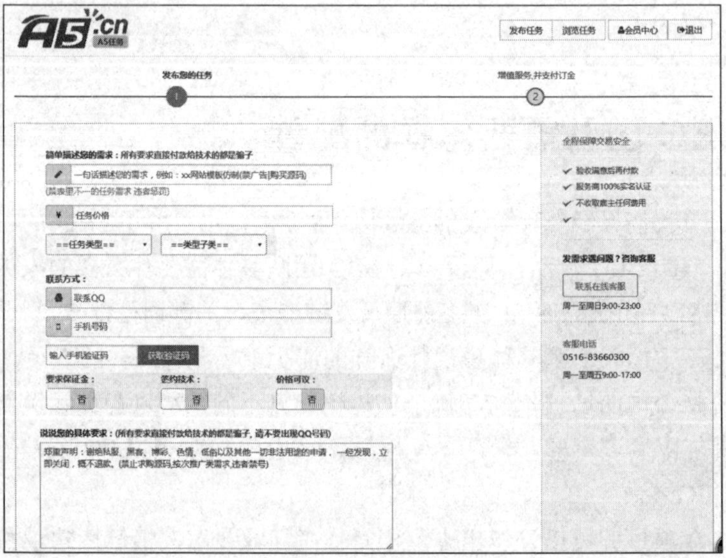

图 8-4　A5 发布任务界面

在 A5 平台发布任务对雇主是不收取任何费用的，全程 A5 平台担保交易，安全方便。

（4）程序开发完成后要进行详细的调试。首先要确定程序安全，没有漏洞；其次要分析是否符合 SEO 需求，比如网页是否可以实现 HTML 静态，TDK 标签是否可以实现自定义，<h1>、<h2>、<h3>标签是否合理，等等。

（5）联系文章编辑外包人员，告诉其网站行业需求，详细介绍关键词，和外包人员一起制定内容编辑方向和发布频率。编辑外包的团队有很多，读者可以自己到百度或者淘宝等搜索。这里作者推荐一支比较靠谱、实力较强的团队——木夹子原创文章代写，如图 8-5 所示。

图 8-5　木夹子网

该团队已经运行很多年，撰写的文章能紧密贴合关键词，不过其价格相对其他团队较高，但是我们外包的目的是要有效果，不要一味地追求价格。作者也组建过很多编辑团队，一般来说一名编辑纯手工撰写原创内容一天最多 5～10 篇，按照一名编辑一个月 2000～3000 元计算，对比来看木夹子的价格还是比较合理的，如图 8-6 所示。

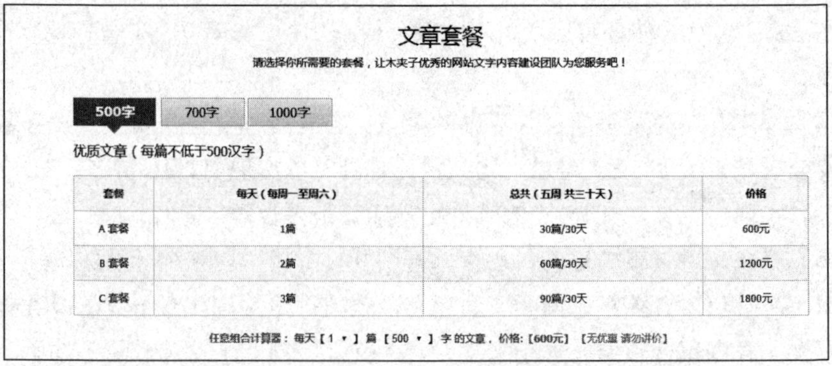

文章套餐

请选择你所需要的套餐，让木夹子优秀的网站文字内容建设团队为您服务吧！

500字 700字 1000字

优质文章（每篇不低于500汉字）

套餐	每天（每周一至周六）	总共（五周 共三十天）	价格
A 套餐	1篇	30篇/30天	600元
B 套餐	2篇	60篇/30天	1200元
C 套餐	3篇	90篇/30天	1800元

任意组合计算器：每天【1 ▾】篇【500 ▾】字 的文章，价格:【600元】【无优惠 请勿讲价】

图 8-6　木夹子文章套餐标准

如果考虑价格有点高，则可以自己使用 OCR 软件转化一些内容配合外包团队进行发布，建议网站上线初期每天发布 10～15 篇内容。

（6）对外包人员发布的内容进行实时监控，主要检查发布的内容是否包含我们挖掘的关键词，上下文是否和关键词相关，内容收录率怎么样，出现问题及时和外包人员沟通。

（7）对网站内容收录、关键词排名等情况进行数据分析，调整计划。

这样下来，我们只需要一名 SEO 工程师就可以，但是这名工程师一定要有丰富的经验，比如懂技术、了解 SEO、熟悉文章编辑等。如果对这些都不了解就盲目外包，则可能无法达到预期的效果。

下一节作者将为大家介绍一个完整的 SEO 团队的组建方案和分工。

8.3 SEO 团队的分工

8.3.1 SEO 工程师

SEO 工程师需要做什么？

在前面的小节中我们多次提到 SEO 工程师的工作，其角色相当于 SEO 团队的主管，负责把控整个 SEO 团队的协同工作。下面我们对 SEO 工程师的工作进行更为深入的解读，以便企业能用最快的时间建设高效的 SEO 团队。

SEO 工程师在网站建设之初就要和企业领导沟通好网站的行业定位、盈利模式等，然后依据网站的定位进行行业需求和关键词的挖掘，制定完善的 SEO 方案，比如程序开发方案、内容建设方案、外链建设方案等，再依据这些方案的需求招聘相关的人员。

下面我们通过一个真实的案例为大家解读这个过程。

在站群章节我们提到了甘肃旅游站群项目的建设方案，在这里我们对该项目团队的建设过程进行详细的介绍。甘肃旅游项目是一位朋友嘱托作者帮助其组建的团队，项目开始的时候整个团队只有一名 SEO 主管，该 SEO 主管负责过站群的项目，但是对旅游类型的网站并不熟悉。

整个团队的建设分为如下几个阶段。

（1）讨论阶段。这个阶段大家只是头脑里有一个大概的构想，想建设一批关于甘肃旅游、特产的网站，通过关键词排名将流量转化到淘宝等商城实现盈利，优化的关键词主要是甘肃的一些知名景点和特产小吃。该阶段确定了网站的建设数量和域名、服务器等事宜。

（2）行业分析、关键词挖掘阶段。这个阶段大家主要对现有的关于甘肃旅游和特产的网站进行了分析，发现特产相关关键词的竞争性比较弱，如图 8-7 所示，但是旅游相关关键词的竞争性较强，因为蚂蜂窝等大型网站都在做这些关键词，如图 8-8 所示。

图 8-7　百度搜索“陇南橄榄油”结果

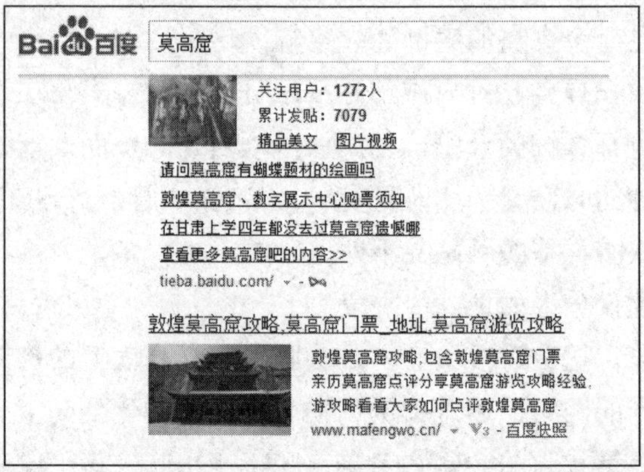

图 8-8　蚂蜂窝旅游类相关关键词

这样我们就决定旅游的关键词从长尾关键词入手，特产的关键词从目标关键词入手。按照这样的思路，SEO 工程师就开始挖掘关键词，如图 8-9 所示。

莫高窟长尾关键词挖掘

相关长尾词关键词共找到5978条记录[有指数：20 无指数：5958]

关键词	百度指数	长尾词数量	搜索结果
莫高窟	3318	3500	14700000
敦煌莫高窟	2238	989	4960000
莫高窟门票	591	57	1480000
莫高窟门票预约	375	10	224000
莫高窟的资料	317	45	217000
莫高窟图片	220	59	1500000
莫高窟内部开放	202	1	120000
莫高窟壁画	177	197	2340000

图 8-9　5118 关键词挖掘 1

通过挖掘“莫高窟”的关键词，我们可以整理出诸如“莫高窟资料”、“莫高窟内部开放”等长尾关键词，然后对这些关键词进行分组，相关性较强的 5～10 个关键词为一组，建设一个网站。而在特产方面，SEO 工程师对甘肃省内每一个地县的特产小吃进行了筛选挖掘，这次挖掘不能只依靠 5118 类似的工具，我们要在相关的地县门户网站、贴吧等处进行挖掘。简单的工具挖掘效果只能如图 8-10 所示，无法真正找到用户的需求。

陇南特产长尾关键词挖掘

相关长尾词关键词共找到31条记录[有指数：0 无指数：31]

关键词	百度指数	长尾词数量	搜索结果
陇南特产	-	25	1150000
甘肃陇南特产	-	4	1360000
陇南特产介绍	-	2	641000
兰州陇南特产店	-	2	885000
陇南特产小吃	-	2	274000
甘肃陇南特产是什么	-	2	1870000
陇南特产网店	-	2	242000
陇南特产药材	-	1	225000

图 8-10　5118 关键词挖掘 2

只有在陇南贴吧等地方挖掘才能找到真正的用户需求，如图 8-11 所示。

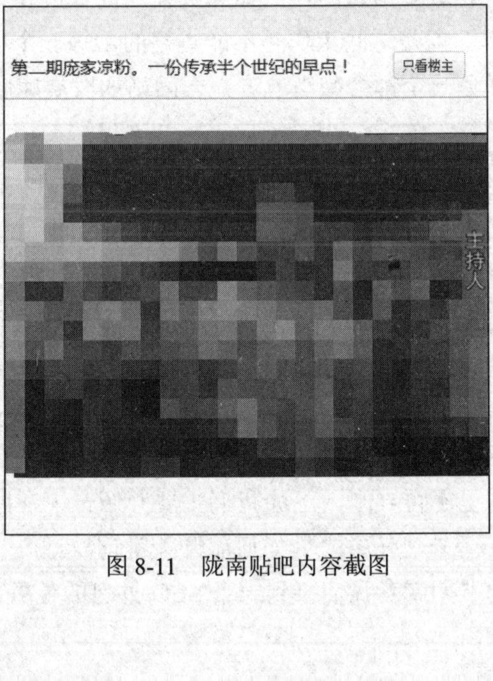

图 8-11　陇南贴吧内容截图

我们可以在这篇帖子中看到关于“庞家凉粉”的介绍，这才是最接地气的陇南特色小吃。将这些关键词总结出来，布局到网站，排名也相对比较容易，一旦做起来，转化率是相当不错的。

（3）招聘技术人员。和技术人员充分沟通，督促其按照 SEO 方案开发网站。

（4）招聘编辑。培训 10 天左右，培训的主要内容是如何在拿到一组关键词后建设相关的内容，主要方法就是我们前面提到的内容组合等模式，通过 10 天的培训让编辑熟练掌握这些技巧。

（5）网站上线。按照提前制定好的内容建设方案指导编辑按照要求发布文章。

（6）招聘外链建设人员。很少有专业的外链建设人员，大部分都需要进行培训，培训主要的内容是如何寻找有效的外链发布渠道、怎样将外链组合进软文当中、怎样购买高质量的外链等。

（7）招聘数据分析师。和数据分析师进行深入的沟通，让其知道整个项目的运行方案，熟悉行业需求。接着数据分析师开始工作，对网站的收录、排名情况进行分析，和 SEO 工程师不断沟通调整方案。

（8）招聘关键词挖掘专员。关键词挖掘专员的主要工作是在网站展示过程中不断挖掘整理新的关键词，安排技术人员布局到网站，编辑人员配合建设相关内容。

当然，这个过程并不是固定的，我们可以根据具体的项目需求进行适当的调整。有些人员也是没有必要招聘的，比如关键词挖掘专员和数据分析师就可以由 SEO 工程师全面负责。但是这些工作是不能省略的，每一个环节、每一项工作都是环环相扣的，少了哪一个都会减缓或者减弱网站的发展速度和效果。

8.3.2　关键词挖掘专员

前面小节我们初步了解了关键词挖掘专员的大体工作，下面就为大家展开详细的说明。可以肯定地说，关键词挖掘专员的工作仅次于 SEO 工程师。很多情况下关键词挖掘专员的工作是由 SEO 工程师完成的，我们在这里不加以区分，大家可以根据自己团队的实际情况区分，但是归根结底主要是关键词挖掘要什么做的问题。

关键词挖掘的工作从网站筹备初期就开始了。这个过程在前面的小节中已经做了详细的介绍，这里不再展开。下面我们主要介绍一下在网站运营中期或者当 SEO 优化团队接到一个外包任务之后如何展开关键词挖掘。

一个网站运营到中期或者我们接到一个 SEO 外包的任务，都有一个共同的特性，那就是网站现有的关键词已经有了排名，但是整体流量不高，不知道该如何进行扩展。很多 SEOER 遇到这个问题的时候往往就是一味地把现有的关键词排名提升到前三甚至第一，但是往往投入了很多外链资源却不见效果，感觉无计可施。

作者建议这个时期不妨尝试一下挖掘新的关键词，将这些长尾关键词布局到网站，因为网站已经有了权重，布局到网站的关键词很快就会获得不错的排名。这些关键词虽然指数不高，但是排名较为容易，并且量非常大。

为了让大家清晰地了解这一点，我们列举一个真实的案例。有人做了一个关于中药材的网站，其优化的关键词主要是“中药百科”、“中药方剂”、“中药养生”、“中药大全”等。网站上线了 3 个月，这些关键词排名一直在 50 名左右徘徊，非常苦恼，内容不知道发什么好，关键词也不知道如何扩展。

针对这个问题，我们来进行分析。以“中药百科”为例，百度搜索引擎搜索“中药百科”关键词的结果如图 8-12 所示。

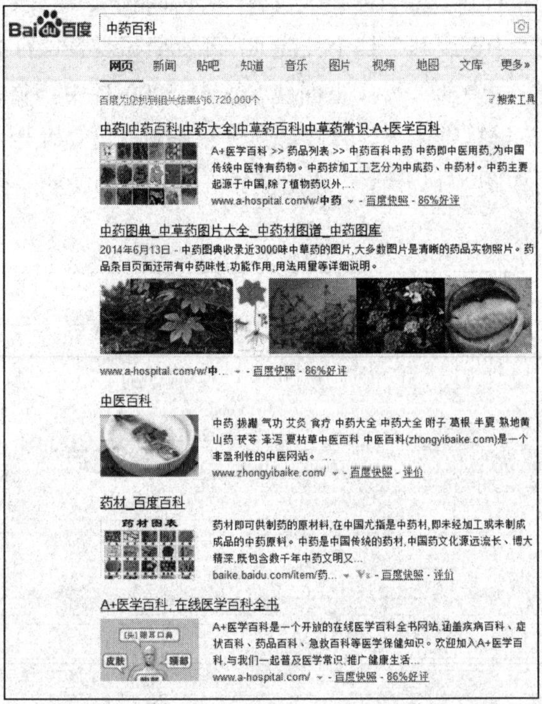

图 8-12　百度搜索“中药百科”结果

可以看到很多网站在使用网站首页做该关键词的优化，说明该关键词的竞争性较强。而 5118 查询结果如图 8-13 所示。

中药百科长尾关键词挖掘

相关长尾词关键词共找到75条记录[有指数：1 无指数：74]

关键词	百度指数	长尾词数量	搜索结果
中药百科	71	70	6720000
中药百科网	0	1	4520000
百度百科中药	-	27	-
中药百度百科	-	27	-
中药百科大全	-	5	4970000

图 8-13　5118“中药百科”长尾关键词挖掘

可以看到“中药百科”的百度指数仅有 71，非常低。这样看来，我们与其耗费时间和精力去优化“中药百科”这个关键词，不如尝试挖掘该行业下的其他关键词。

分析可以得出，“中药百科”下面包含大概 5000 种中药材信息，我们可以首先将这 5000 种中药材总结出来，然后对其进行筛选。可以使用站长工具中的关键词优化分析功能，如图 8-14 所示，选出指数在 50～100 之间、竞争性较弱的中药材名称。

当前位置： 站长工具 > 关键词优化分析

板蓝根

关键词 板蓝根 的分析结果

<table>
<tr><th colspan="6">长尾关键词</th><th>指数</th></tr>
<tr><td colspan="6">板蓝根的功效与作用
板蓝根颗粒
板蓝根泡面</td><td>3310</td></tr>
<tr><th colspan="6">排名前10网站分析</th><th>竞价网站数量</th></tr>
<tr><td>权重>=4</td><td>首页</td><td>内页或目录页</td><td>权重<=4</td><td>首页</td><td>内页或目录页</td><td rowspan="2">0(竞价量时刻在变化)</td></tr>
<tr><td>8个</td><td>0个</td><td>8个</td><td>0个</td><td>0个</td><td>0个</td></tr>
</table>

图 8-14　关键词优化分析

最后为这些中药材准备着陆页。着陆页的准备也需要做深入的分析，我们可以首先查看排名靠前的网页内容，如图 8-15 所示。

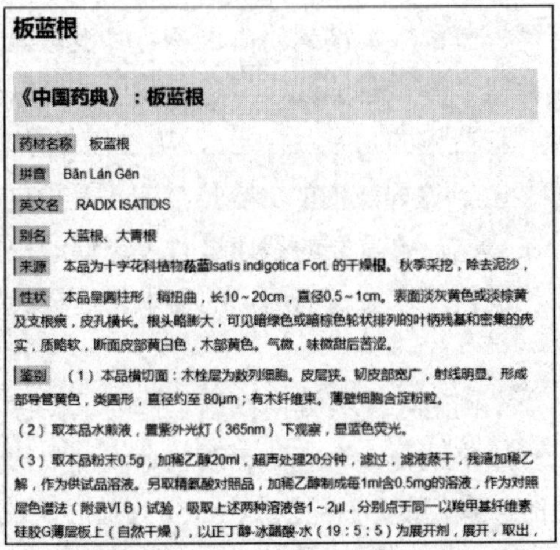

板蓝根

《中国药典》：板蓝根

药材名称　板蓝根

拼音　Bǎn Lán Gēn

英文名　RADIX ISATIDIS

别名　大蓝根、大青根

来源　本品为十字花科植物菘蓝Isatis indigotica Fort. 的干燥根。秋季采挖，除去泥沙，

性状　本品呈圆柱形，稍扭曲，长10～20cm，直径0.5～1cm。表面淡灰黄色或淡棕黄及支根痕，皮孔横长。根头略膨大，可见暗绿色或暗棕色轮状排列的叶柄残基和密集的疣实，质略软，断面皮部黄白色，木部黄色。气微，味微甜后苦涩。

鉴别　（1）本品横切面：木栓层为数列细胞。皮层狭。韧皮部宽广，射线明显。形成部导管黄色，类圆形，直径约至 80μm；有木纤维束。薄壁细胞含淀粉粒。

（2）取本品水煎液，置紫外光灯（365nm）下观察，显蓝色荧光。

（3）取本品粉末0.5g，加稀乙醇20ml，超声处理20分钟，滤过，滤液蒸干，残渣加稀乙解，作为供试品溶液。另取精氨酸对照品，加稀乙醇制成每1ml含0.5mg的溶液，作为对照层色谱法（附录VI B）试验，吸取上述两种溶液各1～2μl，分别点于同一以羧甲基纤维素硅胶G薄层板上（自然干燥），以正丁醇-冰醋酸-水（19：5：5）为展开剂，展开，取出，

图 8-15　某网站关于“板蓝根”的内容

可以看出这篇文章对板蓝根的性状、鉴别等方面做了介绍。接下来我们可以使用 5118 工具对“板蓝根”关键词进行挖掘，如图 8-16 所示。

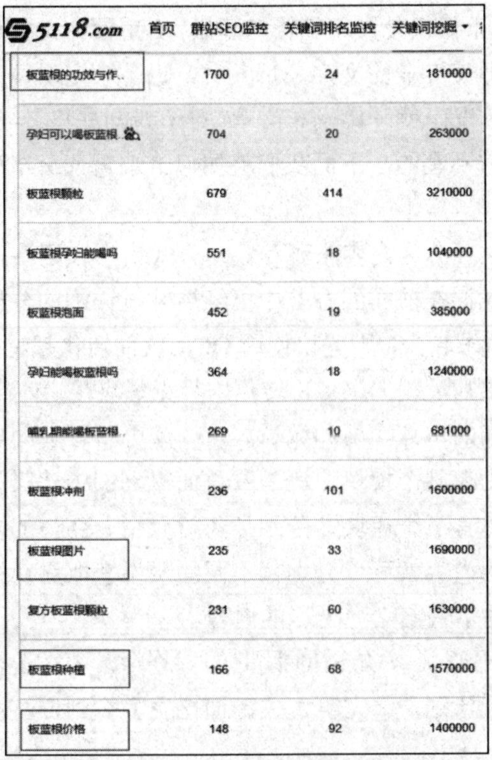

板蓝根的功效与作...	1700	24	1810000
孕妇可以喝板蓝根...	704	20	263000
板蓝根颗粒	679	414	3210000
板蓝根孕妇能喝吗	551	18	1040000
板蓝根泡面	452	19	385000
孕妇能喝板蓝根吗	364	18	1240000
哺乳期能喝板蓝根...	269	10	681000
板蓝根冲剂	236	101	1600000
板蓝根图片	235	33	1690000
复方板蓝根颗粒	231	60	1630000
板蓝根种植	166	68	1570000
板蓝根价格	148	92	1400000

图 8-16　5118 长尾关键词挖掘

可以看到用户对“板蓝根”关键词的需求还有“板蓝根的功效与作用”、“板蓝根图片”、“板蓝根种植”等。有了这些信息，我们就可以模块化组合文章了。比如，从 A 网站整理“板蓝根的功效与作用”，从 B 网站整理“板蓝根图片”，从 C 网站整理“板蓝根种植”。这样我们的内容虽然都不是原创的，但是这些内容在我们这里首次被结合在一起，更重要的是通过对关键词的挖掘和分析，我们知道这些内容能满足搜索“板蓝根”关键词用户的需求，这样就完成了关键词着陆页的创建。

本节我们通过一个案例阐述了关键词挖掘工作的重要性，也提到了关键词着陆页的建设。SEO 工作本来就是一个整体，在整个流程中切记不要让每个人员相互独立，这是很可怕的。我们的 SEO 团队应该做到随时交流，随时调整策略。

8.3.3 编辑专员

相对于其他 SEO 团队的人员，编辑人员是最为重要的。很多企业招聘文字编辑人员，一上岗就开始发布文章，这是不正确的。作者建议至少应该培训 10 天，这 10 天培训的内容不仅仅是文字编辑的基础，更重要的是要让编辑人员了解网站所属的行业。因为即使专业的文字编辑人员，也不一定对每个行业都熟悉，在没有熟悉网站行业的情况下就开始发布文章，对于新网站将会导致不可挽回的后果，对于老网站也是非常不利的。下面我们就如何给编辑人员培训和编辑人员的工作内容展开分析。

编辑人员培训主要分为内容来源和整理方式培训、网站行业属性培训。

关于内容来源我们在前面的章节中已经展开过详细的分析，这里有必要再重复一次。如果内容需求较少，则建议使用 OCR 软件转化超星等 PDF 格式的文件；如果网站需求的文章数量较大，OCR 转化内容无法满足，就需要进行内容组合了，这也是编辑人员培训的重点。要和编辑人员一起分析行业的属性，比如分析某个栏目的文章可以分为哪几个模块。还是拿前面提到的中药类型网站的例子，中药百科栏目的文章大体有三个模块，分别是药材介绍、药材的功效与作用、药材的图片，这三个模块的内容就可以分别从不同的网站获取进行组合。让编辑人员充分掌握这样技能就能衍生出无穷无尽的内容。

如果说 SEO 工程师是一支 SEO 团队的规划师，那么编辑人员就是完成这些规划的原动力。无论计划多么完美、关键词挖掘多么到位，没有编辑人员的执行都是空谈。

8.3.4 友链专员

SEO 圈一直流行一句话，“内容为王，外链为皇”，由此可以看出友情链接对于 SEO 的重要性。在前面的章节中我们已经对 SEO 工程师、编辑专员等人员的分工做了详细的分析，本小节我们对非常重要的友链专员工作进行梳理，帮助 SEO 团队快速建设高效的友情链接团队。

简单来说，友链专员的工作大体如下：

- 负责网站外链的建设及维护。
- 统计报表，包括外链 URL，同时对外链资源进行归类整理，定期提交外链执行计划及统计报告。
- 参与 SEO 外链建设的分析与优化，负责外链的建设与维护。根据公司提供的资源（善于自己发掘资源）以及指定的完成进度，合理发布网站的外部链接。
- 用 Excel 报表记录每天的工作情况，记录外链地址等。
- 根据外链要求，和相关性网站洽谈交换友情链接，完成其他 SEO 相关任务，协助团队其他成员完成网络推广等方面的工作。

现阶段外链的发布已经越来越艰难，以前发布免费外链的渠道主要是论坛和 B2B 网站，现在绝大多数论坛都禁止用户发布带链接的内容。很多 SEOER 问过作者这样的问题：纯文本的网址算不算外链？对 SEO 有没有帮助？这里所说的纯文本网址如图 8-17 所示。

尽管域名或者 URL 在发布的内容中有显示，但是只以文本的形式出现，并没有链接。可以肯定地说，这样的纯文本不属于外链。从大量的案例中我们得出，尽管这样的纯文本不属于外链，但是一个域名如果在搜索结果中多次出现在其他网站的内容中，如图 8-18 所示，对 SEO 还是有非常积极的促进作用的。因此，作者建议外链专员可以考虑发一些这样的纯文本“外链”。

到目前为止，还有一些 B2B 网站是可以发外链的，但是不要找大型的 B2B 网站，发布的外链很容易被删掉，尽量选择使用 Destoon 建设的、有一定的权重、管理比较宽松的 B2B 网站。发布的时候不要刚注册就赤裸裸地发外链，作者建议首先虚构一个公司名称、公司简介，用这些资料注册企业用户，然后上传一些产品图片，过几天再逐步添加外链，如图 8-19 所示。

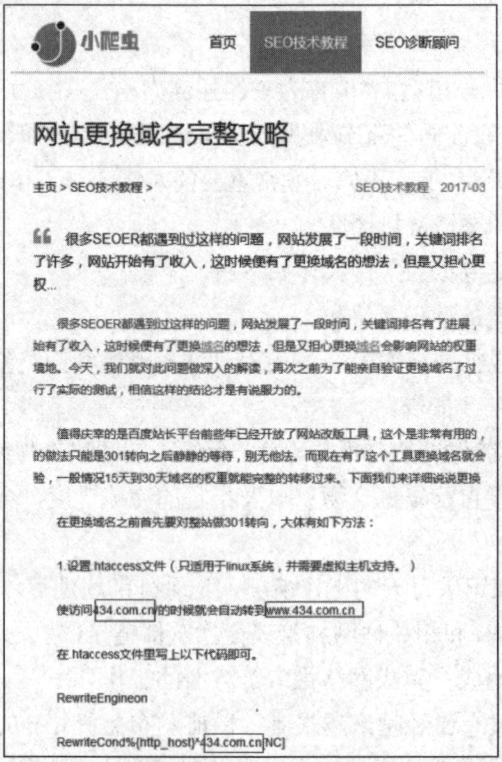

图 8-17　纯文本网址示例

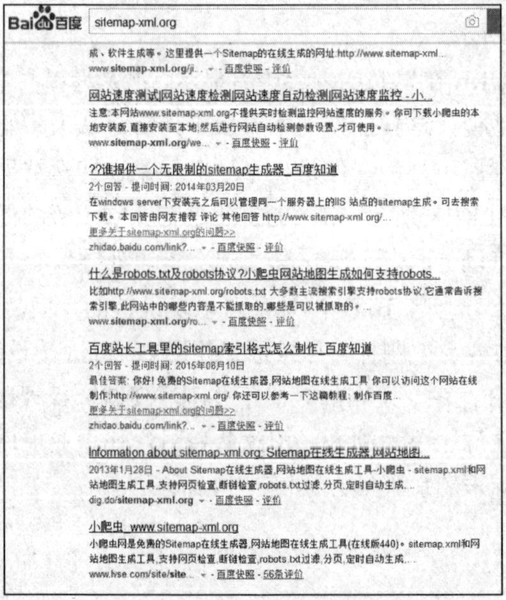

图 8-18　域名出现在其他网站的内容中

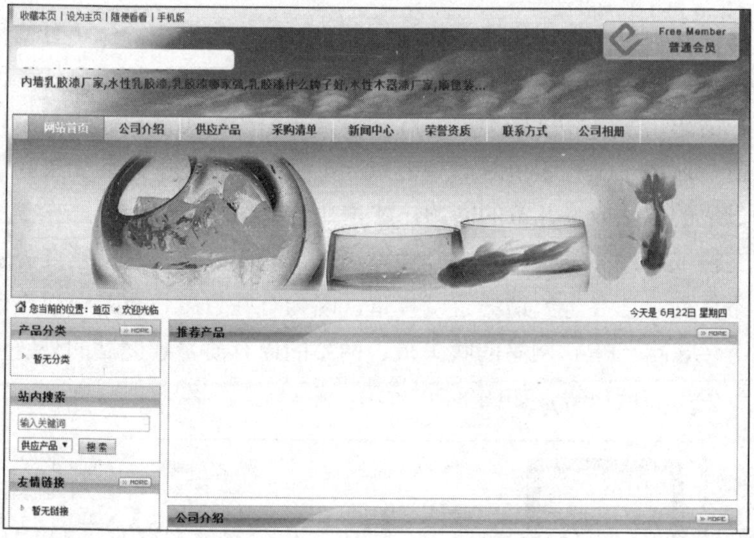

图 8-19　B2B 网站企业界面

一般情况下，这些 B2B 网站管理员只会对注册的公司进行审核，后续发外链等操作都是相对容易的。

具体的外链建设在前面的章节中已经有了详细的介绍，这里不再讲述。接下来我们再介绍一下外链专员如何对自己的工作进行有效的梳理和规划。

作者一直主张外链不要求过多，要关注质量。很多外链专员只是一味地追求数量，这样的操作是毫无意义的。外链专员要在网站外链建设之初就对行业进行研究，分析一下该行业大部分 SEOER 是如何操作外链的，关键词排名前三位的网站外链有多少、在哪些地方。做好外链分析之后就需要进行合理的部署，切记不要一下子将外链全部发出。最好的方法是分阶段，比如网站刚上线，没有权重，这时候如果突然有了很多高权重的外链，则是不符合实际情况的，对 SEO 也不会有利。

作者建议在网站上线初期尽量选择一些权重为 1～2 的网站建设外链；网站上线一段时间后，我们自己的网站权重有所提高，达到 1～2，这时候就可以选择一些权重为 3～4 的网站建设外链；以此类推。

还有一点非常重要，就是外链源的网站一定要和我们的网站属于相同、相似的行业，或者至少要有相同的用户群体。尽管前面章节对此已经做了深入的分析，但在这里有必要再强调一下。

比如一个关于旅游的网站，我们该找什么类型的网站建设外链呢？通过分析旅游行业的用户群体，可以得出关注旅游的大部分用户是年轻人、喜欢户外用品的人等，这样我们就可以优先选择旅游行业的网站作为链接源；还有就是相同的用户群体，比如关于户外运动的网站、关于山地车的网站、关于户外帐篷的网站等，从用户需求出发，和这些类型的网站做外链至少有可能引起相同用户群体的关注和点击，这也正是搜索引擎对外链如此重视的原因之一。而如果我们将链接源选择为母婴的网站或者儿童的网站，就是非常糟糕的。

除了交换或者发布外链，还有一种方法就是购买外链。这就需要外链专员非常谨慎，不要简单地参考所谓的百度权重，因为有些百度权重是可以造假的。作者建议参考 Google PR、网站的收录量、网站的内容质量、网站的外链情况、网站悬挂了多少出站链接等，如图 8-20 所示。

[redacted]	报纸杂志	2	396	0	待更新	¥30.00
信宜老乡网	综合门户	2	482	0	13300	¥30.00
儋州新闻在线网	综合门户	2	1222	0	待更新	¥30.00
贺州新闻网	综合门户	4	26732	1	13100	¥30.00
中华水工业网	机械设备	1	4020272	3	104000	¥30.00
热点网	农林种植	1	24464	0	待更新	首页¥15
食品机械商务网	机械设备	1	14470	1	15100	¥20.00
仪器仪表商务网	电子通信	1	145638	4	214000	¥40.00
青岛生活网	分类信息	2	61441	4	121000	¥50.00
[redacted]	校园高校	3	9094	0	2990	首页¥3
优格网	综合门户	1	14542	4	待更新	¥30.00
奇秀网	娱乐资讯	1	9052	0	待更新	¥20.00

网站总数:7079　首页　1　2　3　4　5　…　354　下一页

图 8-20　某网站外链买卖列表

图 8-20 中的一个论坛权重达到 3，每月的价格是 30 元，看起来非常实惠，但是分析该网站可以看出，其有超过 50 个出站链接，并且有一部分链接属于灰色行业。如果我们将网站外链做到这个网站是不会有效果的，反而会影响网站权重。

8.3.5　数据分析师

我们这里所讲的数据分析师不是传统的大数据分析师，而是针对 SEO 团队中的数据分析方面。在 SEO 过程中，数据分析师要不断地统计数据、分析数据，比如网站流量监测分析、网站关键词排名监测分析、搜索引擎蜘蛛爬行监测分析、广告点击转化监测分析等。

下面我们就针对这些监测分析做深入的研究。在开始数据分析之前，数据分析师应该具备这些业务能力：

（1）充分掌握 Excel 的使用。Excel 是一个最原始而且最容易入手的分析工具，如果你有少量的数据进行分析和汇总，那么 Excel 是你的不二之选，结合丰富的函数与公式，你能轻松地得到你想要的数据。如果你懂得计算机语言，会使用 VBA 进行编程，那就如虎添翼了，并且还可以轻松地制作棒图、饼图、折线图等图表。但是 Excel 不可能是完美的分析工具，因为它的数据容量实在是太小了，超过 1 万行的数据请不要使用 Excel。

（2）网站分析基础知识。了解一些网站分析的基础知识是必需的，你要知道会话、PV、UU、UV 等指标值的含义。

（3）网站开发的知识。数据分析师通过衡量各种指标值的优劣来评价网站的状况，以及提出改善优化的对策。如果数据分析师对网站的开发和构筑知识一点都不了解，也就不能准确地通过分析指标值的高低衡量网站的运营状况。作为一名合格的数据分析师，你需要了解一些网站建设和运营的知识、网站设计的知识，以及与用户体验相关的知识。这样你才能制作出更有高度和深度的分析报告。

（4）网络营销的知识。数据分析师的工作范围从宏观上可以分为“站内”和“站外”两大领域。站内的工作重点在于改善用户体验、优化转化路径、SEO、分析用户行为等站内活动；站外的工作重点则在于如何更多、更准确、更优质地吸引用户进入网站。所谓站外的工作主要是指网络营销，按照具体的实现方式可以分为展示广告（Display Advertising）、PPC 推广、SEO、邮件营销、视频推广、QQ 群推广、博客营销、微博营销、SNS 营销等。

第 9 章 全网优化

前面我们介绍了如何建设一支高效的 SEO 团队，在现阶段的 SEO 操作中，这一点是非常重要的。作者建议企业老板和负责人一定要重视这个问题，不要简单地认为招聘一名 SEO 主管就可以解决 SEO 的所有问题。

随着互联网的发展，现阶段 SEO 已经不能满足网络营销的需求。本章作者将对微信营销、新媒体营销进行深度的解读，和大家一起探讨如何让一篇内容的价值最大化，如何把握内容创业的风口。

9.1 全网优化时代到来

SEO+的概念由《跟我学 SEO 从入门到精通》一书的作者、CRAZYSEO 创始人张新星提出。所谓 SEO+，简单地说就是 SEO 的深度研究+全网优化。以前我们认识的 SEO 只是简单的搜索引擎优化，让关键词获得排名。其实 SEO+不仅仅是在搜索引擎中获得排名这样简单，SEO+更重视如何留住用户，如何将用户转化为客户。对于一篇优质的内容，我们不仅仅希望其在搜索引擎中获得排名、获得流量，更希望其价值最大化，让更多的潜在用户关注我们的内容，转化为我们的客户。

比如我们发布的一篇文章《解密关键词快速排名上首页的方法》，如图 9-1 所示。

图 9-1　文章《解密关键词快速排名上首页的方法》

三天之后，长尾关键词“关键词快速排名上首页方法”在百度搜索引擎中排在第三位，如图 9-2 所示。

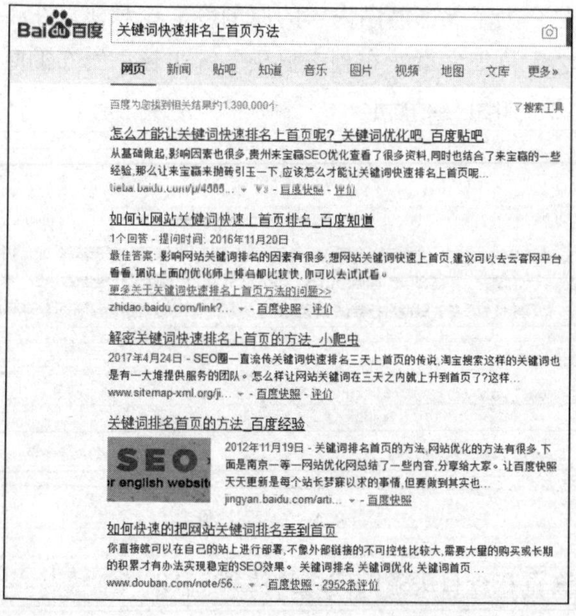

图 9-2　长尾关键词“关键词快速排名上首页方法”的百度排名

这样的长尾关键词每天会带来 10～50 IP 左右的流量，这就是我们以前 SEO 工作的全部。

那么现阶段 SEO+该如何操作呢？除了在百度搜索引擎中获得流量，我们还可以把这篇文章发布到今日头条等平台，如图 9-3 所示。

图 9-3　在今日头条发布文章《解密关键词快速排名上首页的方法》

需要注意的是，为了保证网站内容的原创度，作者建议在百度搜索引擎收录网站发布的内容之后再把文章发布到今日头条等平台，发布的时候可以在内容底部留下文章的来源，如图 9-4 所示。

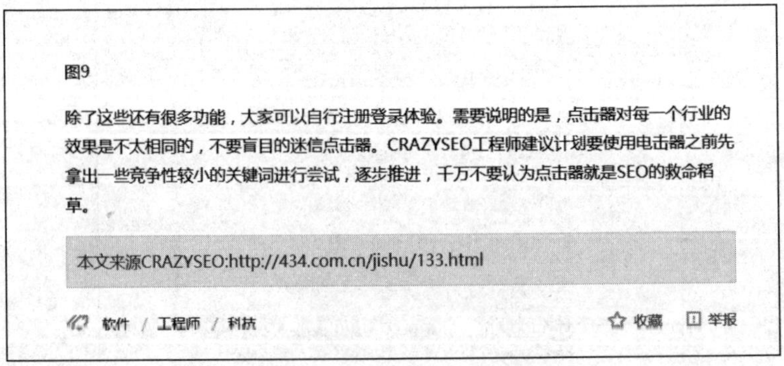

图 9-4　文章来源

一天后，该文章在今日头条的阅读量达到 1582 次，转发 32 次，增加 7 个粉丝，收藏 286 次，如图 9-5 所示。

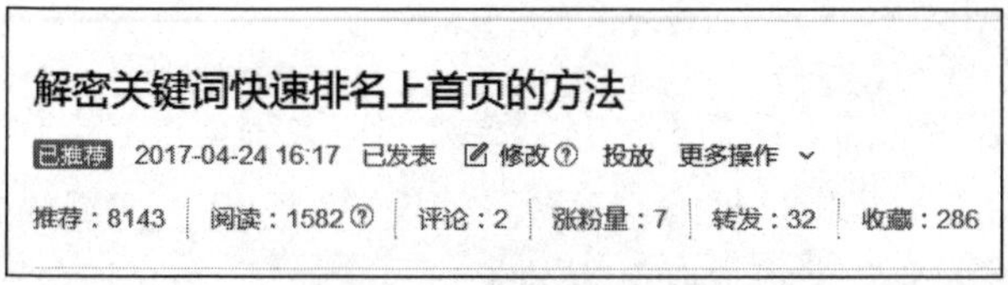

图 9-5 今日头条文章数据

接下来我们还可以将这篇文章发布到微信公众号、大鱼号、百家号等平台。

除此之外，我们还可以将这篇文章转发到微博、QQ 空间等，这些操作都会带来不同的用户和流量。

最后，我们还可以在知乎上针对此问题展开讨论，这样也可以吸引一部分用户的关注。

经过这样的一系列操作之后，我们将这篇文章的作用发挥到了极致。

SEO+还有一个重要的特质，就是不仅仅关注网站关键词的排名，更在乎排名带来的流量和流量的转化。作者在之前做项目的时候遇到过这样的问题：我们费了很大的精力把一个关键词做到了百度搜索引擎前三位，按照关键词的指数每天至少可以带来 200 IP 左右的流量，但是实际每天只有不到 50 人点击进来。

经过分析才知道是因为网页的描述部分和关键词的定义不符合，我们在做描述的时候没有对关键词进行深入的研究分析，只是随便围绕关键词写了一段描述，这样用户搜索这个关键词，看到了我们的网站，但是仔细一看就会发现下面的描述和关键词不符，很多用户就会选择点击其他描述和关键词更加相关的搜索结果。

这个案例告诉我们，不能简单地认为 SEO 就是做排名，我们要对关键词进行深入的需求挖掘，只有内容符合用户的需求，网站关键词排名才能持续稳定，这才是 SEO 的核心。

还有一种情况是，我们网站的关键词排名已经在前三位，用户也点击进入了我们的网站，但是用户没有找到需要的内容，于是选择离开继续点击其他搜索结果的网站，这样我们网站的跳出率就会很高，就会导致排名下降。一些 SEOER 经常抱怨自己的网站关键词排名忽高忽低，究其原因就是网站内容不符合用户的需求，但是对于搜索引擎而言 SEO 已经做到了极致，所以网站关键词排名就会基于人工干预和搜索引擎自动排名的机制上下跳动。

即便我们的内容留住了客户，我们还要通过对关键词的深度分析来确定如何将我们的产品或者品牌植入内容当中。这个问题绝非简单的 SEO 人员就能完成的，需要 SEO 工程师和广告策划、产品优化经理共同研究决定。这一步是非常重要的，前面我们建设网站、发布内容、让关键词获得排名不就是希望最终能宣传品牌或者推广产品吗？

SEO+时代已经带来，我们不能只把眼光放在关键词排名上，而要深层次地分析用户的需求，为用户提供更多、更有效的内容，同时更加重视品牌的建设和用户的转化，这些才是一个网站生存的根本。

本章作者将围绕 SEO+和全网优化展开深入的讲解，为大家测评虫虫营销助手，分析怎样的内容才能获得更多的阅读量，引导读者抓住内容创业的风口，用最低的成本创造最大的价值。

9.2 微信营销

作者在策划本书的时候就想到了将微信营销专门整理一下，这也是《跟我学 SEO 从入门到精通》一书很多读者的建议。市场上微信营销的 APP 有很多，在前两年作者也尝试使用过一些，但是都不太理想，主要问题是微信账号容易被封。

9.2.1 认识虫虫营销助手

作者和虫虫营销创始人三叶虫是老友了，但是本次在书中使用很大的篇幅推荐这个系统，不仅仅是老友的关系。2016 年中旬，作者就拿到了三叶虫邮寄过来的测试手机，从那天开始，作者就对该系统进行了非常详细的测试，从功能到营销效果，再到是否容易被封号等方面。值得肯定的是，到目前为止，当时注册的三个微信账号都没有被封。

虫虫营销助手拥有大批忠实用户，装机量达数万台，也为很多用户创造了巨大的经济收益，堪称网络营销软件行业的翘楚。而如今移动互联网发展迅猛，已经和传统互联网并驾齐驱，甚至有超越之势。

虫虫营销助手基于安卓系统开发，支持微信、手机 QQ、QQ 新闻、Facebook、WhatsAPP 5 款 APP 的智能营销功能，并结合手机集群管控系统和 APP 控制平台，能像微信公众平台一样，非常方便地在电脑浏览器上对高达 500 部手机、5000 个微信号/QQ 号进行批量营销控制，同时还能对所有微信号的好友消息进行读取回复。

虫虫营销助手的优势：

- 单开多账号循环登录方式，降低多开封号风险（分身多开方式已经被封杀）。
- 完全采用模拟人工触屏点击方式操作微信，而不是利用插件或者漏洞，极大地降低了被封号的风险。

- 素材管理和导入功能，可以在电脑上编辑好文字图片内容，在后台自动分发到手机。
- 多任务管理功能，方便挂机，全自动 7×24 小时不间断运行。
- 由专业团队开发，功能和便利性不是淘宝上几十元的小软件所能比拟的，且升级和售后都有保障。
- 不仅是微信营销，手机 QQ、Facebook、WhatsAPP 都可以支持。
- 能将所有微信号的新消息自动提取到后台，由客服在浏览器中进行处理和回复。
- 最多支持 500 台手机和 5000 个微信号集群管控，集中处理消息收发回复，极大地节省了人力。

9.2.2　虫虫营销助手功能介绍

下面我们重点来看微信营销包含的功能。

（1）支持微信 6.2.6。

（2）多账号循环登录、“站街”。经过作者的测试，这个功能非常好用，我们只需要在“编辑素材”→“微信账号素材”中添加我们提前注册好的微信公众号，如图 9-6 和图 9-7 所示，系统就可以在执行任务的时候自动切换账号进行操作。每次的退出和登录都是模拟人工点击，可避免被封号。

图 9-6　虫虫营销助手——编辑素材

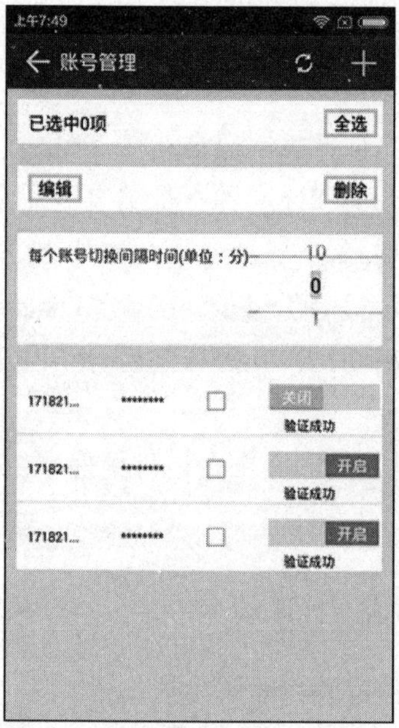

图 9-7 虫虫营销助手——账号管理

（3）内置地图，可随意设置定位（并自动位移）。有了这个功能，我们可以将微信账号的所在地随意设置到全球各个地方。设置也非常简单，只需输入需要定位的城市，然后选择定位的地点即可，如图 9-8 所示。

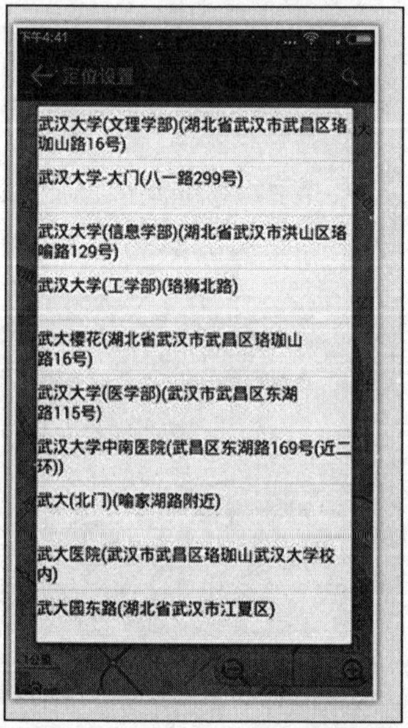

图 9-8 虫虫营销助手——定位设置

除此之外，还可以设置微信号间隔一段时间移动一段距离，这样就可以“扫街”了。

（4）随机发消息。

（5）支持多任务管理。

（6）素材管理（账号管理、打招呼、消息和朋友圈素材），如图 9-9 所示。

图 9-9　虫虫营销助手——选择发布素材

我们可以提前将这些素材设置好，在后续操作的时候，系统会自动使用这些素材进行加好友等操作，非常方便。

（7）全自动打招呼添加好友，通过率可达 20%。在添加微信好友的同时系统会自动抓取对方的微信账号，使用微信账号+问候语的方式申请对方加好友，比如“张三你好，很高兴认识你”等。

（8）微信朋友圈点赞，如图 9-10 所示。设置完成后，系统会根据设置的点赞数量自动在朋友圈进行点赞。

（9）朋友圈自动发布，如图 9-11 所示。我们只需选择需要发布的朋友圈素材，设置朋友圈发布的时间，系统就会自动定时发布朋友圈。

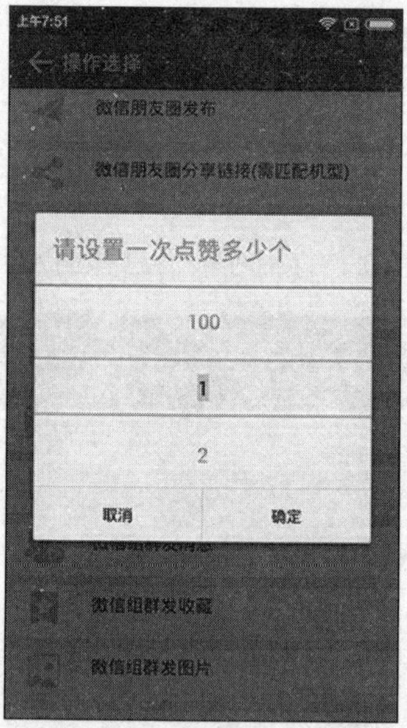

图 9-10　虫虫营销助手——点赞设置

图 9-11　虫虫营销助手——自动发布朋友圈

（10）微信搜索加好友。

（11）微信好友群发消息。

（12）微信自动通过附近的好友。

（13）微信分享链接。

（14）微信 QQ 加好友。

（15）微信认证加 v。

（16）微信组群加好友。

（17）微信组群发消息。

（18）微信组群发收藏。

（19）微信附近的人站街。

除了微信营销，虫虫营销助手还有 QQ 营销、Facebook 营销、WhatsAPP 营销等非常强大的功能，这里不再详细展开，读者可以使用百度搜索引擎搜索相关内容浏览。

9.2.3　虫虫微信云控系统

下面我们重点来看虫虫营销助手更强大的功能——虫虫微信云控系统，我们可以使用该系统在线管理设备的运行。比如设备在公司，我们在家里或者任何地方都可以登录云控系统对每台运行的设备进行管理，如图 9-12 所示。

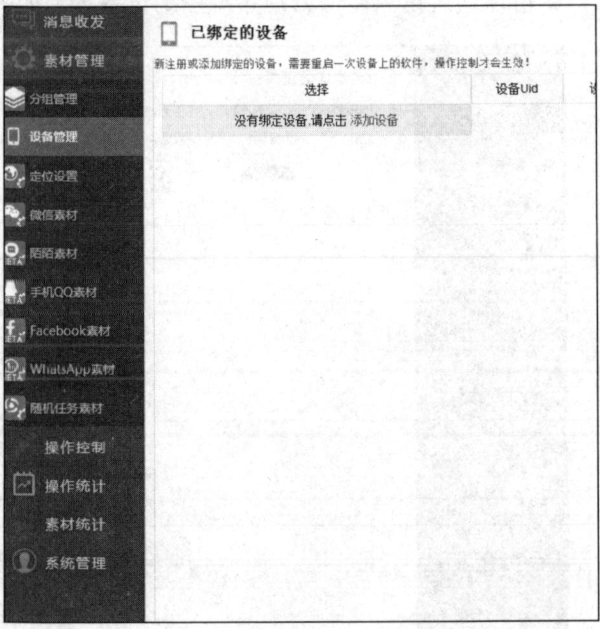

图 9-12　虫虫营销助手——云控系统

第一次进入这个平台需要绑定设备，如图 9-13 所示。

图 9-13　虫虫营销助手——绑定设备

绑定过程需要填写授权设备 UID 和授权设备特征码，这可以在虫虫营销助手 APP 用户信息中找到。

绑定完成后，就可以通过虫虫微信云控系统控制设备了，如图 9-14 所示。

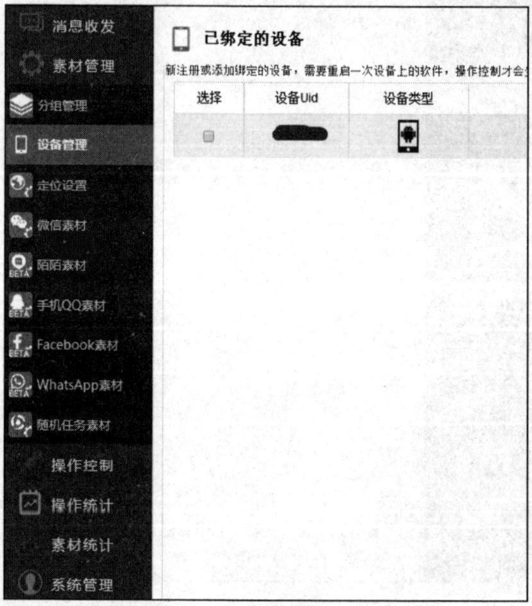

图 9-14　虫虫营销助手——设备控制

下面我们来详细看看使用虫虫微信云控系统的操作过程。

首先进行定位设置，如图 9-15 所示。

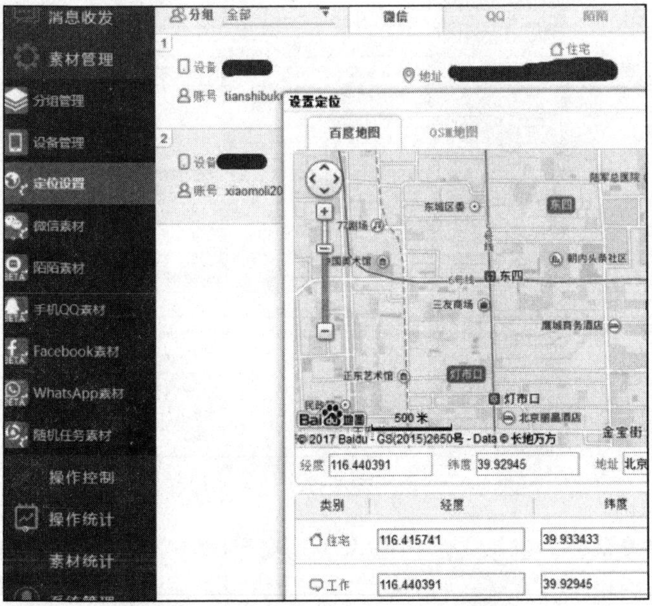

图 9-15　虫虫营销助手——定位设置

可以搜索城市名直接选择坐标点，可以设置两个坐标点，分别是住宅和工作地点，设置完成后打开“位移”选项，如图 9-16 所示。

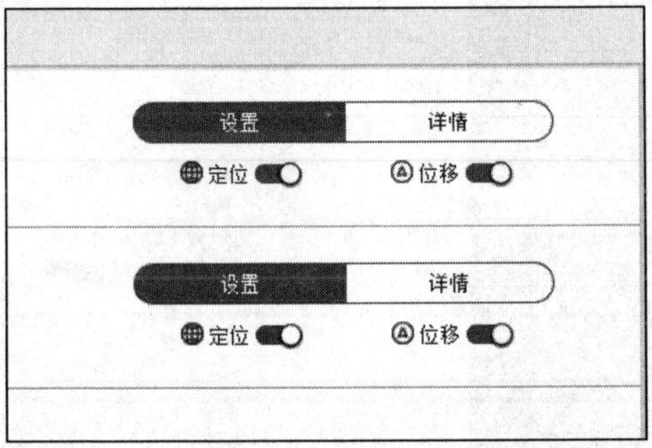

图 9-16　虫虫营销助手——打开位移

这样，系统就会在“扫街”的时候自动切换坐标点。

设置完坐标后，我们就可以开始下达各种操作指令了。

先来看看如何通过和附近的人打招呼加人，依次点击“操作控制”→“社交控制”→“微信控制”，如图 9-17 所示。

图 9-17　虫虫营销助手——添加好友

按照需要设置各种选项之后点击“下发到此分组”按钮，装有虫虫营销助手的设备将会接到指令并开始执行。

朋友圈点赞、朋友圈图文发布、朋友圈分享链接等功能都采用这样的操作方式，如图 9-18 所示，这里不再深入解读。

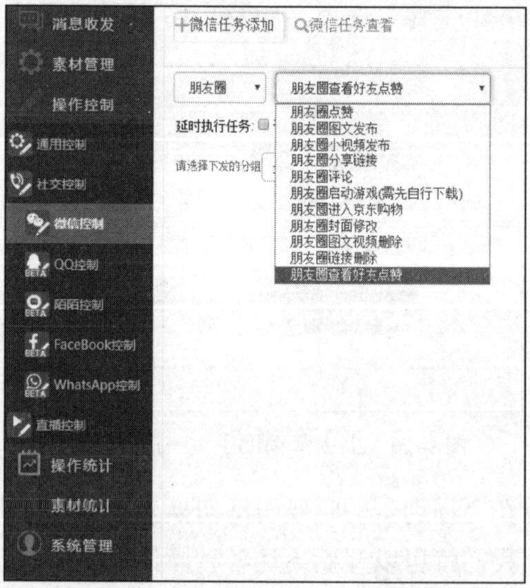

图 9-18　虫虫营销助手——朋友圈设置

接下来我们来看“微信素材”功能，如图 9-19 所示。

图 9-19　虫虫营销助手——微信素材

在这里我们可以预设朋友圈图文、小视频等素材，如图 9-20 所示，这些素材在执行朋友圈发布、小视频发布等操作的时候可以选择。

图 9-20　虫虫营销助手——微信素材添加

再来看看“消息收发”中的功能，这里面主要有“自动回复设置”、“微信聊天”等功能。首先来看“自动回复设置”功能，如图 9-21 所示。

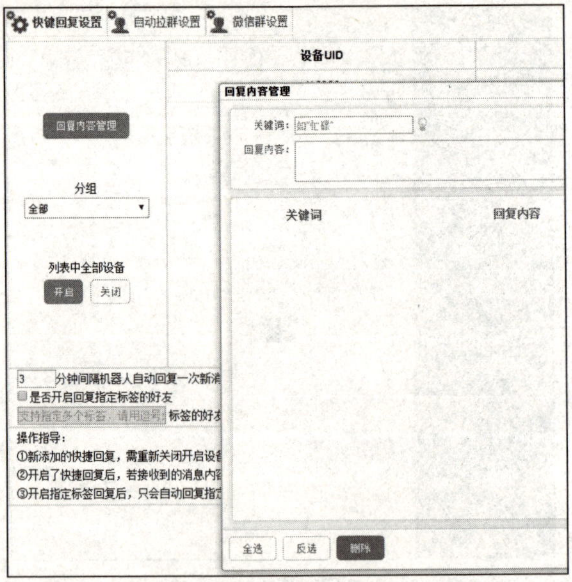

图 9-21　虫虫营销助手——回复设置

可以设置或者导入自动回复内容，也可以使用机器人自动回复。经过作者测试，机器人自动回复内容还是比较靠谱的，基本都是在识别对方内容的基础上进行简单的回复。除此之外，还有“自动拉群设置”，如图 9-22 所示，系统可以按照提前设置好的群名称，自动建群并且把好友拉进群。

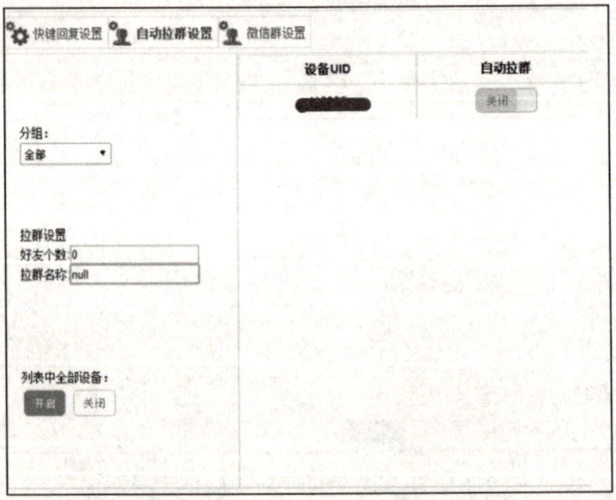

图 9-22　虫虫营销助手——自动拉群设置

“微信聊天”功能和微信 Web 版一样，点击进入之后，我们可以直接和微信账号中的好友进行对话，如图 9-23 所示。

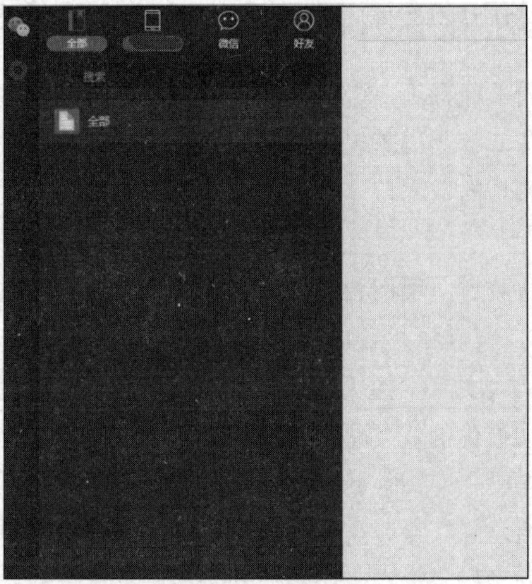

图 9-23　虫虫营销助手——微信聊天

除了这些还有 QQ 控制、陌陌控制，如图 9-24 所示。

图 9-24　虫虫营销助手——其他应用控制

虫虫营销助手的很多精彩功能没有办法使用文字和图片进行展示，感兴趣的读者可以扫描本书封面二维码和作者进行在线交流，或者直接进入虫虫营销助手官方网站了解详情。

9.2.4 如何避免微信账号被封

随着微信系统的不断升级，微信账号被封的概率也在加大。微信账号的申请也从之前的邮箱或者 QQ 号码就能申请转变为必须使用手机号码才能申请，这无疑增加了单个微信账号的成本，这样申请而来的账号如果大面积被封号，则将是非常惨痛的。

要避免微信账号被封，我们首先要了解微信账号被封的原因。作者总结了以下几点，供大家参考：

- 微信好友/粉丝数过万。过万不一定被封，但是有可能被限制使用或者有被封的可能。如果你的好友/粉丝数过万，那么最好不要一直发广告。
- “集赞”和“转发”活动。这两类相关的活动微信是不太支持的，如果类似活动太过频繁，那么账号也有被封的可能。之前微信出台了关于微信拒绝诱导性传播的通知，已经说得很明确了。
- 不要随便转发或打开朋友圈分享的链接信息。
- 不得发布不良图片、不良词语及违规、违法信息。
- 在群内不要随便发布广告等敏感词汇。
- 在微信群里，添加好友要分时段进行，一次添加限制不得多于 20 人，隔 1 小时再进行。
- 微信信息发布中出现累计超过 10 次的敏感词语，如“支付宝、银行、银行卡、汇款、打款、打钱、账号、账户、转账、网银、多少钱、怎么卖、价格”会被封号。
- 当有大量好友加你时，依次几天分批通过，并注意对方敏感词。
- 保护自己的微信号，凡是打字询价说敏感词的，一律不要直接回复。
- 避免违规举报，在朋友圈经常更新生活动态，并多与朋友圈好友互动，增加好友之间的信任与凝聚力。
- 不要添加同质化严重的微信群，这类群内成员多数相同。
- 在微信上卖东西，和好友聊天多次使用打钱、支付宝、汇款、建行、工行、付款方式等和微信背道而驰的词语。
- 使用微信第三方工具进行站街、刷粉丝等。如果你使用了一些营销工具，做得太过也一样会被封号。
- 微信发的内容被大量举报。如果你发的内容被粉丝或者朋友圈好友举报，并且人数比较多，则也有可能被封号。

了解了这些微信账号被封的原因，我们再来分析如何避免微信账号被封就容易多了。

9.2.5　避免微信被封号的绝技

我们可以通过微信账号购买理财基金。为什么呢？因为我们的微信账号和银行卡绑定了，而且购买了第三方的理财产品，就属于个人投资行为。微信不能因为过多使用敏感词或者直接被人举报而封我们的微信账号，否则就侵害了我们的个人财产，属于违法行为！同样，也不能先封我们的微信账号，再退还你购买理财产品的资金，因为理财产品属于第三方公司，微信无权做严重损害用户利益的事。

购买理财产品非常简单，打开微信 APP，依次点击“我”→“钱包”→“理财通”，进入后，只需购买任意一款理财产品即可，对金额是没有限制的，但是必须使用微信支付。

9.2.6　如果我们的微信账号被人恶意举报该怎么办

为了给用户营造一个良好的聊天环境，微信 APP 加入了举报功能，用户可以对他人账号进行举报，从而使不良账号受到封号等处罚。当然也不可避免地出现恶意举报的现象，下面就来看看微信账号被人恶意举报怎么快速解封。

举报现象：

（1）我们真的发布了违背法律法规、暴力、欺诈类的消息。

（2）恶意举报。

关于第一种，个人微信账号的漂流瓶、摇一摇、搜索附近的人三个功能被禁止。一般情况下，这些功能被限制是有 2～5 人举报了你，相关功能无法使用。

关于第二种，微信公众账号发布的相关内容被举报，有可能是广告，也有可能是欺骗性的东西，被举报得多了，就不易处理了。

解决方法：

（1）第一种，请先不要紧张，可以尝试申诉。目前可以拨打客服电话，联系客服 QQ，发邮件给微信客服，使用在线申诉客服系统。

（2）第二种，通过查询查证，如果真的被恶意举报，那么直接打客服电话效率比较高，建议下午拨打。

9.2.7 这样加好友才不会被封号

除了掌握上面这些避免微信账号被封的方法，我们有必要了解一下微信加人安全数。

- 好友上限为 5040 人。
- 微信群无上限（建议 200 个左右）。
- 通讯录加人每天 30 人。
- 查找加人每天最多 30 人。
- 被动加人每天 260 人。
- 扫一扫每天 15 人。
- 摇一摇每天 10 人。
- 面对面建群最多 100 人。
- 一部手机一天内注册微信账号不要超过 2 个。
- 一部手机登录微信账号不要超过 5 个（最近 100 多开的手机已经出现）。
- 同一 IP 网络同时登录 30 个微信账号会有风险提示。
- 一个身份证能实名认证 5 个微信账号。
- 一个手机号码只能绑定 1 个微信账号（新版不能解绑）。

9.3 新媒体推广

9.3.1 了解各种“号”

近些年各种“号”开始火起来了，各大平台纷纷上线自媒体平台，让无数的个体作者有了生存发展的机会。以前我们要在互联网上创业，首先需要建设一个网站，其次要通过 SEO 让网站获得排名，这样内容才有机会展示在用户的面前，我们才有可能通过广告获得收入。现在这个过程简单多了，即便我们不懂得建设和运营网站，也可以通过内容进行创业，这就需要依靠今日头条等新媒体。如今这些新媒体的用户量总和已经超过 10 亿，这是相当可怕的数字，依靠这些平台的用户，我们只需要专注撰写好的内容即可，作者的很多朋友通过一个头条号就能获得非常不错的收入。有了这样的风口，我们怎能不去抓住呢？下面作者就为大家介绍一下目前主流的各种“号”。

1．微信公众平台

微信公众平台如图 9-25 所示。

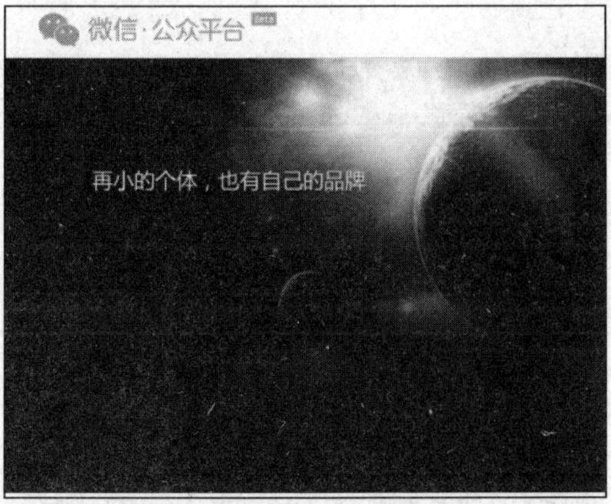

图 9-25　微信公众平台

优点：非常强大的自媒体平台，可以发语音、视频、音频。如果获得原创号或服务号，通过认证后，就可以有很强的互动功能，甚至可以在网上开店，相当于满足一个小型 APP 的功能要求。

缺点：相对较封闭，只有关注后可以收到公众号内容。如果想获得流量，则必须有粉丝转发。所以如何吸引公众号粉丝是一个非常关键的问题。

2．今日头条

今日头条如图 9-26 所示。

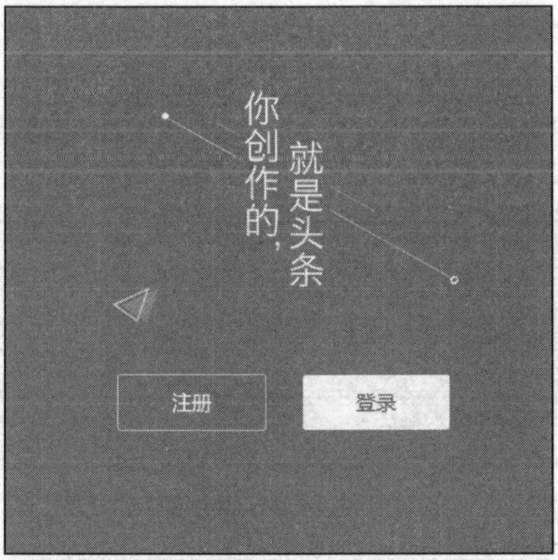

图 9-26　今日头条

优点：今日头条本身拥有海量用户，这个平台每天会给文章带来巨大的曝光量和阅读量。如果你的内容质量高，则每天收获几百个赞很正常，某些爆款文章甚至可以达到 100W+的阅读量、上千的收藏量。过了新手期，你可以在文章后面加广告，会有一定的广告收入。

缺点：流量高，但粉丝转化率不高，而且互动性不强，只能回复粉丝评论。

3．一点号

一点号如图 9-27 所示。

图 9-27　一点号

和今日头条类似，文章也采用算法推送，可以一键导入，发文比较方便。但作者个人感觉流量没有今日头条的高。

4．百度百家

百度百家如图 9-28 所示。

图 9-28　百度百家

百度百家要求原创，以专业性内容为主，质量要求比较高，相应地对作家的要求也比较高，难注册。以前你必须是行业牛人才可以受邀注册，现在貌似条件放宽了。百度百家依托百度搜索和百度新闻客户端为流量资源，据说能给原创作家较高的广告分成比例。所以只要你是牛人、原创、行业领袖，百度百家就非常适合你。

5. 大鱼号

大鱼号如图 9-29 所示。

图 9-29　大鱼号

大鱼号是阿里巴巴旗下的平台，实力甚是强悍，2016 年 12 月推出量子计划，拿出 10 亿元来补贴优秀作者，2017 年又拿出 10 亿元来补贴优秀视频作者。做大鱼号的优点就是入驻门槛低，几乎人人都可以注册。

新手期比较容易通过，广告也容易开通。如果你认真地去写文章，在领域里排到前 30 名，那么大鱼计划（获得量子计划奖金）的获奖概率很大，税后是 8000 元。除此以外，大鱼号在文章底部还可以带微信公众号 ID，有利于微信公众号的吸粉。如果开通了原创功能，则可以获得双倍收益。

当然，缺点就是收益有的时候过于稳定，以前会有一个 20 元收入的 Bug，而现在如果是原创作者，则有一个 80 元收入的 Bug。相对于一开始而言，现在的爆文不太容易打造了。

6. 搜狐公众平台

搜狐公众平台如图 9-30 所示。

图 9-30 搜狐公众平台

依托搜狐新闻客户端和 PC 端，搜狐公众平台也是做自媒体的一个很好选择。据说申请条件比较简单，因为搜狐公众平台是百度的新闻源，所以质量好一些的原创文章能获得大量流量。

7. 网易号媒体开放平台

网易号媒体开放平台如图 9-31 所示。

图 9-31 网易号媒体开放平台

网易自媒体的载体就是网易新闻 APP，上线前需要发 3 篇文章作为审核条件，有门槛，申请比较困难。和百度百家类似，比较适合高端用户。

8．企鹅媒体平台

企鹅媒体平台如图 9-32 所示。

图 9-32　企鹅媒体平台

通过企鹅媒体平台发布的文章将在天天快报、腾讯新闻客户端、微信新闻插件、手机 QQ 新闻插件、QQ 公众号、手机腾讯网、QQ 浏览器等平台进行一键分发，有了腾讯这个四处出击的流量“怪物”，内容会得到巨大的曝光度。不仅如此，新手期过后，你将同步获得一个 QQ 公众号，在企鹅媒体平台发布的内容将会同步在 QQ 公众号发布。QQ 是我们每个人工作的必备工具，如果能在 QQ 上有一个公众号，那么影响力也会扩大很多倍。

9.3.2　今日头条推荐机制解读

今日头条是一个个性化的新闻推荐引擎，在短短几年内就拥有了几亿用户，每天都有超过 2000 万用户在今日头条上阅读自己感兴趣的文章。因此，今日头条也变成了众多企业、自媒体人、网络营销人员聚集的地方，这也意味着内容创业时代的到来。

今日头条的流量从哪里来？毫无疑问是靠发布的文章，经过今日头条的展现后获得用户点击，今日头条帮助媒体在上亿用户中精准地寻找受众，并将内容推荐给他们。那么，今日头条海量文章的推荐机制是什么呢？为什么有的文章展现量有几百万次，有的却只推荐了几千次？对于文章的推荐机制，我们又能做些什么呢？

今日头条的文章推荐机制属于个性化推荐机制，可最大化保证推送的精准度，尽量保证对的文章推荐给对的人。这种推荐算法的关键在于对大量用户行为数据的分析与挖掘。个性化推荐的平台有很多，也许各家算法略有不同，但最终目的都是实现最精准的内容推荐。

今日头条的文章个性化推荐机制介绍如下。

- 基于文章主题相似性的推荐：通过获取与用户阅读过的文章的相似文章来进行推荐。
- 基于相同城市的新闻：对于拥有相同地理信息的用户，会推荐与之相匹配的城市的热门文章。
- 基于文章关键词的推荐：对每篇文章提取关键词，作为描述文章内容的一种特征，然后与用户历史浏览过的文章关键词进行匹配推荐。
- 基于站内热门文章的普适性推荐：根据站内用户的阅读习惯，找出热门文章，对所有没有阅读过该文章的用户进行推荐。
- 基于社交好友关系的阅读习惯推荐：根据用户的站外好友，获取站外好友转发评论或发表过的文章进行推荐。
- 基于用户长期兴趣关键词的推荐：通过比较用户短期和长期的阅读兴趣主题和关键词进行推荐。
- 基于相似用户阅读习惯的列表推荐：计算一定时期内的用户动作相似性，进行阅读内容的交叉性推荐。
- 基于站点分布来源的内容推荐：通过用户阅读的文章来源分布计算出 20 个用户喜欢的新闻来源进行推荐。

当然，这种个性化推荐算法肯定不止这么多，但总的来说，对于审核通过的文章，今日头条的智能推荐引擎会根据内容质量、内容特征、首发情况、互动情况、媒体的历史表现、媒体订阅情况，为文章找到感兴趣的读者并推荐给他们。

所以，在今日头条，每篇文章都有可能“上头条”，出现在推荐信息流里，而优质的文章甚至能获得百万级别的送达量。但是每篇文章都不一样，从而导致展示量有高有低。

而其中一些硬性的东西（如用户兴趣、用户阅读习惯、地理位置等）是我们改变不了的，不过，在作者看来，有些东西你是可以做的。

文章的展示量有高有低，怎么做才能让文章被更多人看到？

- 尽量在今日头条上首发你的文章，因为这是今日头条推荐机制的几个标准之一。
- 阅读量。阅读得越多被推荐的机会也越多，因为阅读量一直都是一个硬性指标，在很大程度上反映了文章的受欢迎程度。
- 号召用户在文章底部互动交流，你自己也可以参与到互动中去。互动情况是今日头条文章推荐机制中很重要的一个标准。很多时候你会看到这种情况：一篇质量不佳的文章底部骂声不断，有很多的互动，展示量却很多，因为有争议的话题本身就是有看点的。
- 标题吸引眼球，有点击欲望。这点不用多说，点击多阅读就多，阅读多相应的推荐也会多。在标题中添加时间也是一种非常有效的手段，某些事件的关键词或许人们都已经非常熟悉了，但是我们在这个事件关键词前面加上“2017 最新”等词，用户就会觉得这篇内容应该是关于该事件最新的解读或者新闻，会增强用户的点击欲望。
- 让更多的人订阅你的头条号。这一点从两方面来说：一方面是审核通过的文章会及时推荐给订阅者，订阅者与文章的互动（包括点击、顶、收藏、转发等动作）会加强上面所说的互动属性，从而产生更多的推荐；另一方面，订阅的人多也能大大增加文章的阅读量。
- 多把文章分享到社交网络，让网友点击阅读，并对你的文章进行互动。原理是一样的，今日头条本身就带有分享按钮。
- 头条号历史表现要良好，少一些违规违禁。
- 发布文章的时候设置文章频道。频道是可选的，你选择了频道以后，今日头条可以帮助我们的机器更准确地将文章进行分类推荐。
- 注意发布时间。文章审核通过后，短时间获得的阅读量、点击量、互动量越多，相应的展现机会也越多，就像新浪热门微博一样有一个瞬时转发率，所以发力也要找准时间，一方面根据你的公众号阅读数据进行统计，另一方面以移动互联网用户的普遍阅读时间段作为参考。
- 保证文章具有很好的质量。这点是必需的，做好了这一点，前面的那些因素自然会提高。

今日头条的个性化推荐算法的核心理念就是投票，每个用户一票，喜欢哪篇文章就把票投给哪篇文章，经过统计，最后得到的结果很可能是在这个人群下最好的文章，并把这篇文章推荐给同人群用户。

所以，个性化推荐实际上并不是机器给用户推荐，而是用户之间在互相推荐，看起来似乎很简单，但需要基于海量的用户行为数据挖掘与分析。

9.3.3　怎样的内容才能获得更多的阅读量

在前面的 SEO 中我们提到了内容的重要性，这一点在新媒体推广中更能体现出来，一篇好的内容往往能带来意想不到的收获。作者的一位朋友编辑今日头条的内容，一篇文章的阅读量轻松突破 100W+，这一点在现阶段的 SEO 中是很难实现的。那么怎样写一篇阅读量超过 100W 的文章呢？作者特意和很多运营头条号的朋友进行了沟通，总结了其中重要的部分和大家一起探讨。

2017 年今日头条研究报告如图 9-33 所示。

图 9-33　2017 年今日头条研究报告

可以看出今日头条日活跃用户超过 6600 万人，月活跃用户超过 1.4 亿人，这是一个非常庞大的用户群体。拥有如此庞大的用户群体，我们的内容就有了充足的展示渠道。正因如此，“头条号”平台的账号数量已超过 19 万个，这也意味着竞争是非常激烈的。我们如何才能在 19 万个头条号中脱颖而出呢？带着这个问题，我们开始下面的学习。

今日头条这款产品最大的特点就是针对内容的智能算法推荐，所谓智能算法推荐，就是把合适的内容推送给合适的人，平台相当于精准流量分发机器。相比于今日头条，微信号就是靠订阅用户及社交关系链进行内容分发的，平台本身几乎不参与流量的分配。这就意味着就算你没钱、没资源，只要你能制造“合适”的内容，今日头条平台就会给你分配流量，同时今日头条的门槛也在逐渐增高，这可能是现如今个体切入自媒体领域的最佳平台之一。

了解了今日头条的这个机制，我们就要思考怎样的内容才能被最大限度地推荐和分发呢？我们撰写的一篇文章发布后，系统会自动为我们的文章添加标签，这个标签就和 SEO 中提到的关键词一样，有了这些标签，系统就会通过这些标签将内容和用户链接起来。这就意味着我们内容中提到的标签首先要符合今日头条用户的需求，这就和我们在做 SEO 之前查询关键词指数是一样的。因此，我们在准备注册头条号之前有必要了解一下今日头条用户关注的内容分析图，如图 9-34 所示。

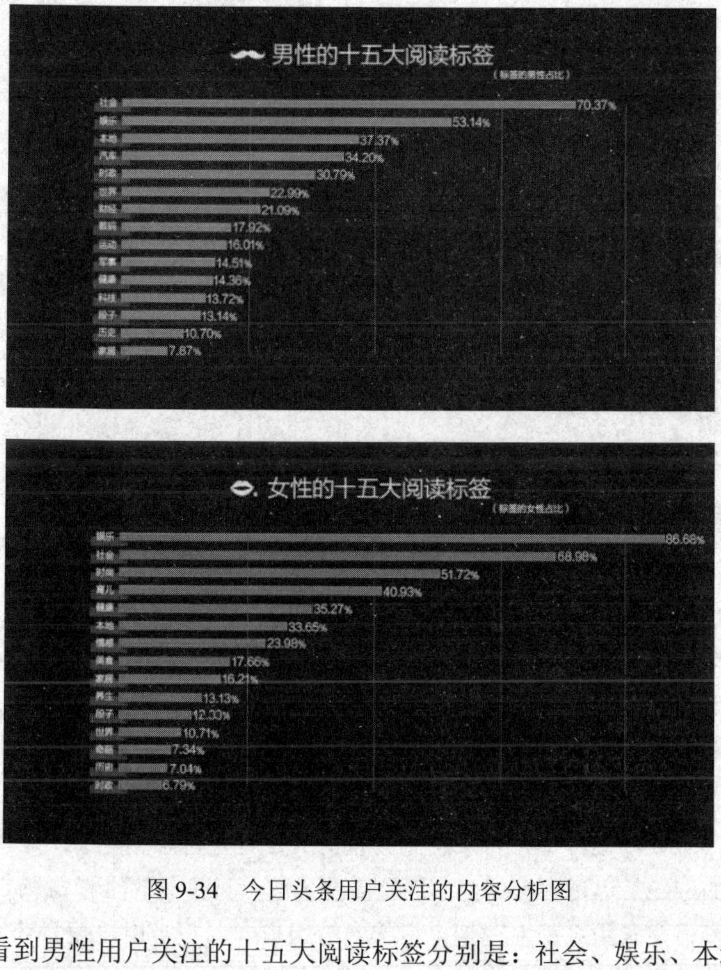

图 9-34　今日头条用户关注的内容分析图

可以看到男性用户关注的十五大阅读标签分别是：社会、娱乐、本地、汽车、时政、世界、财经、数码、运动、军事、健康、科技、段子、历史、家居，女性用户关注的十五大阅读标签分别是：娱乐、社会、时尚、育儿、健康、本地、情感、美食、家居、养生、段子、世界、奇葩、历史、时政。只有发布的内容能够契合这些热门的标签，我们才有可能打造阅读量达 100W+的爆款内容。如果我们选择一个冷僻的话题，比如 SEO，这个标签的从业人员数量少，重要的是在今日头条里关注 SEO 的用户更少，那么，不管我们的内容多么原创，多么满足用户需求，都不会有百万级别的访问量。在今日头条搜索“seo”，如图 9-35 所示。

可以看出关于 SEO 的内容很少，评论更是少得可怜。这样看来 CRAZYSEO 工程师写的内容还算是 SEO 行业阅读量较高的了，如图 9-36 所示。

图 9-35 今日头条搜索“seo”结果

图 9-36 今日头条 CRAZYSEO 发布内容的阅读量

因此，想要打造一个百万级别阅读量的文章，选题非常重要。但是仅仅有了高曝光度的选题是远远不够的，我们还需要了解今日头条的推荐机制。和 SEO 不同的是，今日头条是系统主动把内容推送给用户，而不是用户搜索获得内容。这样的机制决定了系统的推荐才是内容获得高曝光度的核心。

我们先来看一下今日头条公布的影响文章推荐量的因素，如图 9-37 所示。

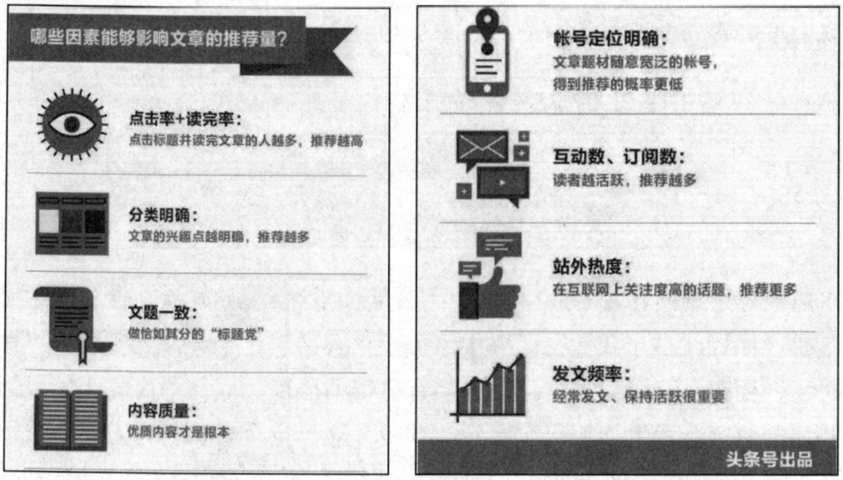

图 9-37　今日头条影响文章推荐量的因素

总结起来有如下几点。

- 点击率+读完率：点击标题并读完文章的人越多，推荐越高。
- 分类明确：文章兴趣点越明确，推荐越高。
- 文题一致：做恰如其分的“标题党”。
- 内容质量：优质内容才是根本。
- 账号定位明确：文章题材随意宽泛的账号获得推荐的概率更低。
- 互动数、订阅数：读者越活跃，推荐越多。
- 站外热度：在互联网上关注度越高的话题，推荐越多。
- 发文频率：经常发文，保持活跃很重要。

下面我们对这几点进行深入的分析。

一旦内容契合了曝光率高的标签，系统就会启动推荐。第一次会将内容推荐给一部分用户，这部分用户的点击、阅读和评论情况直接影响下一步的推荐程度。需要注意的是，并不是推荐给用户后用户就会点击，用户点击的动力很大程度取决于标题是否足够吸引人。如图 9-38 所示就是一个反面的例子，系统推荐达到了 1.2 万次，但是只有 552 人阅读，说明用户对这篇文章的标题不感兴趣。

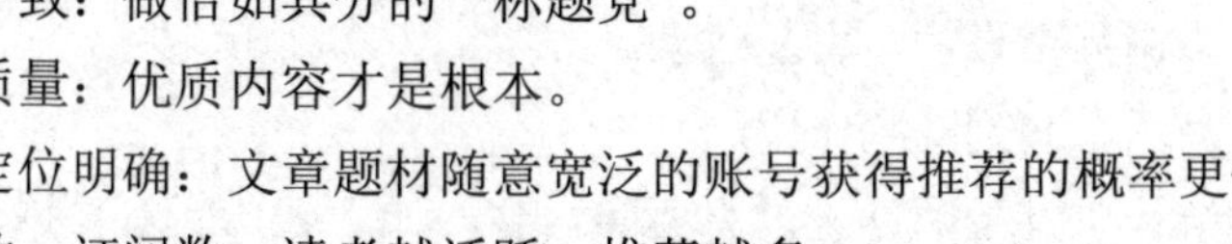

图 9-38　今日头条文章数据-反面例子

我们再来看一个正面的例子，如图 9-39 所示。

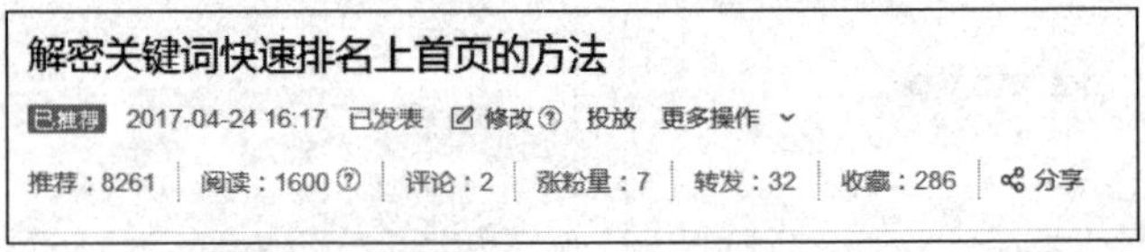

图 9-39　今日头条文章数据-正面例子

这篇内容系统推荐了 8000 多次，用户阅读量达到 1600 次，推荐阅读比例提高了 5 倍，原因就在于我们在标题中添加了“解密”这个词。大多数用户喜欢揭秘、探秘、秘密公开等内容，每个人都有猎奇的心理，同样的内容，如果标题使用这些词语，则会大大增加用户点击的欲望。这一点今日头条官方不是也承认了吗？“文题一致：做恰如其分的‘标题党’。”作者也总结了一些撰写标题的方法，供大家参考。

1．符号法则

叹号在标题当中起到了三个作用：

（1）表达强烈的情绪。

（2）突出强调某个事物，引起注意。

（3）心理暗示，起到洗脑作用。

下面作者统计了几条阅读量过百万的内容，如下表所示，可以看出叹号对于阅读量提升的重要性。

序号	百万标题	阅读量	评论数	关 键 词	符　　号
1	恭喜教主！***怀孕超过 3 个月，肚子已经遮不住	137 万次	660 条	***，怀孕，3 个月，遮不住	感叹号，逗号
2	***也被***怼了，整个世界是不是只有***能“幸免于难”	98 万次	1215 条	***，***，整个世界	逗号，双引号
3	***15 岁女儿近照曝光，美艳不输妈妈！网发：感觉至少 25 岁	160 万次	1901 条	***15 岁女儿，曝光，网友	逗号，感叹号，冒号

2．数字法则

人脑和视觉系统在处理数字的时候要比处理复杂的汉字优先得多，在标题中带有数字会有一种信息含量比较高的感觉。

3．傍大款法则

也就是常说的名人效应，如图 9-40 所示。因为我们对于名人、明星、名校、名企或国家权威机关都会有很强的敏感性，一旦标题中出现了这些关键词，自然就会吸引一大批人关注。当我们把自己的产品或者品牌跟某个名人相结合的时候，一定要增强用户的认知，要让他们知道这两者之间有着非常紧密的联系，这样“傍大款”就不会让人觉得很奇怪。

名人效应，每个人或多或少有膜拜权威的心理，所以当标题上出现政府部门、名企、名校、名人等字眼时，自然就会吸引读者打开。这种以名人名企为背书的文章，在微信转发率较高。

《阿里、小米投资人谈2015移动互联网创业模式》

《据说这个视频，连马云看了都很震惊》

《把这本"百年不遇的商业类好书"读透了，你就MBA毕业了》

图 9-40　傍大款法则

4．知乎体法则

知乎体法则适用于什么样的标题？一种是理解不了的东西需要解释；另外一种就是没有办法亲身经历的事情，需要找当事人亲述一下。

5．对比法则

我们往往要在文章中找到矛盾的两端，然后放大，或去寻找与常识相违背的观点来做文章。标题想要用得好，就要找到文章中矛盾鲜明的点，然后让它们形成强烈对比，才会引起关注。

6．接地气法则

写文章或做活动都希望传播得越广泛越好，所以应尽可能地避免在文章或标题中出现生僻、专业词汇，要让标题尽可能通俗易懂，才会有更多人对文章感兴趣。

7．识别度法则

对应识别度的就是知名度，但在现实中还存在一种情况，就是知名度高，但是最具知名度的不是名字，而是其身上的某一个标题或昵称。

8．用户痛点法则

我们常说写文章或拟标题就像做产品，首先要分析一下面对的人群，看这个人群有什么痛点、我们有没有办法解决这些痛点。如果解决得足够好，且人群比较精准，那么这篇文章或者标题一定不会太差。

9．露大腿法则

简单地说就是隐藏一些关键信息，设置悬念，然后引人入胜。

10．稀缺法则

人们永远对稀缺的东西感兴趣，所以如果能找到一些独家的、首发的资料，或者能够提供优惠，就会产生激励作用。

11．人性弱点法则

很多“标题党”就是打一些擦边球，往往会涉及比较敏感的话题，或者给一些或多或少的暗示，吸引用户点击。所以这样的标题如果尺度掌握得不是很好，则有可能沦落为一些低俗的标题。但有时候可以在一些比较不错的内容当中设置这样的标题，先吸引用户进来。

12．追热点法则

追热点是非常好的自带流量的方式，因为追热点相当于追流量，往往热点追得好，阅读量和转发量就会高。

另外一种追热点叫作借势传播，但必须确保你的产品或品牌跟这个热点有一定的关联。

13．代入法则

每个人其实都有各种各样的标签，比如星座、血型，只要看到与自己标签类似的，就会有一种归属感和代入感。所以代入法则最主要的就是要让你的用户能够在你的内容当中对号入座，或者让他们感同身受。

14．夸张法则

这个法则其实很多人都会使用，就是把文章中的一个关键点适度放大，然后找出最吸引他们眼球的关键点。

15．盘点法则

盘点法则的精髓在于通过精简、提炼，找出最核心的关键点，并一条一条地列出来。所以要尽可能地条理化，且面面俱到。读完率直接影响广告的收入，今日头条的广告展示必须等用户阅读完内容才能看到。

接下来我们分析一下怎样的内容才能让用户阅读完。首先，内容的字数要控制在 500～800 字，图片以 3～5 张为佳。这和我们前面讲到的 SEO 内容发布规则基本相同。

其次，内容要紧密贴合主题，不能让用户读完第一段就觉得索然无味，要在前面的段落中安置伏笔和包袱，这样用户才有动力阅读完整篇内容。

阅读完内容还远远达不到百万级别爆款文章的条件，我们要尽可能地让用户在下面评论，我们自己也可以参与其中制造热点进行互动，这样的互动是内容第二次分发的重要指标。因此，我们撰写的内容一定要能够引起读者评论的冲动。

前面说了这么多，但是在实际操作的时候我们不能一味地追求热点，内容的选题还是要从实际出发，要选择我们比较熟悉的行业或者主题，这样我们才有动力撰写源源不断的内容，内容的质量才能得到保障。

9.4 抓住内容创业的风口

内容创业是一个全新的概念。所谓内容创业，事实上自媒体、公众号只是内容创业的一种形式，从广义上讲，以创造高质量的内容为手段的创业方式都是内容创业。创业者除了要创造优质独特的内容，其目前面临的更大困境或许来自盈利模式，而这也是内容创业与传统媒体在本质上的不同。

不同于传统媒体纯粹产出信息，主要依靠广告盈利，内容创业则不只是内容产出，而是要构建自己的商业模式。“以前的自由撰稿人就是现在自媒体人的前身，但过去可能只赚稿费，现在除了在内容形式上要创新，文字、图片、视频要有各种花样，更重要的是搭建起明确的商业体系。”

广告固然是最容易的变现手段，但要想获得更长远的发展，则要探索新的盈利模式。庞亿明认为，对于创业者而言，创造的内容本身就已获得众多受众，有了一定的品牌知名度，围绕内容来变现就是一种盈利模式。用户早已习惯网站上需要付费阅读的小说，微博、微信也已推出打赏功能，还有不少人付费去看罗辑思维的年底演讲。

2017—2018 年或许是内容创业最后的风口，随着各范畴自媒体现已基本占位成型，“草根”自媒体进入时机变小，没有优异内容生产才能、没有推行资本、缺乏背景支撑的“草根”，现已错过了这一波内容创业的红利。今后，在微博和微信途径上自食其力的时机会越来越小。因此，如果读者有内容创业的计划，就要抓紧这一两年的时间赶快行动了。

下面我们来看看内容创业的自媒体有多厉害。

2016 年上半年，papi 酱是被议论得最多的现象级网红。papi 酱最被外界瞩目的时刻是 2016 年 4 月 21 日，被誉为“新媒体史上的第一拍”的 papi 酱视频广告贴片招标在北京举行，门票都被投资方罗辑思维炒到 8000 元，最终化妆品线上卖家丽人丽妆以 2200 万元拿下了这次广告投标。

以短视频起家的 papi 酱，微博粉丝从 2015 年年底的 100 万人左右暴增到目前的 2000 万人，微信头条文章的阅读量篇篇 10 万+。

公众号大号“新世相”被外界称为“文艺教主”，创始人张伟深谙城市年轻人对生活的欲望和焦虑，在 2016 年策划了几次刷爆朋友圈的活动，如“逃离北上广”、“中秋为什么不回家”、“当 1 小时偶像剧女主角”、“丢书大作战”等。

和其他公众号依靠做广告植入、电商的变现模式不同，新世相赚钱的方式相对来说更隐蔽和文艺。比如 2016 年 5 月，新世相推出线上虚拟图书馆“新世相 •图书馆第一期”，在推送后不到半小时 1000 份便售罄，此后增加的 2000 份也在 1 小时内售罄。按照每份 129 元的售价，也就是新世相在 90 分钟内入账近 40 万元。据官方透露，转化率达到 10%。

9.4.1 新世相的虚拟图书馆有何特别

（1）用户收到的书是随机的。新世相列出一份书单，参与者每读完一本书寄回给新世相，将会收到下一本书。每月最多 4 本，书是从书单中任意抽取的一本。

（2）有社交。每本书寄出时都会附上新世相漂流包，参与者可以在其中的漂流纸上写下任何跟阅读这本书有关的故事，漂流纸随着这本书从上一个读者漂流到下一个读者手中。

（3）4 本书全部读完，用户可全额获得新世相退款 129 元。

退款给用户后，新世相并不是通过卖书赚钱的，前三期新世相图书馆均与兰蔻香水联合发布，通过流动的图书馆，新世相不仅获得了影响力，还赚了赞助商的钱。

9.4.2 张大奕“双 11”卖了 1 亿元

2016 年“双 11”开场不到 4 分钟，超级网红张大奕带着 400 多万粉丝冲进全平台（包括天猫和淘宝）女装类目第一，虽然在接近尾声时因产品备货量无法完全满足销售量而跌出前 10，但仍然位居淘宝女装类目第二，冲进亿元俱乐部。

据淘宝服饰小二介绍，这是网红店铺第 次在大促中单店达到亿元销量级，也是以往大促活动中从未达到的好成绩。

在 2016 年的“双 11”中，一线网红店向外界证明了自己的爆发力。除了张大奕，ANNA IT IS AMAZING、钱夫人家雪梨定制共三家网红店铺单日销量均突破亿元。

甚至阿里巴巴集团 CEO 张勇在天猫“双 11”内部复盘会中也提到，网红店爆发的力量令人惊叹。“双 11 零点的时候，有一个意外惊喜，严格来说不能叫惊喜，只是那一刻我们惊叹这股力量很强大，那就是网红的力量。”

9.4.3 《爱恨咪蒙》一文显示微信大号的收费及转化

咪蒙头条广告报价出现过 65 万元，一年时间共写过 90 多篇软文，其中有 20 篇为二次发布，文章阅读量全部为 10W+。

对于广告报价数目，以及公司运营状况，咪蒙未对外透露过。在一篇推文中，咪蒙称 2017 年会把视频广告投放在飞机上，届时国航任何国内航班都会播放咪蒙给自己做的视频广告。

9.4.4 十点读书 A 轮融资 6000 万元

微信公众号“十点读书”已完成超 6000 万元 A 轮融资，估值近 4 亿元。本轮融资由清科华盖管理的清科岭协基金领投，微影资本、赛富投资基金跟投，米律担任法律顾问，华兴逐鹿担任独家财务顾问。此前，十点读书曾获得由吴晓波、曹国熊发起的“狮享家新媒体基金”的天使轮融资。

现在的十点读书已经不只是一家拥有千万粉丝大号的公司，还有另一个覆盖千万级用户的“十点矩阵”，如图 9-41 所示。

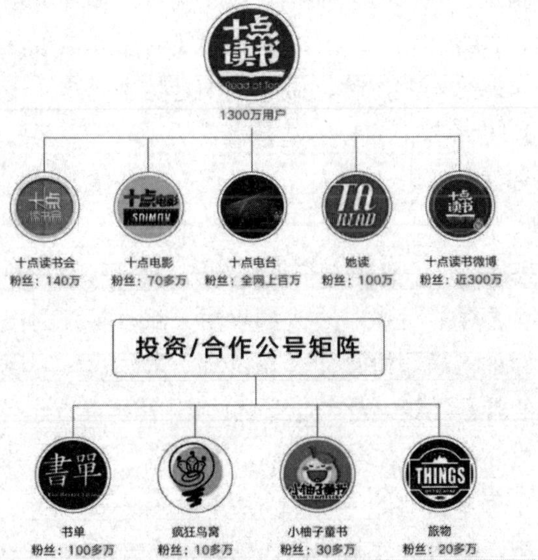

图 9-41 十点读书

9.4.5 内容创业方向的选择性

看完了上面这些数据，大家是不是有一种想马上开始内容创业的冲动？不要着急，在开始之前，我们要明确，现在内容创业已经不是一个人能完成的事情，大家平时看到的某些粉丝量很大的个人公众号，头条号一定不是一个人在做，背后一定有一支强大的团队支持，因此我们要找几个志同道合的朋友一起做，这些朋友中最好有写文章很厉害的、视频编辑很厉害的、营销很厉害的等。

有了这些朋友，我们就可以开始内容创业了。那么，我们该选择哪个行业进入呢？作者梳理了一些现在比较容易的内容创业方向，供大家参考。

（1）（商业）人物报道。之所以选择人物报道，尤其是商业人物报道，是因为一切商业都是围绕人转的，商业和人是分不开的，不管科技怎么进步、信息多么发达，终究是以人作为连接点的。需要注意的是，我们这里提到的人物报道是区别于现在的一些自媒体的，不是为了填充版面、扩充栏目、赚个软文的稿费，而是实实在在地做出一些内容，越垂直越好。

首先，这样的人物必须有一定的故事，能够代表某一部分群体，以及这个时代的某一部分特色。

其次，最好的表现形式是视频+文字。

最后，我们必须有自己的立场和价值观，比如想给读者传递什么、定位是什么等。

（2）运营干货培训。这个方向很早就被证实过，如社群培训、网红培训、微商培训、文案培训、自媒体培训等，基本上已经有了非常成熟的体系，招几位讲师，搞几次策划，再联合一些媒体，做起来不是特别困难，干货的市场需求是最旺盛的，哪怕把百度文库翻新一遍，还是有市场的，实在不行还可以在群里卖 PPT。很多做培训的粉丝都达到了几十万人，而且还有一些拿到了风投，这大概就是商业价值吧。

（3）短视频、直播。这的确是一个很好的方向，每天发布一个 3～5 分钟的专业视频，只要你有强烈的表达欲、过人的表演天赋、超强的内容策划能力，最好还有才貌与智慧并存的气质，甭管什么 papi 酱、罗辑思维，用不了多久就会被超越。眼球经济追求的就是“新、奇、特”，想想刷朋友圈为什么诱人，和这个道理是一样的，因为它每分每秒让你看到的都是不同的“风景”。越原生的内容就越吸引人，因为一个乐于展示自己的人是一个容易让人接近的人，如果他传递的是一种真诚友善的价值观，则无疑会让他的人格更富有魅力。

（4）付费问答。本该是知乎做的事情，未来很可能会被微信抢滩，虽然微信上的UGC（用户生产内容）参差不齐，但相比于知乎要大得多，一旦微信开启付费阅读和竞价回答的知识共享，很多优质的作者一定会乐意参与，只是中间少了一个类似知乎这样的平台。如何将问题和专业的人员进行匹配？相信以后的专业知识只会越来越贵、越来越有趣。这是一个非常大的创业空间。

在今天这个互联网时代，尽管机会、泡沫、焦虑与风险并存，但毕竟是一个前所未有的美好时代，内容创业的启动键一旦开启，创业者就应该忘记这是一条风雨兼程与荆棘满布的艰辛之路，而应该沉浸其中享受并参与时代赋予的美好征程。

第 10 章

作者和 SEO 的故事

通过前面章节的学习，我们了解到，现阶段除了 SEO，还可以通过微信营销、新媒体营销等方式让一篇内容的价值最大化，让品牌或者关键词有更多的展示机会。

本章作者将为大家讲述自己和 SEO 的故事，包括近 10 年的建站、程序开发、SEO 经历，看似消遣，实则可以反映出一个普通互联网追梦人的心路历程，大家或许能从这些经历中找到共鸣，最为关键的是作者希望大家能通过我这一路的奋斗史看到自己的未来，不要被眼前的困难打倒，要勇敢向前。

10.1 我是一个“草根”站长

《跟我学 SEO 从入门到精通》一书的读者和很多不熟悉作者的 SEOER 一定会有这样的疑问：张新星是谁？以前在 SEO 圈子都没有听过，怎么突然出了一本书？为了揭开这个疑问，本章作者就给大家讲讲自己这些年的故事，和 SEO 有或多或少的关系，无意了解的读者可以直接忽略本章，有兴趣的就权当解个闷，这些经历或故事或许可以对大家的学习和工作起到鼓舞的作用。

直白地说，作者就是一个“草根”站长，2004 年大学退学，决心自己创业，什么都不懂，只是了解一点 HTML 代码。这一点很多科技圈大佬有点类似，算是比较超前。

走出校园，感觉天高任鸟飞，建设了很多的网站。那个时期流行文摘、图片等网站，流量确实也很容易做，轻轻松松就能做到几万 IP。那个时期不懂 SEO，只知道在标题和网页内容中叠加关键词就可以获得排名和流量，而且不懂运营，没有办法将这些流量转化为现金，只是简单地悬挂一些联盟广告的代码。联盟广告的收入提现金额是 100 元起，很多联盟最后会把这个钱吞掉，快要到 100 元的时候说你作弊，现在很多知名的网站也有类似的问题。

这样一晃一年过去了，我什么事情都没有做成，仅仅凭借着家里给的 500 元生活费生活，除去房租、电费只能剩余 300 元左右，只能每天三顿都是挂面。因为是自己决定退学创业，也不好意思向家人要钱。为了吃点好吃的，就这样没有白天黑夜地建站、做流量，那个时候觉得最好吃的就是汉堡，每当有收入的时候就会迫不及待地吃个汉堡，直到现在我都对汉堡情有独钟。

很快半年又过去了，随着搜索引擎算法的升级，流量也越来越难做，迫于生活的压力，我决定去找份工作。面试了很多企业，都没有结果，原因是我除了身份证什么都没有，没有毕业证，也没有计算机等级证书。

四处碰壁之后，我决定静下心来学习 ASP 程序。时间也来到了 2006 年，那个时候网速非常慢，互联网资源也少之又少，自己用的电脑也是从二手市场上花 500 元淘来的，随时罢工。但是我的目标是明确的，这也是为什么我在文章和书籍中多次提到，我们要给自己制定小目标，然后向着这个小目标一步步努力，完成这个小目标后再制定下一个小目标，这样通过一个个小目标的实现，最终就会实现大目标。

当时我告诉自己不要想太多，用半年的时间把 ASP 程序学会。这期间我哪里都不去，除了吃饭、睡觉就是看教程、做笔记、实战练习。

因为自己的英文水平非常差，因此每一个语法、每一种函数都需要死记硬背。不断地尝试之后我找到了一种方法，就是早上在看教程的时候把函数等语法记录到小本子上，然后在吃饭的时候、睡觉之前、上卫生间的时候翻开记忆，这样做效率很高，几个月我就把所有的函数和语法都学习得差不多了。直到今天，我还在对学习编程的朋友分享这种方法。

基础学习结束后，我就开始尝试编写一些小的 ASP 程序，这个过程持续了几个月。陆陆续续学习 ASP 大概有一年，这其中还学习了数据库等知识。现在回想起来最让我记忆深刻的是被我坐烂的竹席，因为没钱买正规的电脑桌椅，只能将电脑放在捡来的小桌子上，桌子很矮，人只能坐在床上，床上铺的就是竹席。这似乎是一种修行，让我得到的不仅仅是知识，更多的是人生的态度。在面对困难的时候，我们要能够静下心来，好好地认识一下自己。直到现在我还有这样的习惯：每当喜悦或者悲伤时都愿意静下心来想想自己下一步的方向是什么？自己的梦想是什么？

在接下来的小节中，作者为了生计开始找工作，这是作者人生的第一份工作，也是唯一一份正式的工作，其中有什么故事呢？大家接着看吧……

10.2 我的第一份工作

学习 ASP 一年之后，我已经能够开发出大型 ASP 程序的网站了，心里计划着要找一份工作。某天翻看招聘网站，看到一条招聘 ASP 程序员的信息，于是抱着试一试的心态打了一个电话，电话那边的人说下午过来面试。吃过午饭后就匆忙地往预定的面试地点走，进入公司一看，发现人挺多的，大概有 20 名员工。在老员工的带领下，我怀着忐忑的心走进了老板的办公室。

老板问："你是哪所大学毕业的？有没有计算机等级证书？"我一下子就蒙住了，吞吞吐吐地说："我没有读完大学，也没有计算机等级证书，唯一有的就是身份证，但是我会做 ASP 网站。"这个时候我就在想，肯定没戏了。老板愣了一会说："没事，你现在就试着做一个模块。"当时流行游戏代练、游戏金币销售类的网站，老板让我做的程序就是这个网站的一部分。我很高兴，于是开始了这个模块的开发。两个小时之后，我非常紧张地把写好的程序和说明文档拿到了老板面前，老板看了一会笑了，说："明天就来上班吧。"后来我才知道这个模块早就有程序员开发好了，老板只是让我单独开发一次，没想到最后实现的功能比原来的还要好，所以就同意我上班了。

就这样，我开始了人生第一份真正意义上的工作。我的任务就是开发游戏代练、金币销售的程序，第一个任务我花了 7 天的时间，开发完成后客户很满意。但是这时候我的脑海中浮现了一个奇怪的想法：在上班的 7 天里，我来回坐公交车就浪费了很多时间。于是我向老板提出能不能让我在家里做，没想到老板竟然同意了。就这样，从第二周开始，我就开始在家里工作，除了开发网站，我可以利用坐公交车的时间继续学习。说到这里，我还清晰地记得第一次发工资的情景，当时老板给我发了 1120 元，是现金，我把钱放进口袋中非常紧张，坐在公交车上生怕被小偷偷走，一直用手握着，当时天气非常炎热，到我下车的时候，1120 元全部湿透了。在我看来，这 1120 元不仅仅能解决我的吃饭问题，更是我人生价值的第一次体现。

人的一生可以不上大学，可以有各种理由说自己不爱上学，但是绝对不能不学习，不要只是看到某某人没有读完大学但创业很成功，可以肯定的是，这些人绝对付出了比常人更多的努力。我们只有不断地学习，才能不断地进步，这个进步不仅仅是收获金钱，更重要的是让自己的人生感到充实。现在回忆起那段学习的日子，虽然过得很艰难，但我的内心是非常充实的，每天都很亢奋，对未来充满了期待。

写到这里想给大家看看我当时写的金币销售程序，但是由于时间太长，保存的附件都丢失了，只能通过当时的邮件记录来回忆一下了，如图 10-1 所示。

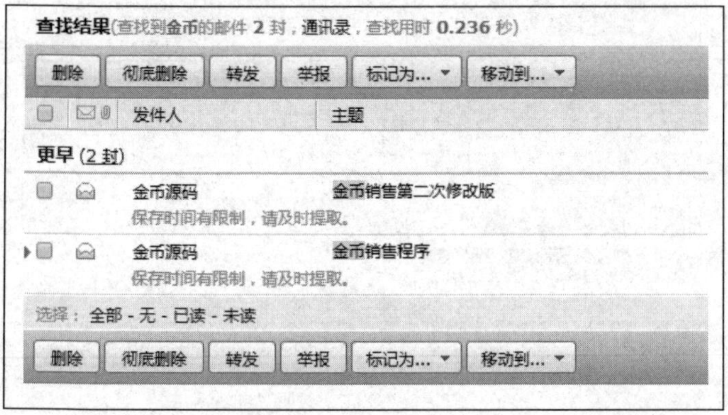

图 10-1 作者邮箱截图

后续我和这位老板合作了两年多的时间，他有外包任务直接给我，我按照预定的时间开发完发到他的邮箱。直到今天，我们之间还保持着联系。

今天回想起来，我还是要感谢这位老板，十多年前，他敢于让我这样一个没有任何文凭和证书的毛头小伙子尝试一下就很了不起了。今天已经有很多互联网企业不再以文凭和证书作为入职的必要条件。作者在这里想对曾经认可和帮助过像我一样的青涩少年的老板说声谢谢，谢谢他们给了我们一次机会。同时也想对现在的老板或者 HR 说一声，请不要仅仅靠文凭来判决一个有梦想的少年的去留，多给他们一次机会，让他们证明自己。

下面的小节作者将为大家讲述自己在 A5 站长论坛成长过程中的收获和喜悦。

10.3 A5 站长网版主

2008 年年初，我发现了 A5 站长论坛，看到很多做程序的朋友在论坛里面交流，最重要的是有一个任务区，大家可以在里面发布任务或者承接任务。看到这样的诱惑，我就想自己是否也可以接一些任务来赚钱呢？我抱着试一试的心态注册了一个账号，如图 10-2 所示。

图 10-2　A5 站长网作者个人资料

我注册的准确时间是 2008 年 3 月 6 日 08:33，这是一小步，也是一大步，从这个时候开始，我的世界不仅仅是 10 平方米的小屋，我进入了一个全新的世界，在这个世界中我认识了很多站长圈的朋友，和他们交流，互相鼓励前行。

在开始的一段时间里，我不敢接任务，怕自己的技术水平不够，无法满足发布任务者的需求，主要的时间都在逛论坛、学习知识，有的时候也会回复几句话。慢慢地，我回复的内容得到了其他站长的认可，使我增强了信心。

直到 2008 年 3 月底，我才开始在任务区下面留言。2008 年 4 月 1 日，我接到了第一个任务，如图 10-3 所示。

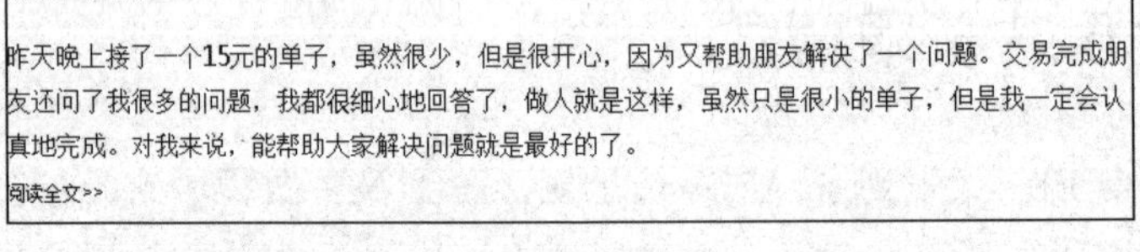

图 10-3　在 A5 站长网接到的第一个任务

可以看出当时我是多么的高兴，其实在这之前，我已经免费帮站长处理了很多问题，因为怕自己的技术水平不够，所以一开始也没有抱着赚钱的想法，只是想试试自己的能力到底是否可以解决问题。2008 年 4 月 1 日处理的问题是我第一个付费处理的问题，直到今天我还清晰地记得那个问题。当时这位站长使用的是外包开发的 ASP 网站，使用中发现图片无法上传，我测试后发现是服务器没有安装相关的组件，花了 10 多分钟安装完成后就解决了。

前面的 1120 元工资证明了我的价值，这次的 15 元也证明了我的价值，每一次价值的体现都让我增加了自信，这样的自信对于以后的道路非常重要。在前面的章节中作者多次提到，在 SEO 过程中要给自己制定小目标，只有完成一个个小目标才能完成大目标。如果一下子制定了大目标，则很容易让我们失去自信；一旦没有了自信，目标的实现将会难上加难。而当我们完成每一个小目标的同时，士气就会大增。

因为乐于助人，所以我经常受到版主的推荐，如图 10-4 所示。

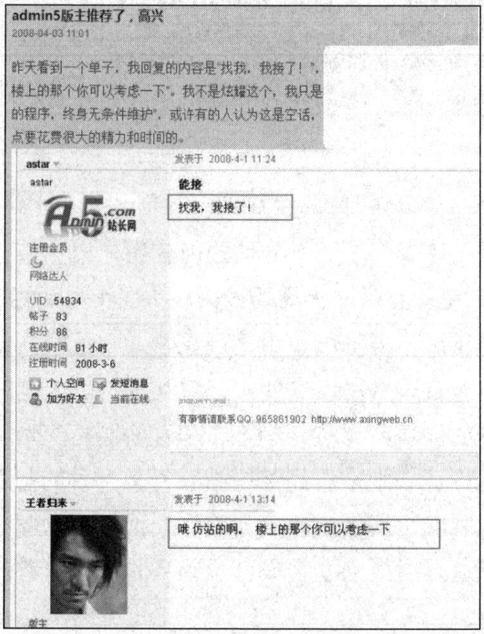

图 10-4　日志截图 1

这一点让我懂得，人生的每一步都要先懂得付出，不要一心只想着赚钱，付出越多回报越多。正是因为我多次免费帮助站长，所以才得到了很多站长的支持。

2008 年年底，随着技术的提升以及很多站长的支持，我担任了程序区版主，也认识了 A5 站长网创始人图王。在和图王的多次交流中，我发现他是一个非常仗义的人，很乐意帮助站长。图王名字的得来也是带有传奇色彩的，据说当时流行建设图片类型的网站，图王建设了很多这样的网站，并且取得了不错的效果，之后大家就称呼这位老大哥为“图王”了。

在 A5 担任程序区版主期间，我每天都花大量的时间解答站长遇到的各种问题，回帖数量达到 5000 多篇。遗憾的是，因为 A5 论坛的业务调整，这些回帖现在都找不到了。

现在回想起来，当时在 A5 站长论坛和诸位站长交流的日子还历历在目，在那段时间里我学会了诚信，每一个程序开发完成都提供无限次的技术支持，如图 10-5 所示。

早上一位兄弟找阿星，说"星星在吗。能再免费服务一次吗"，阿星说 "什么问题 你说说兄弟 我看一下"。看过问题后，觉得问题不是太复杂，很爽快地答应了兄弟。

刚刚把修改好的程序给了这位兄弟，兄弟很满意。虽然忙地午饭还没有吃，但是看到兄弟说谢谢，阿星觉得很高兴。阿星始终以服务站长为己任，只要兄弟们有困难，阿星绝对尽最大的努力帮助兄弟。但是有的时候阿星实在很忙，有许多新的东西要做，没有办法帮助兄弟，也请兄弟们谅解，毕竟阿星一个人的力量也是有限的。

图 10-5　日志截图 2

这是对客户的责任，也是对自己的尊重。

最后引用一段当时作者写的关于诚信的内容作为本小节的结束：

“现实生活需要诚信，互联网更需要诚信。和现实生活相比，互联网具有隐蔽性，正因为这样，便出现了很多的不道德现象，通过互联网诋毁他人，公布他人的隐私，设置各种陷阱欺骗网民，致使人们对互联网越来越缺少信任感。

站长是一个特殊的群体，无时无刻不在和互联网打交道。在这样一个虚拟的世界里面，诚信是通行证。经常看到某些站长为了一时的利益欺骗其他的站长，买了程序不给钱，或者收了钱不给程序。或许，他可以欺骗一次、两次，甚至三次；或许，他也可以通过更换 QQ 号码、更换各种信息继续欺骗站长，但是，他终究要为此付出代价。

互联网需要诚信，站长更需要诚信。只有我们携起手来，共同筑起互联网的诚信堡垒，互联网才能健康发展，站长的未来才会更加精彩。”

10.4　自动链传奇

2008 年 8 月的一个晚上，我像往常一样逛各种论坛，无意中想到了一个程序创意：开发一个程序，其他网站只需要做一个链接点击进来，系统就能自动抓取网站标题内容，通过分词技术将网站分类，然后提取网站中的所有链接进行逐级抓取、生成网页，如图 10-6 所示。

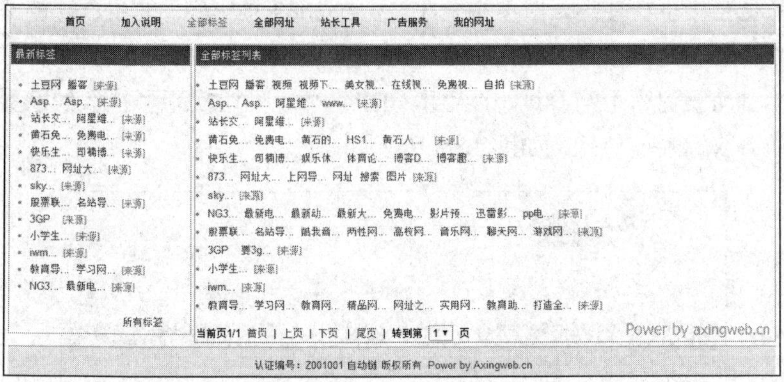

图 10-6　自动链

这样不就可以很快地自动抓取并生成大量的页面吗？这些页面在当时是搜索引擎非常喜欢收录的。

有了这个思路，我就开始尝试搜索有没有类似的程序作为参考，遗憾的是当时并没有类似的程序。这或许就是一次机遇，接下来我用了 10 天左右的时间写了一段简单的雏形代码，实现了点击进来网站标题的自动抓取，如图 10-7 所示。

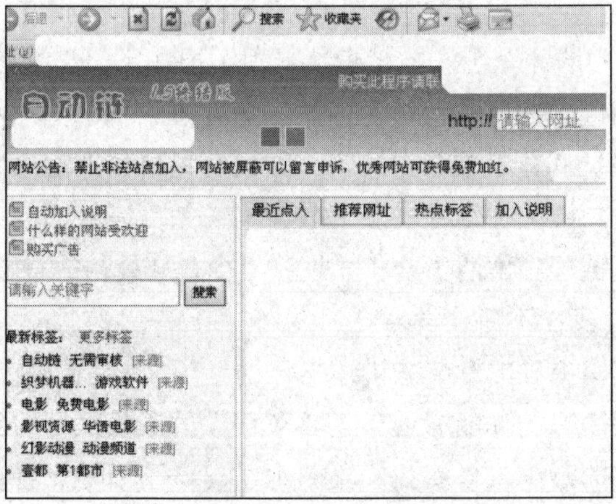

图 10-7　自动链页面雏形

然后我尝试将这个程序上线进行测试，意想不到的是，第一周就有 1000 多个网站悬挂了自动链的友情链接，网站权重也不断上升，就这样没有发布一篇文章的网站在短短一个月内就做到了单日流量 10000 IP。

接着我在网站的头部悬挂了一个广告，购买此程序请联系 QQ，这样每天都会有 5 个左右的用户联系我购买自动链程序，价格是 100 元。6 个月之后，自动链商业用户的数量达到 1000+。但是因为程序是采用 ASP 开发的，无法加密，很多站长都是直接下载使用，据不完全统计，到 2009 年年底，使用自动链建设的网站有 50000 个左右，据说有使用自动链程序做到每天 500000 IP 的站长。

后续自动链程序不断升级，推出了 PHP 版本，同时实现了抓取的网页自动分类、自动抓取标签等功能，如图 10-8 所示。

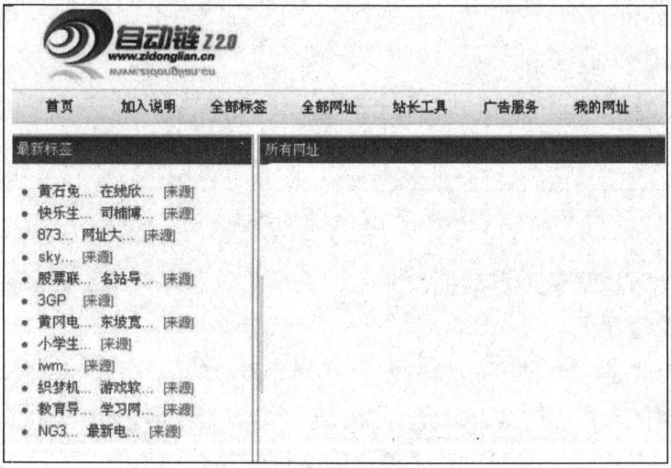

图 10-8　自动链 PHP 版本

就这样，从最初的一个想法一步步地实现了很多不可思议的功能，直到今天，还有站长使用自动链程序建设网站。当然，随着搜索引擎算法的不断升级，现在这样抓取生成的网站估计很难获得排名。如果有对自动链程序感兴趣的读者，则可以扫描本书封面二维码与作者联系索取源码（免费提供）。

就这样为自动链程序忙活了一年，收获不少，从最初的只懂得 ASP 程序到后期开发 PHP 版本，我在不断地学习。

本书中作者使用单独的章节来讲述自己的经历，不是希望读者能学习到什么，只是期待有互联网梦想的你能通过一个“草根”的成长经历看到自己的未来。不管现在我们是多么的渺小，只要我们不断地学习，不断地完善自己的技能，我们终归能展翅翱翔。

2016 年出版《跟我学 SEO 从入门到精通》一书后，有很多读者添加我的微信在线交流，都非常诧异，说："老师，你居然加我了，还能回答我的问题，我之前买书添加作者微信人家都不理我。"我回答："我本来就是一个'草根'，希望能和每一个读者进行交流学习。"事实也是这样，在和读者交流的过程中，我也在不断完善、不断学习。古人云"三人行，必有我师焉"，大概就是这个意思。

列出几张当年的老照片，怀念那段激情燃烧的岁月。

图 10-9 中打印的是颜色对照表，在小黑板上可以随手记录自己的一些想法，当时的很多程序如链接宝、SiteBox 都是从这个小黑板上开始的。

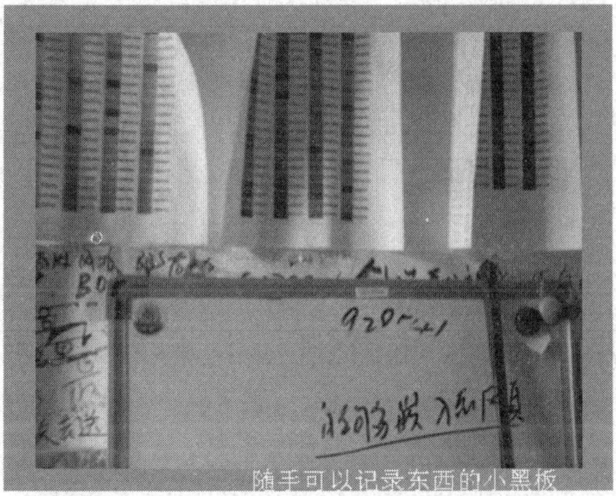

图 10-9　老照片 1

图 10-10 是开发自动链程序的状态，电脑上面放着各种小玩具，是不是有点文艺范儿了？

图 10-10　老照片 2

最后还是用当时的一段话作为结束：

“一个人战斗着，有时候会感到一点害怕，不知道未来会是什么样子。身边的同学、朋友都找到了固定的工作，大家都在议论着某某某的工作怎么好。而我的工作是什么样的呢？不知道怎么回答，于是选择了沉默。

在互联网上有千千万万的中国站长，和我一样，为了一个梦想奋斗着。或许，这条路有点崎岖。

一个人的战斗会不会胜利？或许很多人都会失败，包括我自己。但是，真正的胜利是什么，是获得金钱的报酬吗？我想不会只是这么简单。其实，每一次解决问题后客户的一声“谢谢”就是我的胜利。就是这么简单！

无论失败与否，一个人的战斗还在继续……”

希望这段话能和现在一直拥有互联网梦想的人共勉，也向一直追逐互联网梦想的朋友致敬！

不忘初心，方得始终！

10.5 在 100000 个站群建设过程中快速成长

2009 年年底，怀着对互联网梦想的无限期待，我回到了自己的老家计划创业。当时想着给家乡的企业建设网站赚钱，但是因为家乡在西北，当地人对互联网的概念还是一片空白，没有一家企业愿意为建设企业网站付费。很快，自己的创业梦想就破灭了，家人也开始变得焦虑，担心我的未来，这个时候朋友、同学都已经就业，唯独我还没有步入正轨。

尽管这样，我还是不愿意放弃互联网梦想，创业失败后就一个人在家里继续接任务做，勉强度日。就在这段时间里，我注意到了 SEO。其实在 2005 年辍学创业建设网站的时候，我就对 SEO 有了一些了解，那个时期所谓的 SEO 就是关键词叠加，让关键词在标题和内容中不断地出现，甚至没有内容，所谓的内容就是关键词出现几十次。那个时期做 SEO 非常简单，因此很少有人单独去学习 SEO。随便上线一个网站，找一些指数高的关键词，在网站标题、内容中叠加出现，用不了一周的时间就会获得成千上万的流量。Google PR 值做起来也非常容易，只需将新网站 403 定向到一个 PR 值很高的域名上面，1～2 个月的时间 PR 值就会飞速提升。

2009 年再次注意到 SEO，网站关键词排名已经不是那样简单的事情了，内容方面需要伪原创来发布，外链需要购买来让新站获得权重。偶然的一次机会，我看到了一个需要做 SEO 的任务，便抱着试一试的心态接了下来。客户要求建设 10 个网站，优化 100 个左右的关键词，我当时也不懂得什么站群的操作思路，就按照建设单站的流程开始操作，内容方面都是先采集然后伪原创，网站之间做了互链。当时这种方法还是可以操作的，现在建设站群的时候切记不要让站群之间互相链接。10 天之后，令人振奋的事情发生了，100 个关键词中有 70 多个排到了百度搜索引擎的前三位。

之后我陆续接了很多这种建设 10 个左右网站的站群项目，效果一直都很不错。直到 2012 年 6 月 28 日，这天早上我像往常一样查询网站排名，但是发现所有网站都被百度搜索引擎 K 掉了。当时站长圈炸开了锅，我也感到了前所未有的无助，不知道接下来该如何向客户交代。2012 年 6 月 28 日晚上我没有休息，静静地想了一夜，考虑百度搜索引擎为什么要这样做，最后得出结论：如果搜索引擎再这样任其发展下去，用户通过搜索引擎搜索关键词将无法获得满意的答案，这会导致用户直接放弃该搜索引擎，因此搜索引擎要升级算法来限制垃圾网站参与排名，我们之前采集伪原创建设的网站就属于垃圾网站。有了这个思路，第二天我们就马上行动，让客户再给我们一次机会，7 天之后如果找不到解决问题的方法就赔款给客户。

当时我们制定了几个要求：

（1）所有站群的模板都要定制开发，不能使用下载的模板。

（2）内容全部使用 OCR 软件转化实体书籍的内容。

（3）网站之间不再互相链接。

接下来的几天我们按照这几个要求建设了 100 个左右的网站，7 天之后这些网站的关键词排名全部进入前三位。

这样我们又一次赢得了客户的口碑，这样口口相传，我们的站群建设数量也越来越多，2013 年团队达到 100 人，其中 20 多人开发模板，40 多人使用 OCR 软件转化内容，20 多人负责优化。到 2014 年年底，我们建设的站群数量突破 100000 个，这是一个相当可怕的数字。当时我们使用虫虫营销助手发布文章，电脑内存配置的是 64GB，每台电脑都是单独接入的 50M 光纤，每台电脑发布 3000 个网站的文章，这也就是为什么作者一直推荐虫虫营销助手的原因。我们也测试过很多站群管理软件，但是一旦网站数量超过 1000 个，很多就会瘫痪或者出现问题。

正是这 100000 个站群的建设运营经历，让我积累了大量的站群实战经验，这些都在《跟我学 SEO 从入门到精通》一书中进行了深入的分析和讲解。本书前面的章节也结合实战案例进行了更加透彻的讲解，希望读者能边学习、边实战，这样才能掌握站群操作的核心。

在 100000 个站群的建设过程中，我们不仅获得了丰富的 SEO 经验，更懂得了一支团队的重要性，从最初的三个人创业，到后面的 100 多人团队，中间我们走了很多的弯路，有过很多的失败经历，这些经历让我们知道了一支高效的 SEO 团队该如何建设、团队的成员分工是怎样的等，这些都是作者希望分享给大家的。

在现阶段的 SEO 中，如果没有一支高效的团队，那么一切都是浮云，这也是作者要用单独的章节在本书中解读如何组建一支高效的 SEO 团队的初衷。作者建议大家在计划使用 SEO 方法推广产品之前首先要考虑建设一支高效、团结的 SEO 团队，有了这样的团队，无论做什么项目都有成功的希望；否则在这个竞争性很强的互联网环境中，连生存都是问题。

值得庆幸的是，当时我们组建了一支无坚不摧的团队，每个人都拥有一颗对未来美好生活向往的心，每个人都愿意为团队付出，团队成员之间就像家人一样，互相鼓励、互相帮助。在本小节的最后我要特别感谢这一路上为团队付出辛劳的罗小强先生、郭鹏先生、杜双全先生、白亮先生、白文斌先生、刘伯虎先生……

10.6 乐于分享

2015 年 4 月，我突然收到了出版社的邀请，问是否可以写一本关于 SEO 的书籍。至今我都不知道出版社的人是怎样找到我的，在此之前因为工作非常忙，我很少写博客，也很少在一些媒体上推荐自己。

我有的时候在想，这大概就是天意。细细回味起来，从最初的辍学创业，到后面的 A5 论坛版主，再到自动链程序的诞生，最后是建设 100000 个站群的经历，每一步都像提前安排好了一样，在某个时候就要做某件事情。

接到邀请后，我犹豫了一段时间，觉得自己只是一个“草根”，没有系统地学习过 SEO，怎样写书给大家看呢？妻子不断地鼓励我，让我尝试一下，这样我才勉强答应了出版社的邀请。

之前没有什么经验，不知道怎样写一本书，出版社的编辑非常仔细地给我解释每一个环节，在这里也要感谢这位编辑非常耐心的指导我一步步地写作。

目录的撰写非常痛苦，因为 SEO 不像 PHP 语言有一套完整的知识体系，所以我不知道该从什么地方开始，期间也看了一些 SEO 的书籍，大部分讲得非常高深，还在里面引用了逻辑算法等，这些我自己都不懂，何谈写书？从当时的微信朋友圈中可以看出我是多么的焦虑，如图 10-11 所示。

图 10-11　作者朋友圈截图 1

考虑许久之后，我决定就写简单的东西，把自己这些年的经验分享给读者就可以了，也不管是不是高深的理论等。这样思路开始变得清晰起来，花费了 10 多天的时间就完成了目录的撰写。

刚开始的时候，我想着一边工作一边写作，但是写了几天之后发现根本不行，一个章节的思路一旦被打断，再次写作的时候就会非常吃力，只有每天全职写作才能将全书的主线厘清楚。就这样，我暂时推掉工作，开始在家全职写作，没想到这一写就是半年，原来计划的 10 万字左右写成了 25 万字，每一个章节我都担心读者会有疑惑，因此反复引用案例，从各个角度进行讲解。

2016 年 3 月，书籍出版了，看到自己的写作转变为实体书籍还是非常兴奋的，更加让我欣慰的是读者的认可，如图 10-12 所示。

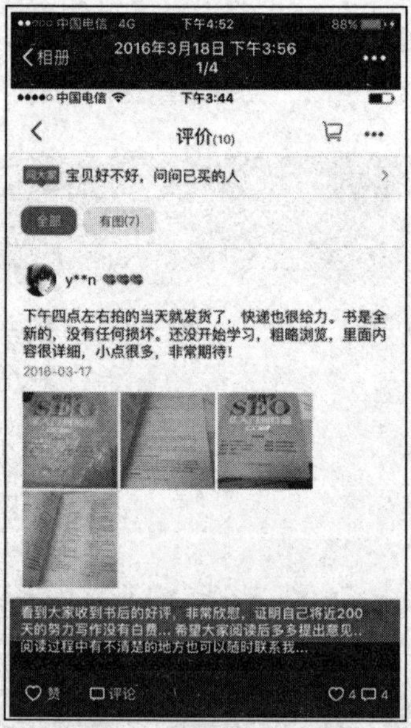

图 10-12　作者朋友圈截图 2

后续收到了更多读者的评论，大部分都是称赞书籍内容通俗易懂、有可操作性，这也正是我希望看到的。

2016 年 9 月，我得知《跟我学 SEO 从入门到精通》被一些高校当作计算机专业的教材，更是非常高兴。

我庆幸一个辍学的学生在 10 年之后还能为社会教育做出这样的贡献，一时间觉得 200 多天的辛苦没有白费。

2017 年 4 月，我和 CRAZYSEO 团队受邀参加了 MADCon 中国互联网优化大会，CRAZYSEO 也是本次大会的合作伙伴，如图 10-13 所示。

图 10-13　2017 MADCon 中国互联网优化大会合作单位

大会的会刊也用大量的版面介绍了《跟我学 SEO 从入门到精通》，如图 10-14 所示。

图 10-14 2017 MADCon 中国互联网优化大会会刊

最让我意想不到的是，中国 SEO 灵魂人物昝辉在开场的演讲中就提到了我和《跟我学 SEO 从入门到精通》一书，这些对我来说都是极大的肯定。

可能有读者好奇，写作不是有稿费吗？在这里不妨给大家透露一下，现在稿费是非常低的，写一本书的稿费除去税收还不足 20000 元，当然这里说的不是小说等畅销书，平均计算下来依靠写作一天的收入不到 100 元。

尽管如此，我仍然接受了出版社第二本书的邀请，也就是今天大家看到的这本。原因是通过第一本的读者反馈，我找到了很多不足，在新书中想要补足。同时，这两年互联网行业发生了许多转变，新媒体的出现让我们不得不引起重视，因此我也将新媒体营销写了进来。

作者非常乐于和大家分享关于 SEO 和互联网的经验，欢迎大家扫描本书封面二维码和作者进行在线交流。

感谢的人

8 个月漫长的写作时间结束了，从最开始的迷茫不知道写什么，到中途劳累不堪，再到最后觉得还有很多内容没有写出来。写作就像人生一样，总是存在很多遗憾，或许这种遗憾也造就了不一样的美好。

《跟我学 SEO 从入门到精通》出版后，读者指出了多处错别字，在这里表示感谢，因为是第一次写作实体书籍，加上时间仓促，很多地方没有进行多次校对。在本书的最后定稿中，我吸取了教训，邀请了几位 SEO 行业的朋友对内容进行多次校对，当然错误难免出现，还望大家指正。在这里要对参与本书校对的李杰先生、杜双全先生表示感谢！

本书在筹划之初得到了曾育文先生、波波先生等很多 SEO 圈内好友的支持，他们提出了很多宝贵的建议和想法，本书也给予了不同程度的采纳，在这里表示感谢！

写作是一个非常枯燥的过程，也是一项需要注意力高度集中的工作，很多时候我都是废寝忘食，一天写作几千字。在这个过程中家人的支持是我最大的精神支柱，每当我想放弃的时候，家人总是用最温暖的话语鼓励我继续前行。在写作的过程中有很多企业联系我外包 SEO，待遇都很不错，我也犹豫过，外包做项目就意味着放弃写作，在这样的选择面前，家人总是和我站在一致的立场，希望我去完成自己的梦想，而不是仅仅考虑眼前的金钱诱惑。

在开始写作本书的时候，妻子已经怀孕了，在这几个月里我因为忙于写作，无暇照顾妻子，妻子不但没有任何怨言，还在尽最大的努力亲自给我做早餐、照顾我。在这里要对妻子说一声谢谢！感谢你一路都相信我的梦想、支持我的梦想！

因为能力有限，书中难免会出现错误，希望各位同仁不吝赐教。同时，本书中的一些数据引自互联网，在这里对原作者表示感谢！

最后，我想对所有的 SEOER 说一声："其实我们的网站距离排名只有 12 个月的时间。”为什么这样说呢？我从这些年的 SEO 经历中总结出，一个再差的网站，即便 SEO 的方法不对，只要我们不让网站停止，坚持每天更新内容，在 12 个月之后，网站中的某些关键词一定能获得不错的排名，然后我们再对网站的布局和内容进行重新规划，网站就能大放异彩。这个现象从 2016 年开始尤其明显，我的朋友做了一些网站，内容是组合发布的，版本是从网上下载的，很长一段时间都没有排名，但是一直坚持更新内容，期间没有做一条友情链接，在 12 个月之后，网站关键词排名竟奇迹般地出现了。针对这个问题，我和一些 SEO 圈的朋友特意进行了交流，很多 SEOER 都发现了这个现象。这个现象绝非偶然，我们可以换个角度理解，一个网站从上线开始能坚持更新内容 12 个月本来就需要花费一些成本，域名需要续费，服务器需要续费，内容更新需要为编辑人员支付工资，这就是我们提到的成本因素，不可否认，这些因素是搜索引擎算法非常重视的。因此，当我们的网站运营了一段时间，关键词依然没有获得排名时，我们不要过于着急，不妨再等等。当然这并不是我们推荐的做法，我们完全可以按照前面章节的操作指南对网站进行 SEO，这些合理的 SEO 能加速网站关键词排名的出现。但是按照现阶段的经验，一个网站从上线到关键词获得不错的排名至少需要 30～90 天，在短期内就能获得排名是非常困难的。只有我们认清了这些事实，在 SEO 操作的过程中才能有的放矢，否则很容易在某个阶段失去信心，要知道信心在 SEO 过程中是非常重要的。

本书的写作虽然结束了，但是我们的 SEO 之路才刚刚开始，希望大家在阅读本书之后能受到一些启发，也祝愿大家的网站关键词排名节节攀升。

读者在阅读本书的过程中遇到任何问题都可以扫描本书封面二维码和作者进行在线交流，后续作者也会不定期地推出在线视频课程，大家可以联系作者了解最新消息。

反侵权盗版声明

电子工业出版社依法对本作品享有专有出版权。任何未经权利人书面许可，复制、销售或通过信息网络传播本作品的行为；歪曲、篡改、剽窃本作品的行为，均违反《中华人民共和国著作权法》，其行为人应承担相应的民事责任和行政责任，构成犯罪的，将被依法追究刑事责任。

为了维护市场秩序，保护权利人的合法权益，我社将依法查处和打击侵权盗版的单位和个人。欢迎社会各界人士积极举报侵权盗版行为，本社将奖励举报有功人员，并保证举报人的信息不被泄露。

举报电话：（010）88254396；（010）88258888

传　　真：（010）88254397

E-mail：dbqq@phei.com.cn

通信地址：北京市万寿路173信箱

电子工业出版社总编办公室

邮　　编：100036